本书为全国教育科学"十三五"规划2019年度教育部重
——"发达地区公办小学劳动教育养成体系的实践研究

融合与超越

——为未来复合型人才奠基的新劳动探索

姚 凤　姜丽霞　等著

上海三联书店

探索劳动教育，奠基孩子人生（序一）

2020年三月，中共中央、国务院颁发了《关于全面加强新时代大中小学劳动教育的意见》，为新时代的劳动教育发展指明了方向。并提出了把握育人导向，遵循教育规律，体现时代特征，强化综合实践，坚持因地制宜等基本要求。

学校是实施教育的最基本单位，当然也包括劳动教育。如何保证国家的宏观政策落地？如何让劳动教育真正科学、有效地进行是需要研究、思考、探索与解决一系列问题的。譬如说：劳动教育如何融入学校日常教育的各个环节；如何将劳动教育在五育融合中既彰显独特地位和作用，又与德智体美的教育相得益彰；如何将劳动教育从教育引导逐步演化成学生自我发展与成长的必然需求；如何使教育内容与方式更有针对性，适合不同地域的孩子与学生的特点，产生实效；如何将劳动教育形成培养序列，结合课程和活动形成螺旋式上升的有效方法与路径，让不同年龄段的孩子拾级而上；如何让学校，家庭，社会成为同心同向同圆的劳动教育培育场域；如何因地制宜更好地利用城市乡村各种社会与环境资源，为不同地域的孩子实施劳动教育创造条件等等。令人非常高兴的是上海乃至全国的教育工作者结合着自身的研究、探索和实践正努力回应着以上各种问题，创造出了大批可借鉴、可模仿的宝贵经验。

闵行区七宝镇明强小学就是一个典型案例。早在几年前，该校就承担了全国教育科学"十三五"重点课题《发达地区公办小学劳动教育养成体系的实践研究》。在他们为期三年多的研究与实践中,是可以看到一些很有价值的东西。

首先,通过研究聚焦真实的问题。研究对象是以上海为基点,借以观照我国其他发达地区的小学生。通过问卷、座谈等多种方式,了解到此类教育对象普遍随着社会生活水平的提高,家庭较为富足。家长对孩子更多的关注在于学业成就。欠缺的是育人成才必备品格的全面培养,特别对孩子劳动习惯的养成是疏忽的。而多年来学校有劳动教育的要求,但方法与措施是零碎和杂乱的,缺少整体性设计,缺少有结构的方法与实施路径,更缺少学校、家庭的共同认知和引导培育。

其次,在深入研究后设计的行动方案是明确的。立足于中国特色社会主义新时代的背景,强调传统劳动体验的同时,尝试与现代以及可预期的信息化时代未来劳动新样态体验作有机结合。使每一个学生在完善自我发展,融入社会之时,具备劳动的观念、习惯、情感和能力等,为长久的生涯发展奠定基础。为此,确立了相适应的劳动观念、劳动习惯、劳动情感和劳动能力四大养成目标。又根据发达地区的地域特色和新时代特征,把需要培养的劳动内容归类成:生活性劳动、生产性劳动、服务性劳动、管理性劳动、创意性劳动五大方面。着重从劳动类型选择、实施方式路径、劳动素养达成三大方面切入推进。

其三,实践推进的过程是有条不紊的。经过顶层设计以后的行动改善,就减少了盲目性。明强小学的劳动教育养成体系努力关注各个方面。譬如课程是基础,课堂与学校是主阵地,摆正三类课程的关系才能保证劳动教育产生实际效益。学校的三类课程是如此安排的:国家课程是基础课程,对共同性问题给予引导,观念立场正确,保证落地,促进学科间的渗透。各科教学也都承担自己的教学任务。如何使劳动教育润物细无声。七宝明强小学做了很多有价值的探索,比如在各科学习过程中创设更多的场景,让学生在操作中体验劳动的艰辛,在真实问题的解决中感受劳动的价值,在课堂内外学习活动中,掌握劳动的技能。校本课程,关注重点突出问题,通过专项学习和活动设计,重视劳动教育过程,努力实现教学做合一。比如该校本课程设置中有一门课叫"小厨房大科学"。厨房劳动最普遍,最家常,最繁杂,但也是学生成长发展必备的劳动能力。学校从学生的发展需求出发,形成了五个年级的课程序列,既为一～五年级学生形成了一个梯度上升的培养内容,又针对每个年级学生的年龄特征把厨房劳动分成了七个板块,动手也动脑,还要出出汗,使教育培养落到实处。家社课程,又把校内教育延展到家庭社会,形成教育同步,促使成为习惯。

　　当然,该校的劳动教育的探索和实践仍然行进在路上。祝取得更大成效!

蒋忱

上海市教育学会副会长

重启与再探：劳动教育让新一代愈加明、愈加强（序二）

"劳动"，一个曾经很熟悉又一度被淡忘的词，经由许多地区、学校的千千万万师生的重启与再探，重又回到我们的视野，重又得到普遍的重视，重又焕发出魅力与光彩。上海市明强小学奉献给读者朋友的这本书，不仅带我们重温劳动的深刻涵义，也带我们体验探索的艰辛和创造的快乐。

重启之后的"劳动"和"劳动教育"，最先遇到的难题就是其内涵的界定问题。如果我们沿袭以往的劳动定义，限其于"体力劳动"和"培养劳动人民感情"意义上的德育范围之内，岂不是窄化了劳动概念的外延，缩小了劳动教育的育人价值？但若是把精神劳动也加入进来，那学生在学校、家庭和社会里的所有活动岂不都成了"劳动教育"？

明强小学的作者们，不仅严肃地探讨了劳动教育的内涵与目标，还从多元融合的视角，深入研究了劳动的体力与脑力、重复性与创造性、守成性与创业性、效用性与审美性、需求性与服务性等多个维度的交叉与融合。这不仅是使劳动教育在实践中落地的富有智慧的方式方法，还为新时代劳动教育的内涵界定和目标定位探寻出一种新的路径。

本书在追溯劳动教育的思想源头和历史发展脉络的基础上，解析了劳动教育的本质和价值。我们总是说"劳动创造了人"，也总是说"到共产主义社会，劳动将成为人的第一需要"，这其实都需要以动态的观点去理解和阐释。马克思在讨论人的全面发展时，所针对的是社会由手工业生产步入机器大工业生产初期而出现的"劳动异化"现象，即无论劳动者（体力劳动者）还是统治者（或脑力劳动者）都只是片面地发展了人的体力或智力的某一方面，相应地荒废了另一方面，因而强调教育要促进人的智力和体力的全面自由发展。本书作者们提出了两个关键词，一是"回归"，二是"关联"。"回归"即回归儿童立场、回归真实生活、回归精神家园；"关联"则是在"时代价值、本质价值、育人价值"三者之间找寻其内在的关联，进而深化劳动教育在今天的内涵与价值。以今天的眼光看，劳动和劳动教育都不必限定在体力劳动和作为德育的劳动教育狭小范围，而应同时强调劳动的精神性、创造性和审美性，进而赋予劳动教育更为丰富的内涵。

明强小学的再探，不仅探出了劳动及劳动教育的内涵、价值和目标，探出了与德智体美各育的有机融合，还探出了劳动的文化特征和综合育人功能，以及劳动素养的多种类型，提出了"五型劳动"这一有新意的概念，努力构建出生活型、生产型、服务型、管理型和创意型五类劳动的内容构成及实践路径。

学校还将探索出来的劳动教育养成体系与环境加以融通、与课程加以融合、与生活加以融汇，且与学校一直以来致力于探索的"审美超越"境界加以整合，深入到学校心理精神文化的最深处。

作为118年建校历史的明强小学，最凝练最典型的文化标识就体现在"明"与"强"这两个字上。而作为学校文化理念之精髓的校训，在明强小学发展的不同历史时期也不断得到与时俱进的重述。

明强小学的前身"明强学堂"是于1905年由七宝镇杨光霖、张之珍两位贡生捐资所创办。创办人力倡走教育救国之路，培养地方人才，抵御帝国主义列强的文化侵略。校训因此定为"民生国势，赖以明赖以强也"。1996年，为适应社会主义市场经济发展，基础教育领域倡导素质教育，学校将校训改为"明礼仪，明责任；进取心强、耐挫力强"。2002年，在学校新的发展历史时期，再一次制定了新的校训"明事理，明自我;强体魄,强精神"("两明两强")。从"赖以明赖以强"开始,明强二字从教育机构名称和有赖人的素养"明"且"强"意义上的名词,变为"明礼仪、明责任、进取心强、耐挫力强"意义上的动词＋形容词,再到新世纪的"两明两强"意义上的动词,明强二字积累凝聚了学校文化的全部精粹。明强小学一直以来着力于养成一代新人的"明"与"强",本书集中探讨的劳动教育养成体系,不仅赋予劳动教育诸多新的内涵,而且还与学校各个方面的教育有机渗透与整合,这无疑将让明强的孩子愈加明、愈加强!

华东师范大学/广西师范大学教授

劳动教育的现代化发展（序三）

劳动创造了人，劳动也发展着人。在人类社会发展的历史长河中，劳动始终作为最本源的驱动力，以其不断迭代更新、日益先进的形态和功能，持续推动着人类社会发展的文明性与先进性。与此同时，也推动了人的发展的文明性与先进性。当今，劳动日益迅速广泛地步入现代化发展的轨道，正以崭新的面貌、强劲的动能，促进并提升着社会的现代化发展进程，促进并提升着人的现代化发展水平。由此，作为劳动的现代化发展的必然产物，以及人的现代化发展的内在需求，探索并实现劳动教育的现代化发展，已成为当代学校劳动教育的本质追求和长远目标。

本书是明强小学《发达地区公办小学劳动教育养成体系的实践研究》课题的成果。在这里，发达地区劳动教育不仅是地域的概念，更是对劳动教育发展水平提出的要求和方向。也就是说，作为发达地区上海的中小学教育，尤其是如明强小学这样百年名校，应当走在教育现代化发展的前沿。同样，在劳动教育方面，也应当走在发展的前沿，力求体现其前瞻性、先进性。那么，明强小学的劳动教育研究及其实践体现出怎样的先进性呢？可以用两句话加以概括，即建立了一个理论支架，凸显了一个核心特征。

所谓理论支架，是指从理论层面来看，本成果内在隐含着一个完整的、具有前瞻意义的理论架构，即以劳动的现代化发展的认识与思考为根，以人的现代化发展的认识与思考为干，以劳动教育的现代化发展的思考与构建为枝叶。

所谓核心特征,是指从哲学层面来看,明强的劳动教育无论是理论架构还是实践系统,都凸显出一个鲜明特征,即"整体性"。就其范畴而言,劳动教育是一个整体,劳动教育与整个教育是一个大整体;劳动教育的发展与劳动的发展、人的发展是一个更大的整体。就其内涵而言,包含两层意思:整体性首先是指"完整的",不是局部之间的简单相加,也不是局部发展的相互叠加。整体本身是自然一体的,这是对规律的认识与遵循。整体性还指是"有机的",表现为有序运行、有关联的运行、循环中的运行。要用好整体,使其能自成一体,这是规律的运用与成效。以此来看明强小学的劳动教育及整个学校教育,形成整体是"融合"的本质之所在,实现整体发展是"超越"的本质之所在。

明强小学劳动教育体系建构的理论支架和核心特征的基本确立,为学校劳动教育实践创新提高了站位、导引了方向、增强了原创力。以上述理论逻辑为坐标,在以下三个方面,体现出系统性的理论转化及实践呈现。

第一,围绕劳动的现代化发展,本成果从五个维度上提炼概括了融合性劳动的结构特点:属性维度上,劳动的脑力与体力相融合;目的维度上,劳动的满足需求与提供服务相融合;水平维度上,劳动的传承与创造相融合;功效维度上,劳动的重视效用性与讲究审美性相融合;价值维度上,劳动的守成性与创业性相融合。五对关系相辅相成、辩证统一,成为相融共生的整体,从而使劳动实现超越,进而使劳动教育实现超越。

第二,聚焦人的现代化发展,本成果以学生的综合性素养培育为旨归,以知情意行四大类心理品质为驱动,以德智体美四大基本素质为支撑,以劳动习惯养成、劳动能力提升、劳动情感陶冶及劳动观念形成为基石,通过劳以润德、寓劳于艺、生态劳作、劳创生慧的长期实践,达成以劳树德、以劳增智、以劳强体、以劳育美、以劳创新的学生全面发展、整体成长的目的,切实体现新劳动教育的综合赋能。

第三,推进劳动教育的现代化发展,本成果构建了以复合性为总体特点的劳动教育实践生态,可以归纳为四个复合:一是目标的复合,明强的劳动教育目标一方面融入育人整体目标之中,一方面又体现出劳动育人的特色,指向未来,着眼终身,以融合性劳动教育培育未来复合型人才。二是内容的复合,明强以劳动功能的逐层递进为逻辑主线,转化形成具有原创性特色的"五型四层"劳动内容复合体。其构成由基础到提高,第一层是能满足生活需求的生活型劳动,第二层是能承担三大产业生产任务的生产型和服务型劳动,第三层是能学会胜任管理工作的管理型劳动,第四层是能激活创新能力的创意型劳动。三是途径和载体的复合,明强架构了具有开放性、全域性、交融性特点的劳动教育实施立交桥,其结构为两个圈,第一个圈是三大途径,即作为劳动教育的来源和归宿的"生活",作为劳动教育的内涵和载体的"文化",作为劳动教育的资源和场域的"环境"。三者关系是,在各自本身的交融复合基础上,同时又形成三者之间的大交融、大复合,成为相互包容、优势互补的劳动教育大途径。第二个圈是两大载体,即课程与活动。同样,两个载体也不是单一割裂的,他们在各自本身的交融复合基础上,同时又形成两者之间的大交融、大复合,成为难分彼此的劳动教育大载体。四是管理的复合,面对由目标、内容、途径、载体所构成的大交融、大复合为特征的劳动教育实施系统,明强的学校管理努力探寻与之相适应的科学优化之路,逐步形成校内校际一体、家校社一体的全覆盖、大协同、聚合力的新管理格局。

新时代的中国式现代化的发展,正在加快步伐、不断深入。作为教育现代化发展的重要组成部分,学校劳动教育的现代化发展及其科学规律的持续探索,应是这一伟大进程中的题中应有之义。

上海市教育科学研究院 原德育研究与咨询中心主任、研究员

目　录

第二篇　探:建柱架梁

第三篇　融：茁根壮苗

第四篇　合：审美超越

第一篇 启:寻本溯源

劳动是一切幸福的源泉。了解其、领会其,实践之、创新之,方能深入精神家园,寻本溯源、扎根生长,推进劳动教育的传承与发展,进而启动引领发展的思想引擎,呈现新劳动教育的成长足迹,激活创造幸福的劳动源泉。

思想之启,探索劳动教育的价值与意义。通过全面回顾劳动教育的发展历程,追溯劳动教育的时代价值;解析劳动教育的本质价值,探寻新时代为什么要开展劳动教育、开展什么样的劳动教育、怎样来开展劳动教育的完整体系的研究;激活劳动教育的育人价值,回归人的本质属性、生活场景、精神家园,与时俱进地赋予劳动教育新理念。

理论之基,厘清劳动教育的内涵与目标。梳理国内外劳动教育内涵的相关文献来形成理论基石,聚焦劳动育人内涵之品格养成,形成劳动锤炼品格核心点,即塑造学生的文化品格、培养学生的情感品格、陶冶学生的精神品格;从国内外目标研究入手,明确新时代劳动教育"为未来复合型人才奠基"的目标指向。

现实之思,解读劳动教育的现状与发展。通过文献学习,分析国内外劳动教育的现状,找寻新时代劳动教育的起点所在,让实践更具科学性;开展问卷调查,分析劳动教育在社会、家庭、学校三大方面存在的问题及突破点,让实践更具理性化;通过资料搜索,回顾学校发展历史,梳理学校劳动教育实践之路,让劳动教育有根基更有时代感。

第一章　思想之启:价值与意义①

　　党的二十大报告,明确指出:"办好人民满意的教育,全面贯彻党的教育方针,落实立德树人根本任务,培养德智体美劳全面发展的社会主义建设者和接班人,加快建设高质量教育体系,发展素质教育,促进教育公平。"②劳动教育,作为五育之一,具有树德、增智、强体、育美等促进人的全面发展之作用。

　　随着时代的发展,劳动作为人类基本社会实践活动,其形式朝着多样态发展,且被赋予了新时代的教育内涵。基于学生的年龄特点、城市的地域特质、时代的发展特色,开展为未来复合型人才奠基的新劳动探索具有重要的价值意义。

一、追溯劳动教育的时代价值

　　新中国成立后,在党和国家制定的教育方针中,劳动教育基本经历

①　本章部分内容主要参考2019年2月社会科学文献出版社出版的刘向东《新时代高校劳动教育论纲》、2019年3月社会科学文献出版社出版的李珂《嬗变与审视:劳动教育的历史逻辑与现实重构》两本书和李珂、曲霞两位在《教育学报》2018第5期上发表的题为《1949年以来劳动教育在党的教育方针中的历史演变与省思》一文的研究成果。

②　习近平.高举中国特色社会主义伟大旗帜为全面建设社会主义现代化国家而团结奋斗——在中国共产党第二十次全国代表大会上的报告(2022年10月16日)[N],北京:人民出版社,2022:34.

了新民主主义向社会主义过渡时期、社会主义建设探索时期、改革开放以后、全面建设小康社会时期与中国特色社会主义新时代五个重要时期演变。每个时期，有关劳动教育理念导向与实践形态不尽相同，但前四次变化主要呈现出明显外生性特点，即以党和国家领导人讲话为推动力、以适应社会发展需要为取向，这种外生性特点致使劳动教育缺乏良性运行的长效机制。①党的十八大以来，习近平总书记围绕劳动教育的一系列重要论述，充分表述了新时代党和国家有关劳动教育工作的大政方针，这对于把握新时代"为什么要开展劳动教育—开展什么样的劳动教育—怎样开展劳动教育"的系统研究具有重要的指导意义。

（一）新民主主义向社会主义过渡时期

新民主主义向社会主义过渡时期（1949—1956年）。何东昌主编的《中华人民共和国重要教育文献》显示，中华人民共和国成立前夕，《中国人民政治协商会议共同纲领》将"爱劳动"列为了国民五项公德之一。从徐特立在《论国民公德》一文中提出的培养与新民主主义时期生产方式具有相一致的劳动态度，建立劳资两利的和谐劳动关系，是当时以"爱劳动"为国民公德的主要原因。②而在劳动的公德教育内容上，徐老特别提出两点——劳动态度的改变（"不劳动者不得食"）和劳动权的保证（"给劳动者以劳动权"），把劳动的道德、权力、义务三者结合起来，巩固劳动纪律。1950年，时任教育部副部长钱俊瑞在《当前教育建设的方针》中指出，"为工农服务，为生产建设服务，这就是当前实行新民主主义教育的中心方针。"③把劳动教育作为贯彻"教育为生产建设服务的方针"的重要内容，通过劳动教育，鼓舞民众从事劳动创造的热情和积极

① 李珂,曲霞.1949年以来劳动教育在党的教育方针中的历史演变与省思[J].教育学报,2018,14(5):63—72.

② 何东昌.中华人民共和国重要教育文献(1949—1975)[M].海口:海南出版社,1998:17.

③ 何东昌.中华人民共和国重要教育文献(1949—1975)[M].海口:海南出版社,1998:17.

性,表扬和普及劳动事业中的发明和创造,组织一切原来不从事劳动生产的人们参加生产劳动并在劳动中改造自己。①

新民主主义社会时期,"教育与生产劳动相结合",还没有成为我国教育的基本方针。1950年后,《教育部关于颁发中学暂行教学计划(草案)及中等学校暂行校历(草案)的命令》《教育部关于实施高等学校课程改革的决定》《中学暂行规程(草案)》《中等技术学校暂行实施办法》《小学暂行规程(草案)》等文件中可以看出,在高等教育机构和中等技术学校中,劳动教育主要表现形式是专业实习,在中小学文化补习等学校中,劳动教育没有被列入正式教学计划。

1953年,我国中小学毕业生明显增多,毕业生的升学问题需要加大关注。对此,中共中央批转教育部《关于解决高小和初中毕业生学习与从事生产劳动问题的请示报告》,其中明确指出:"目前中、小学毕业生之所以普遍发生紧张的升学问题,主要由于过去几年中央教育部对中、小学教育的指导思想上有忽视劳动教育的倾向,在教学改革中,在教师思想改造中,都没有着重批评鄙视体力劳动和体力劳动者的错误的教育思想,也没有向广大群众和学生明确地阐明中、小学教育的性质与任务,使旧中国遗留下来的鄙视体力劳动和体力劳动者的错误的教育思想,继续支配着广大教师和学生,这是中、小学教育方针上一个带原则性的错误,中央教育部应在这方面进行公开的自我批评。"②此后,围绕组织学生参加生产劳动的相关工作,教育部、青年团等部门陆续出台了相应政策,多样化的劳动实践体验活动也越来越多了。

聚焦劳动教育的实践形态,1955年教育部发布的《关于初中和高小毕业生从事生产劳动的宣传教育工作报告》中指出:"过去一年,很多学校采取参观工厂、农场、农业生产合作社,访问劳动模范,请劳动英雄作报告,和劳动青年联欢,阅读有劳动教育意义的读物、参加体力劳动活

---

① 何东昌.中华人民共和国重要教育文献(1949—1975)[M].海口:海南出版社,1998:23.
② 何东昌.中华人民共和国重要教育文献(1949—1975)[M].海口:海南出版社,1998:330.

动等方式在课外对学生进行劳动教育,收到了很好的效果。但是在通过课堂教学经常地进行劳动教育就做得较差。今后,除应注意课外的劳动教育外,必须学会在课堂教学中贯彻劳动教育,并且还要善于使两者结合起来进行。再有,一般学校进行劳动教育,都着重在思想方面,这当然是很重要的;但是对工农业生产的基础知识的教育是注意很差的。今后进行劳动教育,除注意培养劳动观点和劳动习惯外,还应注意进行综合技术教育,使学生从理论上和实践上懂得一些工农业生产的基础知识。"①从此以后,生产技术教育也成为了劳动教育关键内容,与德、智、体、美育四育并举,并被写进了1955年《关于小学课外活动的规定的通知》。1956年教育部制发的《1956—1957学年度中学授课时数表》《关于普通学校实施基本生产技术教育的指示(草案)》对生产技术教育每周的上课时间等具体要求都做了明确规定。

由此看来,劳动教育作为缓解毕业生升学压力及动员毕业生就业的方式受到了党中央高度重视。此时,劳动教育不仅强调劳动态度与劳动观念的培育,而且注重进行生产技术教育,也初步架构了系统的生产劳动技术教育体系。但政策执行及教育成效还需要加强,轻视体力劳动的思想还是有所存在。另一方面,就劳动技术教育的体系建构与实践来说,当时部分学校的教学条件还不够,也导致了劳动教育无法很好地科学实施与推进。

(二)社会主义建设探索时期

社会主义建设探索时期(1957—1977年)。从1956年开始,我国全面进入全面社会主义建设时期,教育事业发展极为迅速。教育供给和需求之间悬殊巨大,成为人民内部矛盾在教育领域的一个突出体现。②为此,1957年毛泽东同志在《关于正确处理人民内部矛盾的问题》中明

---

① 何东昌.中华人民共和国重要教育文献(1949—1975)[M].海口:海南出版社,1998:450.
② 李庆刚.正确处理人民内部矛盾探索中的制度创新[J].北京党史,2017(3).

确提出:"我们的教育方针,应该使受教育者在德育、智育、体育几方面都得到发展,成为有社会主义觉悟的有文化的劳动者。"①确立了培养劳动者的教育目标。

毛泽东同志提出的培养"有社会主义觉悟的有文化的劳动者"目标是符合当时中国发展需要。但是,"由于当时要突出解决的是学生的政治方向和毕业后参加生产劳动问题,而对政治的理解又局限于搞阶级斗争,对生产劳动的理解又主要是从事体力劳动,这样在实践中贯彻教育方针时,就出现了'左'的偏差。"②从1957—1966年教育部、宣传部颁发的一系列关于劳动教育的文件,以及毛泽东、刘少奇等国家领导人关于教育工作的一系列讲话中可以看出当时的劳动教育在理念层面表现出如下特点:

第一,把劳动教育视为阶级斗争的工具。1958年6月,时任教育部部长陆定一在全国教育工作会议上的讲话中强调"教育与劳动结合,是教育革命的主要内容之一"③。8月,陆定一发表了经毛主席审定的《教育必须与生产劳动相结合》一文,将是否坚持"教育与生产劳动结合"视为教育战线上资本主义和社会主义两条路线斗争的表现。因此,我党必须旗帜鲜明地坚持"教育为工人阶级的政治服务,教育与生产劳动相结合;为了实现这个方针,教育必须由共产党领导"。④劳动教育,主要是作为消除体脑分工、进行阶级改造的政治手段而备受关注。

第二,把劳动教育作为解决教育经费问题的手段。1957年上半年刘少奇同志就中小学生升学难问题进行全国调查,发现很多家庭无力负担子女上学,由此萌生了提倡勤工俭学、开展课余劳动的想法,并将

① 何东昌.中华人民共和国重要教育文献(1949—1975)[M].海口:海南出版社,1998:725.
② 李庆刚."大跃进"时期"教育革命研究"[D/OL].北京:中央党校,2002:27.
③ 何东昌.中华人民共和国重要教育文献(1949—1975)[M].海口:海南出版社,1998:836.
④ 何东昌.中华人民共和国重要教育文献(1949—1975)[M].海口:海南出版社,1998:852—855.

此视为"解决学生学习费用困难和普及教育的一个重要途径"①。1958年1月，《人民日报》发表社论《两个好榜样》，倡导为节约国家开支、保证学生的生活需要，"最好的办法就是提倡勤工俭学，使学生以自己的劳动收入解决自己全部或一部分学习和生活的费用"②。此后不久，共青团中央发出了《关于在学生中提倡勤工俭学的决定》，时任教育部副部长的董纯才做了《加强思想教育、劳动教育，提倡群众办学、勤俭办学》教育工作报告，劳动教育被确定为勤俭办学、勤俭建国，多快好省建设社会主义的重要途径。

第三，把劳动教育看作解决理论脱离实际问题的根本方式。早在1942年中央党校开学典礼上，毛泽东同志就强调世上"有两种不完全的知识，一种是现成书本上的知识，一种是偏于感性和局部的知识，这二者都有片面性。只有使二者互相结合，才会产生好的比较完全的知识"；并强调"真正的理论在世界上只有一种，就是从客观实际抽出来又在客观实际中得到了证明的理论"。③1965年，在杭州会议上，毛泽东同志说："现在这种教育制度，我很怀疑。从小学到大学，一共十六七年，二十多年看不见稻、粱、菽、麦、黍、稷，看不见工人怎样做工，看不见农民怎样种田，看不见商品是怎样交换的，身体也搞坏了，真是害死人。"④在毛泽东同志这一思想指导下，劳动教育被视为是"贯彻用手与用脑、学习与劳动、生产与教育、理论与实际密切结合的原则"⑤的必由之路。

显然，1957—1966年，劳动教育的政治意义、经济意义和认识论意义都被提升到前所未有的高度，在实践中也开始以一种前所未有的姿态强势推进。在课程设置上，"一切学校，均把生产劳动列为正式课程，并在不同时期，根据实际情况，对不同级类学校、年级每周、每月、每学

① 李庆刚.正确处理人民内部矛盾探索中的制度创新[J].北京党史，2017(3).
② 何东昌.中华人民共和国重要教育文献(1949—1975)[M].海口:海南出版社，1998:792.
③ 何东昌.中华人民共和国重要教育文献(1949—1975)[M].海口:海南出版社，1998:853.
④ 何东昌.中华人民共和国重要教育文献(1949—1975)[M].海口:海南出版社，1998:1383.
⑤ 何东昌.中华人民共和国重要教育文献(1949—1975)[M].海口:海南出版社，1998:828.

年的劳动时间作明确规定,同时开设了属于教育与生产劳动相结合范畴的多门课程。如小学的生产常识、手工、劳动课;中学的生产知识课和劳动课"①。边学习边劳动,劳动人民知识化、知识分子劳动化,成为席卷全国的热潮。根据国情有必要适度推动勤工俭学、半工半读,适当组织学生参加生产劳动,接受教育和锻炼,并形成相应制度。

但是"文化大革命"期间,劳动教育的政治意义被过度拔高,存在把学习与劳动对立起来、把脑力劳动与体力劳动对立起来、把知识分子与工农群众对立起来的现象,需要加强劳动教育按照内在规律来有效推进。

(三) 改革开放后至20世纪末

改革开放后至20世纪末(1978—1999年)。十一届三中全会后,伴随着党的工作重心的战略转移,教育战线上对新时期脑力劳动与体力劳动的关系、教育与生产劳动的结合、劳动教育在全面发展教育中的地位等问题进行了深入讨论。

首先为脑力劳动正名,从现代化建设高度恢复教育与劳动结合的本义。在马克思主义理论意义上,"教劳结合"指的是"现代学校教育和教学同现代机器大工业的生产劳动相结合","通过这样的教育和结合,不仅能使受教育者掌握现代社会所必须的基本的综合技术素养,而且能使他们的精神情操受到陶冶,在知识和技能方面得到充实和提高,从而促进人的智力和体力的和谐发展",所以,"现代教育同现代生产的结合,是提高社会生产的必然途径,同时,也是造就全面发展的人的根本方法。"②但在1949年以后的二三十年间,中国经济生产方式仍以体力劳动和手工劳动为主,如果生硬推行教劳结合、体脑结合,必然会冲击或拉低现代生产知识和技术教育的水平。所以,改革开放以后,党中央致

---

① 成有信.教育与生产劳动相结合问题新探索[M].长沙:湖南教育出版社,1998:307.
② 刘世峰.中国教劳结合研究[M].北京:教育科学出版社,1996:10.

力于重塑"尊重知识、尊重人才"的社会风气。

其次对是否以及如何坚持教育与劳动结合的问题进行了深入讨论。1978年4月,邓小平同志在全国教育工作会议上的讲话中指出:为了培养社会主义建设需要合格的人才,我们必须认真研究在新的条件下,如何更好地贯彻教育与生产劳动相结合的方针;各级各类学校对学生参加什么样的劳动,怎样下厂下乡,花多少时间,怎样同教学密切结合,都要有恰当的安排。更重要的是整个教育事业必须同国民经济发展的要求相适应;我们的国民经济是有计划按比例发展的,我们培养训练专门家和劳动后备军,也应该有与之相适应的周密的计划。[①] 对此,何东昌在《20年来我国教育思想的深刻变革》中做过阐释:1978年以后,教育界对1958年中央关于教育工作指示中提出的教育方针,即教育为无产阶级政治服务,与生产劳动相结合的方针有不同的认识。

再次将劳动教育列为全面发展教育的组成部分。1986年时任国务院副总理兼国家教委主任李鹏在第六届全国人民代表大会第四次会议上做了《关于中华人民共和国义务教育法(草案)的说明》,在贯彻党的教育方针方面提出"应当贯彻德、智、体、美全面发展的方针,适当进行劳动教育,使青少年儿童受到比较全面的基础教育。"[②]此后,国家教委颁发的一系列文件都出现过五育并举相关表述。1993年《中国教育改革和发展纲要》颁发后,统一为"培养德、智、体全面发展的社会主义建设者和接班人",1995年颁发的《中华人民共和国教育法》,确定为"培养德、智、体等方面全面发展的社会主义建设者和接班人"。

1999年6月,江泽民同志在第三次全国教育工作会议上指出:"必须全面贯彻党的教育方针,坚持教育为社会主义、为人民服务,坚持教育与社会实践相结合,以提高国民素质为根本宗旨,以培养学生的创新

① 何东昌.中华人民共和国重要教育文献(1976—1990)[M].海口:海南出版社,1998:1607.

② 何东昌.中华人民共和国重要教育文献(1976—1990)[M].海口:海南出版社,1998:2409.

精神和实践能力为重点,努力造就'有理想、有道德、有文化、有纪律'的德育、智育、体育、美育等全面发展的社会主义事业建设者和接班人。"①

(四) 全面建设小康社会时期

全面建设小康社会时期(2000—2012年)。21世纪,我国进入了全面建设小康社会、加快推进社会主义现代化发展阶段。党中央站在新的历史高度诠释了新时期劳动内涵。

一方面,劳动的创造价值高度彰显,劳动光荣、创造伟大成为时代强音。江泽民同志在党的十六大报告中将"尊重劳动、尊重知识、尊重人才、尊重创造"明确为党和国家一项重大方针。劳动贵在创造,没有创造,劳动只能是简单重复;创造离不开劳动,没有劳动,创造只能是纸上谈兵。尊重劳动、尊重创造,又离不开尊重知识、尊重人才。尊重知识、尊重人才、尊重创造,与尊重劳动具有内在一致性,是现代社会尊重劳动的必然要求。另一方面,对劳动者的人本关怀成为新时期我党执政的重要价值取向。党的十六大报告中,江泽民同志明确"要尊重和保护一切有益于人民和社会的劳动"。胡锦涛同志则在2010全国劳动模范和先进工作者表彰大会讲话中重申了"劳动最光荣、劳动者最伟大"的思想,提出了"体面劳动"概念,党的十七和十八大报告将改善民生作为社会建设重点。

2001年国务院发布的《关于基础教育改革与发展的决定》中,将"坚持教育必须为社会主义现代化建设服务,为人民服务,必须与生产劳动和社会实践相结合,培养德智体美等全面发展的社会主义事业建设者和接班人"②在传承了教育方针原有表述的基础上,融入了新时期的新思想,也就成为了全面建设小康社会时期我国教育方针的新表述。

---

① 何东昌.中华人民共和国重要教育文献(1998—2002)[M].海口:海南出版社,2003:293.

② 何东昌.中华人民共和国重要教育文献(1998—2002)[M].海口:海南出版社,2003:887.

教育方针强调教育不仅要与生产劳动相结合,更要与社会实践相结合。"教育与生产劳动和社会实践相结合"是新时代"教育与生产劳动相结合"理念的进一步丰富和拓展。因为"社会实践更注重对知识的运用和创新。社会实践的过程就是对思想意识和知识的检验、运用和创新的过程",而且社会实践的"含义更广更贴近时代和现实,在信息社会它不仅包括生产劳动、科学活动,同时还包括各种第三产业的社会活动"。①它更能体现新时期的劳动实践多样性,以及劳动创造的无限空间。

在劳动教育实践形态上,伴随着信息社会与知识经济的来临,劳动教育的技术之维也就更加凸显。在2001年启动的第八轮基础教育课程改革中,作为劳动教育新形式的综合实践活动课成为了从小学至高中的必修课,包括信息技术教育、研究性学习、社会实践以及劳动与技术教育等内容,关注技术、强调实践、追求创新是劳动教育新的实践导向。进入21世纪以后,随着劳动时代内涵不断丰富,劳动教育的外延也在不断拓展,从"教育与生产劳动相结合"拓展为"教育与生产劳动和社会实践相结合",从劳动技术课拓展为包括信息技术、通用技术、生产技术、职业技术、社会服务与社会实践、研究性学习等内容的综合实践活动课。

此外,对劳动者的人本关怀成为这时期我党越来越明确的执政及教育理念。但是,21世纪劳动教育在关注技术之维的同时却有忽视人本之维象。实际上,随着社会的进步与发展,体力劳动者可以变得越来越有文化,生活越来越丰富多彩,劳动的技术含量、收入、社会地位越来越高,但体力劳动永远不可能完全消失。②因此,引导青少年形成正确的劳动观,正确认识社会上的劳动领域和劳动群体的发展势态,从内心

---

① 罗建勤.从"教育与生产劳动相结合"到"教育与社会实践相结合"[J].毛泽东思想研究,2001(3).

② 杜作润.劳动教育——这是一个值得思考的问题[J].现代大学教育,2016(3).

真正地去热爱与尊重体力劳动和体力劳动者,为建构一个所有"劳动者参与发展、分享发展成果的"公平正义的社会而奋斗,应当成为当代劳动教育重要目的之一。

（五）新时代中国特色社会主义时期

新时代中国特色社会主义时期(2012—至今)。党的十八大以来,紧随时代发展浪潮,劳动教育承载着全面建设社会主义现代化国家、全面推进中华民族伟大复兴的重要使命。习近平总书记立足新时代发展站位,就劳动教育提出一系列重要论述。"要通过各种措施和方式,教育引导广大青少年牢固树立热爱劳动的思想、牢固养成热爱劳动的习惯,为祖国培养一代又一代勤于劳动、善于劳动的高素质劳动者"[①]、"要在学生中弘扬劳动精神,教育引导学生崇尚劳动、尊重劳动,懂得劳动最光荣、劳动最崇高、劳动最伟大、劳动最美丽的道理,长大后能够辛勤劳动、诚实劳动、创造性劳动"[②]、"要广泛开展劳动教育,发展素质教育,推进教育公平,促进学生德智体美劳全面发展"[③],全面系统地阐释了新时代劳动教育的性质地位、价值取向以及实施方略,包含了对广大青少年培养深厚的劳动情怀抱有的殷切期待。中共中央、国务院2020年3月发布《关于全面加强新时代大中小学劳动教育的意见》,明确提出劳动教育是中国特色社会主义教育制度重要部分,确立了新时代劳动教育方向及内容。

时代的号角在吹响,劳动教育诠释出时代新内涵。2022年,在党的二十大报告中,习近平总书记指出,要深入实施人才强国战略,"坚持尊

---

① 习近平.在庆祝"五一"国际劳动节暨表彰全国劳动模范和先进工作者大会上的讲话[N].人民日报,2015—04—29.

② 习近平.坚持中国特色社会主义教育发展道路 培养德智体美劳全面发展的社会主义建设者和接班人[N].人民日报,2018—09—11.

③ 习近平.在教育文化卫生体育领域专家代表座谈会上的讲话[N].人民日报,2020—09—23.

重劳动、尊重知识、尊重人才、尊重创造"。①作为新时代社会发展的重要内容,劳动教育体现着社会系统运行的大目标,也成为了社会发展的重要动力源。

从劳动教育发展历程可以看出,新时代劳动教育具有特有的关系逻辑。从教育价值来说,劳动教育既是教育系统中不可缺少的重要部分,与德智体美四育有机融为一体,它又是连接着社会大系统与教育系统的关键环节,劳动教育具有明显的社会属性,具有创造美好生活的重要价值意义;从教育目标来说,劳动教育能促进教育目标的有效实现,也承载着社会目标实现所要求的教育功能的发挥,可以说,劳动教育既是目标又是载体。认识新时代劳动教育,需要从新时代社会大系统的最根本特性中去全面探寻与思考。

新时代劳动教育具有重要的价值意蕴。一是劳动,它是人类认识与解放自己的关键途径,人类通过劳动不仅认识自身价值,而且为社会创造了财富、促进社会的发展,新时代劳动教育要能"与时俱进",与当下生产力和生产方式的发展水平相适应,从而形成新内涵与特征;二是劳动教育,它是实现立德树人任务的重要方式,青少年是国家蓬勃发展的重要动力,因此我们要发挥劳动教育价值,正向引导青少年的健康成长,助力青少年能养成热爱劳动的习惯和尊重劳动的价值观,认识到劳动能创造美好生活;三是劳动教育与德智体美四育存在内在关联性,有效实施劳动教育,在德育上培养学生勤劳坚强等优秀品质,在智育上帮助学生掌握更多理论知识与技能,在体育上起到强身健体之作用,在美育上提升鉴赏与创造美的能力,五育融合视域下建构全面发展的教育体系,有效助力学生的健康成长。

因此,新时代劳动教育要紧扣时代发展要求,厘清劳动新内涵,丰富劳动形式,分领域分阶段分任务实施劳动教育的系列活动。培育"新

---

① 习近平.高举中国特色社会主义伟大旗帜 为全面建设社会主义现代化国家而团结奋斗——在中国共产党第二十次全国代表大会上的报告[N].人民日报,2022—10—26.

时代劳动观",即"勤俭节约、勤于动手"的劳动习惯,"崇尚劳动、尊重劳动"的劳动态度,"劳动创造生活、劳动创造世界"的劳动思维,"劳动最光荣、劳动最崇高、劳动最伟大、劳动最美丽"的劳动情感,"辛勤劳动、诚实劳动、创造性劳动"的劳动能力,"善于创新、勇于奉献"的劳动精神。

二、解析劳动教育的本质价值

基于国内外关于"劳动的育人价值、劳动的属性特点、劳动的文化特点"等理论的探索,进一步解析劳动教育的本质价值,与时俱进赋予劳动教育新内涵,以适应时代发展带来的教育新变革。

(一) 劳动的认识

新中国社会主义教育通过让学生学习社会发展史、历史唯物主义,树立劳动创造世界的马克思主义劳动观点,批驳轻视劳动、轻视劳动人民的剥削阶级观点,使学生牢固树立马克思主义劳动观,认识到劳动人民既是历史的创造者,又是中国特色社会主义事业的建设者和主人,从而投身到社会主义建设的伟大事业中。

长期以来,党和国家在政策层面非常重视劳动教育。尤其是党的十八大以来,习近平总书记将"坚持社会公平正义,排除阻碍劳动者参与发展、分享发展成果的障碍,努力让劳动者实现体面劳动、全面发展"作为施政目标之一,开创了新时代中国特色社会主义劳动思想的新境界。

1.劳动的价值

马克思认为劳动是区分人与动物的关键所在,它是一种创造性的活动,是自由的生命表现所在。劳动创造了人,劳动与人类社会历史共始终。劳动是具体的社会历史活动,劳动也具有超越社会历史的性质。

劳动具有双重价值：一是劳动具有"创造人"的价值，人类可以通过具有主观能动性的劳动来证明及实现自身的价值，其目的在于改造自然界，从而满足自身需求；二是劳动具有"创建人类社会"的价值，通过劳动可以获得必要的物质资料，也就说人类必须开展生产劳动来满足生存与生活的基本需求。同时，劳动是社会中的劳动，人们在物质生产劳动中会结成一定的社会关系，这样就产生了社会，在其现实性上社会就是"个体—个体"彼此之间的关系总和，劳动就是社会性的重要桥梁。

2. 劳动的构成要素

马克思曾经明确提出劳动的构成要素主要有三个：劳动对象、劳动过程、劳动资料，这三个方面也是马克思分析和认识劳动的重要视角。

劳动对象，是劳动得以开展的物质基础和客观条件；劳动过程，是人与客观世界进行物质交换的过程，是人将自己的劳动作用于客观物质世界从而获取生存资料的过程；劳动资料，是劳动工具、生产资料，是人在劳动中所创造出来的，从客观物质世界获取的重要内容。同时，劳动者通过劳动工具将劳动传导到劳动对象上，目的在于获取劳动资料。其中劳动工具就是人的四肢的"延展"，是人的能力的"放大"，是人征服自然能力的"根本标志"。

3. 劳动观的内涵

马克思主义劳动观主要包括三个基本点：首先，人是劳动的产物，劳动创造了人类生存所必需的全部物质条件和精神条件；其次，劳动是人类全部社会关系形成和发展的基础，人们在劳动过程中，一方面同自然界产生关系，另一方面在人们之间又结成生产关系；最后，劳动是促使社会历史发展的根本推动力量。社会发展的最终决定力量不是精神、意志、神灵，而是人的劳动实践。

基于马克思主义劳动观进一步思考，可以得出以下三点新的认知：

第一,劳动是一种本领,让人类掌握了一个区别于其他动物群体的独特本领,即在与大自然的共生共长中,人类逐步学会了制造劳动工具、使用劳动工具等基本技能;第二,劳动是一种能力,能不断提升人类的生存与生活能力,让人类能逐步更好地掌握自己的生活,能让人类更具有主观能动性;第三,劳动是一种智慧,不断提升了人类的聪明才智以及创造能力,从而更好地实现劳动创造美好生活的状态。

4.劳动观的发展

党的十八大以来,在传承和发展马克思劳动观的基础上,逐步形成了中国特色社会主义劳动思想体系。习近平总书记关于劳动教育的重要论述,是对马克思主义劳动价值观的创造性发展,揭示了劳动教育所具有的政治、社会、文化和育人属性,科学确立了新时代劳动教育的重要使命和战略发展方向。①

劳动观处于不断发展的状态。随着时代的迅猛发展,劳动不单单是一种本领、一种能力、一种智慧,更是顺应时代进步的"发展力"与"生长力"。新时代劳动,要适应科技的快速发展和产业的大量变革,针对劳动存在的新形态,尤其要关注新兴技术的支撑和社会服务的新变化,不能局限于仅仅是出力与流汗的纯粹体力劳动,而是要关注运用劳动的新型工艺与新型技术,强调加强生活型劳动、生产型劳动和服务型劳动的全方位的人类活动。同时,新时代劳动观具有特有的社会属性,具有面对未来、培育复合型人才的教育价值。

(二)劳动教育的思考

1.劳动教育的认知

何为劳动教育?苏联当代著名教育家苏霍姆林斯基认为,劳动教育是对青少年参加社会生产的实际训练,是德育、智育及美育的重要因

---

① 王晓燕,杨颖东,孟梦.全面加强新时代大中小学劳动教育——习近平总书记关于教育的重要论述学习研究之十三[J].教育研究,2023,44(01):4—15.

素,能培养人的道德品质;①马克思深入揭示:劳动是人的本质,提出"教育与生产劳动相结合"思想;在20世纪上,美国教育家杜威在《民主主义与教育》中提出要做中学,教育即生活,让学生们去"做",自主地进行劳动实践。

实践史方面,芬兰是世界上最早将劳动教育作为必修课程纳入学校教育体系的国家,劳动养成体系中注重传统与创新相结合,②从国家层面来推进劳动教育是很有效的措施;英国针对日益增多的青少年肥胖现象,从引导青少年建立健康的饮食习惯出发,将烹饪列为中小学生的必修课,③这体现了劳动教育解决问题的教育导向;在日本,把"美化环境劳动、社会服务劳动和在学校设立的劳动场所内进行的生产劳动"三类劳动体验学习,作为其劳动教育养成体系中最重要的课程,其目的是让学生"体验从事劳动和创造的喜悦,形成正确的劳动观和职业观"。④

研究史方面,孙智昌通过对世界上71个有代表性国家的小学劳动教育课程的设置研究,指出国外比较重视劳动技术教育,其中不开设劳动技术课的国家只有11个,占71个国家的15.5%,课程设置中比较重视技术含量、重视信息技术教育、创新教育的开展,教学过程中比较重视学生的设计能力培养。⑤

根据中国工具书考证,《教育大辞典》侧重从实践出发,强调劳动教育即劳动、生产、技术和劳动素养方面教育,旨在培养学生正确的劳动观点、劳动态度、劳动习惯,使学生获得工农业生产基本知识和技能;《中国大百科全书·教育》则从教育工作的整体布局出发,认为劳动教育

---

① 周路希.苏霍姆林斯基农村教育思想研究[D].东北师范大学,2011.

② 滕珺,王岩.创新性与传统相结合的芬兰劳动教育[N].光明日报,2019—01—10(14).

③ 胡乐乐.劳动教育在英国:当烹饪成为中小学生必修课[EB/OL].2019—01—12.

④ 刘世峰主编.中外教劳结合研究[M].北京:教育科学出版社,1996:367.

⑤ 孙智昌.当代国外小学劳动技术教育课程的发展[J].外国中小学教育,2000,(5):33—38.

是德育的内容之一,目的在于使学生树立正确的劳动观点和劳动态度,热爱劳动和劳动人民,养成劳动习惯。[①]

不同学者通过不同切入点来论述小学生劳动教育观的具体内容。一是从本体论出发,劳动教育观应该涵盖对劳动认识的研究;二是从国家的政策文件出发,要让劳动最光荣、劳动最崇高、劳动最伟大、劳动最美丽的观念深入人心;三是从人的内在感受出发,劳动教育观是"幸福劳动"的价值观念;四是从劳动态度出发,包括"尊重劳动、热爱劳动、崇尚劳动"等。

本研究旨在努力构建三位一体、多维融合、跨学科渗透、多路径实施、多形态结合、多功能呈现的劳动教育生态,在劳动中以体知真善美为根、以德智体美劳诸育有机融合为壤、以培育正确劳动价值观为干,构建具有内在生命力的劳动教育体系。劳动教育内涵是指从目前学生相对薄弱的劳动知识与劳动技能的教育切入,通过学生具体劳动体验与创新实践,由内而外地逐步领会与提升自身劳动观念、态度、习惯与品质、情感等,真正认识到劳动是创造一切财富的源泉;认识到劳动是推动人类社会进步的根本力量,社会发展中的各种难题,只有通过劳动才能破解;认识到只有依靠辛勤劳动才能实现远大理想和人生价值。

2.劳动教育的价值

一是认为劳动教育的价值在于其基础融通性。

苏联著名教育思想家马卡连柯认为,劳动是学校教育体系中最基本的组成因素。在《儿童教育讲座》中他指出:"劳动永远是人类生活的基础,是创造人类生活幸福和文明的基础。在教育工作中,劳动也应当是最基本的因素之一。"[②]

国际上,古巴在教育上取得的成就举世瞩目,其中劳动教育是古巴

---

① 王连照.论劳动教育的特征与实施[J].中国教育学刊,2016—07.

② 吴式颖.马卡连柯教育文集:下卷[M].北京:人民教育出版社,2016:528.

教育领域的一抹亮彩。古巴宪法规定,教育的基础"是学习与生活、劳动和生产的密切联系"。大力开展劳动教育最大限度提高了学生学习能力,拓宽了学生个人的发展空间,成为了古巴学生道德品质培养的有效补充。[①]

王殿军认为:劳动教育具有融通性,是德智体美育的基础,对"四育"有着正向的促进作用。劳动教育与德育密不可分,在劳动教育中,使学生树立正确的劳动观念和劳动态度,热爱劳动,尊重劳动人民和劳动成果,抵制好逸恶劳、贪图享受、不劳而获、奢侈浪费等不良习气的影响,在劳动中磨砺意志品质;劳动教育能促进智育,劳动还能直接为某些知识的学习、观念和情感的体悟提供真实情境;劳动与体育相辅相成,体育就是在劳动的过程中产生的,劳动可以促进人体消化吸收,使人体魄强健,为体育打好基础;劳动涵养美育,劳动创造了世界,也创造了美,劳动美是人们在生产劳动中形成和表现出的美,是社会美的最基本的内容。[②]

陈理宣、刘炎欣提出:劳动教育作为整个教育的基础,渗透融合到德智体美教育的全过程之中。首先,劳动教育为思想道德教育这个核心服务,必须渗透、落实到各项社会实践活动和各学科教育之中。否则,思想道德教育就不能落到实处。同时,智育与劳动教育是联系在一起的。此外,劳动教育对于美育和体育具有重要的渗透功能。美育具有综合育人功能,但是美育的实施要以实践活动及其体验为基础。[③]从劳动教育与德智体美四育关系来看,劳育是基础,要融合到德智体美四育全过程,并有效实施。

二是认为劳动教育的价值在于其育人性。

从研究史上看,谢丽玲从素质教育的视角探析了劳动教育在学生

[①] 黄南婷.古巴劳动教育的意义[J].外国中小学教育,2010(4).

[②] 王殿军.补齐劳动教育的短板[N].中国教育报,2018—10—31(第9版).

[③] 陈理宣,刘炎欣.劳动教育与德智体美教育的基础关联和价值彰显[J],课程与教学,2017—11.

全面发展中的重要作用,剖析了劳动教育培养对学生人格品质培育的重要功能;①关颖运用实证主义方法探讨了学生对劳动的积极认识,并分析了少年儿童的劳动教育和劳动习惯是在外部多重影响和作用下产生的。②

劳动教育价值意义是指劳动教育的育人价值的永恒性和时代的创新性,发达地区新时代劳动教育需要创新劳动知识,变革劳动技能,提升劳动内涵,超越对劳动教育窄化、弱化、异化等现象,与时俱进赋予其现代社会的劳动理念。

(三)劳动教育的逻辑探索

聚焦系统性、科学性、时代性,建立全方位、立体化、多层次的劳动教育实现路径。努力"把劳动教育纳入人才培养全过程,贯通大中小学各学段,贯穿学校、家庭、社会各方面,与德育、智育、体育、美育相融合",③形成具有科学规范的逻辑体系的新劳动教育模式。

1.逻辑起点:培育未来时代新人

关于劳动教育重要论述的逻辑起点,在于回答为什么要开展劳动教育,新时代开展劳动教育的理论出发点和现实针对性是什么。根据党的十八大以来,习近平关于劳动教育的一系列重要讲话,可以看出新时代劳动教育逻辑起点在于马克思主义的内在理论指导和现实问题的破解及发展需求,即培育未来时代新人。

(1)新时代社会发展的必然要求

一是新时代社会主要矛盾的变化要求强化人民对劳动价值的认

① 谢丽玲.劳动教育在学生全面发展教育中的作用[J].湖南师范大学教育科学学报,2003,(6):53—55.

② 关颖.少年儿童劳动意识和劳动习惯影响因素的实证分析[J].道德与文明,2012,(1):148—152.

③ 中共中央国务院.关于全面加强新时代大中小学劳动教育的意见[M].北京:人民出版社,2020.

同。社会主要矛盾的转化,则意味着随着我国经济社会的不断发展,人民的需要向更高层次转变,反映出当前我国社会发展质量有待提高。为此,十九大报告对党和国家工作提出要"坚持以人民为中心的发展思想,不断促进人的全面发展、全体人民共同富裕。"①可见,不断促进人的全面发展和社会的全面进步,既是解决新时代社会主要矛盾及问题的关键环节,又是最终达成的目标及结果。

二是全面建成社会主义现代化强国需要人民付出更为艰巨的努力。习近平强调:"行百里者半九十。中华民族伟大复兴,绝不是轻轻松松、敲锣打鼓就能实现的。全党必须准备付出更为艰巨、更为艰苦的努力。"②全面建成社会主义现代化强国需要人民不畏艰辛、坚持不懈地付出努力。十八大以来,"全面建成小康社会,进而建成富强民主文明和谐的社会主义现代化国家,根本上靠劳动、靠劳动者创造","实现我们确立的奋斗目标,归根到底要靠辛勤劳动、诚实劳动、科学劳动","让劳动光荣、创造伟大成为铿锵的时代强音","培养宏大的高素质劳动者大军"③等论述,充分体现了劳动教育重要论述的逻辑出发点。

(2)新时代育人价值的重要体现

劳育是构建教育体系的重要内容。马克思、恩格斯通过对人类社会发展的考察,发现人的发展是受到社会分工的相关制约,认为要通过发展生产力和现代教育来实现人的全面发展之目标。马克思主义关于人的全面发展思想始终贯穿于我们党和国家的教育方针,新时代劳育被正式确定为全面发展教育的重要组成部分,是教育方针的重大转变,必将指引新时代我国教育事业蓬勃发展。

---

① 习近平.决胜全面建成小康社会 夺取新时代中国特色社会主义伟大胜利——在中国共产党第十九次全国代表大会上的报告[N].人民日报,2017—10—28.

② 习近平.决胜全面建成小康社会 夺取新时代中国特色社会主义伟大胜利——在中国共产党第十九次全国代表大会上的报告[N].人民日报,2017—10—28.

③ 习近平.在庆祝"五一"国际劳动节暨表彰全国劳动模范和先进工作者大会上的讲话[N].人民日报,2015—04—29.

一是从五育关系来看,劳动教育的加强是对德智体美四育的有力支撑。在新时代发展背景下,劳动教育具有融合性,是融合其他四育的重要载体。五育融合是"加法式"教育模式转向"乘法式"教育模式的嬗变。基于人的全面发展的视角,实现各育目标内容相互之间的融合,努力构建具有"系统整体性"的德智体美劳五育融合的教育体系来培养时代新人。

二是从教育意义来看,劳动教育是促进个人成长与社会发展的重要纽带。一个人只有亲身参与和体验劳动实践,才能真切地体会到劳动成果是来之不易的,才能全面正确了解社会面貌,才能激活服务他人与集体的自主意识,并孕育出为社会奉献的道德情感。针对当前社会中,青少年儿童中存在不珍惜劳动成果、不会劳动、不愿劳动等问题,通过教育与各类劳动的有机融合,实现人的全面发展。

（3）新时代劳动教育的发展导向

一是劳动教育的重要价值需重视。长期以来,传统的升学压力等原因影响着人们的教育观念,不少学生埋头于书本知识的学习,而在劳动教育实践体验中缺乏充足的时间与精力,导致教育中存在重知识、轻劳动的现象,对劳动教育价值的认识亟需加强。然而劳动教育是塑造全面发展的人的重要部分,具有树德、增智、强体、育美之作用,要从五育融合的视域下助力学生树立正确的劳动价值观,全方位提升劳动综合素养,为学生终身发展奠基,这是具有重要的价值意义。

二是新时代背景下的劳动观念需转变。随着信息化、科技时代的到来,以及社会主义市场经济发展带来的生活方式转变,新时代劳动内容和劳动形式发生了明显的变化。在劳动最光荣、劳动最崇高、劳动最伟大、劳动最美丽的教育观念导向下,劳动者要真切地热爱和尊重自己和他人的劳动,充分认识到劳动能创造幸福生活等观念,这是教育发展之所需。

2.理论逻辑:融合超越的新劳动

劳动教育的理论逻辑,在于阐明新时代要开展什么样的劳动教育,明确新时代劳动教育的发展蓝图,即探索融合超越新劳动。习近平关于劳动、劳动者、劳动精神的一系列重要讲话,彰显了其关于劳动教育重要论述的理论逻辑主线由三层组成:劳动教育的基本方向、劳动教育的基本定位、劳动教育的基本范畴。

(1)劳动教育的基本方向

坚持中国特色社会主义教育发展道路是劳动教育的基本方向。劳动教育作为我国教育体系的重要组成部分,其发展道路和任务取决于我国教育事业的总体发展思路和发展方向。习近平在2018年全国教育大会上指出,要在党的坚强领导下,全面贯彻党的教育方针,坚持马克思主义指导地位,坚持中国特色社会主义教育发展道路,坚持社会主义办学方向,立足基本国情,遵循教育规律,坚持改革创新,以凝聚人心、完善人格、开发人力、培育人才、造福人民为工作目标,培养德智体美劳全面发展的社会主义建设者和接班人,加快推进教育现代化、建设教育强国、办好人民满意的教育。①基于国情,要充分挖掘新时代劳动教育综合育人价值,为中国特色社会主义事业发展培养高素质的劳动者大军。

(2)劳动教育的核心定位

以人民为中心发展劳动教育,就要培养学生"心中有人民"。明确新时代劳动教育的目的、内涵和形式的理念定位和实践形态。新中国成立以来,党的各届领导人对社会主义教育事业进行了长期实践和积极探索,劳动教育理论和实践的特点逐渐由外生性向内生性演变。进入新时代,在坚持以人民为中心的发展思想指引下,劳动教育的人本性更加凸显,教育更注重以人为本,促进人的全面发展。十八大以来,党和国家围绕劳动教育发表的一系列重要论述,处处体现着以人民为中心的发展理念,并且始终把培养什么样的人、如何培养人放在首要位置。

---

① 习近平.坚持中国特色社会主义教育发展道路 培养德智体美劳全面发展的社会主义建设者和接班人[N].人民日报,2018—09—11.

（3）劳动教育的关键特质

基于学校教育的整体性和融通性的特征,劳动教育以其功能融通性成为德智体美四育的有力支撑。劳动教育的基本内容和领域,具体表现为以劳树德、增智、强体、育美、创新,即劳动教育的功能以及劳育与其他四育的内在逻辑关系。从劳动教育多维目标来看五育关系,劳动观念、态度等方面培养是德育关键内容;劳动技能、习惯等方面培养属于智育和体育关键内容;劳动思维与情感培育也是智育、美育关键部分。从五育侧重点来看,德育体现"善",解决世界观与人生观问题;智育体现"真",注重开发智能;体育体现"健",促进身体各方面发育、机能全面发展;美育体现"美",陶冶情操与塑造心灵;劳动教育体现"实",培养劳动观念、检验动手能力。[①]五育既有各自独特的特点,又互为条件、互相融合。五育融合,劳动教育促学生综合素养养成。

3.实践逻辑:多方共铸教育合力

劳动教育实践逻辑主线,在于解决怎样开展劳动教育,指明新时代劳动教育的实践路径,即和学生职业生涯关联。习近平总书记有关劳动教育一系列重要论述,其劳动教育实践逻辑主线主要由以下三部分组成:

（1）优化制度环境

一是党和政府要全面建立让劳动者实现体面劳动、全面发展的制度环境。习近平从"破"与"立"的高度出发,提出党和政府要在破除障碍、健全制度的基础上,让劳动者实现体面劳动、全面发展,在社会上营造积极的劳动风气,从而为劳动教育提供良好的制度环境,这也是为学生未来职业生涯奠基。

二是要加强完善新时代劳动教育工作体制。习近平在2018全国教育大会上指出要努力构建德智体美劳全面培养的教育体系,形成更高

---

① 肖宁,孙伟.试论教育体系中德、智、体、美、劳五育的关系及地位[J].吉林教育科学·高教研究,1996(3).

水平的人才培养体系。[1]新时代劳动教育,要增强时代性、科学性、系统性,建立多层次、立体化、全方位劳动教育实现路径。

（2）创新工作机制

学校和教育工作者要勇于创新劳动教育工作机制和方法。劳动教育的内容要与时俱进,劳动教育是贯彻"劳动托起中国梦"之应然,更是促进人的全面发展之必然;劳动教育的方法要多样灵活,面对青少年劳动教育的新形势,采取多方参与、多措并举的现代化工作方法,加强劳动教育方法的多样灵活性,使之既具有普适性,又具有针对性。

（3）多元主体共育

社会、家庭和教育主体要协同合作,形成教育同心圆。其一,巩固家庭在劳动教育中的基础地位,家校共育视域下健全家校合作机制、明确家长主体责任、发挥学校指导作用,全方位提高家庭教育水平;其二,拓宽社会劳动教育的多元渠道,将校外劳动纳入学校的教育工作计划,充分利用劳动教育实践基地、综合实践基地和其他社会资源。[2]家校社协同一体化下组织开展校园劳动、家庭劳动、社会劳动等形式多样的劳动实践活动;其三,充分尊重受教育者的主体诉求和功能发挥,在劳动教育过程中,充分发挥受教育者的主体性对劳动教育活动能否达到预期目标起着决定性的作用,坚持从主体性、情感性出发进行劳动教育的重视。《意见》在制定过程中也充分考虑了从劳动知识和技能传授、学科教学、社会实践、校园文化、家庭教育、社会教育协同联动、直接参与养成习惯、做好劳动保护保证学生安全等多方面对受教育者主体诉求进行了系统全面的考虑。[3]

---

① 习近平.坚持中国特色社会主义教育发展道路 培养德智体美劳全面发展的社会主义建设者和接班人[N].人民日报,2018—09—11.

② 中共中央国务院.关于全面加强新时代大中小学劳动教育的意见[M].北京:人民出版社,2020.

③ 中共中央国务院.关于全面加强新时代大中小学劳动教育的意见[M].北京:人民出版社,2020.

三、激活劳动教育的育人价值

《义务教育劳动课程标准(2022年版)》提出:劳动教育是发挥劳动的育人功能,对学生进行热爱劳动、热爱劳动人民的教育活动。劳动教育是中国特色社会主义教育制度的重要内容,是全面发展教育体系的重要组成部分,对全面贯彻党的教育方针、落实立德树人根本任务、培养德智体美劳全面发展的社会主义建设者和接班人具有重要的意义。[①]

小学阶段是教育历程中的关键时期,该阶段学生的劳动行为习惯和价值观尚未完全养成,需要教师引导学生积极参与劳动,促进其从小养成良好的劳动习惯,提升劳动素养。进入新时代,基于立德树人的根本任务,劳动教育肩负着培育未来复合型人才的教育使命,构建五育融合、全面发展的教育体系,充分激活劳动教育的育人价值。

（一）回归：站稳儿童立场

基于"多元赋能"的教育理念,聚焦人的"本质属性·生活场景·精神家园"三大维度,凸显儿童立场,挖掘劳动教育的育人价值,通过体格与心智发育、情感与信念的培育、能力的培养等多方面有效实现育人。

1.回归人的本质属性:促进儿童体格与心智发育

马克思主义劳动观认为劳动是人的本质,是人类生存的基本方式,是人类与生俱来的能力。也就是说,劳动创造了人的本身与人的生活。

一方面,区别人与动物不同的本质特征在于"人会劳动"。人通过劳动逐渐解放和发展出能使用工具的手和创造工具的智慧,继而促进劳动形式的发展并促使语言的产生,而语言和劳动的发展又是进一步

---

① 中华人民共和国教育部.义务教育劳动课程标准(2022年版)[S].北京:北京师范大学出版社,2022:3.

调动整个身体的发展,最终形成了与动物有着本质区别的"人";另一方面,人不仅是自然、社会的存在物,还是一种具有未完成性、超越性的存在物,不断完善自我、追求自我,朝向理想的世界迈进,这是人类发展的根本所在。

劳动过程是不断创造自我、促进自身的发展。对处于成长关键期的儿童而言,劳动更是其健康成长不可或缺的重要部分。劳动可以作为促进身体锻炼的实践活动载体,也可以作为有效促进儿童身心健康发展的重要途径,不断提高儿童对疾病的抵抗力,更好地达到强身健体的目的。

同样,劳动在智力发展中起着关键作用。"儿童的才智反映在他们的手指尖上",前苏联著名教育家苏霍姆林斯基这句话形象地说明了劳动在儿童心智成长中的核心作用。动手能力强、热爱劳动的孩子,思维一般都比较活跃敏捷、敢于创新。可见劳动能促进劳动者身体发育、品质意志的养成和知识技能的进步,对于人的全面成长来说,劳动具有综合属性。

2.回归真实生活场景:奠定儿童独立生存的能力

教育不易,特别是要让孩子学会生存的基础上能追寻美好生活,感受到劳动是改变生活、实现自我的最好方式。通过劳动来参与社会实践活动,提升创造美好生活的基本能力。儿童在集体生活中习得知识、提升观念和厚植文化等,打造自身进入社会存在所需的物质和精神世界,以此慢慢来适应社会生活。

新时代劳动教育,本体价值、现实困境及改进策略得益于人在真实的劳动场景中的具体实践。所以,学生在真实的劳动情境中与同伴的交流合作、产生并解决相关冲突,推动儿童社会性的发展,可以助力其进一步适应社会生活。同时,学生在劳动情境探索中发现问题、解决困难、收获成长,逐渐增强自身的自信心、磨练加强意志、培育责任感,更好地提升解决问题的综合能力。

劳动教育既是从儿童真实生活场景中来,又反馈助力于现实社会生活。在日常生活中,学生通过劳动不断习得必备的生活自理能力,进一步发展社会性与综合性,培养适应社会生存的基本技能。同时有益于儿童劳动知识的内化、劳动情感的升华,也更有益于培养儿童处理问题的判断能力,从而帮助儿童更好地适应社会生活,实现更好地成长。

3.回归人的精神家园:培育儿童劳动情感与信念

儿童的成长发展不仅是身体的生长,更是精神文化层面不断滋养丰润的过程。每一个孩子是独立的个体,只有尊重其个性成长特点,关注其精神层面,才能更好地助力孩子思维和情感等方面的发展与提升。

因此,打造儿童的精神家园,这是孩子内在的生命呼唤。劳动作为自然所赋予的精神展现,其蕴含的自由、愉悦和体验的精神,刚好与儿童个性的精神世界相互匹配。所以可以说,劳动也是儿童内在的精神需要所在。通过劳动,引导孩子懂得劳动光荣,懂得幸福靠双手创造,热爱劳动和劳动人民,更好地促进学生良好品德的形成。新时代社会背景下,各级劳动模范与先锋是劳动者的杰出代表,他们的劳动精神面貌好、劳动价值取向正、劳动技能水平高,引导学生养成崇尚劳动、尊重劳动的品德,是广大青少年成长成才的精神指引。

劳动作为人类最基本、最重要的存在方式,是从工具性价值走向创造自身价值、实现自我发展相结合的"存在性价值"。如班级大扫除中,学生主动帮助班级擦窗户,劳动过程及成果让自身获得满足感,长期积累,逐渐养成主人翁意识。劳动不仅创造幸福,还能使学生获得内心欣喜的情感体验。而且学生在动手参与过程中体会到劳动能产生快乐,获得劳动信念,形成劳动内驱力并逐渐转化为热爱劳动的真实情感,这对于丰盈儿童的精神世界无疑具有积极意义。这也是新时代劳动教育所倡导的重要内容。

（二）关联：深化教育内涵

劳动教育的"时代价值、本质价值、育人价值"三者之间存在相互关联的辩证关系。其中,本质价值是时代价值和育人价值共同的哲学原点、理论基点和实践支点,时代价值和育人价值始终是在不断变化中不脱离其根本,其不变的核心就是本质价值所赋予决定的,时代价值和育人价值是本质价值"与时俱进"的最直接的体现和最好的实现。在不同阶段具体化表现各不相同,同时将未来时代对劳动教育的新需求,主动地、能动地反哺本质价值,从而不断挖掘本质价值的丰富内涵。具体见下图:

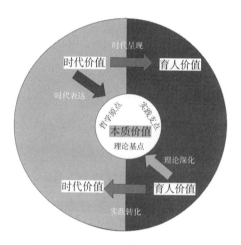

图 1-1-1　时代价值、本质价值、
育人价值三者之间辩证关系

本质价值包含在时代价值和育人价值的具体表现中,本质价值需要深入挖掘,才能够感知其永恒不变的基本原理。本质价值、时代价值、育人价值处于一个动态循环、相辅相承的教育样态。

1.本质价值:哲学原点、理论基点与实践支点

本质价值是时代价值和育人价值的哲学原点、理论基点、实践支点。

关于哲学原点。本质价值作为最基本核心的理论基础,时代价值和育人价值都是从本质价值的根系土壤中孕育而生。可以说,本质价值是学术逻辑的原点,是在哲学层面上,对劳动及劳动教育的本质认识,尤其是对劳动价值及劳动教育价值的本质认识和实现。劳动观、劳动教育观、劳动教育逻辑体系中的核心思想是永恒不变的,内容和表现随之变化。

关于理论基点。理论基点是从本质价值的理论出发而不是从自我认识出发,用科学理论的思想魅力和真理力量感召人们,解决劳动教育问题。是为人们提供强大思想武器的理论学习和教育活动,而不是随机性的思想教育和休闲式的读书学习。从理论出发而不是从个人的自我认识出发,就是要把握好学习科学理论、掌握科学理论这个前提,把时代价值和育人价值的基点放在本质价值上。

关于实践支点。如果说中国的新时代劳动教育实践是马克思主义中国化的伟大实践基础的话,那么本质价值的实践则是时代价值和育人价值创新的一个实践支点,它们三者是相互紧密关联。

2.时代价值:时代表达与时代呈现

时代价值是本质价值的时代表达,是育人价值的时代呈现。

关于时代表达。时代价值较育人价值而言,更为抽象。社会发展越快速,时代价值的表达就越显充分和丰富,反映本质价值的内容更准确。比如50年代人们的劳动观念比较强烈,反映出的本质价值也就会强烈;比如80年代概念模糊化,忽视最基本的劳动教育目标,高技术的劳动也没有跟上,反映出的本质价值也更虚无。新时代劳动教育,随着信息技术发展、社会经济发展,本质价值更为强化,时代表达的本质价值也更为突出。

关于时代呈现。紧随时代发展大浪潮,劳动教育的育人价值更为具象化,每个时代有共同和不同的时代价值呈现。则劳动教育的育人价值也处于不断变化发展的状态,在不同阶段的时代呈现也有所不同,并不是一成不变的。

3. 育人价值：理论深化与实践转化

育人价值是本质价值的理论深化，是时代价值的实践转化。

关于理论深化。本质价值在理论上支撑促进育人价值的认识和实现。在推进劳动教育的时候，要从本质价值的深层次上来认识和建立对育人价值的理解，从而从理论层面上实现更好地深化。

关于实践转化。时代价值给劳动教育引领方向。把方向性的要求，把时代对劳动教育的突出要求和新要求尽可能准确、充分、有创造性地转化为劳动教育实践，转化为通过劳动教育达到全面育人的实践探索。

厘清劳动教育的价值与意义，从理论层面为全面加强新时代小学劳动教育提供了更科学更有效的目标、内容路径指引。指向"培育未来复合型人才"教育目标，基于时代精神、地域特质、学生特点，以习近平总书记关于劳动教育的重要论述为指导，深刻理解劳动教育的时代意蕴和实践逻辑，努力创建五育融合、整体建构的劳动教育养成体系，为学生的健康成长保驾护航。

第二章 理论之基:内涵与目标

劳动教育是教育的关键内容,是"德智体美劳"五育融合教育体系的组成部分。在学校教育中,它始终发挥着至关重要的引擎作用。紧随时代的脚步,在长期不断的探索中不断深化对劳动教育的科学认知。

唯物史观表明,劳动教育不是主观的,它是社会生产力发展的客观要求。围绕劳动教育进行理论和现实回应,界定其内涵和目标是前提及基础。在社会快速发展的时代,劳动教育的内涵、目标、外延及担负的教育使命也有了更深度的思考与解读。结合古今中外的文献资料,重新审视学校劳动教育的内涵与目标、本质与功能,具有重要的理论价值和现实意义。

一、厘清劳动教育内涵

从不同领域和视角出发,国内外学者对劳动教育内涵有不同的思考与认知,形成丰富的见解与主张。劳动教育的内涵解读,随着历史车轮的不断前进以及学校教育的实践探索,也在不断地丰富与发展。

中国特色社会主义进入新的发展阶段,学校教育改革势在必行,劳动教育作为立德树人的重要方式之一,对其内涵的再认识是进行劳动教育改革的必经之路。

（一）劳动教育内涵研究

1.国外劳动教育内涵研究

（1）教劳结合：资本主义萌芽时期（16—18世纪）

从文艺复兴时期开始，资本主义的生产方式产生萌芽。随着生产力的快速发展和资本主义的扩张，各地开始兴办学校，推动教育从生产劳动中再一次分离。这导致不少教育家、思想家注意到教育和生产劳动结合的问题。早在16世纪，莫尔在《乌托邦》中描绘的理想世界中，就提到把体力劳动和脑力劳动相结合，这是教劳结合思想的一种体现。

17—18世纪，约翰·贝勒斯主张教劳结合，阐述了劳动教育对于智力发展、品德塑造的推动作用。他认为，儿童应该从小学习耕作等农业技术、手工业技术。儿童在学习劳动的过程中，能够发展智力，磨砺坚韧的意志，在劳动中还能锻炼与人为善的品格。马克思曾高度赞誉贝勒斯，称其为"一个非凡的人物"[①]。

教劳结合的观点，不仅仅是处于设想与规划层面，它还在教育实践中不断生成与发展。教育家裴斯泰洛奇认为，劳动可以发展人的智力，塑造美好的道德品质，还可以增强人的体质。裴斯泰洛奇十分同情贫民，立志拯救贫苦民众，还创办了"贫民学校"。他认为贫民缺少农业生产的教育，如果将教育和农业、手工业相结合，能够改善人们将来的生活。裴斯泰洛奇认为："儿童在从事手工劳动的时候，也可以教给他们很多东西"[②]。英国空想社会主义者罗伯特·欧文（Robert Owen）主张教育中没有体力劳动与脑力劳动的差别。他曾极力推行乌托邦社会制度，改革公社劳动，在新和谐公社中推行全体成员共同劳动，每天不同时段分别参与体力劳动和脑力劳动。

---

① 马克思,恩格斯.马克思恩格斯全集[M].第23卷.北京:人民出版社,1972:535.

② 张焕庭主编.西方资产阶级教育论著选[M].北京:人民教育出版社,1979:203.

（2）技术教育：工业革命时期（18—19世纪）

随着商品生产的进一步发展，到了工业革命时期，机器生产也得到大力发展，生产力进一步提高，儿童和妇女也参与到这样的生产劳动中。马克思结合生产、科学和劳动，发现现代社会教育和劳动生产密切联系，这种教育和生产劳动的结合促使学校教育的目的、内容和方法都发生了转变，现代学校教育不只是书本知识的教育，更是和生产劳动密不可分的。马克思的教育与生产劳动相结合的思想不是偶然产生的，而是在解决工人阶级和资产阶级的矛盾中提出来的，是在无产阶级革命的早期提出来的。资产阶级和工人阶级的矛盾是马克思产生教育和生产劳动相结合思想的重要来源之一。

随后，列宁丰富了马克思关于教育与生产相结合的思想，列宁在十月革命胜利后，曾指出："劳动者必须坚持学习科学文化知识，才能提高劳动生产力，才能建设国家、发展经济。"他认为，教育与生产劳动相结合是人全面发展的重要条件。

苏联著名教育家马卡连柯认为，教育是"人的劳动品质的培养"[①]，作为道德范畴的劳动教育是共产主义社会教育体系的重要组成部分。苏霍姆林斯基认为劳动教育与社会生产有密切联系："劳动教育是德育、智育和美育的重要组成部分"。[②]在西方发达国家，劳动教育很少以一个学科名称或者课程名称的形式出现，取而代之的是生涯技术教育、家政教育、手工教育等课程，课程没有直接以劳动教育命名，却极大蕴含了劳动教育精神和内涵。

（3）终身教育：未来教育发展趋势（20世纪至今）

教育与生产劳动相结合是现代教育必不可少的一部分，受到世界各国的重视。联合国教科文组织在1981年11月10日至19日召开第38

---

① 马卡连柯著，吴式颖等编.马卡连柯教育文集（下卷）[M].北京：人民教育出版社，2004:530.

② 苏霍姆林斯基著，赵玮等译.帕夫雷什中学[M].北京：教育科学出版社，1983:361.

届国际会议,会议主题是"教育和生产劳动之间的相互作用"。会议指出:教育与生产劳动相结合是教育发展的必由之路,应当确立教育与生产劳动相结合的教育理念,并不断推广和发展,尤其是在青少年的教育中。从纵向看,这种教育理念应该贯穿于终身教育的始终;从横向看,这种教育理念应该贯穿于各个学科各类课程。国际教育大会从五个方面(国家的政策与目标、各级教育互动的规定、教学人员及其他教育人员、促进相互作用的措施、实践活动的安排)对教育与生产劳动相结合的措施进行介绍。该教育大会还倡导开展各类实践活动和丰富多样的生产劳动,使得教育和生产劳动之间可以有效联合,以此促进个人身心健康、平衡发展,提高个人利益和社会利益。①

2.国内劳动教育内涵研究

在时代变迁中,国内劳动教育的内涵界定在不同时期呈现出不同的时代特征和社会属性。回溯过往,中华五千多年的悠久历史,蕴含了大量劳动教育思想和具体措施,这些部分得到传承与发扬。中国传统劳动教育的理论与方法,可简述如下:

一是"耕读结合"的劳动教育模式。"耕读结合"是中国古代教育流传下来的优良传统,指的是老百姓在耕作等农业生产的同时读书学习。我国一直有耕读结合的传统。古代学者认为,耕读结合能够更好地维护社会的稳定。在农闲时间读书,可以明事理,修身齐家。耕读结合一方面保证了传统的农耕文化的保留,维护了中国农业经济的稳定发展,而且劳动者在读书过程中提升文化修养,维护了社会稳定。

二是"普及大众"的劳动教育规范。我国自古以来便有"艰苦奋斗"的优良传统,很大一部分得益于劳动教育的规范化与明细化。《礼记》等记载了一些劳动教育的规范。例如,《内则》有言:"凡内外,鸡初鸣,咸盥漱,衣服,敛枕簟,洒扫室堂及庭,布席,各从其事。"意指早晨公鸡开

---

① 赵中建.全球教育发展的历史轨迹——国际教育大会60年建议书(1934—1996)[M].北京:教育科学出版社,1999:430—443.

始第一声打鸣时,每个人应该起床洗漱、更衣、收拾枕头被褥、打扫屋子,然后开始各自完成自己的事情。久而久之,就形成了规范有序、积极向上的生活习惯。

三是"身体力行"的劳动教育典范。在劳动教育普及上,身体力行的榜样作用比单纯的理论说教更切实有效。古代的劳动教育典范人物颜之推在《颜氏家训·治家》中强调父母的榜样示范作用,认为要想推行教化必须有典范人物率先垂范。此外,书中还提到了家长以身作则、积极参加劳动对于子女养成热爱劳动的好习惯的重要性,并举例清代身体力行的劳动教育典范——曾国藩,他勤于劳动、朴素节俭,为子女树立了好榜样。

四是"脍炙人口"的劳动教育读本。中国古代的读物、诗歌中有很多关于劳动教育的内容,使得劳动教育的内容得以代代传颂。《三字经》《弟子规》《千字文》这些蒙学读物中具体描写了生产劳动。例如《三字经》有"稻粱菽,麦黍稷。此六谷,人所食",《弟子规》有"房室清,墙壁净。几案洁,笔砚正",《千字文》有"治本于农,务兹稼穑。俶载南亩,我艺黍稷"。我国最早的一部诗歌总集《诗经》作为我国诗歌生命起点,收录了很多描写生产劳动的诗歌。例如《芣苢》描写悠然自在时劳动生活中的欢乐心情,《伐檀》描写艰苦惨烈下劳动生活中的绝望心情,《无羊》描写劳动祈求幸福时的真挚心情等。这些内容阅读起来简洁易懂,方便传诵,易被学生长期诵读,从而内化于心、外显于行。

朱文辉、许佳美在《从分立窄化到固本创新:我国劳动教育的发展历程与价值取向》一文中认为:从古至今,我国劳动教育的发展经历了三大阶段,即古代封建社会的"体脑分离"、民国时期的劳工教育、新时代党的引领下的"教劳合一"。三个阶段呈现出的主要特征不同,对于前一阶段都有继承和完善。其中也包括劳动教育内涵认识各异,对劳动教育的价值观各异等问题。[①]具体解释为:

①朱文辉,许佳美.从分立窄化到固本创新:我国劳动教育的发展历程与价值取向[J].教师教育学报,2021(6).

（1）体脑分离：封建统治下劳动与教育的机械叠加

纵观我国两千多年封建社会，一些掌握文化知识的统治者得以摆脱体力劳动，科举制的根深蒂固使得"学而优则仕"的观念深入人心，人们普遍认为"劳心者治人，劳力者治于人。"古代的教育被视为读书做官的途径。从春秋时期开始，体力劳动便被视为一种下等的工作，年轻人都应该以读书做官为目的。"体力劳动"被看作是底层人民的特征。因此，在封建社会教育体系中是没有劳动教育这一内容的，它的地位被一再无视甚至轻视，劳动教育只是作为传授劳动者生产生活经验的途径。[①]

然而，广大的劳动人民具有强大的生命力，长期以来劳动教育中凝聚了劳动人民无数的智慧结晶。由于这股强大的生命力，劳动教育得到生存和发展，劳动教育的思想开始第一次和脑力劳动放在并列的位置。"耕读传家"思想，是封建社会劳动教育的重要体现之一，也是体力劳动者得以读书的重要途径。从内容上看，"耕"与"读"结合了劳动与教育这两种活动，但其实施方式却是白天"耕种"，夜晚"读书"，两者之间并没有任何的联系，只是在不同的时间做相应的事。所以"耕读传家"只是一种机械叠加，并没有将二者有机相融。不可否认的是，这种思想将劳动教育的地位有所提升。但是，这种耕作读书、读书为官的封建学习模式，依然是封建社会下读书做官思想的体现，体力劳动只是为读书让渡了一部分的时间，劳动教育的地位并没有得到真正的提高。[②]

（2）劳工教育：民国时期劳动教育的典型形态

两千多年的封建社会体脑分离思想根深蒂固，劳动教育长期得不到重视。民国时期，民族资产阶级兴起，阶层复杂，同时西方列强的压

---

① 朱文辉，许佳美.从分立窄化到固本创新：我国劳动教育的发展历程与价值取向[J].教师教育学报，2021(6).
② 朱文辉，许佳美.从分立窄化到固本创新：我国劳动教育的发展历程与价值取向[J].教师教育学报，2021(6).

迫使得劳动人民生活于水深火热之中。这一时期的文人志士拥有开阔的视野、现代化的教育理念,他们结合民国时期工人的生活状况和社会问题,将职业教育与中国的发展联系起来,开展了一系列旨在使工人更有效地参与工业生产的教育实践。例如,黄炎培开创的职业教育、陶行知倡导的生命教育、晏阳初实践的平民教育,都为提高我国劳动者地位、提高生产力做出了巨大贡献,促进了我国地方职业教育理论和实践的发展。①

与两千多年封建时期的劳动教育相比,这一时期的劳动教育被提升到前所未有的高度,劳动教育作为一种职业的准备得到重视。黄炎培曾说:"劳动教育,主要是培养劳动者在智、技、德、体等方面全面发展,具有人的基本特征。"②但是,由于社会性质的限制,工人教育的首要目标是培养从事机械化大生产的专门技术人员。久而久之,这样的培养目标导致了劳心与劳力、体力劳动与脑力劳动之间的差距,原本富裕的人群逐渐成为大规模工业生产中的一个齿轮。此外,同样来自当时社会环境的陶行知先生,提倡社会劳动人民的学习,提出"社会就是学校"的观点,提倡"知行合一"。劳动教育作为一种实用的工作教育方式,强调"劳心者劳力",并讨论手脑结合的重要性,鼓励大家获取与所从事工作相关的知识和技能,鼓励"勤工俭学"的生活方式和学习方式。与封建社会"耕读传家"思想不同的是,封建社会的这一思想目的是摆脱体力劳动,而知行合一则是以参与社会生产为目的的劳动教育。劳动教育的理论与实践反映了封建社会"身心分离"。民国时期劳动教育是我国劳动教育发展的一个重要里程碑。然而,职业教育并没有真正认识到工作对个人和社会发展的内在价值。对于资产阶级来说,这只是提高劳动技能和生产力的一种手段。

---

① 朱文辉,许佳美.从分立窄化到固本创新:我国劳动教育的发展历程与价值取向[J].教师教育学报,2021(6).

② 王筱宁,李忠.民国时期的劳工教育思潮及其影响[J].职教论坛,2015(10).

（3）教劳结合：马克思教育观的中国化发展

马克思主义高度重视教育与生产劳动的结合，重视综合技术教育，认为"教育与生产劳动相结合不仅是提高社会生产的一种方法，而且是造就全面发展的人的唯一方法"[①]。新中国成立以后，毛泽东高度重视教劳结合，主张通过教劳结合的形式为社会主义培养综合性人才。1958年9月，《中共中央、国务院关于教育工作的指示》发布，明确提出："党的教育方针是教育为无产阶级的政治服务，教育与生产劳动结合[②]。"贯彻落实"教育与生产劳动相结合"教育方针，应鼓励各级各类学校根据自身条件与优势开展丰富多样的"教劳结合"实践，为培养全面发展社会主义建设者和接班人指明方向。

二十世纪后期，劳动教育相关研究主要围绕劳动教育概念的厘清以及苏联劳动教育研究成果的引介与述评两大主题展开，主要翻译了苏联的劳动教育内容、劳动教育方法、职业技术教育的组织形式等，自身研究成果相对较少。劳动教育概念厘清方面，如1984年人民教育出版社编辑出版的《生产劳动与职业教育》，将劳动教育提高到前所未有的新高度。改革开放初期，为了适应国民经济发展要求，劳动教育与生产技术教育、职业教育基本等同。《中国教育改革和发展纲要》再次强调了劳动意识和劳动能力的重要性，注重发掘本土劳动教育思想，研究成果日益丰富。[③]劳动教育的内涵从原先的注重体力劳动和简单劳动方面的培养，逐渐延申至脑力劳动和复杂劳动。

二十一世纪初期，国务院出台《国务院关于基础教育改革与发展的决定》，随后教育部印发《基础教育课程改革纲要（试行）》。随之，劳动

---

① 徐辉，张永富.论马克思主义的"教劳结合"思想与综合技术教育[J].西北师大学报（社会科学版），2020（3）.

② 中共中央文献研究室.建国以来重要文献选编：第11册[M].北京：中央文献出版社，2011:425.

③ 成有信.劳动教育、综合技术教育和职业教育（上）[J].高等师范教育研究，1992（6）:9—15.

教育的地位、劳动教育和素质教育等话题得到广泛关注与热烈讨论。关于"劳动教育与素质教育"探究方面,普遍认为劳动教育具有重要的价值意义,它是素质教育的关键组成部分。

2010年前后是信息技术大发展的时段,社会的知识性属性更为凸显。新时代背景下关于劳动教育的内涵研究,有了更多的探索与思考。2020年3月,中共中央颁布了《关于全面加强新时代大中小学劳动教育的意见》。曲霞将《意见》中新时代劳动教育的内涵解读为三个层面:通过劳动的教育、关于劳动的教育和为了劳动的教育。通过劳动的教育,指学生要亲历劳动的过程,在劳动中磨练意志力;关于劳动的教育,指学生要认识到劳动的价值和意义;为了劳动的教育,指学生要形成主动劳动的意识与习惯,形成劳动的意志。[①]

(二) 劳动教育内涵聚焦

1.劳动育人内涵聚焦点:品格养成

品格是个人在社会化的过程逐渐形成的品质与素养。它既指品质,也指个性,有高低之分。亚里士多德认为一个品德良好的人能够完成自己期望的任何事情[②]。美国教育学者里克纳(Lickona.T.)认为品格包含道德认知、道德体会与道德行为三个方面[③]。戴蒙(Damon.W.)则提出"道德解剖体"(Moral Anatomy)品格模型,认为品格包括道德行为、道德价值观、道德人格、道德情感、道德推理、道德认同及其基本特征[④]。显然,西方学者通常是从认知、情感、意志、行为四个角度分析品格的内涵,即通常所说的"知情意行"。其中,"认知"从心理学上解释包括感觉、知觉、注意、记忆等;"情感"即各种丰富的情绪或情感,具有一定主观性;"意志"即形成道德意志,具有固定的观念;"行为"是一种外

---

① 曲霞.新时代劳动教育的三重内涵[J].人民教育,2020(07):1.

② 亚里士多德.尼各马可伦理学[M].北京:商务印书馆,2003.45,172—173.

③ 里克纳.美式课堂:品质教育学校方略[M].海口:海南出版社,2001.49.

④ 戴蒙.品格教育新纪元[M].北京:人民出版社,2015.56—57.

在表现,是具体的行为。品格是个人的人品、做事风格,品格有好有坏,但是可以不断自我修正与超越。一个人的品格在日常行为处事,与人交往等方面随处可见。过去的品格教育往往停留在说教、约束的层面,学生在接受品格教育的过程中经常是被动的,部分学生并不能真正理解何为品格,为什么要形成这样的品格,以至于品格的教育总是得不到有效开展,难以培养出具备良好品格的"完整的人"。

随着物质主义、消费主义等功利思想在当代社会的盛行,不劳而获等机会主义思想得到生长和传播,人性问题日益成为教育关注的热点。人们开始认识到品格的重要意义,以及提升学生品格的重要性。马克思指出:"生产劳动同智育和体育相结合,它不仅是提高社会生产的一种方法,而且是造就全面发展的人的唯一方法。"①生产劳动作为社会实践活动,对人的品格的形成同样具有关键作用。劳动教育与德智体美四育统一于人的全面发展这一教育目的。劳动教育能塑造学生健全的品格,真正实现人的全面发展。2020年3月,教育部印发了中共中央国务院《关于全面加强新时代大中小学劳动教育的意见》,在全面构建体现时代特征的劳动教育体系中指出:"实施劳动教育重点是在系统的文化知识学习之外,要有目的、有计划地组织学生参加日常生活劳动、生产劳动和服务性劳动,让学生动手实践、出力流汗,接受锻炼、磨练意志,培养学生正确劳动价值观和良好劳动品质"②。

习近平总书记对劳动教育一直都相当重视。他指出,要在教育的过程中渗透劳动教育,并以此来"引导青少年树立以辛勤劳动为荣、以好逸恶劳为耻的劳动观,培养一代又一代热爱劳动、勤于劳动、善于劳动的高素质劳动者"。由此可见,将劳动教育的育人价值和品格教育相结合,是培养全面发展的人的必不可少的关键环节。

---

① 马克思恩格斯选集(第2卷)[M].北京:人民出版社,2012.230.
② 中共中央、国务院关于全面加强新时代大中小学劳动教育的意见[N].人民日报,2020—03—27.

可见,在新的时代背景下,过去的劳动教育方式已不再适用,劳动教育的目的、内容、方法、价值取向都应重新审视和确立。一是劳动教育的目的方面,劳动教育重点不在于培养学生的文化知识,而是培养正确的劳动价值观,学会劳动技能;二是劳动教育的内容层面,学生学习劳动不仅仅是学习书本知识,而是亲身参与生活、社会生产、服务等,在实践中学习劳动技能,磨练意志;三是劳动教育的组织方法上,劳动教育不是可有可无的,而是有目的、有计划、有组织的教育行为,是学校教育的重要环节之一;四是劳动教育的价值取向方面,引导学生树立正确的劳动观,尊重劳动,崇尚劳动,能够有意识地主动劳动,努力把学生培养成为一个"完整的人"。

2.劳动锤炼品格核心点:三维内核

个人的综合素养可以体现为品格,品格受社会环境、教育、个体行为等影响,具有较强的个体特质。劳动教育在一定程度上就是塑造学生的品格,帮助学生养成良好的个人品格。

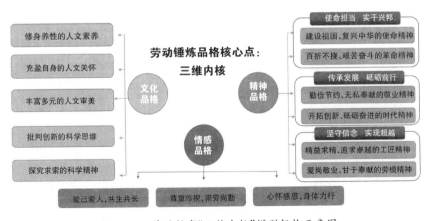

图1-2-1 劳动教育"三维内核"模型架构示意图

(1)劳动塑造学生的文化品格

一个品格良好之人首先应具备一定的文化基础。从学校教育角度看,文化基础有人文底蕴与科学精神两个类型。学生在劳动中,能够达到修身养性的目的,丰富多元的审美,在合作交流中,能够增强探索精神和求知精神。

一是修身养性的人文素养。劳动教育通过体验、制作、服务等,引导学生在劳动中修身养性,磨练技能,陶冶情操。在日常劳动的过程中,学生不仅仅学会做饭、整理、洗衣等技能,更是为了能够照顾自己,独立生活。学生掌握这些技能会循序渐进地产生关心关爱他人的意识,能够在与人交往中收获快乐,陶冶情操。这种劳动教育观映照了学生的人文素养。

二是充盈自身的人文关怀。在快速发展的社会节奏中,劳动教育能够让学生"慢"下来,学生会在生活型、生产型劳动中找到新的乐趣;在服务型、管理型劳动中体会到个人价值;在创造型劳动中,能够发现生活的有趣和多样,彰显人文关怀的力量。"民生在勤,勤则不匮。"一个人自身的充盈可以用劳动来填充,人在忙碌之时不觉时光飞逝,却在回首过往时倍感充实。人的思绪与身体繁忙时,正是感悟生活、享受生活的过程。生活因劳动而精彩,时光匆匆但不虚度。

三是丰富多元的人文审美。劳动教育培养学生的审美情趣。在劳动过程中,通过挖掘美的元素,会发现生活中的美比比皆是。比如通过做饭感受身边食物色、香、味的美。除了色香味之外,在装盘时如何有造型艺术,则能体现"创意美"。学生不仅学会用艺术的眼光去鉴赏美,审美情趣也不知不觉地提高了。

四是批判创新的科学思维。新时代,随着科技高速发展,劳动者在劳动过程中还应具备批判性思维、创新思维等。学生在劳动过程中,需要对事物进行判断、分析、归纳、综合。劳动教育过程中存在着大量对话、合作等环节,学生在沟通和交流中获得众多信息,在信息的选择中逐渐提升判断力和独立思考的能力。

五是探究求索的科学精神。劳动是人类的生活方式,也是社会进步必不可少的部分。如果没有劳动,科学技术的进步便会停滞不前。

人们通过劳动探索未知世界,创造新型产业,通过劳动突破传统,不断创新和进步。在劳动中,学生的求知欲得到激发,好奇心、想象力、创造力得到提升。

(2)劳动培养学生的情感品格

从情感角度讲,品格良好之人必定具备爱、尊重与感恩的情感品质,劳动教育则有助于培育学生的这些优秀的品质。

一是爱己爱人,共生共长。劳动教育引导学生在劳动过程中发现自己的才能,了解同学的性格、周围的生长环境的不同;劳动能够让学生在书本以外的地方发现自己的兴趣、爱好甚至长处。劳动教育通常是以社会实践的形式来开展,与他人的沟通交流是必不可少的环节,这种活动形式能够将学生从封闭的环境中解放出来,在合作交流中培养人与人之间的情感,养成爱己爱人的能力。

二是尊重珍视,崇劳尚勤。尊重劳动者是尊重劳动、崇尚劳动的必然要求。在迈向未来的征程中,"必须坚持崇尚劳动、造福劳动者"。在现实生活中,存在着一些不尊重劳动者、不尊重他人劳动成果的现象。比如部分老师将不用劳动作为奖励,将劳动作为惩罚。这无疑让学生对劳动的价值判断产生误解。学生会在下意识抵触劳动,会给学生造成困惑。

三是心怀感恩,身体力行。"谁知盘中餐,粒粒皆辛苦。"当今社会,部分孩子自我中心意识较强,从小脱离体力劳动,无法体会劳动者的艰辛与不易,不懂得感恩身边的劳动者。学生在亲身参与劳动实践中,体验着、学习着、创造着、成长着,同时也真切地体会到劳动的辛苦,更重要的是在这种经历中认识自己的衣食住行离不开每一位劳动者的辛勤付出。劳动教育的价值是复合的、而非单一的,它的影响是长久深远的。劳动教育,能够让学生在感恩自然、珍惜粮食、孝敬长辈等方面获得全方位的提升。

现在部分学生没有意识到在享有劳动成果的同时,需要怀揣感恩之情,需要回馈于他人、社会与国家。恰恰相反,他们会觉得这是理所应当的事情。感恩教育在任何时代下都不过时。学生应当在日常生活与学习中,通过劳动形成正确的价值观,珍惜身边人和事,常怀感恩,成为一个有"爱"的社会人。

（3）劳动陶冶学生的精神品格

劳动精神是需要长期实践形成的品格,学生在劳动观念、劳动能力、劳动习惯的形成过程中,逐渐生成劳动精神,劳动精神是一种精神信仰和人格特质。

一是使命担当,实干兴邦。弘扬劳动精神关乎中华民族伟大复兴中国梦的实现,过去的历史告诉我们,劳动是光荣的,只有劳动才能创造新的社会面貌,劳动是社会主义现代化事业的精神标识。

建设祖国、复兴中华的使命精神。在劳动教育中,让学生认识中国共产党团结和带领人民创造历史,建立新中国的光辉历程。让学生感受中国人民的命运、中华民族的命运掌握到亿万劳动人民的手中,通过自己双手劳动改变自己命运、推进民族复兴。

百折不挠、艰苦奋斗的革命精神。人工智能时代,信息化技术大发展,人类的生产和劳动越来越机械化和智能化,相当一部分人力劳动被机器取代,生产效率得到提高,但是人的劳动机会却大大减少。在生活上,智能化的出行、智能化的家居都让人的劳动时间逐渐缩短,人们越来越依赖技术,电子产品成为人的精神依赖,人的身心健康遭受损害。培育学生百折不挠、艰苦奋斗的革命精神迫在眉睫。

二是传承发展,砥砺前行。坚持勤俭节约是中华民族的传统美德,新时代的学生既要能发扬艰苦奋斗精神、勤俭节约精神,更要具备敢于面向未来的拼搏精神与创新精神。

勤俭节约、无私奉献的敬业精神。随着社会的发展,人们日常生活的各领域,挥霍浪费的现象依然存在。劳动过程能让学生感受到劳动的艰辛,明白应当平等地尊重劳动者,认识到劳动的价值,更要珍惜劳动成果,真正学习与感悟勤俭节约、敬业奉献的优良传统。

开拓创新、砥砺奋进的时代精神。劳动教育中,除了通过体力劳动磨砺意志,还需要在劳动实践中,培养学生的开拓精神和创新精神。学生在劳动实践中,在合作探究中,对已有经验的质疑、批判、创新,是新时代学生不可缺少的品质。

三是坚守信念,实现超越。学习劳模精神、工匠精神,关键在于学习他们在平凡岗位上努力做出不平凡业绩,坚持坚定的内心信念和境界,及其展现出的不甘平凡、追求极致、默默奉献的精神风貌。

精益求精、追求卓越的工匠精神。工匠精神的本质在于对精益求精的追求。古代有一大批卓越的劳动者,他们对自己的劳动成果有极高的追求,在他们的劳动下,一件件艺术品在手中诞生。在他们的劳动成果里,闪烁着智慧的光辉,他们的美好故事得以代代相传。

爱岗敬业、甘于奉献的劳模精神。劳模的主人翁精神、进取精神、拼搏精神、开拓精神、忘我精神、团队精神,是各行各业在千变万化的社会环境下不断前进的精神保障。劳模的岗位可能平凡甚至微不足道,但是他们却能在平凡的岗位上做到忘我付出,乐于奉献,这是一种把社会发展为己任的担当精神和忘我精神。

二、明确劳动教育的目标

学者认为教育目标是"学生在特定教育阶段通过学校课程的学习而应达到的学习结果"[1]。劳动教育目标的确立意义重大,劳动教育目标是劳动教育内容、方法和评价制定的依据和理论基础。劳动教育科学实施的重要前提是制定清晰、科学的劳动教育目标,有了明确的目标,才能进一步有效落实劳动教育的内容、劳动教育的实施步骤等各个环节。

---

[1] 靳玉乐.现代课程论[M].北京:人民教育出版社,2015:168.

（一）劳动教育目标研究

1.国外劳动教育目标研究

以前苏联为代表的社会主义国家为劳动教育增添了阶级属性,认为无产阶级为大众服务,需要接受劳动教育。如苏联教育家马卡连柯认为,劳动教育的主要目标是培养学生的集体精神和共产主义信念。他在《儿童教育讲座》认为,如果仅将劳动教育视为发展体力,这是错误的,因为"劳动最大的益处还在于人们的道德上和精神上的发展。"[①]。苏霍姆林斯基在《帕夫雷什中学》中同样强调劳动教育追求的更为纯粹的教育目标是"形成道德概念、信念和习惯,丰富道德经验"[②]。美、日、德等西方主要国家的劳动教育目标则与社会主义国家有明显不同,体现出明显的实用主义倾向,强调在劳动教育中掌握实用的职业技能,为将来进入社会做准备。如美国的职业生涯教育强调学生掌握有关的职业知识和技能。德国的双元制职业教育要求学生在社会的企业或工厂中,学会职业技术,准备好从学生到工作的过渡期。

关于劳动教育目标的确立,德国政府曾多次颁布重要文件。在1964年德国教育体制委员会颁布了《关于建设主体中学的建议》,认为主体中学里应该具备劳动教育内容。该文件重在强调学生应掌握就业所需要的职业技术;学校应注重职业技能的教学,有助于学生的职业选择。第二,1969年德国文教部长联席会议颁布的《关于主体中学的建议》指出,社会劳动生产力的流动,社会生产结构的变动对劳动者的素质提出了新要求,即将进入社会的学生应该做好就业前的职业技能学习。主体中学的学生与一般学校学生不同,他们可以更早地进入社会工作,所以学校对他们的就业能力要求更高,主体中学的学生能够凭借

---

① (苏)马卡连柯著,耿济安等译.马卡连柯全集(第4卷)[M].北京:人民教育出版社,1957:447—448.

② (苏)苏霍姆林斯基著,赵玮等译.帕夫雷什中学[M].北京:教育科学出版社,1983:374.

专业的职业技能参加工作,为社会增添新的劳动力。第三,1987年德国文教部长联席会议发表了《关于中等教育第一阶段劳动学学习领域的材料》,该文件对于劳动教育的形式提出了明确的划分,并对劳动教育的目的进行了规划。劳动教育的形式包括项目教学、企业参观、企业实习、工厂实践、专家对话、角色扮演、个案调研。劳动教育的目的是让中学第一阶段学生作好准备,使其符合现代工作的要求。①

2.国内劳动教育目标研究

在不同的时代背景下,国内关于劳动目标的研究各有其时代特征。在改革开放之前,主流学术观点认为学校劳动教育目标被赋予了"政治"属性,校内劳动教育的主要目的在于改造学生的思想,培养学生们成为"有社会主义觉悟的有文化的劳动者"②。1958年,陆定一发表的《教育必须与生产劳动相结合》一文奠定了落实劳教结合思想的总基调,指出劳教结合是无产阶级社会的特征,强调"实现教育与劳动结合,必须经过斗争,而且将会有长期的斗争"③。朱行在《进行劳动教育中几个问题的解答》中强调"劳动教育是共产主义教育的一个重要组成部分,进行劳动教育的目的是帮助儿童树立正确的劳动观点,培养他们具有热爱劳动和劳动人民的思想感情和习惯……立志做个建设社会主义的优秀劳动者"④。改革开放后,在社会政治、经济、文化全面转型的大背景下,社会尤为关注学校劳动教育的"技术"属性。1981年教育部颁发了《全日制六年制重点中学教学计划试行草案》和《全日制五年制中学教学计划试行草案的修订意见》,提出开设劳动技术教育课的要求。1986年《全日制普通中学劳动技术课教学大纲》提出"通过劳动技术课的教学,要求初中学生初步掌握一些从事服务性劳动的基础知识和基

---

① 孙进,陈囡.德国中小学的劳动教育课程:目标·内容·考评[J].比较教育研究,2020,42(07):73—81.

② 何东昌.中华人民共和国重要教育文献(1949—1975)[Z].海口:海南出版社,1998:725.

③ 陆定一.教育必须与生产劳动相结合[J].江苏教育,1958(9):7—12.

④ 朱行.进行劳动教育中几个问题的解答[J].江苏教育,1954(11):8—9.

本技能;学会一些工农业生产的基础知识,会使用简单的劳动工具;具有生活自理的能力和一定的动手能力。"①。可见这个教学大纲突出了劳动教育对于学生掌握基础知识和基础技能方面的引导作用。

　　走进新时代,相关学者对于学校劳动教育目标的探索和认知也在不断深入,学校劳动教育的"育人"属性更加凸显。如曾天山和顾建军在其著作《劳动教育论》中,强调劳动教育应培育科学的劳动价值观和优良的劳动品德,引导受教育者形成正确的劳动态度,掌握劳动知识技能,接受必备的劳动启蒙。②康翠萍等在《新时代中小学劳动教育课程的价值旨归》中强调应结合社会实践需求,以培养德、智、体、美、劳全面发展的人为目的。③纪世元等在《中小学劳动活动课程化:内涵、意义与实施路径》中提出,劳动教育课程应以激发劳动意识、培养劳动情感和劳动能力为目标。④陈国维在其主编的教材《大学生劳动教育》中认为劳动教育课程教学要达到三个基本目标:使学生了解劳动与劳动教育的知识、理解和形成马克思主义劳动观,增强学生的综合素质。⑤潘希武在其论文《劳动教育的时代价值、内容设计及其课程共建》中认为劳动教育课程在关注劳动合作精神、劳动公益精神等现代精神的培养的同时,也不能忽视传统的劳动精神的培育,如吃苦耐劳精神、奋斗精神。⑥牛瑞雪在《中小学如何构建劳动教育特色课程体系——落实〈关于全面加强新时代大中小学劳动教育的意见〉的实践策略》中提出,劳动教育课程目标的确立应基于《关于全面加强新时代大中小学劳

　　① 课程教材研究所.20世纪中国中小学课程标准·教学大纲汇编:音乐·美术·劳技卷[Z].北京:人民教育出版社,2001:435.

　　② 曾天山,顾建军.劳动教育论[M].北京:教育科学出版社,2020:143—168.

　　③ 康翠萍,龚洪.新时代中小学劳动教育课程的价值旨归[J].教育研究与实验,2019(06):69—74.

　　④ 纪世元,韩嵩.中小学劳动活动课程化:内涵、意义与实施路径[J].教育探索,2020(03):13—17.

　　⑤ 陈国维.大学生劳动教育[M].北京:高等教育出版社,2020:2—3.

　　⑥ 潘希武.劳动教育的时代价值、内容设计及其课程共建[J].教育导刊,2020(08):5—10.

动教育的意见》提供的劳动教育总体目标、中国学生发展核心素养指标体系中的劳动意识目标要求、学校积累的劳动教育基础等方面的思考。①

(二) 劳动教育目标聚焦

1.劳动教育目标聚焦点:面向未来

(1) 时代发展需要大批复合型人才

社会的不断进步为各类人才提供了广阔舞台。在经济高速发展、科技持续突破、知识日新月异的今天,对人才素质的要求更趋向于具有较强行动力、独立性、研究性,其综合素质能够支撑参与核心竞争的复合型创新人才,人力资源开发和个人能力建设需求迫在眉睫。改革开放以来,中国的经济社会发展不断迈向新台阶,但中国人口众多、科技基础薄弱、区域间发展不平衡这一基本国情尚未发生根本性改变。进入21世纪,随着全球化、信息化进程持续推进,国际形式日益复杂,国家之间的综合实力竞争愈发激烈,并且竞争格局已从过去的生产力水平竞争转向更高层次的创新型、复合型人才储备竞争。二十一世纪的中国已经步入全面、快速的具有中国特色的工业化后期阶段,正处于新旧动能不断更迭的历史时刻,从过去高度依赖自然资源转向依托高层次人才的知识密集型创新驱动发展,从传统的产业主导型经济转向创新主导型经济。中国必须依靠大批量的适应新时代发展需要的复合型创新人才在新的一轮技术革命和产业变革新格局中争取主动。通过广泛提升劳动者的劳动素养,促进复合型创新人才的全面发展,必然成为新时代劳动教育思想的重点。因此,劳动是个人全面发展的根本前提,在学生综合能力培养方面至关重要,新时代学生必须要认识到劳动的重要性。

---

① 牛瑞雪.中小学如何构建劳动教育特色课程体系——落实《关于全面加强新时代大中小学劳动教育的意见》的实践策略[J].课程.教材.教法,2020,40(05):11—15.

（2）生产结构变化成就复合型人才

随着科技的快速发展,人工智能、大数据等新型技术的加入,致使传统的劳动内容和劳动结构发生翻天覆地的变化。传统的劳动生产需要更多的体力支撑,而现代生产早已超出了这一范畴,需要劳动者掌握新型的生产知识和生产技术。可以说,现代劳动不仅包括体力劳动,更多需要脑力劳动的加入。如果当今的职业教育依然停留在过去的农业、工业为主的相关知识的教育上,显然是与当今社会需要的复合型人才相脱节的。当前的生产劳动的结构,也不仅仅是依靠生产原料和生产力构成劳动关系,而是在一个多层次网状的运作结构中,这对于体力和脑力的劳动都有很高的要求。在这样一个网状的劳动结构中,需要各类复合型人才,他们具备专业的知识、较强的沟通能力、合作意识。这样的复合型人才需要家庭、学校、乃至社会的多方合力。首先,需要社会对劳动教育的环境提供支持;其次,需要学校对劳动教育的内容进行重新审视,教师在实施劳动教育时,更多关注发展学生的智力、锻炼体力,培养学生的沟通能力、表达能力、合作交流能力等;家长有意识地让孩子劳动时,应注重孩子在劳动过程中的能力发展,而非片面地关注劳动结果。在知识经济时代,不仅要培养传统意义上的劳动者,还需要培养复合型人才,才能跟上社会科技发展的节奏与步伐。

2.劳动教育目标具体化:四大目标

教育部制定的《义务教育劳动课程标准》中将劳动课程标准的总目标定为:形成基本的劳动意识,树立正确的劳动观念;发展初步的筹划思维,形成必备的劳动能力;养成良好的劳动习惯,塑造基本的劳动品质;培育积极的劳动精神,弘扬劳模精神和工匠精神。[①]2020年教育部颁布《大中小学劳动教育指导纲要(试行)》,明确提出劳动教育的目标

---

① 中华人民共和国教育部.义务教育劳动课程标准(2022年版)[M].北京:北京师范大学出版社,2022.

是使学生树立正确的劳动观念,具有必备的劳动能力,培育积极的劳动精神以及养成良好的劳动习惯和品质。[①]这些标准和纲要确立了具有时代性、整体性、科学性的劳动育人目标,也体现了学校劳动教育目标的丰富内涵。

(1)劳动观念

劳动观念,即对劳动有正确认知的前提下,形成正确的价值判断。在劳动教育过程中,不仅要培养学生对劳动本体性知识的理解,如对劳动的概念、内涵、功能的理解等,还要鼓励学生学习劳动工具、生产材料、环境条件等劳动的对象性知识,提升学生对于劳动的认知。在学生们充分掌握劳动多层次内涵后,逐步形成正确的劳动价值观,能够明白劳动即是生存的重要手段,也是自我意识与客观世界交互的重要媒介。能够尊重劳动、热爱劳动,认可劳动的是光荣的、崇高的、伟大的也是美丽的,认识到劳动是实现人性至美至善、彻底自由的必由之路。

(2)劳动情感

劳动情感,是劳动独立与自由的基础,是促进人能主动地进行劳动。劳动情感不仅指人对劳动本身的热爱、推崇,还有对劳动价值深刻的理解,还包括为他人、为社会而劳动所带来的高度幸福感和满足感。劳动情感的形成不是通过书本知识的学习,而是在亲身实践中逐渐养成的。只有在实践中才能真正理解劳动、感受劳动的乐趣,明白劳动的价值和意义,进而通过劳动产生幸福感和满足感。英国设计家威廉曾提出"劳动愉悦感",强调了劳动情感在劳动行为中的重要意义。如果没有内在的劳动情感支撑,劳动时是被动的、不情愿的,甚至是逃避的,这些都无法形成劳动的教育意义。劳动情感是对劳动目的、价值、意义进行感性的体验与认识,它应该成为劳动的动力来源,有了劳动情感,人们才能主动地劳动、愉快地劳动。同样,对于劳动是热情的、主动的、

---

① 中华人民共和国教育部.大中小学劳动教育指导纲要[EB/OL].http://www.moe.gov.cn/srcsite/A26/jcj_kcjcgh/202007/t20200715_472808.html.

积极的,才能在劳动中收获成就,从而形成荣誉感和成就感,这种成就感、幸福感又能驱使人主动地投入到以后的劳动中,达到良性循环。所以,劳动情感的培育是以愉悦、幸福、热爱、奉献为主的劳动情感的激励下,以一种更为积极的状态投身到劳动创造中去。

（3）劳动能力

劳动能力,包含体力劳动和脑力劳动两个层次。具体来看,包括:服务类型(服务自己或他人)的劳动技能,如洗衣、做饭等;经过专门培训,具备专业知识的职业性劳动能力,如教师、律师等;专业性较强的劳动技能,如唱歌、演奏乐器等。劳动能力的培养需要掌握劳动技能。劳动技能通常指日常生活型技能、社会服务型技能、劳动制作型技能和劳动生产型技能等。这些技能不仅仅包括衣食住行等方面的基本活动,还包括了技术层面如生产劳动,乃至更高层面的公共性的活动等。通过这些知识技能的学习,让孩子们在未来的竞争中更具地位。因此,有必要加强新时代中小学生日常生活的职业技能学习,在实践中获得多种劳动技能,提高自身能力,培养新的职业技能,为迎接未来的挑战打下坚实基础。

（4）劳动习惯

劳动习惯,是在劳动过程中通过重复性的行为和认识形成的稳定的行为模式,在这个过程中,个体要接受启发、理解,从而主动地有意识地产生劳动行为。教育家陶行知先生曾经说过,良好的劳动习惯有助于学生思维的发展,以及创新意识的形成。由此可见,劳动习惯有助于智力和创造力的培养。教育家陈鹤琴先生则强调幼年时的习惯对人终身的影响,认为幼时是人的习惯形成的"关键期"。人类的大多数习惯都是幼时形成的。从以上观点中可以发现,儿童劳动习惯的养成非常重要,应注重在幼时培养劳动习惯,劳动习惯的形成对于品德、智力创造力等方面的发展具有重要作用。

培养未来复合型人才,开展新时代劳动教育实践。将劳动教育的四大目标与全面育人目标结合来看,对劳动观念的培养、劳动意识的形成是智育与体育的重要内容,劳动过程中经历到的劳动情感、劳动精神则是德育与美育的重要内容。因而,中小学劳动教育目标同时具有德育、智育、美育、体育多方面的教育功能。新时期中小学劳动教育目标应当平衡好其在德、智、体、美方面的功能关系,明确德育目标的主体位置、劳动认知目标的基础地位,以及其他在体育、美育等目标的教育价值,从而实现全面育人之格局。

第三章　现实之思:现状与发展

加强劳动教育,是培养担当民族复兴大任时代新人的内在需要,是促进学生全面发展的关键环节。聚焦教育现状,探索劳动教育未来发展方向与定位,让劳动教育能更适应现代社会特色、发达地区地域特质、学生年段特点,这是很有必要的,也是亟需破解的关键点。

本章通过文献搜集与整理,探索国内外以及发达地区劳动教育的现状,找寻新时代劳动教育的起点所在,让实践更具科学性;开展问卷调查,分析劳动教育在社会、家庭、学校三大方面存在的问题及突破点,让实践更具理性化;通过资料搜索,回顾学校发展历史,梳理学校劳动教育实践之路,让劳动教育有根基更有时代感。

一、劳动教育的现状与问题

(一) 劳动教育的现状

1.国外劳动教育的现状

各国中小学劳动教育课程涵盖了各个方面内容,从独立的劳动教育课程到劳动与学科融合教学,从学校课程衍生到家庭课程与社会课程等,劳动教育课程内容贯穿人才培养的全过程。德国是典型的将劳动教育纳入学科教学的国家,中小学阶段的劳动教育课程内容涉及职业、学业导向等社会经济各领域。英国劳动教育围绕学科教学展开,大致分为自然科学课程、社会研究课程、日常技能学习课程、设计与技术课程以及社会参与性学习课程。美国则是选择基于家庭、社区和社会三个层面来实施劳动教育课程,强调开展多样化劳动教育。以日本、韩国为代表的亚洲国家从幼儿阶段起就注重劳动教育,其课程涵盖面广。日本的劳动教育分为学科劳动教育、家政课、生产劳动教育、校园环境美化教育、志愿性劳动教育等,几乎覆盖了学生学习、生活的全部。

2.我国劳动教育的现状

习近平总书记在党的二十大报告中提出"培养德智体美劳全面发展的社会主义建设者和接班人"的重要论述,体现了社会主义的办学方向和综合发展的育人理念。当下,国内劳动教育已经纳入中小学教育体系,面对新时代劳动教育的内涵和走向,基础教育领域的学校纷纷将劳动教育作为学校教育的重要组成部分,进行系统化设计和全面性落实。为进一步破解劳动教育实践探索的困境,国内许多学者对各地学校劳动教育纷纷进行调查研究,包括加强劳动教育立法、依据学情对学校劳动教育进行科学有效的规划提出更具有针对性的解决对策;从家庭、学校、社会、学生自身四个角度提出了加强小学生劳育的实施策略:转变观念,重视劳动教育;遵循劳动与技术教育的基本原则;改革学校劳动与技术教育;加强家庭劳动与技术教育;优化整合学校、家庭教育资源;从研究视角开发劳动教育课程资源;采用多样化的教育策略与方法;从构建专兼结合的师资队伍培育入手研究;从建立多元化的评价机制方面进行研究;从市区与郊区劳动教育资源开发以及学校、家庭与社会教育合力,优化劳动教育场域等做了一系列的思考和探索。同时,自从"核心素养"的理念提出后,基础教育聚焦核心素养的方向发展,基于核心素养的劳动教育也开始进入人们视线。由于"核心素养"是一个比较庞大和复杂的课题,有研究者认为:劳动教育的长期性、多维性和融通性决定了劳育是培养学生发展核心素养的关键工程。当前从核心素养的角度对劳动教育进行探索的研究还有很大空间,目前的理论研究值得进一步对核心素养视角下的劳动教育进行深入的内涵挖掘和走向定位,而开展劳动教育的实践研究更具有跨时代意义。

3.我国发达地区劳动教育的现状

在我国发达地区,以上海为例,《上海学校劳动教育指导纲要(试行)》中指出:"劳动教育的目标主要是培养学生的劳动认知、劳动情感、劳动能力、劳动习惯、劳动精神"五个方面以及"根据教育目标,劳动教育的主要内容以日常生活劳动、生产劳动、服务性劳动为重点,满足学生个人成长、家庭生活、职业体验、就业创业等需要"。这一系列的指导纲要、重要讲话等确立了完整的、科学的、面向学校的劳动教育育人目标,凸显了学校劳动教育目标的多维性特质。卓晴君指出:以往国内"五育"中的德智体美四育都由国家教育行政部门分别建立教育体系,地方根据实际予以补充调整,然劳动教育体系是不完整的,但上海、北京、浙江、江苏等发达地区以及中国教育科学研究院劳动技术教育研究中心和中国教育学会中小学劳动技术教育专业委员会探索建立了义务教育阶段的劳动教育体系。[1]可见,从教育行政管理层面看,发达地区对劳动教育的重视程度比较高;从学生层面看,学习资源和机会比较多,接触到的学习面会更加广,创新能力比较强;从教师层面看,教学理念先进,能关注学生的全面发展,知晓劳动教育也是教育中关注的内容;从家长层面看,学历文化程度整体较高,能比较全面理解国家政策方针,对教育本源的理解较深、追求较高,同时也勇于追求创新与挑战。

从我国发达地区基层学校层面来看,有很多学校开展了富有特色的劳动教育研究与实践,比如:

2012年,浙江省杭州市富阳区富春第七小学,提出了以"天人合一,人事相趣"为宗旨的"新劳动教育"理念,设计三大实践途径:开心农场、

① 卓晴君.以劳树德 以劳增智 以劳育美[N].光明日报,2018—10—09(13).

生活整理和亲子合作,构建了体系化的以农耕为特色的劳动教育课程,进而带动了整个县的劳动教育开展,形成了一乡一基地的劳动教育新局面[①];北京师范大学天津附属中学60年来一直坚持开展劳动技术教育[②]。

关于新时代劳动教育体系的构建,班建武[③]指出:要对信息和知识生产高度重视,以及自觉将消费教育、劳动审美教育等内容纳入劳动教育范畴。不仅要重视传统的劳作式的劳动教育方式,更要重视现代化、知识化和信息化的劳动教育,从而构建开放性的劳动教育实践体系。

（二）劳动教育存在的问题

对劳动教育的探索,来自对当下学校劳动教育现状和问题的思考。虽然发达地区教育行政部门对劳动教育比较重视,但由于受整个社会大环境影响,部分基层学校教育对传统劳动文化的传承有所缺位,体力劳动有时会被边缘化,包括部分一线教育者在内的大众对劳动及劳动教育都存在模糊认识,忽视了劳动教育在学生正确的人生观念和价值理念形成过程中的重要作用。

1.社会中劳动教育的困点

（1）价值观的碰撞冲击劳动观念

在历史长河中,在人们的价值观中,曾经认为劳动工作属于社会底层人群的,"学而优则仕"、"劳心者治人,劳力者治于人"的观念有所存在,部分人会认为体力劳动者只能获得较低的社会地位和微薄的劳动报酬。在中国共产党的正确领导下,人民生活慢慢达到了小康水平,人们对于劳动和劳动人民的认识也发生了根本性改变。但是智育至上、

---

① 章振乐.正心立德 劳动树人——小学"新劳动教育"的实践与思考[J],中国特殊教育.2017(5).

② 叶定华,杜勇华.小学劳动教育现状调查与思考[J].中国现代教育装备,2022(04):69—72.

③ 班建武."新"劳动教育的内涵特征与实践路径[J].教育研究,2019(1):21—23.

轻视体力劳动等现象仍然存在。

从当今社会层面来看，科技发展迅猛，发达地区信息化技术普及率较高，社会价值观日益多元化。尤其是有段时间，媒体娱乐选秀节目的批量造星、网络红人靠打赏日进斗金等现象比较明显，这一定程度上会影响着年轻一代的价值观念，容易造成好逸恶劳、拜金主义、享乐主义和精致个人主义等观念，也会影响到部分人不愿意从事体力劳动相关工作。

（2）教育观的偏差影响劳动认知

由于社会的高速发展，创造物质财富的观念深入人心。我国也曾明确提出培养拥有现代化知识与技术的人才，劳动教育在某种程度上被默认为培养潜在的劳动力。受长期思想的影响，部分家长会认为劳动教育就是教人劳动，就算学得如何好，还是干一些比较累的体力活儿，就算不会劳动，也不会影响自己的美好生活，这就是对劳动工具性价值的偏差性认知。这种观念不利于学生精神世界的构建，不利于学生的健康全面发展。

（3）城市化发展提质劳动者素养

城市化进程使劳动内容发生了巨大改变，进而对劳动者的要求也发生了变化。第一，城市化进程要求劳动者具备从事智慧劳动的能力。由于当前城市化进程的推动和信息技术的发展，很多生产劳动逐步转化为科技劳动、管理劳动、公益劳动、智能劳动等相对复杂更具智慧性的劳动，这就需要更多接受过专业训练的技术型工人和从事知识生产及传播的现代劳动者。第二，要求劳动者提高创新与创造能力。人才是创新劳动的灵魂，劳动者应不断提升自身逻辑思维能力、设计创作能力、问题解决能力等，从而更好地适应新时代劳动之所需。第三，劳动者应提高情绪管理能力。城市化进程使得传统的农业劳作方式被一些服务业、旅游业劳动所代替，服务性劳动会涉及更多的情绪体验与管理，要求劳动者在工作过程中展现相对比较稳定的情绪表现，同时要提高人际交往能力。

上述种种现象的普遍存在,直接导致当前学校推进劳动教育存在诸多难题、劳动教育实践存在"迷失"现象。主要表现为:(1)把劳动教育"窄化"为纯粹体力性劳动,没有意识到当今新时代劳动要具有高度的科创含量和精神气质;(2)把劳动教育"异化"为必须有"高大上"配置才能施行"象牙塔",过于计较场地设备的"标配";(3)把劳动教育"物化"为纯粹物质性、实作性和生计性的劳动,忽视了作为教育活动的劳动既有高度的智慧含量又有自然流露的审美情趣。

2.家庭中劳动教育的难点

家庭教育是影响学生劳动素养的关键因素。将劳动素养与家庭因素、个人因素与学校因素做相关分析,如表所示,发现三个影响因素都与劳动素养有高相关性,但三者之中略有伯仲,家庭因素与劳动素养的相关性最高(r=.861),学校因素(r=.823)与个人因素次之。

表1-3-1　劳动与各影响因素的相关性

	劳动素养	学校因素	个人因素	家庭因素
劳动素养	1			
学校因素	.823**	1		
个人因素	.820**	.842**	1	
家庭因素	.861**	.879**	.842**	1

**.在0.01级别(双尾),相关性显著。

可以看出,家庭、学生、学校、社会与劳动素养都有高相关性。但无论在影响程度,还是影响变量的数量上,家庭都是影响小学生劳动素养的首要因素。从家庭教育因素来看,家务劳动、劳动思维、喜爱自然劳动、家长的劳动技能传授、家长的客观劳动评价和家长的劳动榜样等是影响学生劳动素养的重要因素。①

---

① 姚凤,何穗,姜丽霞.公办小学学生劳动素养现状调研及启示——以上海市为例[J].上海教育科研,2021(11):6.

（1）家长劳动教育观念存在片面化

家庭是劳动教育的主阵地,家长固有的劳动观念会影响小学劳动教育的顺利开展。调查结果显示,一些家长仍会保持相对陈旧的劳动观念,认为孩子应以学习为主,片面地把劳动教育理解为从事体力劳动,体力的辛苦付出,对体力劳动有一种轻视的态度,且不是所有的家长都能意识到要通过劳动教育去帮助孩子树立正确的劳动观念和劳动态度,从而促进孩子的全面发展,这也在一定程度上说明部分家长自身对劳动教育的认识存在片面性。由此可见,部分家长忽视对学生劳动意识的培养,且对于劳动教育的理念认识也存在偏差现象。

（2）家庭劳动教育方式呈现单一化

家庭中,缺乏科学性的劳动教育方法难以实现预期的劳动教育效果。通过学生问卷中的在家状态的自我表述与家长描述的学生在家状态,进行相关性分析,可以发现学生的每一项都比家长的比例要高,学生存在自我美化的倾向。如图所示,除了"学生能及时整理好书包"完全符合的比例在55%左右,其余5项"非常符合"比例约在三分之一左右,也就是说,实际上只有三分之一的孩子在家能做好自我整理、做家务等劳动活动。

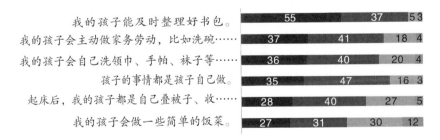

图1-3-1 学生在家劳动状态

有关家庭劳动情况统计,从调查问卷的图中数据可见,约6成家长认为"我注重培养孩子生活自理能力,鼓励孩子自己的事情自己做"与"孩子做家务活时,我经常予以鼓励",但真正能做到的孩子只有3成,可能与家庭劳动教育方法不适切相关。从图中也可以看出,家长认为"非常符合"较低比例的有"劳动时,我常用讲道理、举例子的方式指导孩子劳动"、"我会运用他人的劳动事迹对孩子进行教育"这些项目,而这些问卷项目都是与劳动教育方法具有相关性。

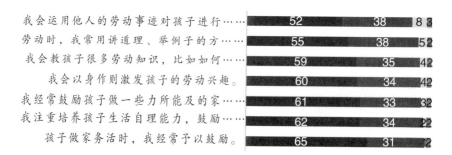

我会运用他人的劳动事迹对孩子进行…… 52 38 8 3
劳动时,我常用讲道理、举例子的方…… 55 38 5 2
我会教孩子很多劳动知识,比如如何…… 59 35 4 2
我会以身作则激发孩子的劳动兴趣。 60 34 4 2
我经常鼓励孩子做一些力所能及的家…… 61 33 3 2
我注重培养孩子生活自理能力,鼓励…… 62 34 2 2
孩子做家务活时,我经常予以鼓励。 65 31 1 2

■完全符合 ■比较符合 ■不太符合 ■完全不符合

图1-3-2　家庭劳动教育情况统计

通过问卷调查发现,当孩子以学习为借口而拒绝做家务时,29.37%的家长会以通过奖励孩子想要的报酬为条件强化孩子的劳动行为;50.79%的家长表示会通过家务劳动惩罚孩子的错误。这种不恰当的劳动教育手段可能会助长孩子功利化劳动行为倾向,不利于孩子三观的塑造,除此之外,这种将劳动教育异化为惩罚手段的做法一方面会激发孩子的抵触心理,激化家庭矛盾,这也会让孩子认为劳动是不光荣的、不体面的,是做错事之后的惩罚。

（3）家庭与学校亟需劳动教育合力

与学科教学相比,家长与学校劳动教育的配合程度相对较低,难以很好地形成教育合力。部分家长抱有"学而优则仕"的传统观念,不是很重视学校布置的劳动作业或任务,他们更重视文化课程学习的相关任务。殊不知,这种观念已不太适应当今世界及国家的发展,应该清晰认识到,新时代背景下,要注重培养未来复合型人才,要注重学生的全面发展,要注重培养学生包含创新能力的综合素养。

从问卷调查分析可知,家庭教育、学校教育是影响劳动素养的两个重要因素,但对学生的影响侧重点略有不同。家庭教育是学生劳动习惯培养的主阵地,学校教育则是激发学生劳动情感和提升劳动能力的教育场域。家长在劳动教育中有良好的愿望,但可能教育方法缺乏科学性,学校与家庭的合力教育,能发挥互补互助的增值效应。做好家校合作,共同帮助学生的健康成长,是家庭与学校的共同责任。

3.学校中劳动教育的堵点

(1)学校对劳动教育的管理忽视

学校对劳动教育的管理缺失使得劳动教育的保障体系难以很好地形成,因此劳动教育的开展有时会出现"后劲不足"的现象,这些是需要相关教育行政部门和学校各方面的共同关注。

首先,各地教育部门对实施劳动教育的规划值得进一步系统化、规范化的思考与探索。部分地区教育行政部门在编写统一的劳动教育教材、教参、评价指南方面还需加强。除此之外,地方教育行政部门的劳动教育经费的短缺,导致劳动教育实践场所配置不足,很多学校没有配备专门的劳动与技术的资源教室,可供师生使用的劳动教育场所相对非常有限。

当然,随着国家政策方针的指引,近几年来,劳动教育越来越受到大家的重视。尤其是发达地区,很多学校都在积极开展劳动教育,开发与实施劳动教育的相关课程,大力培养劳动教育师资队伍,在五育融合视域下,更加注重学科教学与劳动教育相融合等。但由于应试教育的长期影响,以及升学压力的真实存在,学校中劳动教育有时还会存在"边缘化"现象,这些都会一定程度上影响学校劳动教育管理及实践的推进。

（2）劳动教育教师专业队伍匮乏

2022新课标规定劳动课正式成为中小学的一门独立课程,课程就需要具有专业性的教师来任教,而在部分学校中仍存在术科教师不足的现象。劳动教育的师资队伍建设是学校开展劳动教育的基础保障。当前,劳动教育专业教师匮乏,难以很好地保证学校劳动教育高质量开展与实施。其中,学校劳动教育教师队伍的匮乏主要体现在劳技专职教师储备力量不足,大部分学校都是由其他科目教师兼任劳技教师,学科兼任导致了教师不会将自己视作劳动教育的专科教师,更不会进行劳动教育课程实施的专业化探索研究。

（3）劳动教育课程建设需系统化

在时代发展的浪潮下,学校教育虽然已逐渐关注并尝试落实新时代劳动教育实践,但部分学校即使有劳动教育课程的开设,也并不一定已经能构建出完整的、具有系统性、可操作性的劳动课程整体架构。劳动教育课程的架构需要研究、思考、探索与解决一系列问题。比如说:劳动教育如何融入学校日常教育的各环节;如何将劳动教育在五育融合中既彰显独特地位和作用,又与德智体美的教育相得益彰等。令人非常高兴的是上海乃至全国的教育工作者结合着自身的研究、探索和实践正努力回应着以上各种问题,创造出了大批可借鉴、具有价值的教育经验。

二、百年老校劳动教育的探索与发展

明强小学,这是一所具有深厚的文化底蕴和优良的革命传统的老学校。学校地处城乡结合部的上海市闵行区七宝镇,是一所有着118年办学历史的百年老校。学校自1999年起加入由华师大叶澜教授主持的"新基础教育"实验,2012年成为全国"生命·实践"教育学研究合作校。在传承百年明强文化的同时,以"审美·超越"为核心理念,以"明事理、明自我、强体魄、强精神"为校训，以"让每一个孩子主动健康成长，让每一个教师幸福智慧工作"为办学理念，深入推进教育改革，逐步形成了"智慧领导、幸福教师、校园四季、和美课堂"四项文化建设核心工程，使学校教师、学生的生存状态发生了质的转变。

学校以文化立校、科研兴校为教育转型性变革的重要抓手。学校在继承和发扬优良的办学传统，开创素质教育的新局面方面做了大量工作，使整体办学水平稳步上升。近十多年来先后承担了三个市级项目、一个市级重点项目的教育科学研究任务，再到2019年度承担教育部重点课题《发达地区公办小学劳动教育养成体系的实践研究》。其中，通过"坚守与吸纳"——小学生国际理解教育课程设计与实践的研究，"规则礼仪·民族精神·科学素质·人文素养"成为明强学子独有的基本素养。学校在坚守强己达人，做强自己的同时主动担起社会责任，努力在教育变革中起到辐射引领作用。明强文化有着长达百年的积淀，它丰富了当代明强人的精神世界，增强了当代明强人的精神力量，也为明强人在探索新时代劳动教育实践打下了坚实的基础。

（一）"两明两强"奠定学校劳动文化基石

21世纪伊始，中小学迎来了教育转型与变革实践的关键期，明强小学以"时代新人"标准为基础，基于师生的主动健康发展，提升生命质量，提高成事能力，强调人在生命成长中的自我意识和自我超越，强调精神的自由和主体的力量，提出了"明事理、明自我；强体魄、强精神"的校训，在百年明强厚实的文化积淀中注入"新基础教育""生命·实践"的新理念，融会贯通、有机结合，促进了学生主动、健康成长。

1.学校足迹：百年历史的精神锤炼

明强小学是有着一百多年光荣历史的老校，基于学校优秀的办学传统，以及传承与发展百年文化的办学精神，开展与时俱进的劳动教育实践探索：

一是"爱国"精神。1905年5月（光绪31年），鉴于帝国主义侵略中国、维新思想方兴未艾、本县教育落后的状况，杨光霖、张之珍两位先生拾财集资，创办了七宝镇最早的一所小学，即"明强学堂"。杨光霖先生在亲笔写的《明强学堂捐启》中阐明了办学宗旨，由此揭示了学校取名"明强"的深刻涵义。因为有着红色历史基因，所以明强的劳动教育始终饱含着爱国精神。

二是"革命"精神。1928年下半年开始到解放前夕，先后有24名共产党员以明强小学为基地开展革命工作。中国共产党上海西南地区第一个地下党组织就建立在明强校园内。党员们以教师职业为掩护，与国民党反动派、日寇与汪伪走狗开展了殊死的斗争。领导学校组织"明强校友会""七宝青年联谊会""九十五民校"，宣传革命，教育青年。"明强校友会"成立于1946年冬，陆续吸收历届毕业生100多人为会员，许多青年由此走上了革命道路。在他们身上，担负着时代教育使命，体现出强烈的革命精神、为培养革命和建设人才而奋斗的精神，这也是一种实实在在的劳动精神的最好体现。

三是"生命·实践"精神。1999年明强小学参加"新基础教育"实践研究，至今已有二十余年。明强人始终以"生命·实践"理念引领学校的发展，坚持以学生生命的真实成长和培育学生的生命自觉为教育的根本目的，在教育教学的实践中进行教师的自我更新与提升，从而达到了以人的主动、健康发展为教育的宗旨，实现价值提升、动力内化、过程互动、重心下移和结构开放，这些也使明强小学劳动教育从形态到内涵发生了深刻的变化。

2.文化基石：劳动教育的精神内核

教育是人类所特有的、有意识地传递社会经验和培养人的社会实践活动，是人从不完善走向完善的过程，是建构人的主体素质，培养、发展和完善人的本质的过程。基于全面育人的理念，不是单一地开展劳动教育，而是要在五育融合视域下整体推进教育，更要让学生时刻处于劳动教育场域中,实现浸润式学习与实践体验。

基于学校"审美·超越"的文化理念,以学校校训"两明两强"丰实劳动文化内涵:明事理,就是要认识客观世界,学习与掌握适应未来社会生存需要的知识、劳动技能、创新等综合能力等,树立终身学习和生命自觉的理念;明自我,就是要认识主观世界,具有自我意识、主体意识,形成自己的审美精神、情趣、品位、能力,做一个对社会有用的人;强体魄,健康的体魄是受用一生的宝贵资源,有了强健的体魄,生命的发展才有可靠的物质劳动基础;强精神,精神力量是人的心理、智慧与能力、意志与情感、理想与信仰等综合而形成的力量,这是适应激烈竞争与价值观念多元社会的重要法宝,也是劳动教育的精神内核。

(二)"四大工程"夯实学校劳动教育实践

"在成事中成人,用成人促成事",用"新基础教育"的话语来说,首先就是要处理好"成事"与"成人"的关系,将"成事"与"成人"紧密结合。"成人"必须通过"成事"来实现,在"成事"中"成人",通过"成事"将"成人"落到实处,使学生得到主动、健康、可持续的发展,从而加速个人内涵品格的养成。在此基础上,学校推进"四大工程"建设,助力新时代劳动教育。

1.智慧领导,引航劳动教育

智慧型领导是学校的灵魂,是转型性变革的引领者、策划者和组织者。学校"生命·实践"研究性实践的第一要务就是要打造一支智慧型的领导者团队。对于劳动教育来说,这支团队不仅是学校劳动教育课程的指导者,更是学生劳动教育养成的推进者与实践者。

"智慧领导·引航劳动教育"工程的具体目标是在现代型校级领导及中层管理团队的创建过程中,传承百年明强"自强不息"的劳动精神和"审美·超越"的文化核心理念,提升全体明强人的劳动教育文化内涵、思维品质、实践能力。这样一个民主、规划、高效的管理文化团队,带领学校的每一位师生深入挖掘劳动教育内涵与本质,围绕学校、家庭、社会三位一体,德智体美劳"五育融合"的工作思路,开启了"以劳树德·以劳增智·以劳强体·以劳育美"的以"一育"带"全育"的五育融合路径的劳动教育探索之路。

2.和美课堂,孕育劳动智慧

课堂,是新时代劳动教育的重要场域。学校把集师生共同追求、共同创造、共同成长为一体,弥漫着"和、活、灵、美"内涵的、呈现着"有机美"韵味的教学场,视为广义的"和美课堂"。

"和美课堂·孕育劳动智慧"工程既是学校一切劳动教育工作的出发点,也是学校一切劳动教育工作的落脚点。围绕学校劳动教育主题,在学科教学中渗透劳动教育,开发与实施劳动教育课程,追求劳动教育课堂的教学内容结构之美、设计开放之美、资源生成之美及生命涌动活力之美,又实际表现为探究、互动、真实、德性和审美的劳动教育课堂。学校将丰富的劳动教育课程资源以主题式串起来,成为大家共享共惠的资源,力求将劳动课程资源与经验渗透在日常的教育教学实践中,彰显劳动教育课堂智慧。

3.校园四季,浸润劳育文化

"学校是洒满阳光的花园,教育是充满生命的事业。"这是叶澜老师给明强小学的两句具有深度涵义的题词。学生主题活动,是学校劳动教育重要内容。

"校园四季·浸润劳育文化"工程是学校在"审美·超越"文化核心理想统领下,以"题词"为指导,在学校文化传承与发展过程中,将学校劳动教育工作置于时代发展、教育发展、师生发展整体框架下加以科学系统地思考,有效开发了人与自然浑然一体的劳动教育育人时空——创造性建设基于校内外教育空间的"七彩童年"和洒满自然光阴的"校园四季"。此工程注重"浸润"二字,在多彩的校园四季活动浸润劳育文化。聚焦学校劳动教育主题,结合校园四季系列主题活动,创生促进学校劳动教育"共生共长"的教育新样态。学校用发展的全局视角进行整体规划,对于劳动教育活动资源的序列化建构思考有了进一步的发展和提升。

4.幸福教师,激活多元劳动

高质量的师资队伍,为劳动教育的具体实践与推进保驾护航。学校提出"幸福教师"的概念,实现了教师价值的重大转变,发挥教师在学校发展及劳动教育工作中不可替代的作用。

"幸福教师·激活多元劳动"工程是引导教师致力于开展多样化劳动教育活动。在学校劳动教育中,注重推进劳动教育教师队伍建设,完善劳动教育教师专业化培养体系,满足学校劳动教育工作对教师数量上的需求;开展劳动教育的校本研修活动,提升教师劳动教育专业素养;拓展教师的教育视野,鼓励教师开发与实施特色化的劳动教育课程,开展多元化的劳动教育活动,并形成劳动教育特色;开展教师层面的劳动教育实践活动,培养教师成为优秀的"劳动者",从而更好地培育学生的劳动素养,实现智慧的传递。

(三)"五育互促"提升学校劳动教育成效

随着时代的发展,"五育并举"的理念转化为更高层次的"五育融合",这不再是简单的德、智、体、美、劳的组合或叠加,而是指在这五育之间实现有机融合的发展模式。在全面发展的基础上,新时代劳动教育必须进一步实现适切性的育人,让每一个学生都能以个性化的方式得到充分地发展和提升。因此,在强调素养导向的情况下,需要基于时代特色、地域特质、学生特点,以"培养未来复合型人才"为目标,围绕"融合性"特质,对劳动教育实践进行创新和变革。

1.以德润劳,铸就新劳动风范

劳动教育与学校德育之间自然而然地存在着紧密的联系,二者都具有通过以劳动为主的内容促进学生道德成长的教育价值。

首先,德育能促进学生形成正确的劳动观念。教育者通过各种教育手段,让学生认识到劳动的重要性,体验到劳动的价值和意义。其次,德育能培养学生的劳动精神和劳动习惯。劳动教育不仅仅是让学生掌握一定的劳动技能,更重要的是让学生在劳动实践中培养出正确的劳动态度和习惯。最后,德育能促进学生的职业发展和个人成长。在劳动教育中,学校可以开展各种劳动实践活动,让学生在实践中掌握技能、增长经验,从而提升自己的职业素质和发展潜力。

在面向未来的新劳动教育中,有了"德"的铸就,学生可以养成正确的劳动观念和劳动态度,形成自觉遵守职业道德的行为准则,同时在劳动实践中培养出具有高尚道德品质的劳动者,为社会的发展做出贡献。

2.以智助劳,引领新劳动智慧

学校智育是培养学生创新意识和创新能力的重要组成部分。学校智育和劳动教育的结合,可以帮助学生更好地激活自身智慧和实践能力,培养具有创新精神和实践能力的新型劳动者。

首先,智育可以引领新劳动智慧,因为智育培养的是学生的思考、分析和解决问题的能力,而这些能力可以在劳动实践中得到很好的应用和发挥。其次,智育可以培养学生的创新思维,而创新思维可以促进新型劳动方式的产生和发展。通过智育,学生可以了解不同的思维方式和创新方法,并在劳动实践中运用它们来解决问题和提高生产效率。此外,智育还可以让学生了解科学的基本原理和知识,这些知识可以被应用于新型劳动方式开发和实践。随着信息时代的到来,数据分析能力已经成为新型劳动方式的必备技能。智育还能培养学生的数据分析能力,使他们能够快速地分析和处理数据,并运用数据来提高劳动效率和优化劳动流程。由此可见,劳育和智育紧密相连。

在面向未来的新劳动教育中,有了"智"的引领,学生可以了解与分析不同劳动方式的优缺点,以及如何选择最优解决方案来解决问题。智育可以引领新劳动智慧,培养学生的创新思维、科学知识和数据分析能力。

3. 以体强劳，塑造新劳动活力

学校体育教育是培养学生身体素质和健康生活的重要环节。在学校教育中，应该充分发挥体育和劳动教育的优势，相互融合、互相促进，为学生的健康成长和全面发展创造更加良好的教育环境和条件。

体育可以培养学生的团队合作精神。在体育比赛中，要想获得胜利，需要团队的支持和配合。这种团队合作精神同样可以应用于劳动实践中，通过协作完成任务，达成共同目标。体育还可以培养学生的竞争意识，激发学生在劳动实践中不断挑战自我，追求卓越。体育可以培养学生的毅力和耐力，在体育锻炼中，学生需要坚持不懈地进行训练，才能取得更好的成绩。同样，在劳动实践中，需要学生坚持不懈地努力，才能产生更大的劳动效益。体育可以培养学生的身心健康意识，在体育锻炼中，学生可以了解到身体健康的重要性，从而更加注重强身健体。这种健康意识同样可以应用于劳动实践中，体劳融合、成就更好的自己。

在面向未来的新劳动教育中，有了"体"的塑造，除了可以提高学生的身体素质外，还可以培养学生的团队合作精神、拼搏精神、毅力等多方面，这些体育精神都可以在劳动实践中得到很好地运用和展现，从而实现新劳动活力。

4. 以美育劳，打造新劳动文化

美育在塑造新劳动文化中发挥着重要作用。美育与劳动教育的结合，既有劳动教育借鉴美育之"以人为本、注重人文精神"的理念，也有美育汲取劳动教育之"知行合一、实践育人"的特点，两者相互促进、相互融合。

首先，美育可以为劳动教育提供创新思维和创意能力。美育注重培养学生的创新思维和创意能力。劳动教育需要不断进行技术和工艺的改进和创新，美育可以培养学生具有创造性的思维和能力，从而为劳动教育提供新的思路和方法。其次,美育可以为劳动教育提供良好的审美素质和品味。美育可以让学生学习欣赏艺术作品,提高自身的审美素质和品味。再次,美育可以为劳动教育提供良好的文化背景和历史传承。美育可以让学生了解不同的艺术文化和历史传承,为劳动教育提供丰富的文化背景和历史渊源。最后,美育可以为劳动教育提供良好的心理素质和情感体验。美育可以让学生感受艺术的美好和情感的体验,从而培养学生积极向上的情感体验和心理素质。

在面向未来的新劳动教育中,有了"美"的打造,既能够培养学生的艺术素养和文化修养,也能够增强学生对劳动的理解和尊重,为学生未来的劳动创造提供更多的思想和精神支撑,为新时代劳动文化的打造注入更多的生命力和活力。

(四)"融合超越"开创学校劳动教育体系

随着时代的发展和社会的进步,传统的劳动观念和模式已经无法满足现代社会的需要。因此,开展新型劳动教育课程,培养学生的劳动技能、劳动精神和劳动意识,已经成为当前教育发展的必然趋势。

面向未来的新劳动教育,要立足地域特质、学校特色深挖劳动教育资源,聚焦"融合"特质实现超越,探索符合未来新劳动需求的劳动教育目标和内容,在劳动教育中注重学生对技术和行业的了解和应用,培养他们的创新和实践能力,以适应未来的社会和职业的需求。

面向未来的新劳动教育,要开发新型劳动教育课程及活动来更好地提升学生的劳动素养。比如开展具有融合性、实践性的劳动教育实践活动,学生可以掌握实际的生产技能,增强自身的劳动能力,可以更加深入地认识到劳动的价值和意义,厚植尊重劳动、热爱劳动的情感,培养刻苦耐劳、勤俭节约的劳动精神。新劳动教育要能培养学生的社会责任感和社会参与意识,可以让学生更加深刻地认识到自己的社会角色和责任,增强其参与社会实践、服务社会的意识和能力。

明强小学所处我国沿海发达地区,基于公办小学的特质,提出了为未来复合型人才奠基开展融合性劳动实践,围绕"育人指向、实践创新、理论价值"三大方面,打造"多维融合、多路径实施、多形态结合、多功能呈现"的劳动教育新生态,在劳动中以体知真善美为根、以德智体美劳诸育有机融合为壤、以培育正确劳动价值为干,构建具有内在生命力的劳动教育体系。

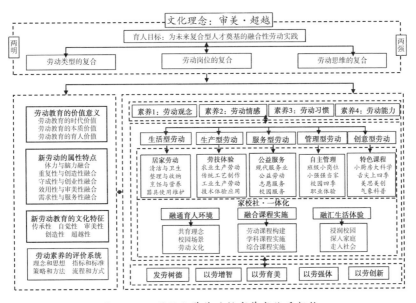

图1-3-3 明强小学劳动教育养成体系架构

1.融合:培育未来复合型人才

基于目标视角,未来复合型人才需要具备多方面的能力,包括技术、人文、社会和管理等方面的综合素养的融合。为未来复合型人才奠基的融合性劳动实践,学校发展是本体架构的顶层设计,它包含四个核心内容:一是基于发达地区公办小学劳动教育特质;二是基于学校"审美·超越"的文化核心理念;三是基于"两明两强"的校训和"坚守与吸纳"的育人内涵与行为准则;四是着眼于"劳动类型、劳动岗位、劳动思维"三大劳动视角下的复合人才养成目标。四个顶层设计的核心内容为新时代劳动教育的理论创新与实践探索指明了研究方向。

2.创新:构建"五型三横五融"

基于实践视角,劳动教育是指通过劳动实践,培养学生的劳动观念、劳动情感、劳动习惯、劳动能力的教育过程。基于发达地区的地域特质和劳动教育的学校特色,建构具有整体性、科学化的"五型三横五融"劳动教育实践体系。

五型:劳动类型的多元化。劳动类型的多元化,是发达地区小学劳动教育实践体系的核心内容。在现代社会中,随着科技和经济的发展,人们从事的劳动形式变得越来越多元化。根据发达地区公办小学的劳动教育特质,劳动类型校本化构建确定为"生活型劳动、生产型劳动、服务型劳动、管理型劳动、创意型劳动"五型劳动,劳动类型不同、则劳动教育侧重点有所不同,比如创意型劳动需要创造力和想象力,能够创造出独特的价值;服务型劳动需要关注他人的需求和情感、具有人际交往的技能,以及对服务质量的追求等。

三横:实施途径的融通化。实施途径的融通化,是培养未来复合型人才的融合性劳动的行动指向。新劳动教育,是需要体现全面育人之理念,那么需要具有综合融通的实施途径。从劳动教育实践体系的横切面看,"三横"是指"环境、课程、生活"三条劳动教育实施途径,即融通育人环境,夯实劳动教育厚度;融合课程实施,加强劳动教育深度;融汇生活体验,拓展劳动教育广度。三条途径的科学实施,有效破解了以往学校劳动教育存在的"纸上谈兵、碎片化、散点式、单一任务"等弊端,为新时代劳动教育提供了有效的行动指南。

五融:新劳动教育作为德育、智育、体育、美育、劳育五育融合教育体系的有机组成部分,可以通过"以劳树德、以劳增智、以劳强体、以劳育美、以劳创新",引导学生认识到劳动最崇高、劳动最智慧、劳动最光荣、劳动最美丽、劳动最伟大,通过融合性劳动实践来全面提升学生的综合能力和劳动素养。

3.超越:助力城市现代化发展

基于价值视角,探索劳动教育的价值意义,即追溯劳动教育的时代价值、解析劳动教育的本质价值、激活劳动教育的育人价值。时代价值,站在当今及未来社会发展的高度,与时俱进,将复合型人才作为新时代劳动教育培养目标之一,这是具有永恒性;本质价值,回归劳动教育本源,对劳动、劳动教育的逻辑进行思考与探析,这是根本所在;育人价值,多元回归人的本质属性、生活场景、精神家园,激发学生的劳动能动性,全面培育学生的劳动素养。

探索新劳动的属性特点。时代的快速发展,人类社会劳动属性特点呈现了新的发展形态,实现了新的超越。助力城市现代化发展,围绕"培养未来复合型人才"育人目标,劳动的体力与脑力融合、重复性与创造性融合、守成性与创业性融合、效用性与审美性融合、需求性与服务性融合,从而打造"融通超越"的劳动教育新格局。

探索新劳动教育的文化特征。城市现代化发展下的劳动教育是具有文化多元性,体现了一种开放、包容、协作和共享的精神,具有"传承性、自觉性、审美性、创造性、超越性"五大文化特质。通过实践,实现劳动教育价值取向,并形成新时代劳动教育独特的文化特点,从理论价值上实现超越。

百年明强新劳动,基于学校"审美·超越"文化理念,探寻"两明两强"学校文化内涵,推进"成人成事"的"智慧领导·校园四季·幸福教师·和美课堂"四大文化工程建设,改变以前"碎片化·散点式·单一型"的劳动教育为集融合超越的大劳动观与家校社三位一体实施路径的发达地区劳动教育养成体系,有效贯彻和落实新时代劳动教育观。用全局长远的视野,思考并探索面向未来的劳动教育,致力于培养未来复合型人才,这是具有时代性的价值与意义。路不止于当下,融合、创新、超越将助力新时代劳动教育,勇攀高峰。

第二篇 探:建柱架梁

劳动教育需要高质量发展。探寻其本质,奠定其基础,积聚其力量,将理论之光与实践之路紧密相依,方能构筑完善而高效的劳动教育体系,进而传承古今中外劳动教育的智慧瑰宝,借着不断超越与创新的翅膀,让劳动教育在新时代绽放高质量的光彩,为社会与个体谱写更美好的未来篇章。

聚焦属性与特征,进行劳动特性探究。明晰新时代劳动具有体力与脑力、重复性与创造性、守成性与创业性、效用性与审美性、需求性与服务性相融合的属性特点,传承性、自觉性、审美性、创造性、超越性的文化特征,以劳树德、以劳增智、以劳强体、以劳育美、以劳创新的育人价值。基于我国劳动教育体系的发展及探索,从学校发展、理论基石、实践体系三大视角,初步建构发达地区学校劳动教育体系。

聚焦评价与导向,进行劳动素养探析。在文献研究中来探析劳动素养的关键要素概念,在问卷调查法中了解与分析劳动教育现状;理论与实践结合,对劳动素养评价进行探索性研究,厘清理念和思想、维度与指标、策略与方法,从生活化、阶梯化、信息化三大视角,探索新时代劳动教育的评价方式。

聚焦传承与发展,进行劳动类型探新。基于课程标准文件和地域教育特质,创生"五型劳动"的校本实践,对新时代劳动教育进行理性思考;从生活型、生产型、服务型、管理型、创意型五方面,梳理"五型劳动"的基本内容构成;探索"五型劳动"的实践路径,课程中有机融合、岗位中交互践行、活动中系统实施,打造新时代融合性劳动教育新格局。

第一章　劳动特性探究:属性与特征

　　劳动,是人类赖以生存和发展的基本需求;劳动教育,既是马克思主义教育思想的基本原理之一,也是社会主义新中国的基本教育方针,有着丰富的教育内涵及重要价值。旨在培育未来复合型人才的新劳动实践,更要从内在关注其劳动教育的属性与特征,从而构建更具科学性、适切性的劳动教育实践体系。

　　从远古石器时代到人工智能时代,劳动教育都有着与劳动形态相一致的属性与特征。新时代劳动教育,具有明显的"新"时代属性与教育特征,既要注重劳动类型的多元融合,也要具备传承性、创造性、自觉性、审美性、超越性,发挥其五育融合的育人功能,以促进学生全面发展。

一、属性特点:新劳动的多元融合

　　随着时代的快速发展,人类社会劳动属性特点呈现了新的发展形态——融合性劳动。融合包含多方面,具体是指劳动的体力与脑力融合、重复性与创造性融合、守成性与创业性融合、效用性与审美性融合、需求性与服务性融合。

表2-1-1　传统劳动、新时代劳动、新时代发达地区劳动的属性特点

	传统劳动		新时代劳动		新时代发达地区劳动	
	属性	特点	属性	特点	属性	特点
劳动的体力与脑力关系	割裂/基本融合	将体力劳动与脑力劳动分裂开来,对体力劳动和脑力劳动做出明显的社会分工	多元融合	体力劳动与脑力劳动在大部分活动中都是相辅相成、相互促进	深度融合	体力劳动教育与脑力劳动教育在同构共生、深度融合中实现协同发展与创新
劳动的重复性与创造性关系	基本融合	重复性劳动偏多,重复中有创新,创新中有重复,反复运用劳动经验和技巧	多元融合	重复性劳动与创造性劳动有交融,两者都离不开智慧和灵活的劳动策略	深度融合	创造性劳动比例提高,学生的实践能力、创新思维及科学素养等能力被密切关注
劳动的守成性与创业性关系	基本融合	传承历史传统时,需进行开拓创新。当劳动者着重于开拓创业时,需立足于传统。传统劳动中以守成为主,创业为辅	多元融合	新时代劳动对守成与创业的融合有了更高要求,创新意识也凸显重要,守成性与创业性劳动呈现多元融合	深度融合	在新时代,对于发达地区来说,外来文化冲击力很强,要守住原有成果,并开拓出新的成就,呈现出了深度融合的状态
劳动的效用性与审美性关系	割裂	传统劳动会更加重视劳动所带来的效益,审美并不是主要劳动目标	多元融合	新时代的劳动既讲效用,又讲审美,这两个属性相辅相成,融为一体	深度融合	发达地区劳动教育,精神财富与物质财富的创造都成为了教育的主要目标
劳动的需求性与服务性关系	基本融合	传统劳动会把个体满足的劳动和服务他人的劳动看成两种不同的劳动类型	多元融合	新时代不仅对劳动者个人的能力和发展提出较高的要求,也看中个人对集体的付出和努力程度	深度融合	发达地区对这两者劳动融合有了更高需求,提供更多平台以及丰富多样的服务型活动来满足成长需求

（一）劳动的体力与脑力融合

1.体脑劳动凸显双向融合

根据劳动的内在类型,可以把劳动分为体力劳动和脑力劳动。传统观念中,有时会将脑力劳动与体力劳动分裂开来,对脑力劳动和体力劳动做出明显的社会分工。但是人类劳动是体力与脑力的共同支出,将两者之间的关系割裂开不符合逻辑、也不符合常规。无论在哪个历史时期,从事何种形态的劳动,对于劳动了一天的劳动者来说,他们不仅支出了一整天的体力,也支出一整天的脑力。[①]劳动有不同的分工,所耗费的脑力因素和体力因素的构成比例和作用也不尽相同,但这并不意味着在劳动力的耗费过程中脑力和体力是分开的。从体力劳动和脑力劳动的关系来看人类社会劳动发展的轨迹,可以看作三大阶段:第一个阶段就是以简单劳动为主,体力与脑力劳动是自然融为一体;第二阶段,劳动不断增强复杂性,体力劳动和脑力劳动开始分离成为相对独立的劳动形态;第三阶段,劳动工具与劳动技术高度发达,体力劳动和脑力劳动又趋向于在劳动过程中以不同方式的融合起来。在新时代背景下,体力劳动与脑力劳动在大部分活动中都是相辅相成、相互促进的[②]。

体脑劳动最终走向双向融合,是指人类体力劳动和脑力劳动之间相互促进、相互渗透、相互融合的趋势。体脑劳动融合还将使人类工作更加多样化,每个人都可以根据自己的兴趣和能力选择适合自己的工作方式。同时,它也将有助于提高人们的生产效率、改善工作环境、减少工作风险,进一步推动人类社会的发展。

2.体脑融合促全面发展

2020年3月,中共中央国务院印发《关于全面加强新时代大中小学

[①] 孙宇.脑力劳动与体力劳动共同创造价值[J].经济研究导刊,2019(26):1—2+11.
[②] 邱欣怡.论苏霍姆林斯基的劳动教育[J].知识经济,2019(13):127—128.

劳动教育的意见》(简称《意见》),其中对劳动教育的内容提出明确要求:"以体力劳动为主,注意手脑并用,引导学生在体力劳动与脑力劳动的整合中培养创新思维能力以及解决问题的能力。"根据近年来有关劳动教育的指导性文件,不难看出,国家尤其重视劳动教育的体脑结合。国家颁布的《意见》所提出的"以体力劳动为主",意在引导学校教育重视体力劳动,培养学生对劳动的热爱、对各类劳动者的尊重和对劳动本质的清晰认识,以此来实现育人的时代价值,努力促进学生的全面发展[①]。谈及人的全面发展,可以说是指人的"体力和智力获得充分的自由的发展和运用"[②],从更加广泛的意义上来说,是指人的智力、体力、道德精神以及各种能力的发展。马克思曾就人的发展问题提出以下观点:"人的全面发展就是全面地发展自己的一切能力",包括体力和脑力、自然力和社会能力、现实能力和潜力。不可否认,人的本质和力量是在劳动中体现的,人的发展首先是人的劳动能力的发展[③]。因此,人的全面发展的实现必须以劳动为基础,换言之,是以体力劳动与脑力劳动的统一为基础。如果体力与脑力未能有效结合,人的全面和谐发展是不可能得到实现的。正如《意见》中明确指出的,劳动教育是学生成长的必要途径,拥有树德、增智、强体、育美的综合育人价值。比如,劳动教育类的课程可以分为劳动理论课和劳动实践课[④],其中劳动理论课主要讲授与劳动相关的知识,帮助学生理解劳动相关的历史渊源及其他重要知识,引导学生端正劳动态度;劳动实践课程主要侧重于实践,引导学生主动发现问题、提出问题、研究问题,使其在实际动手操作的过程中手脑并用,感受体脑结合的创造性劳动所带来的乐趣。由此可见,当学生从事

① 陈阳,陈晓,吴雪菲.论新时代高校脑力劳动教育与体力劳动教育的同构共生[J].焦作师范高等专科学校学报,2021,37(03):53—56.

② 马克思恩格斯全集.第3卷(M).北京:人民出版社,1960.459.

③ 杨伟才.马克思人学理论及其当代价值[J].马克思主义与现实,2007,(03):180—182.

④ 江沙,黄汀.新时代劳动教育的理论渊源和科学内涵[J].现代商贸工业,2022,43(20):96—98.

体力劳动和脑力劳动相结合的劳动时,人的智力、体力、道德精神以及各种能力才能得到充分发展。

面对未来,新时代发达地区的劳动教育也愈加重视体力劳动与脑力劳动的深度融合,体力劳动教育与脑力劳动教育在同构共生、深度融合中开辟协同发展的创新路径。这有利于促进学生树立新时代劳动观,学会在劳动中追求创新灵感,体验创造性劳动带来的愉悦感,不断提高创新意识与实践能力,劳动教育育人的时代价值也在发达地区的教育系统中得到更好地实现。

（二）劳动的重复性与创造性融合

1.劳动本质呈交融特点

从劳动形式角度对劳动进行分类,可以分为重复性劳动和创造性劳动。前者一般是指反复、机械地从事某项劳动,后者是指劳动者不局限于某一个机械的劳动任务,发挥自己的聪明才智,突破固有的思维进行劳动实践。表面上看,这两种不同类型的劳动是不相关的,但是创造性劳动的产生往往是建立在进行重复性劳动的基础上的,在重复性劳动中获得的经验为进行创造性劳动打好基础,而在进行重复性劳动时,也会到一个阶段,需要劳动者打破思维定势进行突破与创新。重复性劳动与创造性劳动本质上呈现交融的特点。为激发劳动教育的最大效能,劳动需要持之以恒、不断练习与巩固,这也体现了劳动教育重复性的特点,劳动教育的手段需是灵活的、多样的、以学生的需求为主的,这也明确了劳动教育创造性的特点。无论内外因素,重复性劳动与创造性劳动始终融合。

2.智慧融合育时代新人

随着时代的快速发展,在教育层面上对学生的期望已经不再仅仅局限于学习成绩或者健康等相关因素,实践能力、创新思维以及科学素养等综合素养的发展受到越来越多的重视,同时,与以往相比有了更多更好的资源来保障学生的劳动教育活动。新时代劳动教育,创造性劳动已成为一股热潮。但是进行创造性劳动并不意味着一切脱离原有的劳动知识和经验,也不意味着脱离传统劳动技能的重复性练习与巩固,在过往反复理解、运用和实践劳动知识的过程中,学生加深了对劳动知识内在机制的理解,熟悉了运用知识的方法和技巧,可以说,重复性劳动为进行创造性劳动打下了坚实的基础。旨在培育时代新人,重复性劳动也无法更好地满足育人目标,创造性劳动则是关键部分,要在重复性劳动的基础上开展创造性劳动,形成融合之样态,新时代的重复性劳动并非是机械式的,劳动者需要根据内外因素的变化,比如说在心态、环境、与周围人的关系及所遇到的问题上,做出灵活的转变与创新,顺利完成劳动任务。由此可见,在劳动教育中,创造性劳动是以熟悉的知识经验为基础的,重复性劳动也离不开智慧和灵活的策略。两者相互融合,共育时代新人。

(三)劳动的守成性与创业性融合

1.守创结合顺时代发展

从劳动的社会功能看,劳动可以分为守成性劳动和创业性劳动。前者侧重于传承,是对传统文化及劳动的珍视,后者突出开拓新事业。在劳动的过程中,当传承历史传统时,要取其精华,需进行灵活开拓创新;当劳动者着重于开拓创业时,也必须立足于传统和经典,以此为根基;当然,也可以将守成与创业有机结合,也就是传承与发展。新时代劳动,对守成与创业提出了更高要求,面对博大精深的历史渊源,且面对创造创新的时代要求,守成性与创业性劳动高度融合。

2.多元融合赋教育使命

劳动教育在树德、增智、强体、育美等方面发挥着重要的育人价值。自新中国成立以来,我国在中小学增设了多种劳动教育范畴的学科课程,也创下了光辉的成就和业绩,但前路漫漫,劳动教育不该止步不前,而是应当在未来创下更多伟绩,发挥更为重要且深远的影响。新时代劳动教育中守成性与创业性的结合,是"守"与"创"的融合,更是"脚踏实地"与"仰望天空"的愿景。因此,对于新时代的劳动教育来说,既要守住已有的成绩,也要放眼未来,创造更多优良业绩,做到守成性与创业性的新时代融合。

在新时代,对于发达地区来说,多元文化冲击力很强,要坚守住原有的优秀成果,比如说传统文化精神等,显得尤为重要,但是仅仅守传统是不够的,要与时俱进地学会创新,开拓出新的事业,这是时代及教育发展之所需。

(四) 劳动的效用性与审美性融合

1.审美提升劳动新效用

从劳动价值来看,劳动可以分为重效用和讲审美。新时代劳动是重效用与讲审美劳动的融合,也是劳动的经济功能与审美功能的统一。通俗来讲,重效用劳动侧重于劳动能够带来的实际效益,而讲审美劳动则是更高层次的,强调劳动者在劳动中获得的精神与情感层面的体验。教育层面,五育融合是新时代中国教育发展的基本趋势。其中美育关注的是美的艺术作品、美的社会生活和美的自然风景。美育与劳育相互融合,审美提升劳动新效用,引导学生发现美、创造美,凸显劳动创造美和劳动欣赏美的理念。在劳动创造美方面,劳动者的审美意识与创造出的成果上达成统一,促成和谐,赋予了劳动产品一定的审美价值,劳动主体在创造丰富美好世界的同时,也促进了人类本身审美以及其他情感和意识的养成;其次,在劳动欣赏美方面,劳动主体在劳动过程中,提升了审美意识,能够自由构建、创造美好的物质和文化世界,这些都是劳动新效用的体现。

2.超越助力生活新品质

回应时代发展的需求,重效用劳动及创造物质财富,讲审美劳动及精神财富的创造,都是劳动教育的重要要求。两者相融实现超越,从而更好地助力生活新品质。具体来说,劳动教育的内容分为日常劳动、生产劳动和服务性劳动三方面,效用和审美融合,在教育内容形式上会有所超越,教育实施策略是会有所超越。以生产型劳动《家具设计》课程为例,专业老师引导学生改造旧家具,通过分析旧家具的风格与结构特征、绘制思维导图并手绘彩色效果图、再通过网络或实体店选购修复材料,通过动手劳动来完成修复方案。[①]在学生参与此项项目的过程中,他们能够修复旧家具的不足之处,创造出实用的新家具,为社区人民带来便利,贡献出一份实在的力量,这是重效用的很好体现;与此同时,学生提升综合设计能力,在创新中感受美的元素,提升审美能力,这是讲审美的体现。劳动也不仅仅是解决生活问题,实现效用的功能,而更多是创造生活的美好,达到审美的功能。两者相融共促,赋予生活更高的品质。

(五) 劳动的需求性与服务性融合

1. 服务集体回应社会期待

从是否满足人自身需求的角度来看,劳动分为需求性劳动和服务性劳动。前者是指以满足自身发展需求为主的劳动,后者是指以满足他人需求、促进群体发展为主的劳动。新时代的社会不仅对劳动者个人能力和发展提出较高要求,也期待个人对集体的付出和奉献程度。因此,新时代劳动应当是个体满足的劳动与服务他人的劳动融合。时代快速发展,新型服务性劳动是服务性的升级版,是服务性和需求性融合的重要方式。例如,共享经济、金融科技、智慧城市等新型服务业,通过科技手段和创新模式,可以更好地回应人们需求及社会期待。

---

① 吴茜茜.《家具设计》课程中渗透劳动教育的路径研究[J].湖北开放职业学院学报,2022,(323):160—162.

2. 奉献社会成就教育价值

服务性劳动教育是现代劳动教育的重要组成部分,具有较强的社会属性。首先,服务性劳动教育注重体验感,学生能否在服务性劳动过程中激发对劳动的热情、对奉献社会的激情,能否促进学生知、情、意、行的和谐统一发展。在参与服务性劳动的过程中,学生能够加深对理论学习的理解,进一步掌握马克思劳动教育的内核,同时在具体情境下,学生能够切身体会劳动技能的运用策略,在体验式学习中获得学习的自主权,提升了学习动机和学习效率,并提升社会参与所必须的能力,比如说沟通、合作和反思的能力。[①]服务型劳动与需求型劳动有着密不可分的关系,服务性劳动属于马斯洛需求层次理论中的最高层次需求,也就是自我价值实现的需要。在奉献社会的过程中,劳动者帮助有需要的人,同时,劳动者也开拓了视野,丰富了人生阅历和社会经验,有助于实现自我价值,实现自我满足。学生在服务型劳动的过程中,成就更好的教育价值,"被需要"的情感得到升华,收获他人的尊重和认可,荣誉感、满足感、使命感油然而生,且能够加强劳动理论与技能的理解和运用,尽己所能为他人付出,帮助解决实事,为社会做贡献,有利于人们社会意识和行为的养成,推动形成和谐的社会风气。

二、文化特征：新劳动教育的传承发展

旨在培育未来复合型人才,劳动教育的文化应融合传承性、创造性、自觉性、审美性、超越性等特质,致力于在实践中体现劳动价值,形成独特的劳动教育文化。这五个特质之间存在有序递进的关系,并具有各自独特的文化内涵和意义。

①万坤利,李艾诺.服务性劳动教育的内涵特征与实践路向[J].铜仁学院学报,2021,(23):74—81.

传承性强调继承和发扬劳动的优良传统,为学生提供扎实的基础;创造性要求劳动教育在传统基础上加入创新元素,鼓励学生勇于尝试和突破;自觉性意味着学生在劳动过程中形成内在的驱动力和生命意识,以自主的精神投入劳动;审美性则关注劳动教育中美的价值观念,培养学生在劳动中发现美、创造美、欣赏美的能力;超越性则强调培养学生具备长远性、全局性、本质性的品质,使其能够从长远角度看待问题、全面把握问题并抓住问题的本质。这些特质共同构成了新时代劳动教育的文化特点,为学生提供丰富而独特的劳动教育体验。

(一)传承性:继往开来,承载文化智慧

新时代的劳动教育是以历史文化渊源为根基,传承优秀传统文化以及历史上有关劳动的重要思想,这对丰富和提升新时代劳动教育水平有重要作用。

注重对中华优秀传统文化的传承,这极大丰富了劳动教育的文化内涵,能够培养学生对传统文化的认同感,激发学生尊重劳动、赞美劳动、崇尚劳动的思想情感。新时代劳动教育的文化传承观是基于历史文化渊源为根基,根据时代的发展要求,逐步改进与创新,其发展来源于对中国优良传统文化劳动思想、马克思主义劳动教育思想和中国共产党劳动教育观的传承和创新。

1. 劳动文化的传承性

中华民族以勤劳著称,勤劳是中华民族最根本、最崇高、最突出、最宝贵、最优秀的品质和文化传统。中华文明之所以能够从古至今源远流长,一个十分重要的因素,就是我们这个民族具有传承至今的劳动文化。其中经典典故有:盘古开天、精卫填海等;丰功伟绩有:大禹治水、四大发明等;医学研究有:黄帝内经、本草纲目等;科学探究有:九章算术、天工开物等。中国历代的诗词歌赋中也包含很多赞美劳动人民、描

述劳动场景的相关内容。

其传承性文化特质呈现为三个方面:一是对中国优秀传统文化的传承,辛勤劳动不断被推崇,这来源于中华民族农业文明,是中华民族传统美德之一,比如说自古以来,中国就有"耕读不辍"的文化传统,即读书时不忘记劳动、劳动也不忘读书;二是对马克思主义劳动理论的传承,人要实现全面的发展,必须实现真正意义上的劳动幸福,激发人们在劳动过程中的幸福感和对劳动成果的满足感;三是中国共产党人对劳动理论的继承,依靠劳动给广大人民带来幸福生活,强调体力劳动与脑力劳动相结合,劳动能使人全面发展,拓宽视野。

2.多元浸润文化传承

鉴于新时代劳动教育的文化传承性特质,可以将充满智慧、富含哲理的传统文化元素融入学校劳动教育中去,帮助学生在多元浸润中养成良好的劳动品质,形成优秀的劳动素养。一方面,学校在劳动教育理论学习方面,以马克思劳动价值观为指导,开展传统劳动价值观、劳动精神、劳模精神、工匠精神的专题式教学,以培养学生新时代中国特色社会主义劳动观为重点。[①]在教学过程中,采用体验式教学方式,增强课程的互动性和趣味性,比如采用表演、实地考察等多样形式,鼓励学生积极参与,主动吸纳劳动教育的价值。另一方面,在劳动教育实践活动过程中,可以让学生多观察、多体会身边的劳动文化因素,激发灵感。如以二十四节气为教育素材,设计《舌尖上的四季》系列读本作为生活型劳动课程;在城市校园中将学校闲置的零碎土地规划成"一米农田"和"半亩花田",带来田间农耕劳动的新体验,鼓励、引导学生在劳动中体会传统文化的奥妙。因此,新时代劳动教育的传承性特质赋予了劳动教育更多文化内涵,也给予学生在劳动实践中内化传统文化、提升文化素养的宝贵机会。

---

① 魏雪.中国优秀传统文化融入大学生劳动教育标准化路径研究[J].中国标准化,2022(10):148—150.

（二）自觉性：主动践行，激活内在动力

劳动教育的自觉性指的是通过学生主动参与劳动活动，激发他们内在的动力，自觉地践行劳动教育的目标和价值。在劳动教育中，自觉性是非常重要的一点，因为只有学生自觉地参与到劳动活动中，才能真正体验到劳动的意义和价值，培养积极向上的生活态度。新时代的劳动教育应当积极引导学生与周围的世界互动，在对生活世界感知中自觉了解、自觉认同、自觉内化劳动的价值，并不断成长。

1. 劳动实践的自觉性

新时代劳动教育的文化自觉性主要呈现在学生主动劳动的自觉、体验社会角色的自觉以及主动健康成长的自觉。具体表现在：

一是劳动应当是劳动者主动的付出与投入。引导学生视劳动为一个主动付出、循序渐进、能收获喜悦感和满足感的美好过程。比如低年级学生学会自己收拾书包，体会到自己动手收纳的美妙；高年级学生除了整理，还捐献书籍给其他有需要的人，体会到奉献社会的情感。

二是劳动能够促进学生的社会化发展，自觉认识和认可自身的社会角色。比如鼓励学生承担洗碗、拖地等家务劳动，组织学生参加打扫、布置教室等班级劳动，组织学生照顾孤寡老人、做好垃圾分类等。帮助学生适应社会、融入社会，提高他们的社会参与能力，实现"社会人"的转变。

三是劳动能够促进学生对生命价值的自觉。新时代劳动教育倡导教、学、做合一，学生要在"劳力上劳心"才能懂得劳动的本质和价值。通过劳动实践，学生们不仅提升了解决实际问题的能力，还培养了对生命的敬畏和对自然的尊重。他们在实践中成长，激发了他们的自觉意识，使他们更加明确人生价值和方向。

2. 项目体验自觉生长

鉴于新时代劳动教育的文化自觉性特质，在劳动教育过程中注重引导学生自觉地追求正确的劳动价值观。首先,应当将"劳"和"育"紧密结合,推动学生知、情、意、行的有机统一。教师可以通过主题分享、小组辩论等活动形式鼓励学生思考劳动过程背后的意义和价值,在思维的碰撞中、在深层反思中,学生内心燃起对劳动的喜爱之情,习得劳动智慧,体悟劳动精神,并将其内化为内心的劳动价值,外化为日常生活中的自觉行动。

再者,在新时代劳动教育中,可以适当引入项目化学习,通过实践性、探究性的教育方式,培养学生发现问题、解决问题的能力,使他们成为"完整的人"。在这一过程中,学生们将面临多样化的挑战和实际问题,需要动手实践、积累经验,从而增强自主学习和创新思维能力。项目化学习让学生在真实的劳动场景中,融入团队协作,培养他们的沟通和协作能力。在解决问题的过程中,学生们自然而然地发现自己的优势和兴趣,找到自己的价值所在。在新时代劳动教育中,引导学生深入实践,努力探索,不仅有助于他们建立正确的劳动观念和价值观,促进他们在劳动的过程中自觉地认识自己、自觉地塑造自己、自觉地实现自己的成长。这种教育模式使学生在与美好事物的对话中,逐渐发掘自己的潜能,实现全面发展,最终成为社会需要的、具备综合能力的未来复合型人才。

（三）审美性：润泽滋养，追寻美美与共

马克思在《1844年经济学哲学手稿》中将人的劳动和动物的生命活动作比较,得出结论:"人也按照美的规律来构造"[①]世界,这揭示了劳动的美学内涵。劳动本身就是一种追求"真善美"的存在,人类审美活动与劳动密切相关。

1.五育融合的审美性

首先,劳动创造出审美的主体。劳动主体的审美意识是在劳动过

① 马克思恩格斯全集(第42集)[M].北京:人民出版社,1979:120.

程中形成的,当人类在日常生活中进行实际活动时,人类往往会萌生出有趣的、美好的意识,比如说劳动舞蹈的节奏美以及劳动服装上样式的设计等等。[①]其次,劳动创造了审美的对象。劳动者在劳动活动中把自己以往的知识和经验、审美趣味和审美观念进行物化,同时,在物化的过程中,按照一定的审美规律使之更符合审美的要求、更具审美意义,实现实用性与审美性的统一。因此所获得的劳动对象因凝聚了劳动者的审美智慧,并符合审美法则,就成为了美的客体。

新时代教育目标提出"五育融合",回归教育本质,让德智体美劳有机结合,培养出全面发展的社会主义建设者和接班人。从融合理念中可看出,劳动是具有主观能动性的、自觉性的活动,同时也是具有艺术性和趣味性的。美育和劳动融合,劳动教育旨在让学生体验美、欣赏美和创造美,丰富学生的美育体验和美育实践,进而提高审美意识和审美能力。

2. 情境创生审美感知

鉴于新时代劳动教育的文化审美性特质,强化劳育和美育的相互渗透。一方面,抓住劳动教育是实施美育的重要途径。在进行劳动教育的过程中,我们根据学生特点,选择恰当的教学内容和教学手段,发挥美育的价值,引导学生提高发现美、鉴赏美、创造美的能力;另一方面,可以充分利用美育的理念完善、重塑劳动教育,美化劳动的手段、过程、评价方式等,激发学生在劳动过程中的愉悦感和幸福感,进而热爱劳动、启迪劳动的智慧,达成理想的劳动成果。"以劳育美,以美促劳",基于以上的理念,新时代劳动教育具有审美性,劳动课程培养出具有审美感知力的学生,创造出符合审美规则的劳动成果。

在实际教学中,充分利用劳动教育的文化审美性这一特质,促进学生对美的感知能力的培养。比如说,在劳动教育的过程中引入美育的

---

① 李金梅.主体升华与本质复归:新时代劳动教育的审美旨趣[J].天津中德应用技术大学学报,2021,(06):83—87.

素材,尽可能创造出真实的、贴近生活的审美情境,营造氛围,在沉浸式教学中激发学生的学习兴趣,从而有效提高学生的审美意识,让美在动手操作的劳动中凸显出来;学校变革教育手段和方式,运用一些审美元素,拓宽学生的视野,或让学生走出课堂,亲身体验,[①]比如,教师利用社会实践带领学生走进大自然,留心大自然的美好,鼓励学生与同伴团结协作,合力种下一棵树,为大自然的美好贡献一份力量。教师在劳动教育中引导学生用善于发现美的眼睛观察生活,思考美的来源,体会美的内涵,用审美情感看待人世间万物,追寻美美与共之样态。

(四) 创造性:求索探新,成事中促成人

习近平总书记在2018年全国教育大会上指出:"要在学生中弘扬劳动精神,教育引导学生崇尚劳动、尊重劳动,懂得劳动最光荣、劳动最崇高、劳动最伟大、劳动最美丽的道理,长大后能够辛勤劳动、诚实劳动、创造性劳动"[②]。随着信息化时代和人工智能时代的发展,劳动教育也面临新的任务和挑战,要顺应新时代劳动的需求来培养未来复合型人才。

1. 顺应时代的创造性

当今世界正处在大变革时期,仅仅传承优秀传统文化已无法顺应瞬息万变的时代的要求,培养与提升劳动者的创新能力已经成为综合国力竞争的决定性要素,也是衡量一个国家核心竞争力的基本标志。因此,学校劳动教育必须与时俱进,适应科技发展和产业变革,针对劳动新形态,注重新兴技术支撑和社会服务新变化,改进劳动教育方式,在劳动教育过程中提高学生创造性劳动的意识与能力,引导孩子在劳动实践中进行深度学习。学生的个体体验与外部知识相互沟通并融

---

① 杨丽,方丽,赵晔.高举"五育并举"旗帜,深耕劳动教育的现实意蕴与实践路径[J].新课程,2022,(25):20—22.

② 十九大以来重要文献选编:上[M].北京中央文献出版社,2020.653.

合,从而促进学生的成长,帮助他们学会创造性地解决问题,增强自我创新意识与能力。所以,强化劳动教育的创造性特质已成为新时代劳动教育的必然趋势。

2.创意劳动点燃思维

鉴于新时代劳动教育的文化创造性特质,在劳动教育中需要融入创造思维,需要培养学生的主观能动、思维独创的能力和品质。

新时代劳动教育,聚焦辛勤劳动、诚实劳动、创造性劳动等,积极设计多元有趣、具有价值的课程及活动来培育学生劳动素养,引导学生在探究中劳动、在劳动中创造。比如设计制作活动课作为综合实践活动课程四大活动方式之一,通过创意设计、动手制作和产品生成等环节,将创意激发、动手操作与成果展示有机结合,将实用性、创新性、审美性融为一体。①创意劳动点燃思维,教师引导学生突破常规,找寻、发现以往旧产品的问题和局限之处,并以创新心向、创意灵感,推动新的设计理念的生成;在技能训练环节,根据任务的要求,开拓思维,改造已有的工具,使之更便捷、更好地提升工作效率;在动手制作环节,学生需要随机应变,根据所遇到的突发状况或困难灵活调整策略,积极寻找解决方法,并在此过程锻炼自己不气馁、不言败的坚毅品质。总之,为适应时代的快速发展以及时代对劳动者的要求,新时代的劳动教育加强其创造性特征,助力学生培养创新思维和创新能力,致力于不断提高我国的综合国力、实现中华民族伟大复兴!

(五)超越性:面向未来,塑造完整自我

在新时代劳动教育中,文化超越性是一项高层次的特质。超越意味着放眼未来、抓住整体、透过现象看本质,意在培养学生的长远性、整体性、本质性的好品质,即学会长远看问题、整体看问题、抓住本质看问

---

① 邹立波.在探究中劳动 在劳动中创造——设计制作活动的创造性劳动意蕴[J].中小学德育,2022(07):58—60.

题。进而实现对自我的超越、对生活环境的超越、对形而上学思维及思想的超越。

1.自我成长的超越性

一是在长远性方面,新时代劳动教育要培养学生能以未来更长远的目标和发展而努力的能力,要放远眼光,促成自身的全面发展、践行个人道德修养,与此同时将社会主义核心价值观外化于行、内化于心。特别是在"五育融合"的当下,小学生要在劳动中树立品德、在劳动中获得知识、在劳动中强身健体、在劳动中养成正确审美观,劳动教育是实现一个人身心和谐发展的基本途径和手段。

二是整体性方面,就是要树立全局观念,以大局为重。在劳动教育中,学生所参与的劳动实践往往是在群体中进行的,思维的碰撞、观念的不一致、劳动习惯的冲突往往存在于劳动的全过程。在此情况下,学生应当以一种综合视角,学会变换角度、换位思考,从整体利益出发,以集体的利益为重,共同协商、适当调整自己的观点和想法,努力实现在劳动学习过程中的收获最大化。除此之外,劳动实践中也涉及到各种各样问题的解决,如何在有限的时间内完成任务,除了需要细致完成各步骤,更需要从整体出发,进行统筹规划,通过重组、优化原有的秩序和办事规律,提高劳动效率。

2.劳动赋能超越发展

超越性融入劳动教育是指在劳动教育的过程中,引导学生思考问题、探究问题、自主解决问题,从而达到超越传统教育的目的。

鉴于新时代劳动教育的文化超越性特质,对学生的劳动素养培养提出了更高的要求。"求木之长者,必固其根本;欲流之远者,浚其泉源。"劳动教育需要在平时的劳动活动过程中帮助学生固其根本,在生活实践体验中逐渐培养好品质,循序渐进,实现真正地超越与发展。从整体性上培养学生的创新思维,在劳动实践中,引导学生思考如何提高效率、节约成本、改进工艺等问题,鼓励学生通过整体创新思维来解决问题。比如在生活型劳动实践中,当学生需要1小时内为家人烹饪营养餐时,他们需要有统筹全局的意识,思考做哪些菜,每道菜的烹饪需要耗时多久,怎么合理安排洗菜、切菜、烹饪等步骤,来提高劳动效率,顺利完成劳动任务。超越性融入劳动教育,更加符合现代社会对人才的要求,提高学生的综合素质和竞争力。

三、育人功能：新劳动教育的综合赋能

2018年教师节全国教育大会上,习近平总书记强调要在学生中弘扬劳动精神。[①]劳动教育有了重要契机和新起点。2019年7月,《中共中央国务院关于深化教育教学改革全面提高义务教育质量的意见》提出了"坚持五育并举"的指导方针。[②]2020年,党中央、国务院发布《关于全面加强新时代大中小学劳动教育的意见》,强调劳动教育与其他四育相融合。[③]

旨在培育未来复合型人才,积极构建并实施劳动教育养成体系,从而实现"以劳树德、以劳增智、以劳强体、以劳育美、以劳创新"的融合性劳动教育新格局。

（一）以劳树德：劳动最崇高

"以劳树德"强调劳动教育具有树立道德价值的重要作用。劳动教育被赋予积极的道德价值,对于实现教育"立德树人"的根本任务具有战略意义。深入理解"以劳树德"的内涵,既是提升劳育理性认知的要求,也是推动立德树人实际工作的现实需要。

---

① 赵洁.习近平"立德树人"教育观研究[D].新疆师范大学,2021.
② 中共中央国务院.关于深化教育教学改革全面提高义务教育质量的意见[N].人民日报,2019—07—09(01).
③ 中共中央国务院.关于全面加强新时代大中小学劳动教育的意见[M].北京:人民出版社,2020.

1.劳动彰显人生价值

"以劳树德"首先意味着劳动教育能够实践社会主义劳动观念。社会主义劳动价值观包括劳动观念教育、劳动素养培养和劳动道德塑造。在劳动价值观教育方面,要求学生确立"劳动至高无上,劳动创造幸福,幸福源于奋斗"的信念。在劳动素养培养方面,通过积极探索新时代劳动教育的创新形式,树立热爱劳动、尊崇劳动的态度,掌握必要的劳动理论知识、技能和技巧。

思想决定行动,小学阶段是学生劳动观念形成的关键时期。要正确塑造小学生的劳动价值观,应从根本上解决思想问题,将"学会劳动"的目标与服务型课程相融合,在日常教学活动中不断纠正学生的劳动观念和态度,塑造积极向上的劳动价值观。让学生真正理解劳动是创造一切财富的源头,"幸福是奋斗出来的";认识到劳动是推动人类社会进步的基本力量,社会发展中的各种难题,只有通过创造性劳动才能解决;认识到只有依靠勤奋劳动才能实现宏伟理想和人生价值。

2.劳动厚植道德情感

德育是学习关于道德的知识的过程,如行为规范、善恶和美丑等,也是将行为准则内化为个人道德信仰和行为的过程。这个过程更多地是学生在参与劳动活动中,通过劳动情感自发地建立道德品质。将德育融入劳动生活可以解决德育与日常生活脱节的问题,让德育内容不再局限于学校、课堂和说教,同时重建道德情感的生活体验,为推动"五育融通"提供动力源。

提高一个人的道德品质并不只依赖于课堂教育,劳动是帮助学生学会热爱生活和培养道德成熟的关键途径。劳动教育的实践性为学生道德品质的培养提供了重要路径。劳动教育的目标是培养学生对劳动的热爱,树立正确的劳动观念,培养积极的劳动情感,从而促进道德品质的发展。学生在持续参与劳动的过程中,理解劳动的社会价值并完成具体的劳动任务,从而在道德方面获得极大的满足。劳动过程中,人与人之间的互助、交流、理解和合作,将体现个人的道德修养,促进知识、情感和行为的全面发展,不断提高"劳动最崇高"的道德水平和情感。

3.劳动培育服务精神

学生作为未来社会发展的重要力量,培育他们服务社会的精神尤为关键,能力来自实践,而劳动教育过程的实践性、多样性和开放性又促进了他们服务社会的能力。劳动教育作为创新的载体,能在劳动实践过程中激发他们的潜在创新意识,启发创新思维,加强他们服务社会的意识和能力。在家庭和社会层面,结合一系列社会服务和公益活动,培养学生形成健康的劳动价值观,通过发现身边劳动者的闪光点,学会尊重劳动、尊重劳动者,体会劳动成果的来之不易,进而珍视和保护劳动成果。

为提高学生服务社会的意识和能力,可以通过资料查询和社会探索引导学生尊重每一位普通劳动者,让学生感受到美丽城市背后有每一个劳动者的贡献,呼应"人民城市人民建"的理念;引导学生参与社会志愿服务,从小事开始,从平凡出发,教育学生能正确认识和看待劳动分工和劳动者,形成正确的劳动观念。

(二) 以劳增智: 劳动最智慧

陶行知先生强调"实践出真知",意味着劳动实践能促进和创造智慧。苏霍姆林斯基认为学生的脑力劳动是劳动教育的手段,热爱劳动对精神和智力生活至关重要。劳动教育满足综合素质人才培养需求,有助于培养具备独立性、研究性的核心竞争力人才。脱离实践的智育无生命力,而劳动智育则在实践中形成联系实践的知识结构,解决真实问题。因此,"以劳增智"为智育谋相长。

1.劳动激活学习潜能

桑新民认为,从实践论的角度来看,学生在科学教育中通过掌握科学概念和理论,实现了从感性到理性认识的第一次飞跃,从而提高了他们的认知能力。在劳动技术教育中,学生需要在教师的指导下,根据实践目的,运用自己的知识、经验和技能来设计具体的实践过程。在实践过程中,学生将一系列复杂的思维活动具体化,并在这个过程中感受到科学知识的社会和人文价值。[①]布鲁姆将思维能力由下至上的分成三个层次,依次是识记、理解、应用、分析、评价、创造。智育侧重于培养识记、理解和应用能力,而劳动教育培养的是创造能力。劳动教育是以智育为基础,是智育的综合与创造性运用。

人在劳动中发挥出来的创造能力与自身的认识能力有关,只有具备了全面的知识和能力,自己才会有独到的见解并活跃思维能力,从而创造性才能有效地发挥出来。作为学习活动的劳动是我们认识世界的载体,它是理论知识和实践的中介,利于探究性学习的开展。对于小学阶段学生来说,他们渴望对未知事物的了解,劳动可以激发创新意识和创新能力,劳动过程中有利于提高发现问题、探讨问题的能力,拓宽对未知世界的认知,构建新的认知结构,以此开发潜能。

2.劳动启迪生活智慧

陶行知主张将教育与实际生活紧密联系起来,他认为生活就是教育、社会就是学校、教与学相结合。劳动教育需要从封闭的学校环境转向开放的生活空间。劳动教育课程的开发应从日常生活中寻找素材和资源。生活中的劳动实践是课程开发的重要素材,生活也是课程实施的广阔舞台。劳动教育的实践性特点要求课程回归生活,从校内学习扩展到校外生活,实现学生精神生活与社会生活的有机融合。关注"生活化",打造源于生活、回应生活、富有活力和时代气息的新型劳动教育课程。

中华民族勤劳、勇敢、智慧,在数千年前创造了世界著名的四大发

---

① 桑新民.对"五育"地位作用及其相互关系的哲学思考[J].中国社会科学,1991(06):159—166.

明:造纸术、指南针、火药和活字印刷术。历代圣人都鼓励辛勤劳动。《荀子·修身》篇写道:"良农虽遇水旱,仍然耕种;良商虽有困难,仍然经营。"宋缜在《古今药石·续自警编》中说:"民生在勤,勤则不匮,勤劳可以免受饥寒。"正因为历代人们的勤劳,才有了五千年的文明,形成了中华民族自强不息、厚德载物、上善若水、疾恶如仇等优秀传统,劳动也点燃了古人们的生活智慧,劳动最伟大。

由此可见,劳动教育与智育密不可分,就像实践与认识一样不可分割。通过智育,学生获得了丰富的劳动知识和技术经验,掌握了基本的劳动技能,培养了实践能力,从而让学生获得积极的劳动体验,培养了良好的劳动与技术素养。与此同时,劳动教育实践既是认识的源头、动力、检验标准,也是目标。因此,劳动教育还应成为智育的基石、推动力以及知识的综合与应用。

(三)以劳强体:劳动最光荣

劳动,创造了人类;劳动,创造了物质财富和精神财富;劳动,创造了幸福的生活,劳动创造了社会的和谐美;劳动,更是创造了社会的发展与进步。所以说,劳动最光荣。以劳强体,是全面育人之理念。

1.劳动铸就强健体魄

毛泽东在《体育之研究》中提出:"欲文明其精神,先自野蛮其体魄"。健康的身体是劳动教育的基础。小学阶段的劳动教育离不开体力劳动,以强健的体魄为前提,有助于发展体能、提升体质,为劳动教育奠定良好基础。

《关于加强青少年体育增强青少年体质的意见》指出青少年体能指标下降等问题,强调加强体力劳动为主的劳动教育,通过科学、安全的实践,增强学生肌肉力量、耐力,优化心肺功能,促进学生健康发展。[1]劳动教育可以弥补其他四育在身体发展方面的不足,有序且持之以恒

---

[1] 中共中央国务院.关于加强青少年体育增强青少年体质的意见[R].2007—05—07.

的运动能使全身气血畅通,达到肌体平衡,强身健体是劳动之根本。劳动教育通过系统的理论知识和实践活动,全面影响学生身心健康,增强个体体质,促进身体成长。

2.劳动激发拼搏精神

劳动可以激发拼搏精神,因为劳动需要付出辛勤的汗水和心血,需要不断地克服困难和挑战,需要不断地解决问题,这就需要有拼搏精神。在劳动实践过程中,学生将自己的知识、意志、情感、体力充分展示,转化为劳动成果,这需要不断地学习和尝试,在这过程中需要拼搏精神。同时,在劳动教育实践中,学生的思维始终处于积极的探索状态,这对意志力是极好地锻炼与磨练,对情感深刻地陶冶与提升,也能更好地激发拼搏精神。培养未来复合型人才,树立正确的劳动观,崇尚劳动、尊重劳动,培养毅力、坚韧性格,用拼搏精神创造美好生活。

3.劳动磨炼优秀品质

诚实、勤奋、有创造力的劳动者,是新时代社会发展之所需。劳动可以很好地磨炼优秀品质,这是因为劳动是一种不断提升自我的过程。在劳动中,需要不断地克服困难、面对挑战,才能获得成果。通过劳动实践,可以提高学生的自控力、耐心和毅力等品质。劳动可以磨炼以下品质:一是耐心,劳动需要时间和耐心,只有坚持下去,才能获得成果,劳动可以逐渐培养出耐心和恒心,这些品质可以帮助学生能持之以恒面对事情;二是自控力,在劳动过程中,需要自我约束,保持专注和积极性,这需要一定的自控力和自律性。通过劳动的过程,可以提高学生自控力,更好地掌控自己的情绪和行为;三是毅力,劳动需要不断地克服困难和挑战,只有坚持不懈,才能取得成功,在劳动过程中可以逐渐培养学生毅力和坚韧不拔的品质。总之,劳动可以磨炼优秀品质,让"面对未来的复合型人才"能更好地应对各种困难和挑战。

（四）以劳育美：劳动最美丽

"劳动最美丽"是习近平新时代中国特色社会主义思想的重要部分，体现了马克思主义劳动美学理论的中国化。劳动美是劳动者在实践中追求美的过程，体现在辛勤劳动、诚实劳动和创造性劳动中。以劳育美，发挥劳动教育在美育中独特作用，引导学生认识美、感受美、鉴赏美和创造美，实现人格养成和心灵净化。

1. 劳动塑造美好形象

蔡元培先生认为美育可陶冶性情、提升修养，促进德育。以劳育美，以美育劳，用美指引劳动，用劳动创造美，美育和劳动相互赋予彼此特色，这是劳动最美丽的本质。劳动最美丽，是新时代重要的价值导向，也是对所有劳动者的根本价值要求，更是对全社会尊重劳动的价值要求。

劳动教育过程融入了学生丰富的情感和审美体验，对审美品质的培养具有特殊的意义和价值。有学者指出："劳动教育让教育落地生根，而审美教育让教育翱翔天际。"美是高尚的道德，能丰富人的精神生活。劳动教育旨在培养学生对社会主义核心价值观的审美素养，劳动是美与健康相结合的艺术，也是连接人与自然的桥梁。在劳动中，人体各部分的协调、优雅和美感得以体现。加强劳动教育的实施，让学生体验劳动者的美好生活，培养他们对劳动之美的向往，丰富"劳动最美丽"的审美情感和情操，激发学生对劳动实践活动的兴趣，提升思想与灵魂，培育艰苦奋斗的劳动精神。

2. 劳动收获美好成果

在人类历史中，所有物质和精神成果都源自于人的劳动过程。人类所创造的伟大文明都是劳动实践的产物。如果没有劳动，就没有人类以及人类的文明。从这个角度来看，劳动为我们带来了丰富的成果。首先，劳动创造了一切物质财富，例如我们日常生活所需的衣食住行和生活用品。其次，劳动还创造了精神财富，如音乐、棋艺、书法和绘画等艺术形式。

劳动创造美。劳动是劳动者在审美基础上对劳动对象进行改造的过程。在当前追求生活美学的时代背景下,劳动教育为美育提供了广阔的空间和实践载体。

学生的审美修养需要依靠丰富的实践活动和经验为基础。劳动教育不仅包括理论知识和技能技巧,还包括多样化的实践活动。劳动教育过程可以培养学生健康的审美情趣。在劳动活动中,情感体验和审美倾向能唤醒学生对美的渴望,培养美的素养,形成正确的审美观念,并提高辨别美的能力。因此,可以说劳动最美丽。

3.劳动创造美好生活

劳动是人类社会的本质活动之一,是创造美好生活的重要途径。通过劳动,人们可以创造出丰富多彩的物质和精神财富,提高生活品质、培养个人能力和素质,为社会做出贡献,实现自身价值和社会价值的双重体现。开展劳动教育,可以培养学生综合素养,经历学习和成长的过程。通过劳动实践活动,学生可以不断提升自己的劳动技能,增强自我认知和沟通能力,提高综合素质和竞争力。劳动还可以增强学生的社会责任感和荣誉感,从而创造美好生活。新时代教育背景下,开展新劳动实践,提升学生对劳动的情感认同,引导学生认识到劳动是一切幸福的源泉。

劳动美作为美学范畴,是人类劳动实践的产物,是人类能动的实践活动与动物本能活动的根本区别,是马克思主义美学理论中国化的具体表现,是深刻认识和揭示美的本质的一把钥匙,是历史唯物主义理论在劳动实践活动中最深刻的反映。劳动最美丽,作为人类劳动与美相结合的基本实践形式,是人类劳动本质的重要体现,也就是劳动教育的价值所在。

(五)以劳创新:劳动最伟大

人类生产劳动实践的整个过程,就是一部经劳动创新与创新劳动,实现人类社会由原始到现代、简单到复杂、野蛮到文明、危险到安全的发展史册。正因为劳动的不断创新与创新性劳动的不断发展，人类才能成为屹立于地球的当今主宰。尤其是在实现中华民族伟大复兴的当代，创新劳动与劳动创新这一鲜明特征尤为凸显其重要性。新时代科学技术的发展日新月异，与此相应的劳动形态也发生了巨大变化。《关于全面加强新时代大中小学劳动教育的意见》明确提出："面对日新月异的科技进步，面对繁重复杂的发展任务，新时代劳动者不仅要爱劳动、会劳动，而且要懂技术、会创新。"①

1.劳动创造物质生活

劳动是全部人类生活存在和发展的第一个基础条件。无论过去、现在和将来，人类社会的存在和发展都不能不以物质资料的生产劳动为基础。整个社会物质、精神生活过程，不过是劳动过程的展开和深化。

物质生活需要的满足离不开劳动，劳动是人类获取物质资料的重要途径。劳动是整个人类社会生活的第一基本条件。劳动使手从行走、攀爬、采摘、狩猎等功能中解放出来，从而可以去掌握其他新技能，如制造工具、耕种、纺纱、冶金、制陶等。自然界为劳动提供材料，劳动则转变材料来满足人类的物质生活所需。在现代社会中，人类通过各种各样的劳动方式来满足物质生活需要。"不劳而获"从根本上说是不可持续的，只有劳动才能保证物质资料的可持续获取。

新时代就是更加关注人民对美好生活新的多样化需求，逐步实现全体人民共同富裕。新时代的劳动教育，必须明确劳动与物质生活需要间的基本关系，引导学生能明白美好生活只能通过劳动来创造的朴实道理，不断为自身成长和社会发展贡献力量。

2.劳动培育优秀品格

劳动创造了人类自身和语言文字，这是人类文明发展的重要里程碑。

---

① 史俊.从"劳动最光荣"说到"劳动教育很重要"——浅谈新时代的劳动教育[J].思想政治课研究,2020,(02):128—134＋127.

通过长期的劳动,人类逐渐进化出了具有更强大智力和更灵活手脚的身体,从而成为了现代人。劳动需要人们之间相互配合和交流,而语言就是人类进行交流的工具。在人类历史的早期,人们开始用语言进行交流,以便更好地协调和完成劳动任务。劳动也推动了人类社会的发展,也促进了文明的进步,人们在劳动中需要不断地学习和创新,以适应不断变化的环境和需求,这种创新精神推动了人类技术、文化和社会制度的进步。其次,劳动还培养了人类的品格,即劳动需要人们具备耐心、毅力、勇气、创造力等品质,这些品质也是人类文明发展中的重要因素。通过劳动及劳动教育,可以培养学生优秀的劳动品质,融入社会、创造价值。

3.劳动丰富精神需求

精神生活满足是人类所特有的高层次需要。人类具有建立在物质生活需要基础上的"情感需要·娱乐需要·审美需要"的精神生活需要。随着时代的发展,人们一方面对物质生活产生更高期待,另一方面也产生更加广阔的精神生活需要,从注重由物质生活带来的幸福感转变为注重由精神生活带来的满足感。

精神生活需要的满足离不开劳动,劳动是创造精神生活的基本方式。开展劳动教育活动,可以让学生感受到自我价值和成就感,可以感受到一种身心健康的体验,劳动及劳动实践活动可以提供一个让学生展示自我、体验快乐和与他人交往的平台,从而满足了学生成长的精神需求。

4.劳动实现持续发展

劳动实现了人类社会可持续发展。劳动可以促进经济、社会和环境的可持续发展,为人类创造出更加美好、和谐、富足的未来。可持续发展的关键在于劳动主体的成长。劳动主体技能的传承和提升对可持续发展至关重要,而自然资源保护虽然重要,但在某种程度上是次要的。因此,必须关注劳动主体的教育水平,提高创新能力,确保一代比一代做得更好。

面向未来,劳动教育应彰显可持续发展的时代特色。适应科技进步和产业变革,关注新型劳动形态,培养科学精神,提升创造性劳动能力。学校、家庭和社会应鼓励学生积极参与创意活动,培养独立创新思维,跨学科整合,使劳动变得高效而有趣,使劳动更能适应可持续发展要求,发挥劳动及劳动教育最大效用。

新劳动教育的综合赋能,即五育融合。德育、智育、体育、美育和劳动教育的有机融合,使得学生在全面发展的基础上,能够更好地适应现代社会。将劳动教育置于德智体美劳的大劳动观下开展实践体系的研究,使劳动教育实践体系有机融合学校文化特质、学校教育转型性变革实践成果,呈现新时代劳动教育新理念赋予的传承性、自觉性、创造性、审美性、超越性的劳动新特质。对比传统意义上的学校劳动教育,较好地把握了发达地区的时代感、科创性与智能化等劳动新优势,呈现出该地域劳动教育独特性目标追求。

随着时代的发展,新时代的劳动教育具有特有的属性与特征。劳动凸显多元融合的属性特点,即体力劳动与脑力劳动融合、重复性劳动与创造性劳动融合、守成性劳动与创业性劳动融合、重效用劳动与讲审美劳动融合、需求型劳动与服务型劳动融合;新时代劳动教育具有"传承性、自觉性、审美性、创造性、超越性"五大文化特征,奠基了劳动教育文化基石,助力劳动教育的传承与发展;充分发挥新时代劳动及劳动教育的"以劳树德、以劳增智、以劳强体、以劳育美、以劳创新"五大育人价值,全面推进学校劳动教育工作,让每一个学生在新时代劳动教育实践中积累劳动经验和技能,提升劳动综合素养,从而实现更好地成长。

第二章　劳动素养探析:评价与导向①

　　新时代加强劳动教育的宗旨之一,在于培育有劳动素养的时代新人②。那么,何为劳动素养? 小学生的劳动素养现状如何? 需要朝哪些方向发展? 这些都是亟需破解的现实问题。因此,研究小学生的劳动教育,除了要明晰新时代劳动的属性特点和文化特征,还需要全面探析小学生的劳动素养构成,了解与分析小学生的劳动素养现状,为学校劳动教育的科学有效实施提供导向。

　　本章在对劳动素养进行文献分析与梳理的基础上,通过问卷调查与访谈了解学生的劳动素养现状以及学校劳动教育情况,探索影响劳动素养的因素。在综合国家劳动教育框架、学校办学理念以及调研结果的基础上,提出小学生劳动素养提升的对策,构建科学多元的小学生劳动素养评价方式。

一、劳动素养研究

(一) 学理层面的探索

　　苏霍姆林斯基提出劳动素养概念,他认为:劳动素养"不仅包括完

---

　　① 本章部分内容发表于:姚凤,何穗,姜丽霞.公办小学学生劳动素养现状调研及启示——以上海为例[J].上海教育科研,2021(11):74—79.

　　② 檀传宝.培养有劳动素养的时代新人[J].现代教学,2020(4B):1.

善的实际技能和技巧,训练出来的技艺,而且包括劳动活动在人的精神生活中的作用和地位,包括劳动创造活动的智力充实性和完满性、道德丰富性和公民目的性"[1]。这充分体现了劳动素养的综合性特质。

国内学术界对劳动素养也有着不同的定义,归纳起来大体有三种学说:

第一类是"三维度说",认为劳动素养是指经过生活和教育活动形成的与劳动有关的人的素养,包括劳动价值观、劳动知识与劳动能力三个维度[2];亦有研究者提出劳动素养的劳动认知、劳动态度、劳动能力三个维度,劳动认知包括劳动知识和劳动兴趣,劳动态度包括劳动观念、劳动体验与劳动情感,劳动能力包括操作技能、实践能力和创新能力[3];第二类是"七要素说",提出了劳动素养七个要素,包含劳动态度、劳动情感、劳动人生观、劳动习惯、劳动知识、劳动技能、劳动能力[4];第三类是"四维度说",认为劳动素养指学生在劳动教育的过程中所形成的包含劳动认知、态度、情感和实践状态四个维度的综合劳动素养。劳动认知包括尊重劳动、劳动意义的认知,劳动态度包括劳动态度与劳动习惯,实践状态包括劳动操作技能与劳动能力[5]。

2022年中共中央国务院颁布的《义务教育劳动课程标准》就劳动素养有了国家层面的权威定义:劳动素养,主要是指学生在学习与劳动实践过程中逐步形成的适合个人终身发展和社会发展需要的正确价值观、必备品格和关键能力,是劳动课程育人价值的集中体现,主要包括劳动观念、劳动能力、劳动习惯和品质、劳动精神。[6]

① 苏霍姆林斯基.给教师的建议[M].杜殿坤,译.北京:教育科学出版社,1984:481.

② 檀传宝.劳动教育的概念理解——如何认识劳动教育概念的基本内涵与基本特征[J].中国教育学刊,2019(02):82—84.

③ 廖婷.公立初中学生劳动素养问题研究[D].广州大学,2018.

④ 文新华.论以新时代马克思主义劳动观为指导深入推进劳动教育[J].中国高等教育,2018(21):10—12.

⑤ 牛新华.农村初中生劳动素养研究[D].云南大学,2019.

⑥ 中共中央、国务院.义务教育劳动课程标准[R].中华人民共和国教育部:2022.

表2-2-1 国内学术界有关中小学学生应有的劳动素养的研究

出 处	定 义	劳动素养	提出时间
檀传宝	三维说	劳动价值观 劳动知识 劳动能力	2020年
廖 婷		劳动认知 劳动态度 劳动能力	2018年
文新华	七要素说	劳动态度 劳动情感 劳动人生观 劳动习惯 劳动知识 劳动技能 劳动能力	2018年
牛新华	四维说	劳动认知 劳动态度 劳动情感 劳动实践	2019年
中共中央 国务院	定义	劳动观念 劳动能力 劳动习惯和品质 劳动精神	2022年

三种学说都认为劳动素养包括劳动认知、劳动态度、劳动能力三个基本要素,只不过放在不同层面。国家层面的权威定义与三种学说相比,将劳动认知发展成劳动观念,内涵更加丰富,同时关注学生劳动品格的养成。

本书在劳动认知、劳动态度、劳动能力这三个基本要素的基础上,结合小学生的实际特点,认为劳动素养是一个人实现自我发展、融入社会所需的与劳动有关的观念、习惯、情感和能力,劳动素养的内涵包括劳动观念、劳动习惯、劳动情感和劳动能力四个要素。其中,劳动观念包含劳动认知,其内涵比劳动认知大,不仅仅停留在一般的认知,还有对劳动本质和价值的认识,逐步形成一种观念;劳动习惯可以归为劳动能力的范畴,但又不完全是能力所决定的,它是一种品格,而且对中小学生而言,劳动习惯的培养非常重要,有了良好的劳动习惯,劳动能力的提高才更有其内在动力,因此,将劳动习惯单独列为一个要素;劳动情感属于劳动态度范畴,但就小学生劳动教育而言,劳动教育不是照葫芦画瓢,不是单纯的完成劳动任务,需要让学生在劳动过程中有更多的体验和情感的激发,让学生更喜爱劳动,热爱劳动,通过劳动情感来奠定正确、积极的劳动态度的基础;最后,劳动能力毋庸置疑也是劳动素养重要的一个方面,是个体完成劳动任务的胜任力。

（二）劳动素养的调研

了解学生的劳动素养现状是学校进行科学有效的劳动教育的前提，为此，研究组通过问卷调研的方式，了解小学生在劳动观念、劳动习惯、劳动情感和劳动能力四个层面的现状，为实施劳动教育提供科学依据和正确导向。

1.问卷研制与检验

（1）问卷研制

采用开放式问卷了解教师、学生对劳动素养的理解，通过分析描述短语发现教师与学生对劳动素养的理解，在内容上与理论构想基本相同，都包含观念、能力、习惯与情感四个层面。

根据上述访谈归类与问卷的理论构想，研究小组在问卷的4个维度框架和访谈基础之上，设计了30个项目，采用Likert量表形式，为避免答题的中间效应简化选项，采用4级计分体制，分别用"完全符合"、"比较符合"、"不太符合"、"完全不符合"4个等级来评分。"完全符合"得4分，"比较符合"得3分、"不太符合"得2分、"完全不符合"得1分，负向题得分与之相反。

初制问卷完成后，分别做学生访谈与专家意见征询。选择20位学生做逐题访谈，使学生问卷项目表述更贴近小学生的生活情景与用语习惯，修改了因词语问题造成的理解歧义。同时征询了7位大学德育研究与评价专家的建议，进一步完善对问卷的内容及设计技术。采用德菲尔法，经过3轮的7位专家的多次建议，最终得到包括24个项目的学生劳动素养问卷。

（2）问卷检验

本研究选取上海市公办小学一至五年级的265名学生进行预测，利用SPSS23.0检验问卷结构、问卷效度与信度。

采用主成分分析法和最大正交旋转抽取初始因子，共抽取出5个特征根大于1的因子,累计方差贡献率为60.246%。删除项目少于3的因子,删除因素负荷小于0.40的项目,经过多次探索性因素分析,得出最终分析结果,结果显示KMO值为0.885,Bartlett球形检验值达到0.000显著水平,采用主成分分析法和最大正交旋转抽取初始因子,最终因素分析仍得到4个因子,形成由4个因子22个项目组成的小学生劳动素养问卷。

采用内部一致性克隆巴赫Alpha系数检验问卷的内部一致性。总问卷的克隆巴赫Alpha系数为0.968,各分量表的α系数分别为0.882、0.948、0.906、0.885,同时格特曼折半系数为0.773,既往研究表明,相关系数大于0.7,表示内容一致性较好,总量表信度、分量表信度及折半信度都大于0.7,信度指标达到测量学要求,表明问卷有良好一致性。

采用AMOS26.0对四个因素结构进行验证性因素分析。问卷模型验证因素分析结果表明,x^2/df为1.954小于2,近似误差均方根RMSEA为0.061,GFI、CFI、IFI参数分别为0.910、0.937、0.938,都大于0.9,表示劳动素养4因素模型具有很好拟合度。验证性因素分析的结果表明,小学生劳动素养问卷有较好结构效度。

同时,为了解学校和家庭的劳动教育情况,研制了《家庭劳动教育家长问卷》和《学校劳动教育的教师问卷》。家庭劳动教育包括孩子的家务劳动、父母对孩子的劳动技能培养、父母的劳动榜样、父母的鼓励与评价等;学校劳动教育包括学校劳动实践的机会、教师与同学的劳动榜样、学校的劳动技能教授等;个人因素有劳动思维、劳动喜爱度、勤俭节约习惯等。

2.调研施测

运用经过检验的自编问卷在上海市公办小学施测,采用多阶段概率比例规模抽样调查法(PPS),以城郊区域、学校规模以及区域学校分布三个因素,抽取上海市2个中心城区、2个城郊结合区域以及2个郊区共6个区的14所小学的11987名学生。经数据清洗后最终收到11958份学生有效问卷、11238份家长有效问卷与992份教师有效问卷。将平台数据导入数据分析软件SPSS23.0,对问卷数据做量化分析。

3.调研结果

(1)学生劳动素养整体良好,随年龄增长且男女有别

如表2-2-2所示,从劳动素养总体看,学生的劳动素养水平整体较高,劳动素养各维度的转化分在78~89之间,处于良好与优秀水平,其中劳动观念与劳动情感维度得分较高,均值转化分分别为89.45与88.60,其次是劳动能力83.67,劳动习惯维度得分最低为78.91分。

表2-2-2 劳动素养各维度得分

问卷维度	项目	均值	满分值	标准转化分	标准差
劳动观念	7	25.05	28	89.45	4.34
劳动能力	5	16.73	20	83.67	3.26
劳动习惯	6	18.94	24	78.91	4.08
劳动情感	4	14.18	16	88.60	2.57

统计不同年级学生各维度得分,发现学生劳动素养随年龄增长而逐渐提高,一年级学生劳动素养水平最低,为74.02分,五年级学生的劳动素养最高,为76.20分。对不同年级劳动素养做方差分析,多重比较后发现,不同年级的学生的劳动素养水平存在差异,差异主要表现在劳动习惯($F=53.68$,$P=0.000$)与劳动能力($F=22.08$,$P=.000$)上,而不同年级的劳动观念并无差异($F=1.631$,$P=.16$)。

统计不同性别的小学生劳动素养得分,参加问卷的男女生人数相当(6309人,5649人),女生在劳动素养各维度得分均比男生高。方差分析发现,男女生的劳动素养差异最大的是劳动习惯($F=132.46$,$P=0.000$),其次是劳动能力($F=100.22$,$P=0.000$),而劳动情感($F=46.72$,$P=0.000$)与劳动观念($F=13.88$,$P=0.000$)的差异,相比之下要小很多。

（2）丰富劳动形式与养成劳动习惯是学校劳动教育的突破口

数据分析表明，不同群体，如年龄、性别差异的学生，其劳动素养的差异主要表现在劳动习惯的差异上。因此，劳动习惯成为劳动素养的制约维度。

毋庸置疑，学校劳动教育对学生劳动素养培养与提升有重要的积极影响。那么，学校劳动教育主要对学生哪些方面影响较大呢？将学校因素与劳动素养维度做相关分析，数据表明，学校教育与劳动素养各维度都具有高度相关性，其中"劳动情感"维度的相关性最高（r＝0.804），其次是劳动能力（r＝0.779）与劳动观念（r＝0.775），与劳动习惯的相关性相对稍弱（r＝0.706）如表2-2-3所示。

表2-2-3　学校因素与劳动素养维度的相关性

	劳动观念	劳动能力	劳动习惯	劳动情感	学校因素
劳动观念	1				
劳动能力	0.828**	1			
劳动习惯	0.739**	0.835**	1		
劳动情感	0.877**	0.827**	0.718**	1	
学校因素	0.775**	0.779**	0.706**	0.804**	1

在劳动素养的回归分析中，影响学生的劳动素养中主要学校因素有"学校活动"、"学校榜样"与"喜爱种植劳动"，这一点与相关分析的结果基本一致，影响劳动素养前三项学校因素是"学校榜样"（r＝0.738）、"过程评价"（r＝0.753）和"学校活动"（r＝0.753）。教师问卷显示，半数教师认为学校的种植类劳动、创造性劳动、公益活动以及科技活动缺失。

（3）家务劳动与教导劳动技能在家庭劳动教育中严重缺失

在家长问卷中，由图中数据可见，6成左右家长做到"我注重培养孩子生活自理能力，鼓励孩子自己的事情自己做"与"孩子做家务活时，我经常予以鼓励"。

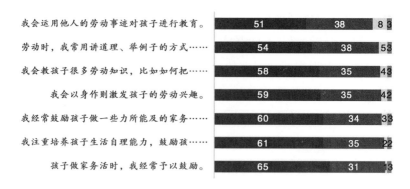

图 2-2-1　家庭劳动教育

家长问卷中的学生在家状态,如图 2-2-2 所示,除了 55% 左右学生完全能够"及时整理好书包",其余 5 项只有约三分之一学生能够完全达到。也就是说,有三分之一的家长的教育理念与学生实际表现不符,这可能与不同家庭的劳动教育观念与教育方法有关。

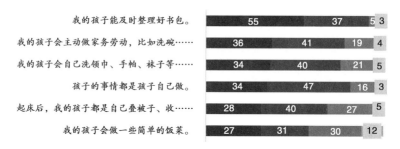

图 2-2-2　家长问卷中的学生在家状态

综上可知,鼓励孩子参与家务活动,给予劳动技能指导,是提升家庭劳动教育有效策略。

(4) 劳动素养的提升与家庭、学校教育显著相关

小学生劳动素养与家庭、学校的劳动教育呈现高度相关性。从家庭教育因素来看,家务劳动、劳动思维、喜爱自然劳动、家长的劳动技能传授、家长的客观劳动评价、家长的劳动榜样等是影响学生劳动素养的重要因素;从

学校教育因素来看,学校劳动活动、教师的劳动榜样、劳动情感、珍惜劳动成果、学校劳动实践机会、劳动作业布置等因素与学生劳动素养有极其显著相关性。将影响因素与劳动素养用逐步回归法进行回归分析。结果表明,进入回归方程的前7个变量依次为:"家务劳动"(β=0.126)、"学校劳动"(β=0.122)、"学校榜样"(β=0.107)、"劳动思维"(β=0.101)、"家庭引导"(β=0.090)、"家庭评价"(β=0.077)与"喜爱种植"(β=0.075)(见表2-2-4)。

表2-2-4 小学生劳动素养回归系数表

家务劳动	学校劳动	学校榜样	劳动思维	家庭评价	家庭引导	喜爱种植	模型整体F	调整后R2
0.126	0.122	0.107	0.101	0.077	0.090	0.075	4564.091	0.795
0.000	0.000	0.000	0.000	0.000	0.000	0.000		

劳动素养影响因素的回归模型显示,对劳动素养影响较大的首先是"家务劳动",家庭是影响小学生劳动素养的首要因素。同时,学校对于学生素养培养的影响也很大,特别是一些学校集体性的劳动活动以及学校的德育引导着学生劳动素养的发展。

(三) 现状调研的启示

1.关注习惯养成,全面提升劳动素养

调研分析表明,不同群体学生劳动素养的差异主要表现在劳动习惯上,因此,劳动习惯成为劳动素养的制约维度。学校劳动教育除了培养学生积极的劳动观念,传授一定的劳动知识与技能,更要培养学生的劳动习惯。对家庭教育而言,应要求孩子承担一定的家务劳动责任,做好简单的生活与学习管理;对学校教育而言,劳动教育评价重心后移,不仅要考察"知不知"、"愿不愿"及"会不会"问题,更应关注"做没做"问题,建立围绕劳动行为习惯为主的表现性评价体系,以评价引领学校劳动教育体系建设。

2.重视家庭教育,积极构建共育格局

从调研中可以看出家庭、学生、学校、社会与劳动素养都有高相关性。无论在影响程度,还是影响变量的数量上,家庭都是影响小学生劳动素养的首要因素。因此,学校要全面提升劳动教育效用,就需要科学构建学校、家庭一体的劳动教育体系,将对家庭劳动教育的引导以及学生在家劳动情况作为学校劳动教育的管理与评价体系之中,建立积极的家校关系,共同关注学生劳动教育话题,才能整体提升学生的劳动素养。

3.优化学校教育,智慧打造教育平台

学校应创设各种类型的劳动活动平台,满足不同性别、不同兴趣的学生的需求,激发学生劳动热情,尤其是增加孩子与自然接触的机会,培养孩子亲近自然、热爱自然的生活品位,培育愉快劳动的班级氛围,以榜样力量影响学生,培养学生勤劳助人的良好品质。此外,教师不仅要注重学生的劳动成果,还要对学生的劳动过程表现给予关注,保护学生的劳动热情,给与适度的劳动指导。

二、评价体系构建

顾建军认为,新时代劳动教育的中国制度已经基本确立,基于新时代劳动素养的劳动教育评价体系建设是当务之急之事[①]。在此背景下,本书基于对劳动素养内涵的分析,以及对发达地区公办小学学生劳动素养现状调研的基础之上,积极探索新时代小学生劳动素养评价方式,积极构建小学生劳动素养评价体系。下面将从评价体系的理念和思想、维度与指标、手段和方法三个方面进行详细论述。

(一) 理念和思想

《基础教育课程改革纲要(试行)》指出:"评价不仅要关注学生的学业成绩,而且还要发现和发展学生多方面的潜能,了解学生发展中的需求,帮助学生认识自我、建立自信,发挥评价的教育功能,促进学生在原

---

① 顾建军.加快建构新时代劳动素养评价体系[J].人民教育,2020(8):19.

有水平上的发展。"①这强调了评价的意义在于促进学生的发展,毋庸置疑,这也是劳动素养评价的价值所在。总体而言,本书在劳动素养评价体系的建构中,坚持"融合评价"与"多维度评价"有机结合,坚持"自我评价"与"他人评价"有机结合,坚持"静态评价"与"动态评价"有机结合,以全面、准确、客观地了解学生劳动素养,为劳动教育的实施提供依据。

1.综合评价与多维评价有机结合

学生劳动素养具有综合性,其内涵包含多个维度,而小学生劳动素养发展,也是一个具有融合性发展的过程。所谓综合评价,就是从全局性、整体性的高度,对学生的劳动素养进行全面准确的评价。所谓多维评价,就是从劳动观念、劳动习惯、劳动情感和劳动能力四个维度来具体了解学生的劳动素养现状,这样的评价更具有针对性。多维评价并不意味着各个维度是孤立存在的,它们是一个有机整体,相互作用、相互影响、相互融合。

2.自我评价与他人评价有机结合

评价主体多元化有助于更加客观地呈现评价结果。在实践操作中,通过自我评价与他人评价有机结合的方式,实现评价主体多元化。由学生、教师和家长等多个主体共同参与劳动评价,借助学生自评、同伴互评、教师点评、家长参评等形式,客观全面准确地评价学生劳动素养发展。其中,通过学生自评来引导学生进行自我反思改变劳动行为,同伴互评来发挥互助作用、促进共同成长,教师点评来组织引导学生劳动教育实践活动,家长参评则充分发挥家校共育作用。

3.静态评价与动态评价有机结合

小学生劳动素养发展,是一个动态性发展的过程。劳动教育本身是一个持续不断的动态教育过程,静态的评价结果不能代表全部劳动教育结果,而过程与结果相结合的综合性评价结果才能真实反映中小学生劳动教育的成效。从评价来说,劳动素养评价应关注好学生素养

---

① 钟启泉.为了中华民族的复兴,为了每位学生的发展——《基础教育课程改革纲要(试行)》解读[M].华东师范大学出版社,2001.

的发展性特质,聚焦发展二字,体会到这是一个成长过程。在实践操作中,明强小学劳动素养评价始终坚持以发展为取向,以育人为核心,将静态评价和动态评价有机结合,了解其发展中的不足,为劳动教育的实施提供依据,关注劳动过程中的点点滴滴,正确看待最终的劳动成果,用发展性的眼光来进行全面性、全程性评价。

（二）维度与指标

基于对劳动素养的分析,结合新时代劳动的属性特点和文化特征,以及小学生的实际特点,本书在建构劳动素养评价指标中,按照劳动观念、劳动习惯、劳动情感和劳动能力四个维度进行分析,最终形成四个维度、九个一级指标、十六个二级指标的小学生劳动素养评价标准。

表2-2-5　小学生劳动素养评价指标体系框架

维度		一级指标	二级指标
劳动素养	劳动观念	劳动价值观	1.知道劳动对个人、社会的价值 2.懂得劳动最光荣、劳动最崇高、劳动最伟大、劳动最美丽的道理
		尊重劳动	1.尊重劳动人民,懂得劳动不分贵贱 2.尊重劳动成果,珍惜劳动成果
	劳动情感	劳动态度	1.愉快劳动,在劳动过程中体会到劳动的快乐
		劳动兴趣	1.热爱劳动,具有劳动的热情,感受劳动的美好
	劳动能力	劳动知识	1.懂得劳动知识,能够选择正确的劳动工具 2.知道劳动的基本流程和方法
		劳动技能	1.掌握劳动技能,能完成基本的劳动技能操作 2.能在劳动中发现问题,解决问题
		劳动创新	1.在劳动过程中能够积极创新,打破常规思路的束缚,努力寻求新方法 2.能用新方法解决问题
	劳动习惯	劳动行为	1.能自觉主动地完成劳动任务 2.对自己的劳动任务认真负责,具有劳动责任感 3.在劳动过程中,能够坚持不懈、辛勤劳动,不怕辛苦
		劳动合作	1.能积极主动与他人进行合作劳动

1.劳动观念及其指标

劳动观念即小学生对劳动本身及劳动中交互关系的看法和评价,包括对劳动、劳动者、劳动过程、劳动关系等基本看法。劳动观念是劳动素养的核心,要通过劳动教育,让学生知道劳动对个人、社会的价值;懂得劳动最光荣、劳动最崇高、劳动最伟大、劳动最美丽的道理;尊重劳动人民,懂得劳动不分贵贱;尊重劳动成果,珍惜劳动成果。

2.劳动情感及其指标

劳动情感指小学生对劳动的内在情感态度,包括劳动态度和劳动兴趣。劳动情感是劳动素养的内化体现,是个体积极劳动的动力之源。即通过劳动教育,让学生体验愉快劳动,在劳动过程中体会到劳动的快乐;进而能够热爱劳动,具有劳动的热情,感受劳动的美好。

3.劳动能力及其指标

劳动能力是小学生劳动素养的外在表现,是劳动素养的基础,包括掌握基本的劳动知识、劳动技能,能够进行劳动创新,是个体完成劳动任务的胜任力。即通过劳动教育,使学生在参与劳动时,不仅能够选择正确的劳动工具,熟悉劳动的基本流程和方法,完成基本的劳动技能操作,并能在劳动中发现问题、解决问题,甚至能做到积极创新,打破常规思路,用新方法解决问题。

4.劳动习惯及其指标

劳动习惯是小学生劳动观念、情感及劳动能力的外显,具有稳定和自动化的特点,包括劳动行为习惯和劳动合作习惯。即通过劳动教育,使学生能养成自觉主动地完成劳动任务;对自己的劳动任务认真负责,具有劳动责任感;在劳动过程中,能够坚持不懈、辛勤劳动,不怕辛苦;能积极主动与他人进行合作劳动等良好的劳动习惯。

（三）策略与方法

2022年4月,教育部发布了《义务教育课程方案和课程标准(2022

年版)》,其中"劳动新课标"中明确要求关注综合评价,即"注重评价内容多维、评价方法多样、评价主体多元。既要关注劳动知识技能,更要关注劳动观念、劳动习惯和品质、劳动精神。"[1]这为劳动素养评价方式指明了方向,在具体实践操作中,聚焦"生活化、阶梯化、信息化"评价特质,探索劳动教育评价的手段与方法。

1.生活化:对接学生生活世界,夯实劳动评价过程

劳动教育必然与学生生活有着千丝万缕的关联。对接学生的生活世界,设计与实施以劳动素养为核心的评价,以班级生活、校园生活的劳动任务为评价载体,营造真实的具有生活化的劳动评价情境,激发学生劳动的主动性和创造性,促进劳动习惯养成,全面提升学生的劳动素养。

(1)融入班级生活,开展日常化劳动评价

班级是学校各项活动组织的基本单位,叶澜教授认为:"班级建设是学生与教师在学校合作进行的,为促进学生社会性和个性健康、主动发展而开展的学校实践,是学生在校社会性学习生活的重要组成。"[2]将劳动教育评价与班级生活相融合,实施日常化评价,发挥评价的激励作用,提升学生的劳动素养。

【案例2-2-1】"太阳花班"的劳动岗位评价[3]

聚焦班级生活中的劳动岗位,激发学生的劳动兴趣。通过日常打卡、鼓励创新、多元评价等方式,助力学生劳动习惯的养成。

一是诊断性评价:劳动岗位PK,激发劳动兴趣

对于一年级学生来说,每日的值日工作是一件非常有荣誉感的事

① 中华人民共和国教育部.义务教育劳动课程标准(2022年版)[M].北京:北京师范大学出版社,2022:3—4.

② 叶澜."新基础教育"论——关于当代中国学校变革的探究与认识[M].北京:教育科学出版社,2006:296.

③ 选自上海市闵行区七宝明强第二小学阮松沁的研究成果《以"有趣的劳动"系列活动,培养低年级学生劳动习惯的实践研究》.

情,岗位PK制度,则是更进一步地激发了学生的劳动积极性。

正式PK之前,召开了岗位介绍会,告知学生们需招募的劳动岗位以及岗位职责。由学生自主报名,制作成班级岗位PK赛的评分表,进行诊断性评价。除了竞选者以外,其他学生组建评委团,通过观察竞选者综合表现,投上宝贵的一票。每个岗位得票数最多的学生,就能得到这一份心仪的班级小岗位职责。小岗位每两周会轮换一次,同学们可以体验到不同岗位的不同工作,也能给竞争失败的同学再次竞争机会。

二是过程性评价:创新劳动,发现劳动金点子

劳动的方法并不是一成不变的,而是随着时间的发展,以及对劳动的掌握程度等因素而产生变化的。随着班级中同学对自己每天的劳动越来越熟练,学生们的关注点不再仅仅是对每日的日常劳动,而是去主动发现班级中存在的一些问题,并针对这些问题,想到更有效更科学的劳动方式,在问题解决中提升学生劳动素养。在过程中汇总,生生之间的评价激励着学生不断创新劳动,发现劳动金点子。

三是终结性评价:多维评价,养成劳动好习惯

来自于老师、同学、家长的评价与肯定,有着非常大的激励作用。

线上线下齐评分,学生牵手共成长。每天的小岗位任务完成后,会由值日组长,通过观察同学们的完成度,给出评分,而值日班长,则会结合学生家长在打卡本上给出的家务评分,最终给出每日劳动积分。每到周末的网络点赞,同学们会将自己的家务劳动视频发在群中,大家纷纷给出自己的"赞",从而评选得出周末的劳动小明星。

掌握我的新本领,分享快乐助成长。经过一学期的班级生活,学生们基本都掌握了新的劳动本领,为了巩固劳动成效,开展"收获伴成长"的活动,让学生们找找自己这学期掌握的劳动新本领,并将它展示出来。

在劳动实践活动中,结合班级生活,"学生—老师—家长"多元主

体、"线上+线下"多元评价的体系,激发每一个学生的劳动价值观,养成良好的劳动习惯。

(2)融入校园生活,开展多元化劳动评价

融合多彩的校园生活,开展新时代劳动教育评价活动。积极打造学校劳动教育场域,依托系统化、多元化的活动形式,从校级层面上对学生劳动过程中的综合表现进行评价活动,充分发挥劳动评价的引导、反馈和改进功能,从而促进劳动育人目标和育人价值的更好实现。

【案例2-2-2】"墨宝农场"的评价活动①

"墨宝农场"是开设在松江区九亭五小校园内每个班级的自留地,由学生体验种植、管理、培育、采摘收获的劳动实践场所。与校园活动相结合,通过多元化评价来激励学生劳动积极性及学生主观能动性。

校园评价的"可视化"。充分发挥好学校里每个班级的电子班牌,开展直观可视的评价活动,对学生每日劳动分项情况进行评价赋分,调动学生的劳动热情。利用学校网站、微信公众号、校报等多种媒体加大宣传力度,使学生形成劳动光荣的良好认知。

校园评价的"实效性"。在劳动教育开展过程中,利用墨宝评价系统,发放校园虚拟货币"墨宝积分卡",对学生个人、班级集体的劳动过程与成果进行评价。评价结果纳入班级流动红旗、农场小管家等评选活动,关注劳动教育效果的实效。

将劳动评价与班级生活、校园生活有机融合,落实劳动教育的生生评价、师生评价、家长评价等,开展劳动PK赛、积分卡、劳动能手评选、流动小红旗评比等,这些切实有效的日常化、多元化的评价方式,

① 选自上海市松江区九亭第五小学凡芷芯的论文《以"墨宝农场"为载体提升小学生劳动意识的实践研究》。

点燃每一个学生的劳动热情,让劳动成为一种习惯,内化于心、外显于行。

2.阶梯化:探寻学生成长轨迹,优化劳动评价形式

劳动教育评价是尊重学生主体地位,促进学生劳动素养发展的重要环节。阶梯化,体现在对学生成长规律的深刻认知与思考。在劳动教育实践过程中,指向学生劳动素养提升,提炼评价要素及要点,创新劳动教育评价载体,发挥少先队队建特色,打造新时代劳动教育评价体系。

(1)创新评价载体,打造因材施教的评价方式

新时代劳动教育,需要探寻学生成长轨迹,关注教育的差异性与个性化,这也是凸显因材施教教育理念。劳动评价的阶梯化,意味着评价应体现劳动实践的进阶过程,由相对简单的实操和重复训练逐渐转向复杂、创新的技术应用,不断提升学生劳动素养,最终实现对学生正确、积极劳动价值观的塑造。

【案例2-2-3】"劳动教育幸福圈"的评价①

从学生立场出发,围绕新时代劳动教育,教师创新劳动评价载体,建立体现"阶梯化"的虚拟货币制评价方式。在劳动实践活动中,学生可通过虚拟货币兑换不同阶梯水平的奖励,以此激励每一个学生保持较好的劳动兴趣与劳动热情。对劳动积极或表现优异的学生,根据既定的评价规则,奖励相应数量的虚拟货币,并制定虚拟货币兑换表,奖励可定为精神鼓励、实物奖励等形式,让虚拟货币评价体系得以在教师的引导、启发、激励下于生动活泼的氛围中展开,使学生沉浸于虚拟货币世界的乐趣之中,不同阶梯的学生都能在劳动中得到成长。

---

① 选自上海市闵行区七宝实验小学姚梦婷的论文《"双减"背景下构建"劳动教育幸福圈"》.

比如劳动知识竞赛中学生积极且完美回答问题奖励10虚拟币,学生通过配音秀的筛选后参与表演奖励20虚拟币等,并根据学生实际获取虚拟币的情况,为奖励设置一定的梯度,让每个学生都能获得虚拟币,让每个学生都能收获到劳动的喜悦。在农耕亲子运动会上,为各农耕项目设置相应的奖项,为学生颁发证书并奖励相应数量的虚拟币。最终通过虚拟币的数量,师生共同评选出班级的"劳动小达人",发挥榜样的教育作用。一枚枚虚拟币,这样充满童趣的评价活动,让每一个孩子脸上都洋溢着欢乐的笑容。

通过虚拟货币机制,激发学生积极探索、主动参与,让学生充分表现自我,展现自己的方方面面,让同学对自己有更深入的了解。学生在虚拟货币体系下,用自己在师生互动中的良好表现换取表现自我的机会,而展现自我风采也需要学生做更多的准备工作,打好扎实的基础,才能把自己最好的一面展现给同学、老师和家长,以此形成良性循环,促进学生劳动素养全面提升。

(2)发挥队建特色,架构"红领巾奖章"评价体系

紧紧围绕习近平总书记把劳动教育纳入培养社会主义建设者和接班人的总体要求,充分发挥红领巾阶梯式成长激励体系"红领巾奖章"的评价作用,探索新时代劳动教育评价新方法新路径,将政治启蒙和价值观塑造融入劳动实践。

一是设劳动小岗位,按劳动内容分为低、中、高年级三个阶段,设置不同类别的红领巾劳动小岗位,设置对应的红领巾劳动章,一至五年级一以贯之开展红领巾劳动章争章活动。二是颁劳动特色章,学校举办红领巾的劳动节、国庆节等,组织开展家庭劳动、劳动能手竞赛、自理小达人竞赛等,为队员们颁发劳动特色章。三是创劳动素养评价体系,将红领巾劳动奖章计入《争章手册》,纳入优秀少先队员、优秀中队评价标准,深化红领巾奖章激励,系统化构建"红领巾奖章"劳动素养评价体系,激励队员在丰富多彩的劳动实践体验中不断

进步。

【案例2-2-4】"雏鹰争章"赋能新时代劳动①

黎明小学依托少先队"雏鹰争章"评价机制,结合学校特色建立具有劳动激励的奖章。对少先队员劳动成果进行奖励,实现队员自我价值。

两类奖章:分为基础奖章和荣誉奖章两大类别。

一是基础奖章,就是根据"雏鹰行动"制定出的具体章目,将"自理章"、"家务章""小岗位章""向日葵章""手拉手章"和学校少先队员劳动实践和劳动素养成长过程评价结合,少先队员参加章目所设定的训练项目,经过努力通过获章标准考核,即可获章;

二是荣誉奖章,凡通过努力在劳动实践活动中表现突出的同学,可经个人申报、中队或指导老师提名、大队审批,由学校少先队大队颁发"劳动之星"奖章,原则上每月颁发。

争章五步曲:主要分为定章、争章、考章、颁章、示章五部。

一是定章,根据《少先队辅导员工作纲要(试行)》争章章目的达标要求,少先队员在了解本学期的章目后,各中队制定争章计划及目标;

二是争章,参加争章活动的少先队员在明确争章目标后,要按照争章训练计划开展自我训练,围绕争章目标,设计训练项目,开展各种训练活动,学得相应劳动技能,认真做好争章训练记录,写下劳动素养提高过程中的感受(争章日记);

三是考章,少先队员经过争章训练后,可申请参加中队或大队部的考章,考章方法灵活多样,有实践、问卷、口答、表演、操作、汇报、展示等,在考章过程中,激发队员的上进心、成功感,并求得主动发展;

---

① 选自上海市闵行区黎明小学肖蕾萍的课题研究成果《基于劳动素养培育的少先队活动的设计与实施》.

四是颁章:颁章是对少先队员参加雏鹰争章(劳动实践)活动取得成绩的认定和奖励,对通过各级考评达到获章标准的队员,经各级奖章考评小组审定后,可以分别颁章;

五是示章,少先队员要珍爱自己所获得奖章,并用这些奖章激励自己热爱劳动,不断提高自身劳动素养。各中队建立专门的争章园地展示劳动成果。并将少先队员的争章日记通过队报、公众号等方式进行宣传。队员所获得的每一枚劳动奖章是进步标志,是劳动素养形成的见证。

评价保障:为有效开展雏鹰奖章活动,学校少先队大队委员组织成立学校奖章考评委员会,负责校级及以上奖章的评审、推荐工作。学校奖章考评委员会也吸纳各学科教师代表、校外辅导员成为考评委员会成员。各中队成立考章小组,负责中队基础奖章的考评。对具体的章目组织实施考核、抽查,公布考章结果,进行颁章。发挥家校社各方力量,保障争章活动的顺利开展。

建构多元化评价体系,打造评价进阶式层级,让学生在过程中不断地超越,并逐渐转化为学生劳动的内驱力。通过阶段性、过程性、延续性等评价方式以及不同层次的评价内容,以及老师、家长、学生三方作为评价参与者的评价,让评价变成督促学生喜欢劳动,坚持劳动,遇到困难能够勇敢面对等的激励和动力,从而助推学生在劳动之路上不断实践和提升。

3.信息化:数据驱动智慧教学,赋能劳动评价活动

新时代劳动教育,更要凸显"信息化"特质。依托各种信息化平台技术,以学生的劳动活动实践、体验、探究学习为基点,通过学校以及教师的引导和组织,运用问卷星、班级优化大师、特色应用小程序等多个平台技术进行设计与操作,发挥数据感知、驱动、决策能力,开展具有真实性、有效性的劳动教育活动,从整体设计层面来架构"劳动素养发展评价系统",见下图:

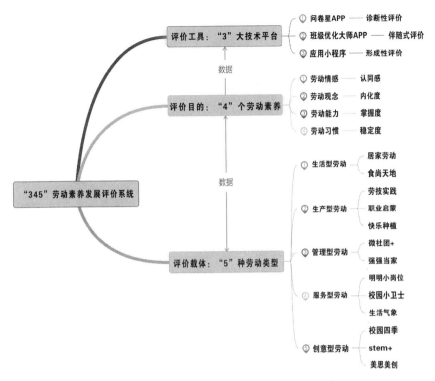

图 2-2-3　"345劳动素养评价系统"之结构框架

数字"3",即运用三大技术平台支持。信息化助力学校劳动教育,要注重充分发挥资源的多元性。基于各技术平台的自身特点,以及学校及学生的现实情况,选择适用于本项目研究的三大信息化技术平台,即问卷星APP、班级优化大师APP、应用小程序。

信息化技术赋能,灵活有效地采集学生劳动教育活动数据,将数据进行组织形成信息流,根据不同需求对学生表现进行科学评价,从而在数据支撑下或者指导下架构小学生劳动技能培养体系。信息化助力劳动素养发展评价,实现学校劳动教育活动及评价的变革,让静态数据变动态数据、滞后管理变即时管理,实现劳动教育的个性化学习与差异化教学,实现学校态势从微观到宏观的实时感知和动态监测能力,形成对劳动教育全方面、多维度、纵景深的认知能力和实践效果。

数字"4"，即聚焦四个劳动素养维度。小学生劳动素养的评价要以学生劳动表现来确定每一素养的发展状态，据此评估学生个体或集体是否形成系统自觉的劳动观念，是否获得积极愉悦的劳动情感，是否有适应小学生终身发展的劳动能力和习惯。以劳动素养为导向，评价目标分为四大维度：劳动观念的内化度，即内心对劳动、劳动者、劳动过程、劳动关系等基本看法；劳动情感的认同度，即热爱劳动，认同"幸福是奋斗出来的"等内涵；劳动能力的掌握度，即掌握基本的劳动知识和技能，具备完成劳动任务的胜任力；劳动习惯的稳定和自动化，即能够自觉自愿、认真负责、安全规范、坚持不懈地参与劳动。

数字"5"，即开展五种劳动项目活动。评价体系建构离不开评价内容体系的建构，劳动素养评价体系也是如此。劳动教育内容具有实践性强、开放度大、成果形态多等特点，且评价内容的确立贵在有据有序、可感可知。本课题评价系统的五种劳动类型是指生活型劳动、生产型劳动、服务型劳动、管理型劳动、创意型劳动，同时每一种劳动类型后还分解为若干子项目群。

（1）运用"问卷星APP"，助力劳动素养诊断性评价

问卷星APP，结合SPSS数据分析软件，主要用于进行劳动教育关键阶段的调查分析所用，是一种诊断性评价的探索，为项目研究提供强有力的数据支撑。

通过问卷星APP发布学生劳动素养问卷，搜集数据，再通过SPSS数据分析软件进行数据分析，开展诊断性评价，覆盖面较广，能够全面了解学生劳动素养现状，为劳动教育有效实施提供依据。其中，诊断性评价，也称教学性评价、准备性评价，是指在劳动教育活动开始之前对学生劳动素养状况进行的预测与调查。通过这种评价可以了解学生的劳动素养发展的水平与现状，以判断学校劳动教育活动所要求的条件，为实现因材施教提供数据依据。具体来说

是开展量化研究,运用问卷对小学生劳动素养水平进行现状调查与分析,以便采取相应措施使学校劳动教育有效实施而进行测定性评价。

◆ **信息技术应用的基本程序**:在学校劳动教育活动关键阶段开展现状调查与分析活动,运用问卷星APP来发布问卷,实现大样本量调查范围,结合采用Excel与SPSS 23.0做专业的数据分析、用AMOS26.0做模型校验分析,信息技术的支持让研究更有数感。

(2)巧用"班级优化大师",助力劳动素养伴随式评价

班级优化大师,主要用于班级层面的劳动素养发展评价。通过班级优化大师,可以进行班级数据监测与反馈、实时评价,从而为班级劳动教育提供导向,以便及时调整活动。同时,能够关注到每个孩子的情况,有助于实现智慧教育的个性化和差异化,是一种伴随式评价的探索。

伴随式评价,是依托信息化平台,通过对学生劳动素养发展状态的监控和反馈,实时发生的评价。它具有三大特征:伴随劳动教育活动全领域、伴随劳动教育活动学习全过程、伴随学生个体自适应。

◆**信息技术应用的基本程序**:面向班级里的每个学生,聚焦"劳动素养发展",在五大劳动类型框架下开展居家劳动、食尚天地、微社团+、校园四季等劳动项目,并根据学生在每一个劳动项目中劳动观念、劳动情感、劳动能力、劳动习惯四大素养下的具体表现进行评价。具体操作如下:1输入班级学生数据→2建立班级→3进行分组→4输入劳动项目评价条目→5根据学生的劳动素养发展表现进行评价→6形成评价榜单。前两个环节的数据是班级建立的稳定数据,分组数据以及分条目的评价数据可以根据教学过程中评价的需要进行修改,必要时可重组小组、修改评价条目,最后的榜单会实时更新。个人评价侧重于劳动素养发展的评价,小组评价侧重于团队合作互助的评价。

这个阶段的评价条目主要采用"班级优化大师"平台从学生的四大劳动素养进行评价。这样的评价范式适用于伴随式评价初期,进行数据监测与反馈、实时评价、调整活动的过程,从而呈现出数据驱动下智慧教育的实践过程。活动后期可根据学生具体情况做出调整。过程中,可呈现的班级数据画像如下图:

█五11班 劳动评价报表 ☺ +10439分 ☹ −0分

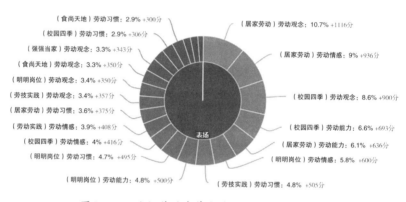

图 2-2-4 班级劳动素养发展评价的数据画像

从评价的成效来说,利用"班级优化大师"展开"评价伴随教育教学"日常研究,一方面是将评价要素(内容、指标)融在教育教学中评价中,另一方面是从"差异化教学"和"个性化学习"视角不断优化劳动教育活动来实现有效评价。

差异化教学:运用"班级优化大师"开展伴随式劳动素养发展评价,是实现"差异化"教学的途径之一。通过利用智能化技术构建智能化环境,让师生在智慧课堂中灵巧地进行教与学,使用数据驱动助力劳动过程中的诊断与评价,在尊重学生个体存在的差异上,识别差异,满足学生个别学习的需要,以促进每个学生在原有基础上得到充分发展;而教师则在信息化的背景之下,遵循以学生为主体的发展性、科学性、客观性、指导性原则,坚持多元融合适应差异导向,注重伴随式评价以及多元评价结合来推进学生劳动素养发展过程。

【案例2-2-5】数据驱动,有效推进"差异化教学"①

立足于学生成长,聚焦劳动素养发展目标,以班级创意型劳动为例,开展"'卉'而生美、绘而悟幸"的主题活动,用数据评价来伴随教育教学,调整优化教育活动,从而更好地助力于学生的健康成长。

运用"班级优化大师"伴随式评价,关注到"校园四季"系列活动的综合素养情况,针对每类劳动素养的发展评价情况,进行"差异化教学"的实施,从而更好地实现数据驱动下的"因材施教"。比如在班级学生开展的"校园四季"活动中,根据班级学生反馈数据,发现班级学生劳动习惯较差、劳动情感较为薄弱,劳动观念和劳动能力有待进一步提高,同时根据观察学生日常劳动活动,发现班级孩子的劳动能力相差悬殊。针对以上数据反馈,此次活动内容也相继调整,根据学生个人劳动能力的差异进行"帮带"分组活动(即根据班级中劳动能力强、中、弱分为三类,其中每12人为一组,每组4名劳动能力强携手4名劳动能力中等以及劳动能力偏弱的同学)并对教师活动进行补充、学生活动任务进行分解,以期对应活动四维目标,通过"差异化"的活动实施能够在活动进行以强带弱,互帮互助,使得劳动四维目标齐发展。

依托数据反馈班级学生劳动素养的薄弱处,在活动实施过程中进行细致地分解与设计,其目的分别直接指向学生劳动素养的劳动能力、劳动习惯、劳动情感的培养。数据助力于活动实施过程中教学设计的微调,能够精准地将教师活动、学生活动、学生活动形式与劳动四维目标契合,根据学生的个性化差异运用小组合作的形式,互助成长,用学生喜闻乐见的方式、有趣的活动设计潜移默化提升学生劳动素养。可

① 选自上海市闵行区七宝镇明强小学刘晓菁的论文《数据赋能小学生劳动素养发展评价》。

见表。

表2-2-6　基于评价的劳动教育活动计划实施

教学环节	原预设	调整后	对应劳动四维目标
教学准备	以绘画、文字、学艺内容对班级同学进行随机	根据班级中劳动能力强、中、弱分为三类,其中每12人为一组,每组4名劳动能力强携手4名劳动能力中等以及劳动能力偏弱的同学。	劳动能力
教师活动	1.围绕花卉,寻找素材并在课堂播放相关视频。	围绕花卉,寻找素材并在课堂播放视频,并讲述开展实践教育活动目标。	劳动观念
	2.对于学生小组活动进行相机指导。	对于小组活动进行任务分解。	劳动能力 劳动习惯
	3.组织开展交流会。	结合各组活动情况,组织开展交流会,组织小组进行自评与互评。	劳动能力 劳动习惯
	4.组织全班同学种植花卉。	以小组为单位,组织学生亲手种植野菊花,在种植、浇水等劳动过程中,逐步掌握知识,体会到劳动与种植花卉的内在联系,找到劳动的快乐。	劳动能力 劳动习惯 劳动情感
		鼓励学生观察花卉生长情况,并用自己喜欢的方式记录下来,也鼓励家庭成员参与进来,结合生长规律,使学生对于生命教育有更深体会。	劳动能力 劳动习惯 劳动情感
		组织学生开展成果展示会,在展示花卉的同时,分享心得体会,并把本次学习全过程进行整理,用自己最喜欢的方式展示出来,在课堂进行互动。	劳动能力 劳动习惯 劳动情感
学生活动	1.对花卉有初步了解,形成基本概念。	对花卉有初步了解,形成基本概念。学生进行分组,讨论确定花卉种类。	劳动观念 劳动能力

教学环节	原预设	调整后	对应劳动四维目标
学生活动	2.分小组进行活动。	确定小组活动形式。对活动任务进行逐步分解细化,制定小组合作任务细化实施表。	劳动能力劳动习惯
	3.小组汇报,并进行自评,其他小组进行他评。	开展交流会,各小组结合自己的学习,进行集体展示,用既定的方式介绍花卉情况,自评活动表现。其他小组点评活动成果,相互帮助,共同探讨,交流进一步需要解决的问题或改进措施,集思广益,开拓视野。	劳动能力劳动习惯劳动情感
	4.挑选花卉进行种植。	小组合作进行种植,并在种植的过程中选择喜欢的方式进行观察记录,时刻保持沟通交流。	劳动能力劳动习惯劳动情感
学生活动形式	由集体到小组,再到个人。	由小组为主导,集体与个人交叉进行。	劳动能力劳动习惯

个性化学习:通过多维评价量表的制定能够对班级中每个学生的劳动过程进行伴随性评价,尊重学生的个体差异和独特性,对每个学生个体的劳动过程进行实时跟踪、真实记录、动态反馈,正确判断每个学生的特点和发展潜力。用数据呈现每个个体的劳动教育实践路径和成长轨迹,注重学生学习的发展和变化过程,记录学生的突出表现和关键性实践,并给予针对性的个性化的诊断和指导,使学生的个性得以在劳动教育活动中彰显,保持其学习的自信心和持续学习的能力。即在活动中根据评价来及时对活动内容进行评估和微调,侧重前期数据反馈中的劳动能力的个性化差异、劳动习惯、劳动情感的薄弱点进行重点目标评价,对每个学生个体的劳动

成果进行有效评价。

【案例2-2-6】数据驱动,智慧促进"个性化学习"[①]

关注每个学生的劳动素养的发展,根据学生个性化特色开展"五彩劳动小钻石"系列活动。根据学生学情,依托"班级优化大师"提供的清晰科学的数据,开展伴随式评价,以数据来驱动劳动教育梳理开展。

数据驱动,开展"个性化"学情诊断。在活动设计之初,从劳动习惯、劳动情感、劳动观念、劳动能力四要素通过访谈、问卷调查对班级学生五类劳动学情进行诊断,了解每一个学生劳动素养分析学生已经掌握和尚未掌握的劳动,制定活动方案。

数据驱动,促进"个性化"互动参与。在实施阶段,运用"班级优化大师"对每一个学生个体的参与五大类劳动十几项劳动中所呈现出的劳动素养发展进行伴随式评价。在劳动实践过程中,对学生达到劳动评价点进行赋分评价,引导学生通过平台随时查看自己的劳动数据,及时改进与优化,还可以看到在班级中劳动排名,激发学生活动积极性。在过程中,伴随式进行劳动光荣榜呈现,分析学生的个性化表现,调整更有效的劳动教育措施。

数据驱动,实现"个性化"教育跟进。在检测阶段,根据"班级优化大师"提供的每个学生的劳动表现数据,综合分析学生在劳动中常出现的错误和表现,发布个性化的劳动任务,并根据反馈结果进行针对性的指导。

比如通过某学生个体数据能够发现,本学期他的劳动表现优异,获得了383分,没有减分,并且在"校园四季"劳动环节中表现尤其出色,但是在居家劳动中孩子的劳动习惯的养成需要进一步努力。在期末评价中,老师加强了与家长的沟通来加强居家劳动的实践次数与成效,注重进行"个性化"指导,为每个孩子定制"五彩钻石"劳动教育实践活动,赋

---

① 选自上海市闵行区七宝镇明强小学张悦的论文《数据驱动,智慧促进"个性化学习"》.

予不同颜色的劳动不同的数值,鼓励学生开展"争章",再根据学生动态表现,进行灵活调整活动的参与度,从而更有针对性地发展该生的劳动素养水平,更好地实现"数据驱动下的因材施教"。

"班级优化大师"为每一位学生提供了清晰科学的数据,学生能够直观了解到自己劳动中的长处与薄弱项,进而在老师与家长的引导下,有针对性地进行训练,从而使每一位学生的劳动能力都能够得到相应的提高。通过"班级优化大师"开展伴随式评价,深化了新时代劳动教育的转型,推进了劳动教育数据、学习分析等在教学中的引用,促进了以数据为导向、面对每一位学生、追踪教学全过程,促进学生全面发展的伴随式评价的实施,实现了学生个性化学习。

(3) 开发"校本特色小程序",助力劳动素养形成性评价

应用小程序是劳动教育自主开发的平台,主要用于学校层面的劳动素养发展评价,在每个学生个体数据的基础上形成班级、年级、学校层面的数据,为学校教育提供数据决策作用,是一种形成性评价的探索。

形成性评价,在学校劳动教育活动中,为调整与优化教育活动,保证教育目标得以实现而进行的确定学生学习成果的评价。形成性评价的主要目的是决策、改进完善劳动教育活动,步骤可以是:确定形成性劳动教育项目的目标和内容,分析其包含要点和各要点的层次关系;实施形成性评价,评价包括各劳动教育项目的所有重点,评价进行后,教师要及时分析结果,同学生一起改进优化劳动教育;实施平行性评价,其目的是对学生劳动素养发展加以巩固,确保后续发展。

一是开发"小工匠"应用小程序,实现数据驱动引领发展

明强小学根据学校劳动教育开展的实际情况,面对全校年级及班级,依托"钉钉平台",自主开发了一项具有自主性的劳动素养发展评价的程序,即"小工匠"应用小程序,用于在"班级优化大师"学生层面评价的基础上对班级、年级的劳动素养发展进行形成性评价,从整体来分析学校的劳动教育情况,从而得到相对准确的劳动教育实施计划与方案,

实现数据驱动引领学生劳动素养发展。

◆ **技术应用的基本程序：**

面向年级和班级，聚焦"劳动素养发展"，在钉钉平台上开发一个"小工匠"劳动评价小程序，在五大劳动类型框架下开展居家劳动、食尚天地、微社团+、校园四季等劳动项目的形成性评价，也就是说在班级每个学生的"班级优化师"数据基础上，进行累加多元测评，形成每个班级劳动观念、劳动情感、劳动能力、劳动习惯四大素养下的劳动素养发展的评价数据，学校进行针对性决策与跟进。

具体操作如下：1需求分析产品设计→2搭建平台试运行→3导入劳动项目类型，拆分二级目录输入具体类型→4导入劳动素养评价维度→5进行不同频率的劳动教育项目评价→6每个班级学生的劳动素养发展进行整体评价→7输入信息积淀数据→8根据运行需求进行技术二次迭代→9进行全校多维度数据汇总与统计→学校劳动教育决策跟进（循环模式）。见下图：

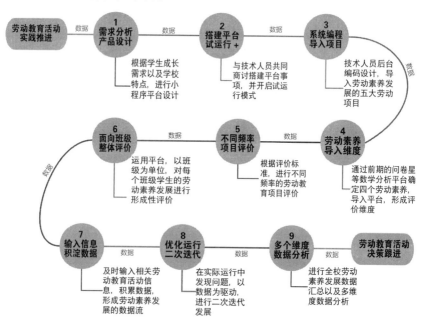

图 2-2-5 "小工匠"应用小程序的平台建设及实际操作流程

整个环节是一股动态的数据流来驱动平台的建设与运行,学校劳动教育活动处于一种不断循环、优化调整的实践样态,体现评价伴随教育教学的理念。

【案例2-2-7】"小工匠"平台的实践

"小工匠"平台开发后,由学校各条线在班级活动的基础上,对班级的劳动素养发展水平进行形成性评价,从五大劳动类型以及项目群,对劳动观念、劳动情感、劳动能力、劳动习惯四大劳动素养进行评价并打等第。数据采用实时"整体性+分类型"录入,再通过平台计算与自动化处理,最终生成一系列的多维度分析视角下的数据分析图。

以学校2021学年第二学期的"小工匠"应用小程序的运行来进行说明。特殊的一年,虽然疫情阻断了很多,但是学校五大类型十几个项目群继续有条不紊地进行着。在前期每个班级运用"班级优化大师"进行伴随式评价的基础上,班级的数据伴随着活动评测出来,并且也一个个实时地录入到"小工匠"应用小程序的数据库。

在班级劳动素养发展评价的数据录入到"小工匠"应用小程序后,平台自动进行计算运行,最终根据"全校等第、年级等第、班级等第、五大劳动类型等第"等维度进行智能化地数据分析与统计,以"饼图、雷达图、条形统计图、点状图"等图表形式生动形象地呈现了整个学校层面的不同年级、不同班级的学生劳动素养发展评价的数据情况。

比如根据本轮数据统计与分析,发现:从劳动素养维度说,本校学生五大劳动类型的劳动观念、劳动情感维度表现出来的情况比较好,相对来说,学生劳动习惯、劳动能力两大劳动素养呈现出的状态不容乐观;从劳动类型维度说,学校整体的生活型劳动、生产型劳动、服务型劳动、管理型劳动、创意型劳动呈现出递减的状态,创意型劳动的等第A的比例相对比较低,这也是体现的现实状况,创意型劳动是学校教育相对比较忽视的,也是对小学生的要求相对比较高,而生活型劳动的等第A的比例高,因为近几年劳动教育已成为了时代热点,人们都越来越重视劳动教育,居家学习状态下学生的日常劳动体验机会多了,基本的劳动能力、劳动习惯也呈现出较好的情况。

大数据的驱动发挥着它的"决策引导"作用。学校根据"小工匠"应用小程序的数据分析图表,灵活调整下一轮的学校劳动教育活动计划,从学生劳动素养发展的真实情况出发,设计具有真实性、实效性的教育活动,这就真正发挥了数据的分析决策作用,实现了"数据驱动下因材施教"的智慧教育。

二是开发"蝴蝶"应用小程序,激发学生劳动内驱力

为了提高学生劳动的积极性,保障学生劳动意识和能力培养的持久性,明强二小开发"蝴蝶小程序"学习平台,增加"劳动打卡"和"劳动主题活动"两大板块的内容,以积分奖励的形式以调动学生的劳动热情,激发学生劳动内驱力,开展劳动素养发展性评价,全面提升学生的劳动综合素养。小程序劳动评价的运作流程具体见下图:

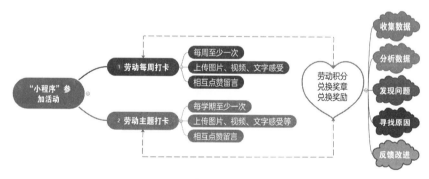

图2-2-6 劳动评价小程序流程

依托学校蝴蝶微信小程序,设计劳动评价版块——劳动每周打卡和劳动主题活动打卡,充分激发了学生劳动的积极性,学生的劳动体验得到丰富,劳动能力得到提升,劳动意识增强,做到以评价促劳动,以评价促成长。

【案例2-2-8】"蝴蝶"平台的实践①

评价内容:劳动打卡针对自我劳动、家务劳动等生活型劳动进行评价,注重劳动的日常性和持久性;劳动主题活动针对学校岗位劳动和社会劳动等节点式劳动进行评价,注重劳动的参与性和体验性。

评价方式:小程序采取积分奖励的评价方式。学生进入小程序参加劳动周打卡活动,每周上传至少一次自我劳动或家务劳动的内容,可以是劳动照片、劳动视频或是文字感受,上传成功后可以获取一定的积分,班级同学之间相互点赞、评论也会获得一定的积分。特别好的作品,班主任还可以推送到年级进行展示、分享。劳动主题活动打卡是学校或年级层面组织的活动,每学期至少一次,学生参与后,可进入小程序进行打卡,撰写文字感受、上传劳动作品等,参与后可获取相应的积分。

奖励机制:小程序会根据学生获得的积分数量,自动给予相应级别的蝴蝶奖章。每次获取蝴蝶奖章后,可以在小程序的百花园中添加一只飞舞的蝴蝶,让花园变得更加美丽。集到最高级蝴蝶奖章——金斑喙凤蝶(国蝶)后,可以在学校蝶章奖励菜单中选择一个内容兑换奖励。本次奖励菜单分为展示类、礼物类和实践类。

评价反馈:学生通过小程序参与劳动打卡后,后台会生成数据,包括年级数据、班级数据和学生个人数据。学生个人数据包括学生上传次数、积分数以及获得奖章个数,由学生个体进行查看分析;班级数据包括班级学生劳动打卡的参与度、班级学生积分、奖章的获取情况,由班主任进行查看,对班级劳动情况进行分析,找到优势与不足,并及时给予学生反馈。年级数据包括五个年级整体的劳动打卡参与情况,由学校管理团队进行查看分析,发现年级之间存在的差异,分析背后的

---

① 选自上海市闵行区七宝明强第二小学郭芳的论文《蝶文化引领下的小学生劳动教育活动的探索》。

原因,及时给予反馈改进意见。

通过对劳动素养概念与内涵的探究,本书认为劳动素养包含劳动观念、劳动习惯、劳动情感和劳动能力四个基本要素,并围绕这四个基本要素对小学生劳动素养现状进行了问卷调查与分析,为后续劳动教育实践提供了导向,也为劳动素养评价奠定了科学依据。

新时代劳动教育评价,注重"生活化",对接学生班级生活,夯实劳动评价过程;注重"阶梯化",探寻学生成长轨迹,优化劳动评价形式;注重"信息化",数据驱动智慧教学,赋能劳动评价活动。也就是说,要将劳动评价与学生生活自然融合,打造评价进阶式层级发展,积极建构科学化的评价体系,发挥评价的作用,发现学生多方面的劳动潜能,了解学生在劳动素养发展中的需求。以评促发展,调整与优化劳动教育实践活动,更好地去激发学生的劳动内驱力和劳动情感,逐渐促进学生劳动习惯自然养成,从而促进每一位学生劳动素养的全面发展。

第三章 劳动类型探新:传承与发展

"劳动教育"是以促进学生形成劳动价值观(即确立正确的劳动观点、积极的劳动价值,热爱劳动和劳动人民等)和养成劳动素养(有一定劳动知识与技能、形成良好的劳动习惯等)为目的的教育活动。①加强劳动教育是落实立德树人,促进学生全面发展的重要组成部分。

在传承与发展中,厘清新时代劳动教育类型的相关概念与内容构成,全面探索劳动教育的实践路径,为培养更多具有实践能力、创新精神和职业素养等未来复合型人才做出积极贡献。

一、"五型劳动"的理性思考

在新时代发展背景下,经济全球化的步伐在加快,科学技术迅速发展,劳动教育呈现出了新的发展样态,劳动类型更多元、更丰富,劳动实践也更具有时代性与科学性,人们对于劳动教育也有了更多的理性思考。

(一)"五型劳动"概念生成

根据课程标准文件,基于学生成长需求,厘清新时代劳动教育的生

---

① 檀传宝.劳动教育的概念理解——如何认识劳动教育概念的基本内涵与基本特征[J].中国教育学刊,2019(2):82.

活型劳动、生产型劳动、服务型劳动三大劳动类型；立足于发达地区地域特质，探索创生管理型劳动与创意型劳动两大劳动类型，全面形成了独具特色的"五型劳动"。

1.基于课程标准文件，厘清"三型劳动"的基本结构

《义务教育劳动课程标准》(2022年版)明确提出中小学劳动课程内容要以培养学生的核心素养为导向，围绕日常生活劳动、生产劳动和服务性劳动，以任务群为基本单元，构建内容结构。日常生活劳动立足学生个人生活事务处理，涉及衣、食、住、行、用等方面，注重培养学生的生活能力和良好卫生习惯，树立自理、自立、自强意识。生产劳动让学生在工农业生产过程中直接经历物质财富的创造过程，体验从简单劳动向复杂劳动、创造性劳动的发展过程，淬炼生产劳动技能，体会物质产品的来之不易，认识劳动与自然界的基本关系。服务性劳动让学生利用知识、技能为他人和社会提供服务，在现代服务业劳动、公益劳动与志愿服务中认识社会，树立服务意识，体悟劳动中人与人、人与自然、人与社会的关系，强化社会责任感。[1]基于课程标准，新时代劳动教育要重点聚焦"生活、生产、服务"三大关键词，开展多样化的劳动教育实践活动，这是小学劳动教育的基本劳动类型。

2.立足地域教育特质，创生"五型劳动"的校本实践

地域教育特质是指不同地区教育模式、教育内容和教育方式的差异性，这些差异主要源于地域文化、自然环境等因素。在新时代劳动教育中，针对不同的地域教育特质，探索并确定了具有较高适切性的劳动类型及结构。发达地区，经济高速发展、教育资源优质充沛、文化生活丰富高端、高学历人群聚集，亟需现代型、前沿型的学校教育，亟需对劳动教育类型进行更适切地优化与创生。

(1)厘清"五型劳动"内涵逻辑

基于《义务教育劳动课程标准》(2022版)指导思想，课程标准提出

---

① 中华人民共和国教育部.义务教育劳动课程标准[S].2022.

了日常生活劳动、生产劳动、服务性劳动。基于标准本书进行了劳动类型的校本化构建创新,即根据发达地区劳动及劳动教育特征,凸显新时代社会中的管理工作和创新探索中的劳动实践,再增加管理型劳动、创意型劳动的"两型劳动",所谓管理型劳动是指以管理行为本身作为劳动实践的此类劳动,创意型劳动是指将创意的实现转化为劳动实践的此类劳动。生活型劳动、生产型劳动、服务型劳动、管理型劳动、创意型劳动统称为"五型劳动"。其内涵与关系逻辑见下图:

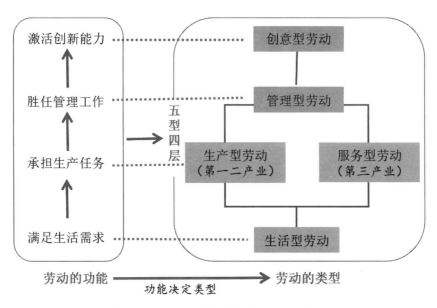

图 2-3-1 "五型劳动"的内涵与关系逻辑

(2)明晰"五型劳动"的任务群

新课标提出要以任务群为基本单元,构建劳动教育内容结构,每个任务群由若干项目组成。生活型劳动、生产型劳动、服务型劳动的任务群设置以新课标为依据,管理型劳动和创意型劳动的任务群设置由学校实践为基础,具体来说,管理型劳动任务群分为"活动设计与组织、岗位管理与服务",创意型劳动任务群分为"科创劳动项目设计与实施、文创劳动项目设计与实施、艺创劳动项目设计与实施"。

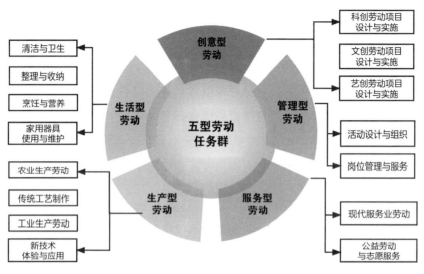

图 2-3-2 "五型劳动"的任务群

（3）构建"五型劳动"校本实施

"五型劳动"类型的确立与实施,让劳动教育更具多元性、融合性和时代性,有助于更好地培养未来复合型人才的劳动素养,从长远来说,更有效地推动当地教育、经济、社会的全面发展。具体如下表所示:

表2-3-1　发达地区劳动教育养成体系的"五型劳动"校本构建与实施

劳动类型	劳动要求		任务群	校本实施项目
	义务教育劳动课程标准① 中华人民共和国教育部. 义务教育劳动课程标准 [S].2022.	校本构建		
生活型劳动	日常生活劳动立足学生个人生活事务处理,涉及衣、食、住、行、用等方面,注重培养学生的生活能力和良好卫生习惯,树立自理、自立、自强意识。	聚焦发达地区劳动教育"现代生活"关键点,发挥家校社协同共育的作用,开展新时代背景下的生活家务劳动实践活动,促进学生的劳动能力和劳动习惯的培养。	清洁与卫生整理与收纳烹饪与营养家用器具使用与维护	居家劳动、生活自理、小厨房大科学、劳动童谣、爸爸课堂等。

续表

劳动类型	劳动要求		任务群	校本实施项目
	义务教育劳动课程标准①中华人民共和国教育部.义务教育劳动课程标准[S].2022.	校本构建		
生产型劳动	生产劳动让学生在工农业生产过程中直接经历物质财富的创造过程,体验从简单劳动向复杂劳动、创造性劳动的发展过程,淬炼生产劳动技能,体会物质产品的来之不易,认识劳动与自然界的基本关系。	聚焦发达地区劳动教育的智慧生产关键点,在劳技等学科和综合活动课程实践中,教会学生使用劳动工具,掌握劳动技能,体验新时代劳动生产过程,促进学生的劳动观念和劳动能力的培养。	农业生产劳动传统工艺制作工业生产劳动新技术体验与应用	劳技学科的校本化实施、职业启蒙、一米农田、小工匠、家长俱乐部等。
服务型劳动	服务性劳动让学生利用知识、技能等为他人和社会提供服务,在现代服务业劳动、公益劳动与志愿服务中认识社会,树立服务意识,体悟劳动中人与人、人与自然、人与社会的关系,强化社会责任感。	聚焦发达地区劳动教育的社会服务关键点,在家庭、学校、社会生活中进行岗位实践体验,培育服务意识,掌握服务技能,强化面向未来的责任感。	现代服务业劳动公益劳动与志愿服务	生活气象、电视台编辑、班级岗位、成长四季、小黄帽等。
管理型劳动		管理型劳动是指以管理行为本身作为劳动实践的此类劳动。聚焦发达地区劳动教育智慧管理特质,开展具有管理内涵与特质的新时代劳动教育实践,学生在学习生活中承担一定	岗位管理与服务活动设计与组织	一班一品、强强当家、班级微社团等。

劳动类型	劳动要求		任务群	校本实施项目
	义务教育劳动课程标准① 中华人民共和国教育部.义务教育劳动课程标准[S].2022.	校本构建		
管理型劳动		的管理性工作任务,在各类劳动岗位活动体验和实践中能够有效组织他人、发挥团队的力量来完成劳动活动的探索或问题的解决,提升自身综合素养。		
创意型劳动		创意型劳动是指将创意的实现转化为劳动实践的此类劳动。聚焦发达地区劳动教育时代创新特质,开展脑力带动体力、脑力体力融合的科创、智创、文创的劳动。创意型劳动是面对新问题,在知识积累基础上,运用创造性思维,形成事物之间全新结合方式的活动,是艺术化思维加理性化执行的创造性活动。	科创劳动项目设计与实施文创劳动项目设计与实施艺创劳动项目设计与实施	信息编程、美思美创、STEM项目等。

五型劳动,是探索新时代与劳动教育相结合的实践形式,是教育者采取课程融合、岗位践行、活动实施等方式,对受教育者实施的,以劳促进受教育者德智体美劳全面发展的教育过程。它不仅凸显了劳动教育

的本源性与实践性,更整合了教育转型性变革实践成果以及新时代教育理念所赋予的精神性、智能性、创造性等新时代劳动特质。对比传统的学校劳动教育,"五型劳动"类型更全面、内容更充实,也较好地把握了发达地区的科创性及人工智能化等劳动新特质,呈现了发达地区劳动教育的多元特点。

(二)"五型劳动"实践原则

旨在培育未来复合型人才,基于新时代劳动教育的传承性、创造性、审美性、超越性等文化特征,"五型劳动"在实践推进中要注重有机统一、交互融合。

1.传承性与创新性相统一

一方面,"五型劳动"实践的传承性指的是对传统文化、工艺、技能和价值观念的继承和延续,主要指生活型劳动、生产型劳动和服务型劳动,通过对传统文化和技艺的学习和实践,让学生了解和感受到中华优秀传统文化的劳动精神,增强学生的文化自信和民族自豪感,传承性还包括对劳动教育理念和方法的传承,让学生从实际生产中获取知识与技能,从而提升劳动能力;另一方面,"五型劳动"实践的创新性指的是将传统文化、技艺和现代科技相结合,开展管理型劳动、创新型劳动等,创新思维和技术,让学生从传统化的劳动走向现代化劳动,培养其创新精神和实践能力,以适应社会和经济的发展需求。

劳动教育的传承性和创新性是相互补充、相互促进的,是不可分割的统一体。从地域教育特质来说,发达地区的学生的学习资源较多,接触到的学习面会更广,创新能力相对较强,创新性的劳动能力相对会强于传统性的劳动能力,两者需要相互统一与均衡。此外,从劳动情感和观念层面来说,新时代劳动教育要在追求时代的创新与发展的快速节奏中,还是要始终做到不忘"本",即传承中华民族吃苦耐劳、艰苦奋斗的优良传统,要让学生动手实践、出力流汗,接受锻炼、磨炼意志,培养学生正确的劳动价值观和良好的劳动品质。将劳动教育文化传统赋予新时代表达，坚持在传承中创新，在创新中传承。

2.独特性与融合性相统一

一方面，"五型劳动"实践具有独特性，可以在劳动教育中通过不同形式的实践活动来培养学生多元性能力，"生活型劳动、生产型劳动、服务型劳动、管理型劳动、创意型劳动"培育侧重点不一样，各具新时代劳动教育的特点。另一方面，"五型劳动"实践具有融合性，随着时代的发展，劳动教育的内涵及形式发生了深刻变化，劳动已不再局限于传统的动手操作，也不局限于单一的生产等，而是有了更多的融合、更为广阔的外延。

"五型劳动"实践具有独特性和融合性相统一。"五型劳动"实施过程中，每种类型的劳动本身都蕴含着学习、观察、探究、思考等过程，其学习过程是相互融合统一。另外，融合还可以指每个独特性的"五型劳动"在体力与脑力、重复与创造、守成与创业、注重效用与讲究审美、需求与服务等多元融合，发挥每个独特性劳动类型的教育价值，融会贯通，全面构建起具有发达地区特质的生动灵活、富有朝气和时代感的"新劳动教育"。

3.审美性与超越性相统一

一方面，"五型劳动"的审美性是对传统劳动教育的发展与超越，以往的劳动教育相对会比较强调劳动技能的培养和实践能力的提高，会缺乏一定的审美及艺术表达元素，导致部分劳动教育变得单调、枯燥，缺少吸引力和感染力，会让劳动教育缺乏一种"美感"。要给新时代劳动教育注入审美性，通过艺术表达的形式来展现劳动的美感和价值，不仅可以丰富教育内容，还可以激发学生对劳动的兴趣和热爱，增强他们对劳动的参与和投入度，实现新时代的超越；另一方面，"五型劳动"的超越性是指通过劳动教育，让学生明白劳动的含义和价值，并将其延伸到更高的层面，如社会责任、人文关怀等。通过超越性的培养，学生可以认识到正确的劳动价值及观念,并在劳动过程中积累社会经验,促进个人更好地成长和发展。可以说,审美性与超越性都是新时代劳动教育的实践导向。

"五型劳动"实践的审美性和超越性是相辅相成、相互统一。审美与超越,既可以增强学生对劳动教育的兴趣和热爱,又可以引导学生更好地发挥劳动价值和社会价值,促进其全面健康发展。

二、"五型劳动"的内容构成

立足发达地区教育特质,基于学生的成长需求,聚焦"生活型劳动、生产型劳动、服务型劳动、管理型劳动、创意型劳动"五大劳动类型,梳理其主要的内容构成,让新时代劳动教育实践研究更具有明确的方向与目标。

(一) 生活型劳动

基于"劳动即生活"理念,在联系生活实际的基础上,重点关注学生劳动素养的提升。劳动教育,从生活中来,又服务于生活,以学生的生活经历和生活体验为起点,同样应在现实场域中实施。也就是说,生活型劳动来源于日常生活,并和生活融为一体,重点在对基本的生活技能的学习。

从概念内涵来说,生活型劳动是立足于学生个人生活事务的处理,主要表现在通过劳动培养学生良好的生活习惯以及提升生活能力,重点开展生活型劳动的校本课程的构建与实施。其中凸显发达地区劳动教育特质,要大力发挥家校社共育作用,要体现劳动教育的融合性与创造性,开展具有鲜明时代及地域特质的生活家务劳动实践,培养学生的劳动能力与习惯的过程中,更要侧重于劳动观念与劳动情感的培育,即要培养学生全方位的劳动素养。生活型劳动主要包括校园生活与日常

生活,具体如下:

1.走进日常生活,培育劳动习惯

围绕学生的日常生活(家庭生活、社会生活),通过生活化的教育内容及教方法,开展多样化体验活动,使学生在劳动实践中感受到生活乐趣,端正生活态度,转变生活方式。根据小学生年龄特点,这部分更多是学生居家劳动技能培育。

具体来说,可以根据学生年龄特点,侧重考虑学生劳动能力、劳动习惯等关键因素,分年段系列化、进阶式设计与推进日常生活的劳动活动。比如以居家劳动为例,可以涉及客厅、卧室、餐厅、厨房、书房、阳台等各个生活角落,低年级(一二年级)主要从事的居家劳动内容以简易劳动为主,中年段(三四年级)则要求在简易劳动的基础上适当增加要求,并注意自身安全和卫生,高年段(五年级)要求就会更加高一点,比如厨房劳动中除进行餐点制作以外,还可以进一步探究饮食的科学、美观等,卫生打扫的过程中能够尝试寻找打扫的捷径和窍门等。这样的劳动活动设计也是希望每一个学生能在不同年段体验和锻炼不同要求的居家劳动,促进每一个学生的体能和智能都能得到发展。

2.融入校园生活,拓展劳动实践

主要从班级生活、环境保洁、校园秩序等方面来开展生活型劳动教育,培养学生校园生活这类集体生活中的劳动素养。

具体来说,融入校园生活,开发与设计具有校本化的劳动教育课程及活动,丰富新时代劳动教育资源。校园生活劳动,架构与实施可以更加系统,可以分为科普阅读、校园调查、自然实验、生活劳动、技术应用以及艺术创作等七大板块。课程内容建构不仅仅局限于劳动,而是将科学、信息、语文、数学、音乐、美术等学科有机融入。多元化的校园课程内容帮助学生发扬劳动精神,形成崇尚劳动、尊重劳动的劳动态度,实现以劳树德;开展生活劳动掌握劳动技能、提高动手能力和发现问题解决问题的能力,实现以劳增智;在设计劳动成果过程中提高寻求美、感悟美、发现美的能力，实现以劳育美；在校园劳动实践过程中，激发学生生活的创造力，实现以劳创新。理论与实践同行，让每个孩子参与校园生活中劳动实践，提升创造幸福生活的能力。

生活型劳动的活动形式可以多样化，不单单是劳动知识的教授，也可以组织学生开展基于生活自理的家务劳动体验、基于校园生活的劳动技能锻炼，学一学、做一做、问一问、创一创，并分享劳动创意小妙招等。推进生活型劳动，在劳动情感上鼓励孩子乐观、勇敢、智慧地面对生活，争做"生活小达人"。

（二）生产型劳动

生产劳动是人在社会分工大环境下带有一定目的来创造财富或价值的劳动，并不断接受新的劳动知识与技能的教育。

从概念内涵来说，生产型劳动是指人们借助劳动资料生产出新的使用价值的劳动过程，是人能动地改造自然并改造人本身的过程。对于劳动教育来说，生产型劳动就是让学生在体验从简单劳动、原始劳动向复杂劳动、创造性劳动的发展过程，学会使用劳动工具，掌握劳动技能，建构解决问题的模型，感受劳动创造价值，增强劳动成果意识，体会手工劳动的伟大，促进劳动观念与能力的培养。

1.注重知行合一，提升劳动能力

生产型劳动，侧重于劳动知识、劳动技能的掌握与应用。新时代劳动教育，虽然人工智能已初具规模，但是动手操作仍是一大关键能力。学生在学习劳动知识的同时，要积极参与实际操作式的劳动实践活动。

具体来说，生产型劳动首先需要引导学生学习理论知识，深入了解劳动过程中的安全知识、操作技巧、工具材料等方面的知识，建立正确的观念；知识还需要落实到实践操作中，比如组装劳动工具、优化劳动材料等，这样不仅可以巩固已学习的知识，也可以增加实际操作经验。为了提升生产型劳动的教育成效，要加强反思总结与交流分享，完成一

项劳动任务后,学生需要对自己的操作过程和结果进行反思总结,查找问题并加以改进,及时纠正错误。学生还需要和老师、同学、家人交流分享自己劳动操作经验,互相学习和借鉴。这样可以开拓大家的劳动思路与智慧,更好地提高各自的劳动能力。

注重知行合一、提升劳动能力是一个系统性过程,需要学生不断地学习、实践、反思和分享,不断完善自己的劳动技能,才能更好地成为未来复合型人才。

2.三位一体联动,启蒙职业认知

生产型劳动,对于小学生来说,还可以聚焦到职业启蒙教育。从小学生的认知水平、发展规律和成长需求出发,发挥家校社丰富资源,探索基于小学生职业启蒙教育的内容体系、方法策略,构建序列化的职业启蒙教育的校本课程及活动。

具体来说,形成家、校、社三位一体的职业启蒙教育联动机制。一方面,引导学生了解职业,指导学生通过制作艺术创作、图文并茂的家庭职业手账获取家庭成员的职业信息,用图画记录下家人职场的辛苦历程,用文字诉说家人职业旅程的点滴故事,让学生对家庭对社会对职业有一定的认识;另一方面,带领学生走进"职业世界",开展社会实践体验活动,组织小学生到公司、工厂、银行等单位进行观察和学习,模拟体验现实生活中的各种职业活动,促进学生的自我认知,形成初步的生涯规划。

（三）服务型劳动

相对于生活型劳动与生产型劳动而言,服务型劳动更强调社会本位,对于提升学生的社会参与意识与责任奉献意识、深化以服务奉献为要义的劳动教育、营造服务奉献的良好社会风尚具有独特的价值意蕴。[①]新时代发展背景下,根据学生成长需求,学生必须在服务他人、奉

---

① 万坤利,李艾诺.服务性劳动教育的内涵特征与实践路向[J].铜仁学院学报,2021,23(06):74—81.

献社会中形成正确"三观",在多元服务中增长自己的才能,培养应有的责任担当意识、爱心奉献精神。

从概念内涵来说,柳夕浪(2019)认为服务性劳动是指让学生利用知识、信息、技能、设备、工具等为他人或社会提供服务[①]。服务型劳动旨在重点培养学生劳动情感、劳动能力,让学生利用知识、技能等为他人和社会提供服务,在服务型岗位上劳动实践,树立服务意识、实践服务技能;在公益劳动、志愿服务中强化社会责任感。

体现发达地区劳动教育特质,在班级生活、校园生活中进行岗位实践体验,培育服务意识,掌握服务技能,强化责任感,这是新时代劳动教育重要部分。

1.岗位实践服务,感受劳动价值

岗位实践服务是服务型劳动的重要形式,让学生感受到劳动的价值,培养学生综合能力,增强团队合作精神,对于学生的成长和未来发展都有很大的帮助。

具体来说,班级岗位服务本身具有较强的劳动价值,还有助于团队合作力培育。一方面,和班干部制度相比,班级岗位更强调服务意识与奉献精神,比如"地面小卫士"每天都要检查班级的地面卫生,督促每个学生保持自己座位周围的地面整洁,看到地面上有纸屑,要主动及时地捡起来,其他学生也在日常班级生活中感受着"地面小卫士"等的辛勤劳动。老师应该在平时的劳动教育工作中,积极引导学生关注点点滴滴的细节,并指导学生尊重别人的劳动,既尊重他人的岗位,也尊重自身的工作,从而逐渐培养学生对劳动岗位平等的价值观;另一方面,班级岗位服务还可以促进学生之间的交流和合作,学生需要共同完成任务,相互支持和帮助,这样可以增强团队意识和协作能力,并有助于培养学生的集体归属感与主人翁意识,提高自身的综合素质。

[①] 柳夕浪.全面准确地把握劳动教育内涵[J].教育研究与实验,2019(04):9—13.

2.参与志愿服务,厚植劳动观念

志愿服务是一项具有重要意义的服务型劳动,可以帮助学生树立正确的劳动观念,加强学生小主人翁意识,同时让环境更文明、更整洁,形成"人人关心、人人支持、人人参与"的文明环境。

具体来说,在校园志愿服务的劳动教育中,可以组建一支支校园志愿队,在实践体验活动中帮助学生锻炼自己的领导和组织能力,还可以拓展学生的社交圈和增强学生责任感。比如校园内有这样一群"小黄帽",每天的午间休息时,一手垃圾袋,一手垃圾钳,三五成群活跃在校园的各处。那是校园的小黄帽护校志愿者们每天中午开展的护校活动。看到垃圾捡一捡,看到同学们遗落在校园内的物品带回到志愿点"红领巾失物招领处",按不同类型折叠、规整好,便于丢失的学生寻找,看到不文明的行为劝一劝,随手关灯节约用电等等。孩子们以劳动为光荣、以志愿服务为自豪,纷纷报名参加护校志愿者活动,志愿者队伍不断壮大。校园志愿类劳动教育以唤醒学生劳动责任和意识为前提,发挥学生的主体作用,激发学生的劳动需求与热情,在真实性劳动教育情境中开展多样化的劳动教育"互育"课,进而实现以劳树德、增智、强体、育美的丰富价值,更好地促进学生身心和谐发展。

(四) 管理型劳动

管理型劳动,是新时代劳动教育的新型样态。未来复合型人才的培育,离不开智慧管理的关键要素。

从概念内涵来说,管理型劳动是让学生发挥自己的管理能力,在活动实践体验中能够合理地组织他人、合理地利用团队分工来完成过程探索和问题解决的劳动过程。体现发达地区公办小学劳动教育特质,在校园、班级生活中,学生自主申报,承担某些领域或部门管理性的劳动工作任务,在岗位实践、活动体验中提升自身组织、协调等管理能力,同时提高劳动效率。

1.践行强强当家,提高劳动效率

强强当家,是劳动实践活动中组织分工的基本单位,是学校特色管理型劳动,是培养学生责任感、树立"爱岗敬业"主人翁意识的重要渠道,也是学生焕发生命活力的阵地之一。

具体的说,就是引导学生自主进行岗位管理。比如"强强当家"具有轮岗轮换、机会均等、自主管理的特点,旨在通过设立岗位让更多学生能有机会参与到学校、班级、家庭管理,做好"班级小当家""校园小当家""家庭小当家"。这样的管理型岗位培养了学生自立、自理、自强的独立生活能力和进取精神,引导学生在管理的过程中,同时能实现自我约束与提升,营造民主管理的良好氛围。

2.乐享缤纷社团,丰富劳动经验

"社团"作为特殊的组织形式,对丰富校园文化,促进学生身心发展起着举足轻重的作用,社团成为学生健康成长不可缺少的渠道,对小学生同样有着非常积极的现实意义。

具体来说,开展丰富多彩的学生微社团活动指向未来复合型人才的培育。根据实际情况,"活动"不是难事,但"管理"二字是需要重点关注的视角。小学生年龄尚小,自我管理能力处于不断形成与巩固的阶段,组织他人、开展团队活动对于小学生来说是一大尝试。在微社团活动中,管理型劳动的实践与体验能有效推进小学生"微社团"的创建与有序运作,在科学管理下,微社团给予了学生更多的自由空间后形成自律的行为态度,突破微社团活动开发和实施的瓶颈,依托"微社团"这一平台为学生劳动素养的发展形成良好的教育生态。

（五）创意型劳动

基于创造能力提升的创意型劳动,让学生在现有的知识、经验的基础上,在劳动发生的过程中提出一些创造性地解决问题的思路,并付诸于实际行动。

从概念内涵来说,创造性劳动体现于劳动的变革与创新,既包括劳动内容和劳动方法的改进与革新,也包括劳动知识和劳动成果的转化与创造。创意型劳动是面对新问题,在知识积累的基础上,运用创造性思维,形成事物之间全新结合方式的活动,是艺术化思维加理性化执行的创造性活动。可以说,新时代劳动教育的重点是使学生能够在劳动实践中创造性地解决问题。

1.创新艺术创作,激发劳动情感

创新艺术创作是激发劳动情感的较好方式,它能够让人们通过创造性方式来表达自己的思想和感受,同时也可以通过艺术创作来展示劳动过程中所体验到的情感。

具体而言,对于现今小学生来说,创新艺术创作的方式主要包括绘画、音乐、舞蹈等。在这些艺术创作的创意型劳动过程中,学生能够通过自己的想象力和创造力,将自己对劳动的情感淋漓尽致地表达出来。在绘画作品中,可以通过颜色、线条和形式等元素来表现劳动情感;在音乐和舞蹈中,可以通过节奏、旋律和舞蹈动作来表达对劳动的热爱;此外,科技的发展也给艺术创作提供了更多的可能性,学生可以通过计算机技术和虚拟现实技术来实现更加丰富多彩的艺术创作方式,进一步激发劳动情感。

以"美术创作"为例,指向培育学生创新劳动思维。学校以"艺空间"空间改造为载体,创新推进"一月一展一思考"活动方式,通过校园策展改变美术观念,美术作业展所起到的作用应当是激励和指引着校园空间的自主改造,每月一展说明策展意图,指导观展人如何观展,为学生指引自身美术发展的方向,为老师留出探索美术育人价值的空间。学校从硬件上彩绘艺空间墙画,突出视觉中心,安装磁性书写板留出观展互动空间;从软件上引导学生思考每一展与生活、社会、自身的密切关系;实现"一级一进阶",借助校级活动改变参与群体,鼓励更多学生融入其中;创新推进"一人一视角"活动思路,介入人物绘画改变绘画功能，为学生用画笔建立一个"我"，然后以"我"来每天观察自己的生活，从校园生活到家庭生活，从现有生活到未来生活，让劳动教育更具有未来感和时代感。

2.依托科学技术，激活劳动智慧

随着信息技术与大数据技术的快速发展，学生对"数字劳动""智能劳动""非物质劳动"等形成初步的劳动认知，学会使用科学技术、现代化劳动工具成为新时代劳动教育的重要变革。

具体来说，强调创造性劳动，体现了劳动教育的时代性。从劳动性质和形态来看，培养学生勇于创新、敢于创造的劳动精神，能在劳动中发现并运用智慧创造性地解决问题、产生创新性的劳动成果是创造性劳动的基本诉求。在创意型劳动过程中，只有坚持知行合一、打破常规、理性思考、追求真理、问题导向等基本原则，才能创造性地解决现实问题。

以"编程设计劳动课程"为例。《Scratch Pi创意编程设计》校本特色劳动课程，以创意型劳动创作为核心，以寓教于乐的方式让学生学习编程，鼓励学生尝试用编程来解决身边的问题，很好地激发学生的创新意识、提升学生问题解决的能力。结合学生认知水平、贴近学生生活实际，以当下学生非常熟悉的"垃圾分类"为大主题，让学生在此基础上自主选择切入点较小的作业主题，同时老师及时跟进，结合简笔画和思维可视化工具帮助学生理清思路，具体、形象地呈现学生的思考过程，帮助学生根据自身喜好选择合适的作业主题。学生的创意无限，最终创作出"智能开合垃圾桶""太阳能光板寻迹车""垃圾猎手""自动避障垃圾车""智能垃圾清运车"等精彩又生动的劳动作业，学生的劳动智慧被充分激活起来。

"五型劳动"并非是割裂的，而是相互融合的。如果将"五型劳动"视为劳动教育的五种"可能"，那就意味着任何一种劳动教育行为，都有可能包含着五种劳动类型的教育价值，所以在劳动教育实践推进中，劳动类型的分类不是固定的,而是处于共生共长的教育生态。

三、"五型劳动"的实践路径

劳动是个体与自然界相互作用的实践过程,人类通过劳动发现自我、完善自我,这种实践性不同于学习者在其他教育过程中的参与、体验,它是一种指向更深层次的自我认知和自我养成的德行养成、智力建构、体魄塑造、美感追求。[①]

指向培育未来复合型人才,改变以前碎片化、散点式、单一任务型的劳动教育,聚焦新时代劳动教育"融合性"特质,通过"课程、岗位、活动"等实践路径,推进"五型劳动"有机融合、交互践行、系统实施的实践探索。

(一)课程中有机融合,优化劳动教育生态

课程中有机融合,侧重于上位的架构。围绕课程的开发与实施,促进"五型劳动"的融合,在学科教学和综合活动课程中实现"教学做合一",提高学校劳动教育的成效。以课程为基底,助力于学校劳动教育高质量发展。

1.课程融合的逻辑关系

聚焦"五型劳动",探寻学校劳动教育课程融通的契合点,既可以将"五型劳动"教育目标及内容多元渗透于劳动教育课程之中,也可以将课程中有关劳动教育内容及形式再充实完善"五型劳动"的概念,以此实现学校劳动教育课程系统中课程间的有机渗透与紧密融合。

面对未来的发达地区劳动教育,课程是学校教育教学的重要载体,在课程视角上实现"五型劳动"的跨界与融合具有重要价值,具体见

---

① 王连照.论劳动教育的特征与实施[J].中国教育学刊,2019(7):91.

下图:

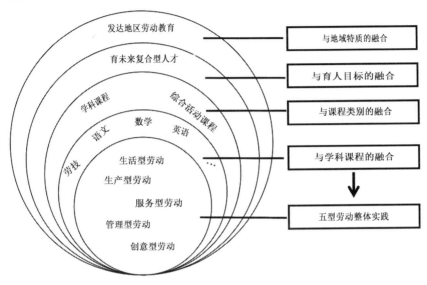

图2-3-3　"五型劳动"课程融合的逻辑

"五型劳动"于课程中融合包括五个逻辑层次:

第一层是"五型劳动"中劳动教育课程内不同劳动领域的融合,要求以专题式劳动教育课程的形式,对生活型劳动、生产型劳动、服务型劳动、管理型劳动、创意型劳动内容进行重组与设计;

第二层是"五型劳动"与学校学科课程的融合,如与道法结合着重于劳动价值观塑造,与语文结合强调劳动文化的熏染,与自然课结合注重新劳动的创新等;

第三层是"五型劳动"中劳动教育课程的融合分类,主要分为学科课程和综合活动课程,其中综合活动课程包括校本特色课程;

第四层是"五型劳动"中劳动教育课程育人目标的体现,育人目标是"旨在培育未来复合型人才",融合与创新劳动项目,培养学生综合劳动素养,在劳动实践中涵养以精益求精为主旨的工匠精神、以改革创新为核心的时代精神等;

第五层是"五型劳动"于课程融合的地域特质。处于发达地区的劳动教育,具有时代的鲜明特质,以人的全面发展为旨归,将人的发展根植于特定的地域及社会,在融合性劳动中实现传承与发展。

2.课程融合的操作策略

五型劳动,凸显学生主体地位,于劳动教育课程中融合,突破时间与空间的界限,实现生命的自由生长。操作策略有以下几种:

一是课程实践体验。在劳技、自然等学科教学中,通过实际操作,让学生亲身体验劳动实践的过程及意义。比如小学生在自然课中学习植物生长的过程中,在校园里种植小盆栽,从而感受到劳动的快乐和成果。开发综合活动课程(校本特色课程),以劳动实践体验为主要方式,融合五型劳动,比如生活型劳动《小厨房 大科学》校本特色课程,也包含创意型劳动的知识习得和活动体验,在课程实践体验中提升学生综合素养。

二是学科知识融合。挖掘学科教学中劳动教育要素,在不同学科教学中融入劳动元素,让课程与五型劳动充分结合。比如自然课上融合生活型劳动,通过设计生活场景式问题,让学生了解电子产品的工作原理和制作过程的相关学科知识,同时培养学生的劳动素养;在体育课上融合生产型劳动,结合体育教材知识及教学要求,引导学生亲手制作体育器械,开展手工制作的劳动教育实践。

三是实践创新教学。在课程中融入实践创新环节,鼓励学生自主探究,结合时代元素,新时代劳动教育课程不仅要传承我国优秀的传统文化,还需要紧跟时代发展要求。因此,新时代的劳动课程应该同时具备传承性和创新性。学校可以结合政策文件要求,结合地域特质,融入新元素,开发与实施凸显创新性的校本特色课程,满足不同年段学生成长需求。比如运用信息技术将虚拟空间和实体空间进行融合,突破学校实体空间局限,有效补充劳动教育空间的深度与广度。总之,将五型劳动元素融入课程教学中,丰富教学内容,全面提升学生的劳动素养。

（二）岗位中交互践行，增强劳动实践能力

岗位中交互践行，侧重于实践的体验。立足地域特质、学生特点，在不同年段开展不同岗位的劳动教育（家庭岗位、班级岗位、班际岗位、校级岗位、社区岗位），引导学生逐步认识并理解"劳动最光荣、劳动最伟大、劳动最崇高、劳动最美丽"，从而培育未来复合型人才。

1.岗位践行的逻辑关系

对接"五型劳动"和学生岗位，形成具有融合性的"劳动岗位"。根据学生的成长规律，聚焦"劳动情感、劳动观念、劳动能力、劳动习惯"四大劳动素养目标，以劳动岗位教育为载体，建立"生活型劳动、生产型劳动、管理型劳动、服务型劳动、创意型劳动"五岗融合的劳动教育机制，使"五型劳动"在劳动岗位的设置和实践中实现交叉融合，从而更好地实现全面育人。

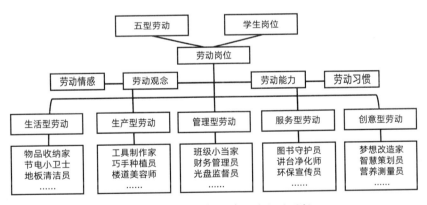

图2-3-4　"五型劳动"岗位践行的逻辑

立足"五大岗"劳动岗位的设置，从"劳动观念、劳动能力、劳动习惯、劳动情感"四个维度梳理形成育人目标，随着年段不同，育人目标呈现阶梯式发展，比如低年段劳动能力相对较低，高年级的劳动能力及需要掌握的劳动方法技能要求就会更高。

表2-3-2　"五型劳动"之劳动岗位设置表

五型劳动	劳动区域	岗位名称	岗位劳动教育目标
生活型劳动	校内外	物品收纳家	劳动观念:认识到劳动创造幸福生活。 劳动能力:了解各种生活用品用途、整体归纳方法等。 劳动习惯:养成讲究整洁的生活好习惯。 劳动情感:激发热爱劳动、热爱生活的情感。
	教室开关处	节电小卫士	劳动观念:认识到教室电器对校园生活的作用。 劳动能力:学会在不同的天气情况下开灯或关灯。 劳动习惯:养成节约用电的好习惯。 劳动情感:了解电的来之不易,树立节电观念。
	教室内	地板清洁员	劳动观念:知道地板干净、教室整洁的重要性。 劳动能力:掌握正确的扫地和拖地方法。 劳动习惯:养成保持干净卫生的生活好习惯。 劳动情感:增强主人翁意识,树立劳动最光荣的信念。
	教室开关处	节能小卫士	劳动观念:了解能源的重要性和有限性。 劳动能力:学会电风扇的开关及调速等方法。 劳动习惯:养成节约能源从身边小事做起的习惯。 劳动情感:了解能源对生活的影响,培养学生节能意识。
	直饮水处	节水小管家	劳动观念:认识直饮水装置给生活带来的作用。 劳动能力:掌握直饮水设备正确使用的方法。 劳动习惯:养成健康饮水、节约用水好习惯。 劳动情感:感受到水资源珍贵,激发节水护水情感。
	家庭	家务小能手	劳动观念:认识做家务的价值与意义。 劳动能力:掌握做家务的一般技能与方法。 劳动习惯:养成主动帮助父母做家务的好习惯。 劳动情感:激发热爱做家务、热爱生活的情感。
	社区	垃圾分类员	劳动观念:了解垃圾分类的重要价值与意义。 劳动能力:掌握垃圾装袋以及处理时间等方法。 劳动习惯:养成垃圾分类的好习惯。 劳动情感:厚植节约资源、保护环境的劳动情感。

续表

五型劳动	劳动区域	岗位名称	岗位劳动教育目标
生产型劳动	校内外	工具制作家	劳动观念:知道学校和家庭一些劳动工具的知识。 劳动能力:掌握基本的劳动工具制作方法。 劳动习惯:养成正确使用劳动工具的好习惯。 劳动情感:激发热爱劳动的情感以及热爱生活的态度。
	种植园	巧手种植员	劳动观念:认识到劳动种植给生活带来的美好。 劳动能力:掌握浇水方法和施肥、种植小技巧。 劳动习惯:养成爱护植物的好习惯。 劳动精神:激发热爱大自然、热爱劳动的情感。
	社区	楼道美容师	劳动观念:知道保持楼道整洁需要每个人的努力。 劳动能力:学习宣传楼道文明,掌握楼道清洁方法。 劳动习惯:养成保持楼道整洁的好习惯。 劳动情感:积极营造温馨的邻里关系,弘扬奉献精神。
	社区	护绿小能手	劳动观念:认识到劳动创造幸福生活。 劳动能力:学习植物养护的小技巧,提高责任意识。 劳动习惯:养成细心观察、爱护植物、关爱班级的习惯。 劳动情感:激发热爱大自然、热爱生活的情感。
管理型劳动	教室内	班级小当家	劳动观念:认识到班级规章制度的重要性。 劳动能力:掌握管理班级一日常规的巧妙方法。 劳动习惯:养成能主动积极参与班级管理的习惯。 劳动情感:提升班级荣誉感,形成良好班风。
	教室内	财物管理员	劳动观念:认识到爱护公共财物的必要性。 劳动能力:能管理好班级公共财物,小心使用不损坏。 劳动习惯:养成爱护公共财物的好习惯。 劳动情感:提升班级荣誉感,形成良好班风。
	教室内	光盘监督员	劳动观念:树立"节约光荣、浪费可耻"观念。 劳动能力:掌握宣传"光盘行动"妙招,并能监督。 劳动习惯:厉行节约,养成勤俭节约习惯。 劳动情感:养成爱粮节粮的劳动美德。

五型 劳动	劳动 区域	岗位名称	岗位劳动教育目标
	校园	安全 协管员	劳动观念:了解课间安全有序的必要性和重要性。 劳动能力:学会在教室以及走廊处维持秩序。 劳动习惯:养成遵守秩序,主动践行安全管理的习惯。 劳动情感:增强责任意识,做到团结协作、互助互爱。
	校外	礼仪 监督员	劳动观念:认识到举止文明,树立良好形象的必要性。 劳动能力:学会对不文明行为劝导,做好示范教育。 劳动习惯:养成良好的文明礼仪习惯。 劳动情感:形成自觉遵守校规校纪的良好风尚。
服务型劳动	图书角	图书 守护员	劳动观念:知道爱护书籍人人有责。 劳动能力:掌握按类别整理图书的劳动技能。 劳动习惯:养成爱阅读和爱护图书的好习惯。 劳动情感:激发热爱图书、享受劳动的情感。
	教室内	讲台 净化师	劳动观念:知道保持讲台区域清洁的重要性。 劳动能力:学会有序整理讲台物品,保洁区域干净。 劳动习惯:养成爱干净爱整洁的良好习惯。 劳动情感:体会环境整洁幸福感、感受劳动意义。
	社区	环保 宣传员	劳动观念:知道保护环境的重要意义。 劳动能力:学习用各种活动形式来宣传环保。 劳动习惯:养成保护环境的好习惯。 劳动情感:增强环保意识,提升热爱公益品质。
	走廊	走廊 卫生员	劳动观念:知道作为学校小主人要爱校如家。 劳动能力:掌握又快又好地打扫走廊的方法。 劳动习惯:养成打扫卫生的好习惯。 劳动情感:从劳动中体验生活的乐趣,珍惜劳动成果。
	教室	小小 调解员	劳动观念:知道讲文明话、做文明事、做文明人重要。 劳动能力:掌握调解、化解同学们之间矛盾技巧。 劳动习惯:养成讲文明、讲礼仪的好习惯。 劳动情感:从劳动中体验到乐趣,感受同学之间友爱。
	家庭	当家 服务员	劳动观念:知道自己是家庭的一员,要爱护家人。 劳动能力:掌握照顾家人的技巧,帮家人能做家务。 劳动习惯:培养服务家人、勤做家务的好习惯。 劳动情感:激发热爱劳动,热爱生活的情感。

续表

五型劳动	劳动区域	岗位名称	岗位劳动教育目标
创意型劳动	家庭	梦想改造家	劳动观念:知道要用智慧劳动来美化生活。 劳动能力:学会用劳动改造家的相关技能。 劳动习惯:养成智慧劳动生活的好习惯。 劳动情感:体验劳动幸福感,提升审美能力。
	校内外	智慧策划员	劳动观念:认识到策划是劳动活动的重要保障。 劳动能力:学习统筹各类活动策划,提高综合能力。 劳动习惯:养成策划安排的良好习惯。 劳动情感:从策划中体会到智慧劳动的乐趣。
	植物角	营养测量员	劳动观念:了解不同蔬菜需要不同时间光照和温度。 劳动能力:掌握温度测量方法、不同蔬菜营养液配比。 劳动习惯:养成仔细观察、科学思考的习惯。 劳动情感:形成热爱自然和积极生命的情感。
	植物角	智慧播种员	劳动观念:认识不同蔬菜种子的名称。 劳动能力:会辨认不同蔬菜种子,学会播种技巧。 劳动习惯:养成珍惜粮食的好习惯。 劳动情感:形成热爱自然和积极生命的情感。
	学校	黑板美容师	劳动观念:知道要把黑板保洁干净,并美化它的价值。 劳动能力:能够独立完成黑板清洁,并能创意美化。 劳动习惯:养成讲卫生爱劳动的良好习惯 劳动情感:增强自身责任感,珍惜劳动成果。
	家庭	厨房创意家	劳动观念:认识到劳动能创造美好生活。 劳动能力:知道厨房劳动用品的功能,会厨艺。 劳动习惯:创意性开展厨房劳动的习惯。 劳动情感:热爱生活、热爱劳动的情感。
	社区	科技创造家	劳动观念:认识到科技改变生活的价值意义。 劳动能力:学习掌握基本的科技知识与技能。 劳动习惯:养成创意劳动、智慧思考的好习惯。 劳动情感:从活动中体验到劳动乐趣,更热爱生活。

2.岗位践行的操作策略

五型劳动融合的岗位设置与实践,给每个学生搭建了一个"管理自我、服务他人"的舞台,帮助学生形成强烈的集体荣誉感,使每一位学生积极投入劳动。

一是科学设置劳动岗位。岗位设置既有学生认领的岗位,也有留白给学生的自设岗位。根据班级实际情况及学生的成长需求,确定具体的五型劳动岗位。岗位名称由学生自己拟定,这样更能激发学生的积极性。在岗位的设置上除了一些常规的、传统的岗位,还留出了一部分机动的、创新的岗位,发挥老师、学生、家长的聪明才智,根据每个学生的实际情况和特长设置"私人订制"岗位,让岗位设置更具鲜明个性。可以在"一人多岗"中培养学生的劳动素养,也可以在"一岗多人"中互相学习、取长补短、团队合作,为学生创设联智共生的场域。

二是有效推进岗位实践。融合五型劳动,经历"寻找岗位,自主选择""认识岗位,明确要求""脚踏实地、岗位实践""如遇困难、伙伴支招""岗位评价、树立榜样""轮岗换岗、提升技能"六部曲的岗位实践,让学生坚定不怕苦、不怕脏、不怕累的决心,加强劳动观念,助力学生掌握一定的劳动技能,培养劳动习惯和劳动情感,从"学着干—能够干—坚持干—创新干"过程中发挥创新才干,调动学生劳动的主动性、积极性,进而提升学生的综合素养。

三是多元呈现劳动成果。设立五型劳动岗位的劳动成果展示园,为学生提供一个发挥才能、展现风采的舞台,也是一个让学生接触社会的"体验场"。经过一段时间的锻炼,在学生的小岗位实践劳动成果"展示园"里,不同形式的照片、文字、视频等缤纷亮相,让学生通过自我回忆、伙伴分享、班级展示、校级交流、榜样引领等多元方式呈现自己的岗位劳动践行成果与成效,激发学生的劳动幸福感。

（三）活动中系统实施，提升劳动综合素养

活动中系统实施,侧重于整体的推进。融合各种教育元素,从系统性上建构五型劳动活动实施路径,让劳动教育活动不仅仅是提升学生的劳动知识及技能,而是全方位地提升学生的劳动综合素养。

1.活动实施的逻辑关系

旨在培育未来复合型人才,基于"知·情·意·行"融合贯通,围绕"劳动观念、劳动情感、劳动能力、劳动习惯"四大劳动素养的提升,丰富各种活动的劳动元素,家校社生四位一体,推进"生活型劳动、生产型劳动、服务型劳动、管理型劳动、创意型劳动"五型劳动于活动前、活动中、活动后的系统实施,形成"智慧引导—实践体验—合作研讨—多元评价"四部曲的五型劳动活动实践的操作路径。让学生在劳动活动中快乐学习,并在活动中感受到劳动的乐趣。

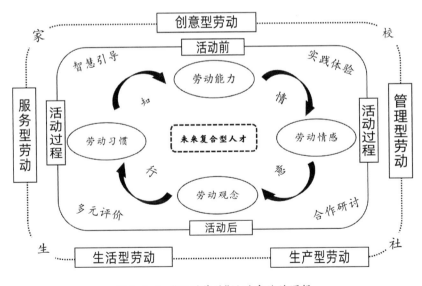

图2-3-5　"五型劳动"活动实施的逻辑

2.活动实施的操作策略

"五型劳动"在活动中系统实施,把劳动教育全方位融入家庭活动、校园活动、社会活动等方面,让学生在参与活动的过程中感受到劳动的重要价值及意义,发挥劳动教育的最大效用,从而切实提升学生的劳动素养,从而更好适应社会和经济的发展需求。

一是智慧引导,激发情感。人类的任何活动都蕴含着情感因素,要不断在五型劳动活动中强化劳动的情感因素,通过智慧引导,建立和谐的劳动关系,激发学生内心深处的情感,并充分体现出劳动教育的意义。根据学生的实际情况,开展劳动活动时,提供具体而合理的指导,过程中给予积极情感的支持,通过肯定、激励等方式来源源不断地激发学生劳动情感。

比如在学校"一米农田"活动中,孩子们在第一次拿起小铁锹、小水壶去学校种植区的时候表现出来的积极性,教师要及时去肯定;师生看着苗苗不断长大,劳动教育场域是在不断扩大,学校的农田只有"一米",开辟家庭微田地——变花盆为"农田",时刻保护孩子对劳动的这种积极性,促使劳动成为一种常态化行为并内化为习惯。

二是实践体验,加强观念。纸上得来终觉浅,绝知此事要躬行。劳动活动实践体验具有过程性、亲历性和不可传授性,是充满个性和创造性的过程。采用游戏、竞赛等多种活动形式组织五型劳动活动,让参与者在不同的活动形式中,体验到更多的劳动乐趣。同时,在系统实施的劳动活动中要注重培养学生自主意识,引导学生自行安排时间、劳动方式等,培养他们的自主意识和创造力,这样能增强学生的自信心及劳动热情,也能加强学生的责任感及劳动观念。

比如在参与"一米农田"的劳动过程中,学生认识了劳动工具,并创造性地改进劳动工具。在浇水的过程中,为了保护刚出土的小芽,可选择用水壶的花洒浇,为了让成长中的苗苗吸收更多水分,改造花洒来提高劳动效率。随着年级的升高,引导孩子尝试进行更复杂的农业生产劳动尝试,比如利用外出的社会实践,到种子基地、农博园等地方参观,拓展农业劳动的深度与广度,在丰富的劳动活动实践中提升自身对劳动的认知。

三是合作研讨，提升能力。劳动过程中合作研讨，可以集思广益，吸取不同人的经验和知识，共同解决问题和取得突破。根据劳动教育目标，师生组建研讨小组，发挥各自的优势，思考与策划活动方案及计划，提升劳动活动的科学性和实践性，从而提升每个人的劳动能力。

比如在"一米农田"劳动活动中，从刚开始的迷茫到后来的从容，都离不开大家的努力，大家携手解决劳动实践的一个个问题。种植小组的小岗位分配，是分工合作的尝试，每个人各司其职，在劳动的过程中不断总结劳动的科学规律。班级钉钉群"苗苗成长记录袋"，是分享交流的重要平台，同时结合班级的讨论，让交流无处不在。针对苗苗的生长问题，对症下药。这些实践的智慧，都是合作研讨的智慧结晶，让孩子们用更加科学的方法养护苗苗。

四是多元评价，培育习惯。多元评价具有保障劳动教育成效的重要作用。一方面，可以通过多种评价方式来评估学校五型劳动活动的实施情况，然后进行有针对性地调整与优化；一方面，以评促进，基于不同的评价标准来评估学生的劳动素养，如劳动观念、劳动能力等，引导学生正确认知自己、不断进步；另一方面，多元评价可以激发学生的劳动兴趣和积极性，坚持长期劳动活动实践，可以更好培育学生良好的劳动习惯。评价中也要伴随活动感悟与交流，比如在"一米农田"劳动活动实践中，评价结果出来后，鼓励学生分享自己的劳动经验和心得，这不仅可以让学生感受到大家的共同价值，还可以增强学生社交能力和合作精神，同时评选"种植小能手"等，用榜样的力量来带动更多人成长。

根据学生的成长需求，在新课标的基础上创生"生活型劳动、生产型劳动、服务型劳动、管理型劳动、创意型劳动"的"五型劳动"相关概念及内容构成，梳理了"传承性与创新性、审美性与超越性、独特性与融合性"相统一的实践原则，从逻辑关系、操作策略两大视角探索了"课程中有机融合、岗位中交互践行、活动中系统实施"三个实践路径，这些为新时代劳动教育实践奠定了良好的基础。

第三篇　融:壮根壮苗

　　劳动教育应当贯穿少年儿童成长的全过程。劳动者们的劳动为幼苗成长搭建了温暖、结实的暖棚;幼苗浸润于劳动教育,汲取文化养料,掌握劳动本领,不断扎根沃土。因劳施教,助苗成长,以劳动教育实践为载体,让劳动教育与文化、课程、生活自然融合,滋养学生的心灵、涵养学生的品行。

　　融通育人环境,夯实劳动教育厚度。理念引领,营建"审美超越·协同共育·幸福赋能"共育生态;全域建设,围绕"劳以润德、寓劳于艺、生态劳作、劳创生慧"育人目标来打造学校劳动教育共享空间,通过劳模进校园、最美劳动者等主题活动来浸润劳动精神;精耕细作,聚焦劳动文化的本土化、童趣化、长程化等,推进一班一品、校园四季、和美劳动等,全方位滋养劳动文化。

　　融合课程实施,加强劳动教育深度。聚焦"培育未来复合型人才"的育人目标,构建融合性劳动教育课程,明晰相关课程目标及内容;从学科课程、学科融合两大方面来推进学科课程的校本化实施,从"知行合一、学以致用""思维进阶、学创融通""家校合作、丰富实践"三大方面来推进综合活动课程的特色化实施,梳理出科学有效的实施路径及方法,形成具有较高价值的课程资源库。

融汇生活体验,拓展劳动教育广度。让劳动体验浸润校园,结合学校的传统特色,梳理活动内容与实施策略;让劳动体验深入家庭,引导学生在家庭生活中参与各种自主性劳动体验,在亲子劳动中共创家庭生活的美好;让劳动体验走入社会,因季制宜、卷入自然元素,因物制宜、传承文化资源,有效提升学生的劳动综合素养。

第一章　融通育人环境：夯实劳动教育厚度

环境影响人，环境改变人，环境与教育未来息息相关，与每个人的教育梦紧密相连。学校要发挥环境育人的"蝴蝶效应"，积极打造新时代劳动教育生态。

基于全环境育人理念，指向培育未来复合型人才，从学校、区域层面达成劳动教育的价值共识，从软硬两大环境来推进劳动教育全域建设，构建学校教育共享空间，学习劳模事迹、寻访最美劳动者，传递劳动精神，从地域、学生、教育三大视角来滋养劳动文化，全面夯实新时代劳动教育厚度。

具体而言，新时代劳动教育的育人环境包括并蕴含理念、场景、文化等。

一、价值共识，建树共育理念

理念是行动的先导，高位引领下开展新时代劳动教育。坚持"育人为本、问题导向、协同共育"，形成定位清晰、机制健全、联动紧密、科学高效的共育理念及机制，从而更好地培育未来时代新人。

（一）审美超越，在成事中促成人

围绕劳动教育，坚持百年明强学校文化在传承中发展，让"审美·超越"核心文化引领并融入家校社共育工作的全过程，积极践行、在成事中促成人的发展:审家庭和谐美(家庭教育重在修身立德)、审校园成长美(学校教育重在求知明志)、审社会体验美(社会教育重在责任担当),促进家长的自我超越、教师的专业超越和社会(人)的共建超越,在幸福赋能、成事成人中优化教育生态,最终实现学生的成长超越。

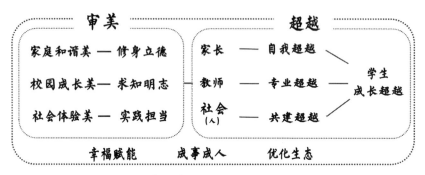

图 3-1-1　学校"审美超越"的劳动教育共育理念

（二）协同共育,家校社多元联动

全环境育人强调不同场域的结合,家庭教育、学校教育、社会教育三个子系统之间相互协作,构建包含发展目标、联动机制、共育途径、保障措施的劳动教育的共育系统,有效实施"和美劳动"机制,促进学生的幸福成长。

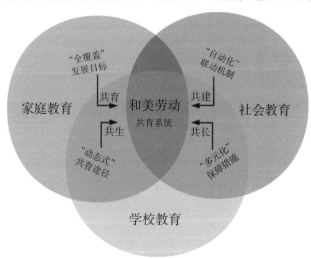

图 3-1-2　学校"和美劳动"的劳动教育协同机制

和美劳动,丰富新时代劳动教育的内涵与外延。比如学校方面,制定学校个性化的劳动课程和实践活动,通过多方融合落实"五型劳动"目标及要求;家庭方面,重点开展生活型劳动,列出儿童家务的劳动清单,规定劳动时间,激发劳动情感、培育劳动习惯;社会方面,积极开展服务型劳动,学校指导学生以家庭或个体的形式,积极参与到社区服务、志愿者活动等劳动实践体验活动,培养小小公民爱心服务意识、社会参与意识等。

(三) 幸福赋能,培育未来时代新人

幸福是人们对生活的向往,自然就是教育高质量发展的旨归。面向未来的教育,高质量发展就是要更高效、更高品质地成就每一位学生的生命成长,为其当下和未来之幸福生活赋予能量,使之成为幸福的体验者、创造者和分享者。以劳成未来,从审美超越、协同共育走向幸福赋能,注重激发学生内在主动性,发挥家庭、学校、社会多方资源来落实劳动教育,构建学校主体、家庭协作、社会支持的劳动教育大环境:理念开放,成为价值认同的劳动教育场域;空间开放,成为儿童友好的劳动教育活动场域;资源开放,成为教师劳动教育能量的补给平台。

二、全域建设,优化校园场景

劳动教育是一项系统性工程,离不开环境润物细无声地浸润与熏陶。学校需要从环境育人角度出发,加强硬件设施和软件环境的多方建设,优化校园场景,在有限的校园空间中做出大大的学问,构建一个富有生命力的学校劳动教育的全域性育人环境,实现方寸之间皆有劳育。

(一) 劳动空间情境化

校园是学生成长的家园,更是培养学生品格与理想信念的教育场域。打造校园劳动教育空间,带给学生潜移默化、深远持久的教育价值。聚焦情境化,学校对校园劳动空间有整体思路和统一布局,要下好一盘棋,充分体现新时代劳动教育融合理念。具体来说,校园共享空间的设计与布置,将劳动观念、劳动情感、劳动能力、劳动习惯巧妙地融入环境建设之中,实现"一墙一瓦为无言良师,一草一木皆自然净友"。

明强小学作为一所百年老校,始终坚守"审美·超越"文化理念,以劳动教育为载体,发挥每一位师生的智慧,积极打造富有生命力的教育场域。在校园里,处处能体现劳动创造美,让美可视化、让劳动可视化、让创造可视化;在校园里,一个个具有特色的劳动教育场域等着大家来打卡。

表3-1-1　学校劳动教育的共享空间

序号	育人价值	空间名称	简　介
1	劳以润德	阅空间	在书的世界里品读劳动教育故事,厚植劳动观念,激发劳动情感。每一位师生不仅是读者,更是学校百年历史的书写者与践行者。
2		队空间	集"过去·现在·未来"三时空为一体,创生具有长程性、教育性的少先队员活动场域,让劳动教育与少先队活动服务、管理等多方融合。
3	寓劳于艺	艺空间	在艺术殿堂里,师生经历一场场奇妙的艺术探险之旅,尽情地进行审美体验与劳动创作活动,充分展现劳动知识与技能。
4		秀空间	在小舞台上,孩子们既是演员也是编导,更是智慧劳动者,秀空间所有的海报和布景等都来自于他们的劳动原创。
5	生态劳作	风空间	台风"烟花"吹倒了校园里的一棵雪松,师生一起巧手把它改造成为学校气象科普劳动实践空间,智慧打造校园气象站。
6		绿空间	将大自然的生态系统装进奇幻的绿色空间里,遵循自然规律,在生产型劳动实践中探索生命、认识世界、体验生活。

序号	育人价值	空间名称	简 介
7	劳创生慧	幻空间	在创意型劳动领域中,打开一个个精美奇幻的生态箱,种下希望的种子,在此开启了面对未来的劳动实践活动。
8		创空间	在这里尽情挥洒创意,在墙面、窗台、天花板上快乐的创意型劳动,装饰旋转风铃、剪纸贴画,创造出了属于孩子们的梦想空间。

学校劳动教育的共享空间,对师生具有环境浸润的教育功能。它们在形式上包含校园的基础设施、建筑方面的特色以及整体环境的美化等方面。它们可以成为学生劳动实践体验的场所,也可以成为润泽内心、激发情感的生命场。

1.劳以润德:以阅空间、队空间为例

基于立德树人理念,在学校环境里融入浓厚的文化印记,彰显独特的教育功能及特色。师生携手对校园劳动教育场域进行改造与优化,将劳动育人理念和价值无痕渗透其中,打造生动的校园共享场景助力学生在劳动中成长。把劳动场地升华为文化园地,在这里,既可以让学生动手实践、出力流汗地参与到劳动教育实践活动,又可以更好滋养学生的心灵、涵养学生的品行。

阅空间,在校园中开展新时代劳动教育需要浓厚的书香环绕。充足的光源、舒适的座椅、精致的装饰,阅空间的一点一滴都彰显着校园环境及文化品位。不仅有学生们喜欢的图书馆,更有为满足学生阅读需求而在各校区每楼层过道特地开辟的图书走廊,也称为年级图书馆,其中设有自助借阅图书柜,流动图书架近百个、可漂流图书万余册,方便学生随手取阅,在阅读中走进最美劳动者的世界,在阅读中提升劳动知识与技能、培育劳动观念、激发劳动情感。

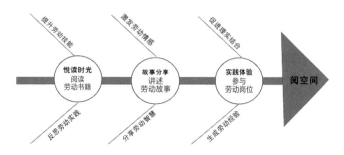

图 3-1-3　校园劳动教育共享空间之"阅空间"

队空间,是学校红领巾"明星之家"。"明"是明强的第一个字,"星"寓意星星之火和成长之星。"明星"这个词既是对学校东西两校区的生动诠释,如同"炳如日星"所言,东校区是日月的"明日之家",西校区是星辰的"明星之家",表达了对少先队员们成就星星之火可以燎原的发展之势,让队室成为孩子们幸福劳动、成就自我的"星球空间"。同时结合红领巾奖章争章活动,开展多样化的劳动教育实践与评价活动。队室整体布局以"过去、现在、未来"三个时空为主线进行打造,体现少先队建设及劳动教育的长程性和时代性。

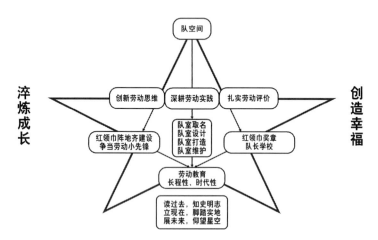

图 3-1-4　校园劳动教育共享空间之"队空间"

2.寓劳于艺:以艺空间、秀空间为例

依托校园环境空间设计与展示的任务驱动,全面提升学生的艺术及劳动素养。充分发挥环境育人作用,通过劳动作品设计、制作、鉴赏等,培养学生对艺术作品的理解度、审美感、创造力与展现力。劳动创造美好生活,师生携手打造艺术的殿堂,呈现最美的劳动成果。

艺空间,是学生展现自己劳动成果的小舞台,是师生共同打造的富有活力感和艺术感的劳动教育空间。围绕校园空间的改造,以艺术创作活动为抓手,推进"一展一思考",一个展览就是一次劳动教育的新思考与新探索,发挥学生的主观能动性,引导师生共思考如何通过智慧劳动来改造与美化空间,以艺术素养来培育学生的创造性思维,引导学生把对艺术的理解由工具性的技能学习转向人文性的启蒙,通过创意型、美观化的艺术作品来帮助学生建立自觉、自信的自我表现力。在艺空间中,通过艺术活动体验和劳动成果展览,师生动手创作艺术作品来装扮校园,在整个过程中更能充分体验劳动带来的无限趣味性。同时,在艺空间的建设过程中,处处需要学生的服务、管理的意识与能力,这也是劳动教育综合素养的很好体现。

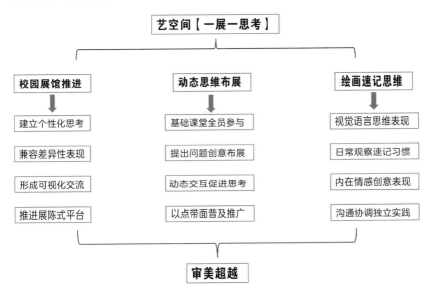

图3-1-5 校园劳动教育共享空间之"艺空间"

【案例3-1-1】小强强邮政局①

　　师生在艺空间里开展以"百年征程,盛世花开"为主题的邮票设计和创作。通过动手制作邮筒、装饰墙面,并把一张张精致的邮票作品布置出来,就这样充满创意型劳动气息的"小强强邮政局"就诞生了。师生把这里打造成集劳动、展示、互动、教育于一体的多功能劳动实践场所。邮局虽小但五脏俱全,学生在自己创设的小邮局中设立了不同的劳动小岗位,有邮政局局长管理整个邮局、维护邮局;有邮政局工作人员负责管理邮票、盖邮戳;有邮递员负责从邮筒中取信件、寄信件,为同学们服务;有邮票知识讲解员为跨年级的同学和参观的老师进行介绍和讲解;甚至还有专门的清洁员。在这里,学生可以转换劳动岗位角色,开展个性化劳动活动体验与实践。"小强强邮政局"成为校园共享空间中的一道亮丽的风景线,丰富了校园劳动教育实践。

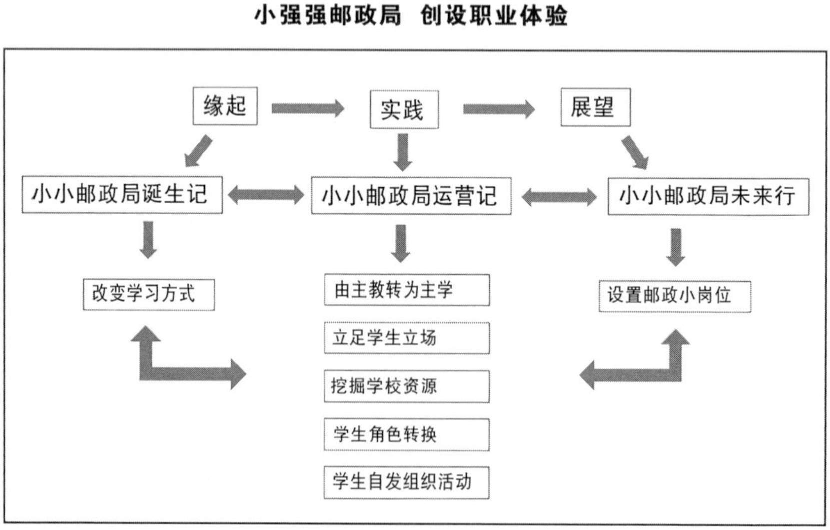

小强强邮政局　创设职业体验

图3-1-6　"小强强邮政局"劳动教育实践活动

━━━━━━━━━

① 选自上海市闵行区七宝镇明强小学姜玮的案例《小强强邮政局,探寻教育新活力》.

　　秀空间，即校园电视台的演播厅和强强小舞台，配置了专业的灯光摄影音响设备，让劳动成果以更美的姿态呈现给大家。每周的升旗仪式、心理课堂、安全课堂等都会在这里举行。每周还有强强演播，小朋友们自己准备节目，拍摄和导播也都由电视台的小记者们自己完成，全程都是劳动岗位实践体验。同时，这里也有创意型劳动，电视台的节目不仅可以在这个校区收看，而且可以通过数字信号的发送，实现了三个校区的同步收看，还可以将信号推送至微信，实现区域教育联合体、乃至社会面的辐射，这些过程都是由师生共同完成。校园电视台和强强小舞台不仅丰富活跃了学生的校园生活，也培养了学生的劳动素养，发挥着独特的育人价值功能。可以说，每一个学生都是秀空间的智慧劳动者。

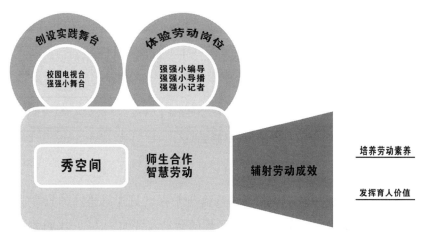

图 3-1-7　校园劳动教育共享空间之"秀空间"

　　3.生态劳作：以风空间、绿空间为例

　　融合大自然生态，进行劳动实践活动。自然生态，指的是环境中生命因素和非生命因素相互作用而形成的生态系统。结合校园生活实际情况，践行尊重生命、与自然和谐共生的理念，推动劳动教育与生态文明相融相促，全方位培育学生劳动综合素养。

　　风空间，来源于一场美丽的"意外"。2021年暑假，台风"烟花"把百年老校里的那棵雪松连根倒拔。这虽然是特殊灾害后的景观,但其实具有很好的教育价值。在师生的智慧创生与无限创意下,通过智慧劳动,让这场意外呈现出一样的精彩,师生设计、动手制作了彩虹景观,让彩虹从裂缝中生长照耀,让学生感受到风带来的希望,更感受到创意型劳动的无限魅力。在这里,大家还可以通过观察风动板上闪片的摇曳来感受到风的姿态;通过劳动教育实践活动,学生观察植物缠绕感受气象的生命,了解和保护自然生态并融合自然资源,启发创新思维及创造力,同时劳动教育也可以培养并强化学生对自然环境的认知和保护意识。

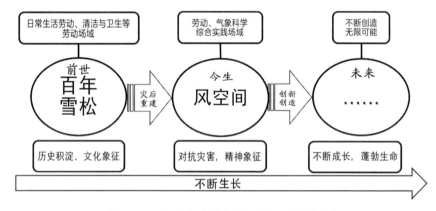

图3-1-8　校园劳动教育共享空间之"风空间"

绿空间,也叫做空中厨房与生态种植区。这里有不同的教育功能区,提供给学生在这里开展各种各样的劳动实践体验活动,比如种植蔬菜、饲养鱼类,还可以做饭做点心。根茎种植区,相对于普通的种植区,这里的透明玻璃可以让孩子们更好地看清楚植物的根系部分,融入自然资源,帮助孩子们对植物的整体结构有更清晰的认识。雨水生态区是一个主打具有环保理念的种植区域,这里的水不是人为灌进去的水,而是来自于天上之水——雨水,通过屋顶的雨水收集系统,可以将水灌在这个雨水收集桶里。通过墙上三层过滤系统,优化为较为干净的水。这些水可以用于养鱼,还可以用于种植一些植物,通过这样的环保系统,帮助孩子们从小树立一个人与自然和谐共处的理念,这也是很好地彰显了现代化劳动智慧。还有做饭实践区,在这里配备了一些日常烹饪必备的调料,还有水池等等,可以供社团的孩子们在这里开展厨房劳动实践体验,让孩子们在烹饪与烘焙的过程中提升劳动技能,感受劳动的快乐。

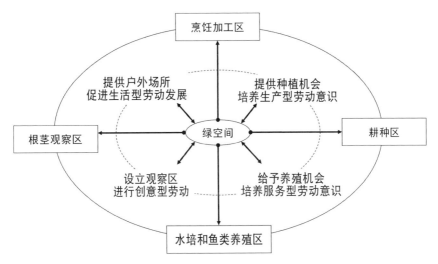

图3-1-9 校园劳动教育共享空间之"绿空间"

4.劳创生慧:以创空间、幻空间为例

劳动和创造相结合,会产生更多的智慧。旨在培育未来复合型人才,发挥创造性思维,师生打造充满科技感及未来感的劳动实践场域,帮助学生在劳动中实现从被动到主动、从浅层到深度、从正式学习到正式与非正式相结合学习的转变。

创空间,即"四季秀、涂鸦角、毕业墙"等主题的校园美化系列的劳动教育特色场域。以校园四季成长综合活动为节点,引导学生充分利用生活中的各种废旧材料等制作创意劳动作品、开展劳动成果秀,比如学校暖冬季艺术节之创意器乐展,几千架形态各异、各种材料制作的手工乐器不仅好看,有的还可以发出美妙的乐音,让整个校园沉浸在音乐殿堂;学校品秋季之中秋月饼盒畅想秀中,原本该被丢弃的月饼盒在孩子们的巧手制作中,化身为惟妙惟肖的时钟、花盆、相框、建筑等各种劳动作品,孩子们惊人的想象力和创意让老师和家长都叹为观止。在劳动实践体验过程中,学生的实践能力和创造能力也得到了提升。

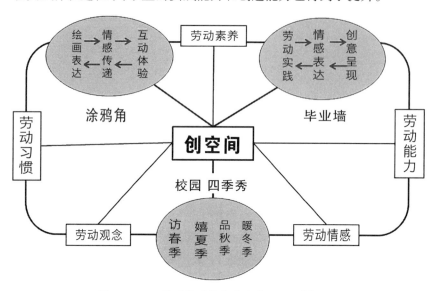

图 3-1-10　校园劳动教育共享空间之"创空间"

【案例 3-1-2】五彩缤纷"涂鸦角"

"涂鸦角"是学校"创空间"中的一部分,教师引导孩子们以校园美容师的劳动者角色围绕主题开展 DIY 美化涂鸦活动。当孩子们置身于通过自己动手实践来美化改造的校园内,他们内心的喜悦、不言而喻。比如围绕爱国教育主题活动中,学生以民族大团结为主题来创作了全国五十六个少数民族儿童形象,孩子们不仅把这些形象画在了学校书屋区域的木质围栏上,还很贴心地标注了不同的民族名称,便于同学们参观和学习。此外,学校教师除了在课堂中传递给学生创美理念,也在思考如何让学生的艺术创作真正为校园添彩。比如学校长廊侧面的木栅栏上的白色油漆剥落严重,非常影响美观。细心的孩子们发现了这个问题。在老师的辅导下,他们把破旧的木栅栏当作了画板,用笔和颜料、用审美和创意、用汗水和劳动创造了美丽的绿色长廊。

幻空间,即太空舱智能种植社团。将劳动教育与人工智能技术相融合进行跨学科教学,通过解决劳动中的问题来帮助学生认识并走进人工智能的世界。学生社团活动每次都会在两个劳动实践场地进行:第一个是在电脑房,每台电脑上安装了 Mixly 编程软件,为学生进行编程及参数调整提供了软件支持;第二个是在太空舱,学校的奇幻太空种植舱内有4台大的机器人微控生态箱和8台小的机器人微控生态箱,生态箱内有各种传感器,为学生提供了智能种植环境,这是面向未来的劳动。学生通过机器人技术和人工智能技术使植物生长的每一个因素和环节都通过编程进行控制。通过生产型、创意型等劳动实践体验,以解决实际问题出发,锻炼了学生的综合能力,全面培育学生的劳动素养。

在劳动教育总体目标指引下,学校不断突破校内空间局限,整合教育资源,创造性地打造新时代劳动教育的实践空间,丰富和延伸劳动教育课程的内容,促进了学生开展劳动教育从被动到主动,从浅层到深度,从正式学习到正式与非正式相结合学习的转变,从而促进学生的全面发展。

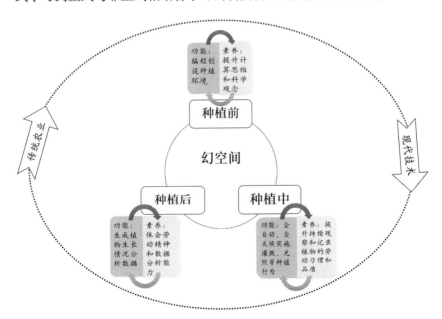

图3-1-11 校园劳动教育共享空间之"幻空间"

（二）劳动精神榜样化

新时代劳动教育,除了要有良好的物质条件及硬件环境,更要创造良好的精神环境。开展学校劳动实践活动,用榜样的力量来唤醒学生对劳动教育的认识,催生参与劳动的动力,帮助学生理解劳动最光荣、劳动最崇高、劳动最伟大、劳动最美丽的精神内涵,培养勤俭、奋斗、创新、奉献等劳动精神。

1.致敬模范:劳模进校园

劳动是人类社会进步的钥匙,模范是引领大众前进的榜样力量,劳动模范所展现的劳模精神对学校教育具有积极的作用,值得学习与传承,成为引领学生成长的重要精神动力。

习近平多次强调:"劳动模范和先进工作者是坚持中国道路、弘扬中国精神、凝聚中国力量的楷模,他们以高度的主人翁责任感、卓越的劳动创造、忘我的拼搏奉献,为全国各族人民树立了学习的榜样。"①学校聚焦培养共产主义接班人,传承红色基因,推进政治启蒙和价值观塑造,坚持组织教育、自主教育、实践教育相统一,引领广大少年儿童努力成长为能够担当民族复兴大任的时代新人。学校作为上海市劳模集体单位、闵行区劳模协会理事单位的自身资源,积极开展"劳模进校园"系列活动。

一是学习"劳模榜样",挖掘教育资源。

劳动模范是在生产劳动实践活动中产生的榜样与楷模,是广大劳动者的典型代表。学校开展学习劳模的系列化主题教育班会,师生通过网络、报纸期刊等方式来学习劳模事迹,并写下自己的学习心得,在校级、班级等层面运用宣讲会的形式,向更多的人来谈谈学习劳模精神的感受。通过学习讨论的形式,发挥劳动模范的精神引领作用,这是作

---

① 习近平. 在庆祝"五一"国际劳动节暨表彰全国劳动模范和先进工作者大会上的讲话[M]. 北京:人民出版社,2015:4.

为模范的价值起点,劳动模范的精神引领是孕育劳动文化的重要部分。

二是聆听"劳模故事",厚植劳动情感。

发挥学校育人作用,让劳动模范走进校园,师生与劳模有了近距离的接触与学习。通过现场互动、视频直播等方式让全校学生聆听劳模荣誉背后那些鲜为人知的精彩故事。劳模故事的分享让学生们感受到了榜样的力量,更加深刻体会劳动者的勤劳与智慧,感受到了爱岗敬业、争创一流、艰苦奋斗、勇于创新、淡泊名利、甘于奉献的劳模精神。在活动后,学生们纷纷表示在生活中也要积极参与劳动,用自己的行动向劳模致敬。

劳动模范是在劳动中成长起来的模范,他们身上闪烁着时代的光芒,他们的心中有着对国家、对事业无比坚定的信念。对于劳动精神传承,他们对学生有着殷切的期望,有着真诚的祝福,通过言传身教方式引导学生养成热爱劳动的习惯。

每个劳模都具有优秀的工匠精神,他们用一颗匠心创造了独有的匠人文化。与劳模的近距离接触学习与劳动实践,学生深切感受到只有持之以恒地保持严谨的工作态度,全身心地投入,才能真正把事情做好。通过劳模的言传身教树立学生的信心、耐心和决心。

【聆听劳模故事之"传承工匠精神"】

明强小学升旗仪式上,隆重举行了"劳模进校园"系列活动启动仪式。全国劳模、中国十大杰出村官、2008年奥运火炬手、二度荣获上海市劳动模范、被评为2012年上海市劳动模范先进年度人物——九星控股(集团)有限公司董事长吴恩福爷爷作为首位"劳模进校园"系列活动的劳模代表,来到升旗仪式现场,和明明强强们见面了,少先队员代表为吴爷爷献戴红领巾并且献上鲜花。

吴爷爷在与全校师生讲话时回忆起十年前走进明强校园的场景还历历在目,感叹校园的蓬勃发展离不开学生、老师们。社会的发展也离不开劳动者、建设者,作为接班人的少年们更要奋发向上、立足当下。吴爷爷也在讲话中祝愿明强的教师生活幸福,明强的学生学业进步。听完吴爷爷的讲话,明明强强们掌声雷动,内心也十分激动,相信秉持着肯学肯干肯钻研的劳模精神,每一个人都能在劳动中创造一片广阔天地。

仪式最后,姚凤校长为吴恩福爷爷颁发了"劳模宣讲聘书",欢迎吴爷爷来到明强校园宣讲劳模精神。全校师生们也在姚校长的带领下齐声感谢了吴爷爷。劳模精神的种子已经在少年们的心中种下,新时代的明明强强定会接过接力棒,继续用劳动创造幸福,劳动成就梦想。

勤劳是劳动精神的价值内核,立足岗位是劳模精神的根本所在。分享基层劳模几十年如一日的奋斗经历,让学生感受到从一名普通劳动者成长为技艺精湛、技能高超的模范,劳模如何成就自身、做好更多事。用劳模事迹激活学生坚持不懈的意志品质,引导学生用劳动实现自我价值。

【聆听劳模故事之"立足岗位 不忘初心 乐于奉献"】

明强小学校园电视台迎来了全国劳模、上海工匠、高级技师、上海市首席技师、上海市技能大师、国家技能大师、大金空调(上海)有限公司设备维修课长、上海市第十五届人大代表陆忠明伯伯,陆忠明伯伯是土生土长的闵行人。

在"劳模讲故事"环节,陆伯伯为明明强强们讲述了许多他在工作中积极奋斗、研究创新的故事:比如进口高速冲床模具自主修理故事中陆伯伯发挥自主学习,每天到生产现场研究冲床和模具工作原理,晚上把研究内容整理出来,到周末不生产的时候自己动手把模具一个一个拆开来学习,通过半年时间他把模具上15个单元和调整工艺参数,装配工艺,维修和保养技术已全部掌握;在做安全生产的保护伞的故事里,陆伯伯为公司中的其他员工撑起了一把强大的保护伞,他对于安全事故的敏感度很高,通过自主研究开发粉尘爆炸模拟装置,再进行安全培训时效果非常好,从而促使他设计了几套模拟现场设备危险点的装置……

从这些鲜活的故事中,明明强强们发现劳动和创造不仅仅是要付出行动,更要有方法,要投入更多的精力去学习研究。各中队的队员们认真收看活动后,积极对自己身边劳动的榜样展开了学习和讨论。

劳模是在劳动中成长起来的,他们从千千万万的劳动群体中脱颖而出,其核心不仅在于勤奋,善于总结和研究问题从而高效解决才是更难能可贵的品质。通过劳模的事迹,培养学生在生活、学习中发现问题、思考问题、解决问题的能力。

【聆听劳模故事之"当工人 做先锋 成就工匠梦"】

胡振球叔叔今年36岁,是全国劳模、上海工匠,上海市科技进步奖获得者。也是上海神舟汽车节能环保有限公司车间主任,曾获上海市"先进农民工"称号、上海市"十大工人发明家"荣誉。

在"劳模讲故事"环节,劳模胡叔叔为明明强强们讲述了许多他在工作中实实在在发生过的故事,例举了很多优秀创造:比如专为上海长江隧道、南京长江隧道等设计的隧道边沟清扫车;解决矿山爆破控尘的矿山爆破抑尘车,服务于金隅冀东等多家矿山;纯电动扫路车,具有超长作业时间、超静音作业和高性价比的特点,现在已在上海各区进行试用;国内首创"机场除冰液回收车"也投入北京大兴机场,2020年也开始服务于上海浦东机场、虹桥机场;针对上海的垃圾分类带来的计量新课题,胡叔叔团队所研发的垃圾车实时称重系统,已服务于上海多个区和杭州等垃圾分类示范城市……

这些鲜活的故事激发了队员们浓厚的学习兴趣,各中队的队员们认真收看了活动后,队员们也在中队辅导员的组织下积极讨论在自己身边劳动创造美好生活的真实例子。

不同时代的劳模,敢于担当、甘于奉献、吃苦在前、享受在后、克己奉公的品质是不变的,这是精神的传承。从劳模故事中,提炼奉献的内核,引导学生在日常生活中能够不计较个人得失、以班级的荣誉为己任,艰苦奋斗,无私奉献。

【聆听劳模故事之"爱岗敬业、为民办事"】

星期五,明强校园迎来了刘显保劳模。刘显保叔叔是上海市劳动模范,全国"五一"劳动奖章,上海市优秀共产党员,上海市优秀志愿者,全国优秀农民工,"中国好人"荣誉称号;上海家电服务杰出贡献"金奖","上海市用户满意服务明星"、"上海市爱心助老特色基地"、"上海市优秀服务网点"上海显保实业有限公司总经理。

劳模刘叔叔通过许多他在生活和工作中的点滴小事为明明强强们分享了他母校给予他的三大"法宝":勤奋学习、吃苦耐劳,刘叔叔在做空调维修工作时从三九到三伏,寒热两极都必须悬在窗外,经常是长时间高强度的工作作业,导致身体不堪重负胃出血,从而让他下决心钻研学习与空调相关的技能,经过3年刻苦学习,先后取得了制冷、电子及空调电脑专业维修证书。严谨认真、勇敢坚持,数年如一日,每天派5到6名员工轮流到定点的居委服务,这样居民不用再为修理家电而四处奔波。求实创新、爱心奉献,刘叔叔为了更方便地服务社区,从2003年开始,带领团队开展了"志愿服务大蓬车"进社区活动。无论严寒酷暑,刮风下雨,为居民送去服务。日日如此,年年坚持。听完劳模这些鲜活的故事,明明强强们意犹未尽,各中队纷纷展开了讨论,畅谈了自己对于的深切感受与劳模叔叔的敬佩之情。

三是传递"劳模精神",以劳成就未来。

学校是宣传劳模事迹、传承劳模精神的"主战场",学生把劳模精神内化于心、外化于行,通过劳模故事传播劳动教育正能量。

生动鲜活的劳模故事激发了学生浓厚的学习兴趣。参加了活动后,学生也在老师的组织下谈谈自己的学习感受,讲述自己身边劳动创造美好生活的真实例子,并且绘制出美观与内容兼具的小报作品来表达自己向劳模学习的决心。各个年级的学生大显身手:一二年级用绘画的形式画劳模故事,三至五年级用图文并茂的形式来呈现学习的点点滴滴。

图 3-1-12　"劳模进校园"的学生小报

劳动模范的精神引领通过认知触发到价值认同,再到最后的实践转化,引领学生内化于心、外化于行的过程。因地制宜、与时俱进,在学校教育中适当地融入劳模精神的元素。校园活动是对学生推广劳模精神教育的有效途径,举办劳模精神主题教育班会、建设传承劳模精神的信息平台、开展弘扬劳模精神的征文比赛等,让学生在润物无声、潜移默化中接受劳模精神的感染。让每一个学生融入到活动中,发挥他们的创造力和理解力,深入学习和贯彻劳模精神,对传承劳模精神达到较好效果。

加强校内外联动,拓展校内场所,让学生在校内拥有更多的劳动实践机会,更好地感悟劳动的意蕴;建设劳动综合实践基地、青少年活动中心等场所;积极联系校外场所,与农场、工厂、企业进行对接,安排学生进行校外学习和体验,深入社会职业岗位,深入劳模的工作环境,更深入地感受劳模精神的力量,体会劳动所带来的无限魅力。

2.寻访榜样:最美劳动者

有一双手,叫做劳动者的手,每一个努力工作、认真生活的劳动者,都应该被尊重。在孩子的身边就有一些辛勤的劳动者,在自己的岗位上默默地奉献着。他们也许不是被授予"劳模"称号的普通劳动者,但是他们拥有一个共同的名字——最美劳动者。

在全校师生范围内开展"寻访最美劳动者"主题活动。师生去寻找校园中、身边最美劳动者,用心挖掘他们身上的故事,寻访中感受劳动精神。

一是寻访身边的"最美劳动者"。

学生纷纷化身为小记者,寻找身边最美的劳动者,来到劳动者所在的工作场所,亲身体验劳动者一天的辛勤劳动,对他们进行坦诚、深入地采访交流。用视频、文字等各种形式来记录自己参与活动的经历和感受,并通过校园电视台、展示栏等方式与全校师生进行分享与交流。在寻访中,学生感受到劳动者的不易,学会尊重辛勤劳作的普通劳动者们,并培育会劳动、爱劳动的价值观。

二是歌颂"平凡岗位"最美劳动者。

观察校园里最美劳动者的美丽行动,同学们深刻体会到了劳动的艰辛和价值以及为集体服务的快乐。每一位劳动者都以高度的责任心、超强的行动力,坚守在校园的每一个角角落落。在平凡的岗位上,诠释着劳动最光荣,劳动者最美。比如通过寻访,学生们了解到学校修理工小张老师每天工作要达八个小时之多,并且每天还要在各校区之间不停地往返,完成物品修理、活动背景搭建等工作。即使自己右手受伤,叔叔也没有休息过一天,学着用左手做各种事情,继续坚守在这平凡的工作岗位上。校园中,小张叔叔用废弃的实验桌做成乒乓桌、为桌角边套上安全软脚垫、为每个班级打造"一米农田"的木箱子等等,小张叔叔是校园里的最美劳动者。

寻访中明晰岗位精彩。平凡的岗位有着不同的精彩,寻访中不单单是寻找和感受,更多是明晰。比如在一次寻访中,学生们提到:"人生最大的愿望是什么?"被寻访的人不假思索地会说:"我没有什么太大的奢望,再苦再累的付出,只要看到你们快乐,就是我的最大快乐,快乐最重要嘛!"这便是普通劳动者最简单的愿望,也是最大的精彩。

寻访中明确奋斗目标。校园里辛辛苦苦、兢兢业业、任劳任怨、埋头苦干的劳动者还有很多很多,只不过他们坚守在不同的岗位上为大家服务罢了。水一样流走的是日子,记忆被时间流逝得日益斑驳,我们却不会遗忘这些默默耕耘的幕后英雄。在校园里,有保持校园靓丽容颜的"美容师"、为师生提供营养午餐的"美食家"、修修补补有双巧手的"工匠师"、筑牢校园安全防线的"守护神",他们都是勤劳踏实、兢兢业业的"幕后英雄",是他们点亮了校园独特精彩。

【案例3-1-3】镜头下的最美劳动者[①]

班级里开展了"为校庆献礼,寻找校园最美劳动人"的主题活动。同学们在学习了instax摄影启蒙课和创意美学课后,拿着富士拍立得相机,走出教室,用镜头寻找校园中最美劳动者,制作成"视觉板报",以此感谢为学校一直默默耕耘的人们,帮助学生树立正确的劳动观点和劳动态度。

"这里! 原来保洁阿姨们这么辛苦,所以我们校园一直干净整洁","那儿! 看,运动设施维护的叔叔,都流汗了!""还有还有,看,那里,厨师叔叔阿姨们在搬运大家的午餐,看起来很重哦,真不容易呢!"……平常不曾注意,原来校园能这么整洁、舒适、安全、有序全靠这些最美劳动者在背后默默的付出! 有埋头批改作业的老师,有搬运餐食的食堂师

---

① 选自上海市闵行区七宝镇明强小学张雪筠的论文《寻找校园最美劳动人,树立正确劳动观点》。

傅,有门口值班护卫的保安,有在教室打扫卫生的同学⋯⋯

拍摄完毕,回到教室里同学们充分展开讨论,分享照片见闻以及背后的故事,更深层次地了解了劳动者的美:

A同学来到学校卫生室,拍下了卫生室老师忙碌的身影。记得有一次,他在体育课上摔了一跤,腿上划破了口子,是卫生室顾老师给他擦的红药水。因为新冠疫情,学校严格防疫措施,他们的任务比往年更重了,A同学觉得,她应该是学校最美劳动者。

看到朱老师在教室批作业,B同学赶紧按下拍摄键。朱老师是我们班的数学老师,有的同学数学题订正几遍还是错,朱老师还是耐心地给同学讲解。她觉得朱老师也是最美劳动者。

C同学所在的拍摄小队在操场边上正巧遇到在修体育器材室的朱师傅。天不热,朱师傅却干得出了汗。同学们纷纷停下脚步,举起了手中的拍立得相机。大家说:"师傅辛苦了!"朱师傅停下手中的活,望着同学们真挚的眼神,笑了,大家一致觉得朱师傅也是最美劳动者。

D同学拍摄的是一组食堂师傅们的照片,有在洗碗的,有在拖地板的,有在整理饭箱的。"我是悄悄拍的。因为不想打搅到师傅们工作。我们在休息,他们在干活,真辛苦!"食堂师傅们也是最美劳动者。

怀着崇敬的心情,每位同学还认真地完成了用拍摄的照片制作成的劳动小报:最美的阿姨,最美的保安,最美的食堂师傅,还有,最美的老师⋯⋯

教育的本质是唤醒,是唤醒灵魂、塑造生命的过程。新时代劳动精神蕴含着劳动者杰出代表所展现的劳模精神和工匠精神,对学生具有激励示范和教育作用。劳模精神和工匠精神集中体现了社会主义核心价值观的要义,展现了平凡中孕育着伟大的劳动情怀,优化劳动教育软环境,有效发挥其教育人、引导人、激励人、塑造人的重要作用。

三、精耕细作，滋养劳动文化

文化源于劳动,劳动教育最重要的就是创造出一种真正属于劳动者自己的文化。学校作为文化滋养的重要场域,应该积极主动地打造劳动文化,更需要精耕细作。基于"审美·超越"学校文化理念,学校不只是让学生动手劳动,更要用文化的眼光审视劳动教育的过程和方法,让学生感受劳动价值,赋予劳动丰富的文化内涵。[①]智慧开展一班一品、劳动童谣、和美劳动周等劳动实践活动,融通育人环境,孕育具有本土化、童趣化、长程化特质的新时代劳动文化。

(一) 地域视角: 本土孕育劳动文化

立足地域特质和学校特色,营造良好的劳动氛围,开展本土化的劳动教育实践有着重要的价值意义。基于学生立场,根据学生的年龄特点以及成长规律,将劳动教育工作在班级本土化细化落实,结合班级的建设需求主动创造,孕育班级的劳动文化;将劳动教育工作在所处地域本土化智慧践行,发挥地域资源,丰富劳动教育实践活动。

1.细化落实:打造一班一品

依托班集体建设的"一班一品"来打造班本化的劳动文化。经营好每个班级的一亩三分地。低年段从落实小岗位开始,整合家校教育力量,培养个体劳动的自主性;中年段从岗位任务的配合进行落实,培养学生初步的合作劳动的自主性;高年段从团队劳动出发,初步引导学生社会责任感的自主形成。依据"一班一品"的创建口号,师生共同完善劳动主题的建班方针、班级公约等,重点呈现班级日常建设的内容与方向;教室内的学习园地、特色栏、植物角等则记录学生日常劳动生活,处处留下师生用心经营班级生活的足迹,促使劳动文化班本化。

---

① 柳夕浪.创造灿烂的劳动文化[J].基础教育课程,2019,No.262(22):15—19.

【案例3-1-4】岗位劳动文化①

在班级劳动小岗位的设置过程中,结合班名——小蜜蜂,确定了班级劳动主题——"我是勤劳的小蜜蜂"。围绕这个主题,精心设计班级劳动小岗位的目标并按时间顺序细化目标,确保岗位目标的一一落实:岗位设置尊重差异应需而定;岗位实施关注细节发挥"帮带"作用;岗位劳动延伸家庭,注重评价。

表3-1-2 "我是勤劳的小蜜蜂"劳动岗位文化及目标

时 间	文 化	主 题	具体目标
第三四周	热爱班级 热爱劳动	我班岗位我了解	了解岗位名称与职能
第五六周		我劳动我快乐	开始岗位劳动的实践
第七八九周		我努力我骄傲	克服劳动中存在困难
第十、十一周		我是勤劳的小蜜蜂	养成爱班级劳动习惯
备注:第十二周至学期末的岗位目标同上。			

为了打造班级岗位文化,评价是尤其关键的部分。激励每一位学生积极参与到家校劳动岗位的实践中来,利用家校联系平台,将学生的劳动视频上传至平台,以一周为一个周期,并由自己、同伴、家长和老师进行综合评价。一周评价中家校劳动岗位都是三颗星,说明孩子能出色完成劳动任务;二颗星,说明岗位合格;如果只有一星或没有获得星星的,原岗位必须重来,一周再进行评定。星级评定合格的,将获得"孝敬章"和"自理章";星级评定为满星的,被评为班级"勤劳的小蜜蜂"。同时,利用午会、班会课,播放他们的劳动视频,分享劳动感想,感受劳动的快乐。看着别的同学的劳动成果,听着他们的劳动所感,家长和孩子都会有所触动,更会认真地对待每一次劳动。久而久之,学生就会在一定的时间段,不由自主地去完

---

① 选自上海市闵行区七宝镇明强小学熊美兰的论文《依托劳动小岗位,促进学生劳动意识养成》.

成自己的劳动任务,负责好自己的劳动岗位,劳动也就成了自觉行为,沉淀为文化。

2.资源融合:推进古镇探秘

劳动文化本土化,需要依托学校周边地域及社区资源来开展劳动教育。学校毗邻七宝古镇,古镇有着丰富的民间艺术资源和千年文化积淀。地域文化作为人类文化的一个组成部分,它与社会生活方方面面有着千丝万缕的联系。通过"古镇探秘"活动,把七宝地域文化及资源自然融入到学校劳动教育活动,创造性地将七宝老街的场馆和小学生职业体验相勾连,让学生在动手体验中感悟劳动人民的智慧,打开了区域职业体验视角下劳动教育的新方向。同时,使学生感受到人类文化的丰富性,在接触自己生活的周边地域文化情境中提升劳动素养,滋养学生的内心世界,激发学生对美好生活热爱的劳动情感。

【案例3-1-5】小强强"玩转老街"

明强学子开展了主题为"玩转老街—古镇千年说劳动,建党百年话传承"劳动教育之职业体验暨七宝古镇劳动教育特色课程活动。各班学生代表穿着统一的活动服装,排着整齐的队伍以年级为单位"兵分"六路,在七宝古镇工作人员带领下走进七宝老街,走进老街里教育场馆,探寻古镇劳动基因,近距离感受古镇文化内涵,体会七宝劳动人民的聪明才智和高超匠艺。

走进我国现代雕塑艺术奠基人之一的张充仁先生的纪念馆,同学们近距离聆听了张充仁爷爷的励志故事,欣赏他的雕塑、绘画作品,大家都被这位爱国雕塑艺术家的工匠精神所感染。

行走于老街的各个场馆间,同学们一边听,一边看,一边思,一边进行实践体验。在棉织坊,"小工匠"们在工作人员指导下亲身体验,动手实践,按照扎、折、夹、染等系列步骤,结合自己的想法进行扎染设计,在劳动体验中感受中华传统文化的魅力。

本次活动不仅丰富了学生的劳动体验,更让他们清晰地了解到未来职业中所需要的劳动素养,同时思考着对劳动价值的理解。

（二）学生视角：童心润泽劳动文化

劳动文化具有独特的特色。根据小学生的年龄特点,劳动文化的打造需要充满童趣,需要多样化。文化充分体现在行动中,新时代劳动教育不仅仅是知识的习得与技能的提升,更多的情感的激发与观念的培育。

1.智慧传递:创编劳动童谣

小学生的年龄尚小,劳动教育的内容及形式要贴合其年龄特点、彰显童趣化。创编充满趣味性、教育性的劳动教育童谣,既可以用通俗易懂的语言来表述劳动的快乐,又可以在创作中进行智慧劳动。

劳动童谣能起到一个智慧传递的教育作用。劳动教育童谣本身就是一个个劳动成果,童谣的传颂过程,也能激发更多人的劳动情感。同时,童谣里也包含劳动知识与技能的习得,这样的劳动文化场域具有儿童立场、更具有特色化,

【案例3-1-6】"一日行 劳动美"的原创劳动童谣

学校开展了"一日行 劳动美"的原创劳动童谣征集活动,让劳动文化更具趣味性和多样性。每个学生都积极投身于劳动童谣的创作和诵读之中。同学们不但体验着劳动的快乐,还把劳动的经验通过耳熟能详、言简意赅又充满童趣的语句描写创作成了童谣作品,更有同学们在"开学第一课"中采用歌舞的形式传唱宣传。一首首耳熟能详、充满童趣的童谣通过第一轮初选,第二轮的现场投票,第三轮的网络投票,最终产生"一日行 劳动美"原创"十佳"童谣,并在校园电视台中举行了充满仪式感的颁奖仪式。

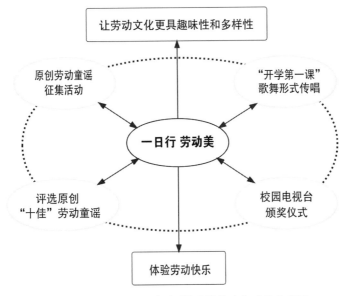

图3-1-13 "一日行·劳动美"原创劳动童谣的主题图

2.遵循自然:呈现校园四季

遵循自然生长规律,通过不同年段不同形式的劳动教育活动探索与实践,激发学生的生命自觉成长。访春季,师生种下希望的种子,通过劳动感悟美好的生活;嬉夏季,在热情的天气里进行辛勤劳动,感受劳动的艰辛与伟大;品秋季,收获着劳动的成果,在喜悦中收获成长的快乐;暖冬季,在寒冷中传递着温暖,通过劳动创作,给予冬天独特的风景。融入自然,开展丰富多彩的劳动实践体验活动,充分提升孩子的劳动素养,用童心润泽最美的劳动文化。

【案例3-1-7】校园四季,"美"劳动①

遵循自然,学校以"田间学堂"为载体,将"毓秀小院"实践与"五育融合"探索紧密结合起来,将"毓秀小院"实践与"校园四季"探索紧密结合起来。田间学堂,有实实在在的四季劳作,让劳动像种子一样扎根在

---

① 选自上海市闵行区曹行小学吴媚君的《"田间学堂",构建劳动教育新样态》。

学生的心田。

春季，是一个播种的季节。"春之歌"系列活动将植物根系和生长进行了探究；我们初步尝试了家庭花卉培植，每位学生拿到不一样的花籽进行探究和种植，我们在春天种下了最美的希望。

夏季，是一个热情的季节。师生流着汗水、在"田间学堂"辛勤劳作，我们将原本荒废的"艾园"打造一新，并更名为与百年曹小发展更贴切的"毓秀小院"，感受到劳动的艰辛，更收获着劳动的快乐。

秋季，是一个收获的季节。在"田间学堂"里采摘劳动的果实，金黄的橘子，绿油油的鸡毛菜，五彩缤纷的小番茄等等。师生戴上手套，小心翼翼拿起果剪，"咔嚓"一声，饱满的果实便落入手中。弯下腰，捏住鸡毛菜的根部轻轻一掐，小巧的菜叶便躺在手心。

冬季，是一个创造的季节。花田进入了"休眠"期，在"暖冬"活动中，我们创造性开展劳动实践活动。开展"馨香四溢"水仙花雕刻大赛，将花卉与养生的关系进行探究，体验干花制作、养生花茶等有趣的生活类劳动课程，给寒冷的冬天带来温暖。

校园四季，也是五育融合的充分体现。以"一粒种子的成长"活动为例，学生先要了解种子的一些知识，一粒种子的成长包含了选种、播种、生根发芽、苗壮成长、开花结果的生长过程，这涉及各学科知识的运用，是劳育与智育的结合；田间劳作，是孩子们锻炼身体，舒展四肢的好机会，这是"体"的收获；通过观察一粒种子的成长让学生探索种子，探索生命，体验到了劳动的快乐，也培养了他们的爱心、耐心、责任心以及观察能力，这是"德"育；通过劳动创造"毓美"生活，这是"美"的呈现。

融入自然，在"田间学堂"里开展滋养文化的劳动实践活动。在这里，发挥着劳动综合育人功能，不断升华学生对"劳动，创造毓美生活"的理解和认识，让新时代劳动教育有效落地生根。

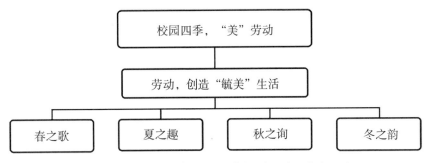

图 3-1-14 校园四季之"田间学堂"学生劳动实践活动

将季节的元素融入劳动实践活动,激发学生对大自然的热爱,感受劳动让生活更美好。根据小学生的年龄特点,对劳动教育内容进行拓展、进行创意实践。让小学生在劳动实践过程中不仅流下汗水,体验到劳动的艰辛,更是让他们能体会到劳动的创新。

劳动是人类生活的基础,是创造人类文化幸福的基础。孩子们喜欢劳动,有正确的劳动意识,在劳动中习得丰富知识,形成劳动技能。劳动,让孩子们亲历了一种用自己的双手创造美好生活的经历,体验到了创造的喜悦,从而极大地激发了学习潜能与创新活力。劳动提升了孩子们的劳动素养,也滋养了育人文化。

（三）教育视角:情感积淀劳动文化

基于学生的成长需求,以实践育人为基本途径,坚持有计划、有组织、有目的地开展学校劳动实践体验活动,提升学生的劳动技能,在动手动脑中培养学生创新意识和实践能力,大力激发学生的劳动情感。

1.长程实施:践行和美劳动

新时代背景下,劳动教育实践的内容、形式是具有融合性特质的,劳动教育文化也是多元融合的。随着教育的发展,仅仅通过教育方式去传递劳动技能并不能真正达到文化融合的目的,应该学会将多元资源与劳动教育相融合。和美劳动,一种具有综合性的劳动实践过程,其包括各种劳动教育形式内容与资源的融合。

【案例3-1-8】和美劳动周

旨在让劳动教育具有常规性和长程性,将每学年的5月1日—5月7日定为"和美劳动周"。在这一周里,开展校内为主的劳动专题讲座、主题演讲、技能竞赛、成果展示、项目实践等系列活动。组成以校长具体负责的领导小组,把劳动教育作为德育工作的重要内容,与少先队活动、班级活动等紧密挂钩,保证劳动教育的实效性和多样性。通过家长会、家访等形式对学生家长进行劳动教育重要性的宣传,引导家长认识劳动对培养学生优秀的思想品质,养成良好行为习惯的作用,使家长能积极主动配合各项校内外教育活动。

比如以"劳动最光荣"为活动主题的"和美劳动周",主要分为三部分进行,分别是社会劳动、家庭劳动及学校劳动。聚焦关键词"光荣",学生经历了"情感激发—活动体验—多元评价"实践阶段,以"参与劳动、体验过程、享受成果"为目标,要求每一位学生从现在做起,从小事做起,从点点滴滴做起,尊重他人的劳动,养成热爱劳动的好习惯。引导学生主动参与到劳动实践活动中,用自己的眼睛去观察,用自己的心灵去体验,用自己的理智去感悟生活的意义和做人做事的道理,从而内化为健康的思想、品格,外显为良好的行为和自觉习惯。

以班级、家庭为主体,人人参与活动。班主任利用家校联系平台,与家长周密筹划,各负其责。充分挖掘学校、家庭、社区资源,通过班级黑板报、国旗下讲话、宣传横幅等积极营造"劳动最光荣"的氛围。充分发挥班主任、班干部的积极性,以劳动周为契机,以班级、家庭为单位,收集"劳动最光荣"相关图相文字资料,精心编辑成册。

劳动文化建设的过程是情感积淀的过程,是劳动教育实践与感悟的过程。长程化的劳动教育还包括制定劳动公约、每日劳动常规、学期劳动任务单,开展劳动教育主题的兴趣小组与社团活动,结合五一劳动节、志愿者日等开展丰富多彩的劳动实践活动。让学生在学校日常生活的所见所闻所感中接受劳动教育,形成正确的劳动观念、积极的劳动态度,培育劳动素养,形成正向的劳动文化。从这个意义上讲,劳动文化建设不仅仅是学校管理者的事情,而应该是学校全体师生、包括家长和学校所在社区的共同职责,需要学校师生、家庭和社会的共同参与。

2.亲子共育:品味幸福味道

劳动教育文化滋养离不开家庭教育。让孩子们从小养成热爱劳动的好习惯,必须抓住学校和家庭两个阵地,重视家庭教育在劳动教育中的重要地位,切实将劳动教育落实到学生的每一天。学校在开展劳动教育过程中,把家庭作为学生重要的劳动教育基地,全力开拓校外劳动教育实践空间。家校通力合作,才能极大推动教育的深度开展,促进学生的全面发展。

学校以家庭文化为视角,充分发挥家长教育资源,探索构建"幸福＋"劳动教育活动,形成劳动育人的教育合力。通过亲子交流互动,营造融洽的亲子关系和积极向上的家庭氛围,共品幸福味道,促进学生健康成长。

劳动处处有学问,烹饪菜肴、种植花草、卫生扫除……学校鼓励孩子们将家庭作为生活劳动的主阵地,积极尝试承担力所能及的家务劳动,在生活中养劳动习惯、育劳动情感、正劳动价值,树立劳动创造价值、创造美好生活的观念。同时,学校也通过各类活动将劳动教育融入孩子们日常生活,帮助孩子们提高自理能力,掌握劳动技能,享受劳动快乐,争做劳动之星。

【案例3-1-9】居家劳动 亲子共乐①

2020年居家学习期间,鼓励学生开展个性化劳动体验,更提倡由家人一起参与的亲子劳动体验,这样的体验更有利于提高劳动成效。由此,特邀请家长也尝试加入家庭一线居家劳动主播的行列,利用学校官微平台,钉钉云课堂亮相居家劳动亲子课程。

---

① 选自上海市闵行区七宝镇明强小学叶喜的论文《居家劳动教育的智慧推进与实施》.

家长们从疑惑、尝试到自信的加入劳动居家主播行列,前后经历了一个磨合和历练的过程,因而一次比一次完善、周到和精彩。他们在居家劳动中以家长身份跟家长加以交流沟通,对孩子进行介绍、指导,还会和老师进行商量和切磋。其中内容包括居家亲子劳动的重要性、根据孩子的成长特征对劳动内容的合理选择和推荐、劳动方法的示范指导和讲解等,甚至还推荐各种亲子劳动、亲子沟通、亲子家庭相处之道的书籍和所有的家长一起来学习,以促进家庭劳动建设乃至整个家庭的和谐发展。每一类居家劳动都由亲子合作、团队设计、逐一研磨、实施重建、精心录制而成。近百堂亲子居家劳动资料陆续上传班级平台、校级官微平台、学校钉钉云课堂等,以供孩子们和家长们进行学习和分享。

让家庭教育回归、创造美好生活。需要家长进一步强化劳动意识,加强学生和家长的有效互动,开展劳动主题的亲子活动,在劳作中增进亲子情感的同时,共同感受劳动之美与生活之美。

列夫·托尔斯泰说过:"幸福存在于生活之中,而生活存在于劳动之中。"新时代劳动教育,需要多方合力来共同打造优质教育生态。其中,发挥主导作用的学校应该把劳动教育与文化涵养有机融合,不断优化劳动教育的育人环境,不仅要有高颜值的校园环境,同时还要具有高品质的共育理念、校园场景、劳动文化,在给学生带去美的享受的同时,更能潜移默化地促进学生劳动素养的提升,帮助学生在美好向上的教育生态中健康成长。

第二章　融合课程实施：加强劳动教育深度

根据国家对劳动教育的指导意见，遵循小学生普遍的认知特点、成长规律以及兴趣爱好，以劳动观念、劳动情感、劳动能力、劳动习惯为劳动素养目标，以德智体美劳五育有机融合为壤、以培育正确劳动价值为干，将自然科学、信息、语文、数学、音乐、美术等学科有机融通，系统化推进劳动教育课程开发与建设；统筹学习生活时间，拓宽校内校外空间、联动家校社资源，探索综合化劳动教育课程实施路径；多维度评价促进学生的全面融合发展。

融合课程实施，加强劳动教育深度。劳动教育怎样进行一体化设计、劳动教育如何指导、劳动成效如何评价呢？以劳动课程顶层设计作为突破口，从而实现劳动教育由单一走向整合、由形式走向实质、由经验学习走向课程建设。

一、劳动教育课程构建

在学校办学特色与学校文化内涵指引下，形成以劳动教育活动为主导，在基础型课程中以劳技学科校本化实施与多学科渗透融合为支持，聚焦劳动教育文化建设，以校内外生活为重要载体，以学校、家庭和社会资源为保障，以学生劳动素养培育与评价为引导，构建具有融合性的劳动教育整体实施框架系统。

（一）学校劳动教育的育人目标

以国家对劳动教育的指导意见为依据，立足于小学生的实际生活情况，明确学校劳动教育的育人目标，对学校劳动教育课程进行整体化架构。

在"审美·超越"学校文化理念引领下，围绕"两明两强"校训，将学校育人目标聚焦"培养未来复合型人才"，指向劳动观念、劳动能力、劳动情感和劳动习惯的四大维度的育人目标，在育人目标的细化与分解下形成相应的课程目标、课程模块以及课程群、学科群，全面开展融合性劳动教育实践探索。具体见图。

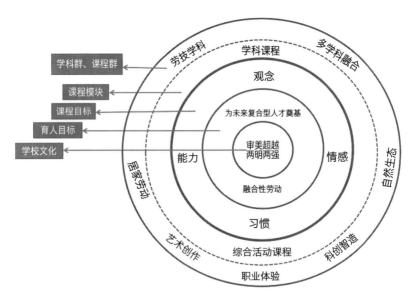

图3-2-1　学校劳动教育的育人目标及课程框架

（二）学校劳动教育课程的架构

在劳动教育课程建设及实施中尚存在单一性问题。课程是实现劳动教育的主要形式和途径，但单一的学科知识课程远不能让儿童拥有尊重劳动的价值观、自我创造的能力、综合发展的素质。依托系统化的劳动课程来丰富劳动教育内容,促使学生与生活、社会、自然等多接触,才能更好地激发劳动的品质。

学校劳动教育课程体系在"为未来复合型人才奠基的融合性教育"目标引领下,开设学科课程和综合性课程。

学科课程包括劳技学科和多学科融合劳动教育(涵盖八大基础学科)。综合活动课程划分为居家劳动群、职业体验群、艺术创作群、科创智造群、自然生态群五大生动有趣的课程内容,全方位地为达成观念、能力、情感和习惯的四维育人目标而服务。

综合活动课程,学校依据现有条件开发一系列的校本特色课程,如《居家劳动》《舌尖上的四季》《小厨房大科学》等,通过校本特色课程的具体实施,学生可以更加系统、严谨又不失趣味的参与五类劳动实践体验,从而做到学以致用、学创相融。劳动教育课程的整体框架见图。

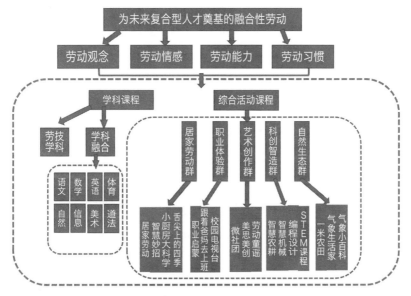

图3-2-2　学校劳动教育课程的整体架构

学校的课程建设主要包括学科课程建设和综合活动课程两部分，各类课程的实施途径不是彼此割裂的，而是彼此之间相互融通的。学科课程建设以劳技学科为主阵地，贯彻劳动教育的核心理念，其它学科为重要领域，积极做好学科教学中的劳动教育渗透；综合活动课程以丰富的拓展活动为载体，如借助职业启蒙、居家劳动、校园电视台等综合活动积极开展劳动教育实践。

（三）学校劳动教育课程的内容

学校的劳动教育课程是以培育学生的主体意识、完善学生的认知结构、提高学生自我规划和自主选择能力为宗旨，着眼于培养、激发和发展学生的兴趣爱好，开发学生的潜能，促进学生个性的发展和学校办学特色的形成，是一种体现不同育人要求、具有一定开放性的课程。

基于学生的年龄特点及成长需求，结合地域特质，从学科教学和综合活动课程两方面入手，聚焦劳动教育"生活型劳动、生产型劳动、服务型劳动、管理型劳动、创意型劳动"五大劳动类型，强化基点、多维探索、策略驱动，开发满足学生真实成长需求的劳动教育校本课程，形成特色化的课程群。

1. 学科课程：劳动教育内容梳理

学科课程为学生学习提供基础知识与基本理论，培养学生基本能力与基本素质而设计安排的一组系列课程或一个课程群。根据劳动教育的内涵特质，把学科课程分成劳技学科和学科融合。

劳技学科是根据地域、校情、学情进行校本化实施。学科融合板块中，根据课程的横向结构可以将学科分为工具类学科（包括语文、数学和英语）、知识类学科（包括自然、科技、道法等）和技艺类学科（包括音乐、体育、美术），各类学科采用学科有机渗透劳动教育的方式来智慧开展劳动教育活动。

学科融合劳动教育内容主要分为五类:一是生活型学科劳动,立足于学生个人生活事务的处理,主要表现在通过学科劳动培养学生良好的生活习惯以及提升生活能力;二是生产型学科劳动,让学生在体验从简单劳动、原始劳动向复杂劳动、创造性劳动的发展过程,学会使用劳动工具,掌握相关技能,建构解决问题的模型,感受劳动创造价值,体会学科劳动的魅力与价值;三是服务型学科劳动,服务型劳动让学生利用学科知识、技能为他人和社会提供服务,在服务性岗位上见习实习,树立服务意识,强化社会责任感;四是管理型学科劳动,让学生利用自己的管理才能,在学科探索性的劳动中能够合理地组织他人,合理地利用团队的力量完成学科活动的探索或问题的解决;五是创意型学科劳动,让学生在现有的知识、经验的基础上,在学科劳动发生的过程中提出一些创造性地解决问题的思路。例如学科融合劳动教育在不同学科教材内容的梳理研究:

(1)语文学科中劳动教育素材

语文课程作为一门学习国家通用语言文字运用的综合性、实践性课程,它具有多重功能,为促进学生德智体美劳全面发展打下基础。在语文教材中蕴含着丰富的劳动教育因素。作为教师,我们有义务去挖掘教材,充分利用教材,在教学中培养学生热爱劳动、尊重劳动,养成良好的劳动习惯。基于此,教师可以充分挖掘语文课堂教学中的资源,有机渗透劳动教育。围绕识字与写字、阅读与鉴赏、表达与探究等语言实践活动,引导学生体悟劳动价值,磨练劳动意志,增进劳动情感,激发劳动行为,促进学生语文素养与劳动素养的共同提升。本研究以统编教材小学语文第三册为例,梳理语文学科融合劳动教育的内容。

以小学语文第三册为例,见下表。

表3-2-1 语文与劳动教育融合内容的梳理

教材	知识点	融合点			
		劳动观念	劳动情感	劳动习惯	劳动能力
统编教材小学语文第三册	从《田家四季歌》中了解一年四季农作物生长和农事活动常识，感受辛勤劳动带来的愉悦。	认识到劳动创造美好生活的道理。尊重劳动，尊重普通劳动者。	感受劳动带来的快乐。	珍惜劳动成果，养成良好饮食习惯，杜绝浪费。	
统编教材小学语文第三册	从《一封信》中了解在家里可以帮助家人做一些力所能及的事情。	认识到劳动创造美好生活的道理。		能自觉自愿地参与劳动，培养家庭责任感。	
统编教材小学语文第三册	从《妈妈睡了》感受妈妈的辛苦与劳累，知道劳动是需要付出艰辛的活动。	树立劳动最美丽的思想观念。			
统编教材小学语文第三册	从《口语交际 做手工》中学会自己独立或合作完成手工作品，感受劳动的乐趣。	认识到劳动创造财富、创造美好生活的道理。	感受劳动带来的快乐。		初步学会与他人合作劳动，掌握制作手工作品的劳动知识和技能。
统编教材小学语文第三册	从《葡萄沟》中了解制作葡萄干的过程，体会劳动的辛劳。	尊重劳动，尊重普通劳动者。认识到"劳动创造价值、创造美好生活"的道理。	体会劳动的辛苦，珍惜劳动成果。学习这种辛勤劳作的精神。		

教　材	知识点	融合点			
		劳动观念	劳动情感	劳动习惯	劳动能力
统编教材小学语文第三册	从《寒号鸟》中知道:美好的生活要靠劳动创造。	认识到"劳动创造财富、创造美好生活"的道理。		自觉坚持不懈地参与劳动,形成吃苦耐劳的品质。	
统编教材小学语文第三册	从《大禹治水》中领会"幸福是奋斗出来的"的劳动价值和意义,继承中华民族敬业奉献的优良传统。	理解劳动是人类发展和社会进步的根本力量。	感受伟人通过劳动创造美好生活的形象。		
统编教材小学语文第三册	从《朱德的扁担》中继承中华民族勤俭节约、敬业奉献的优良传统。	树立劳动最光荣、劳动最崇高、劳动最伟大的思想观念。	感受伟人通过劳动创造美好生活的形象。		
统编教材小学语文第三册	从《数九歌》中了解生态现象与农事活动的关联。	认识劳动创造美好生活的道理。	体会平凡劳动中的伟大。		知道要结合气候变化进行农事活动。

(2) 数学学科中劳动教育素材

数学学科与劳动的融合主要分为生活型数学劳动、生产型数学劳动、服务型数学劳动、管理型数学劳动和创意型数学劳动这五个主要内容。生活型数学劳动主要是立足于学生个人生活事务的处理,主要表现在通过数学劳动培养学生良好的生活习惯以及提升生活能力。生产型数学劳动主要是让学生体验从简单劳动、原始劳动向复杂劳动、创造性劳动的发展过程,学会使用数学工具,掌握相关技能,建构解决问题的模型,感受数学劳动创造价值,体会数学劳动的魅力与价值。服务型数学劳动让学生利用数学知识、技能为他人和社会提供服务,在服务性岗位上见习实习,树立服务意识,强化社会责任感。管理型数学劳动是让学生利用自己的管理才能,在数学探索性的劳动中能够合理地组织他人,合理地利用团队的力量完成数学活动的探索或数学问题的解决。创意型数学劳动是让学生在现有知识、经验的基础上,在数学劳动发生的过程中提出创造性地解决数学问题的思路,让数学问题的解决更加简单。

以小学数学五年级上册为例,见下表。

表3-2-2　数学与劳动教育融合内容的梳理

教材	知识点	融合点			
		劳动观念	劳动情感	劳动习惯	劳动能力
沪教版数学五年级(上)	小数加减法(保护湿地)	树立人人都有保护环境的义务的劳动观念。	人人都应积极参与环境保护。		运用所学知识向他人科普保护环境的观念。
沪教版数学五年级(上)	小数乘法(几何模型)			养成动手操作解决问题的习惯。	能够通过分一分等动手操作活动建立几何模型解决问题。
沪教版数学五年级(上)	小数除法(找余数)			养成动手操作解决问题的习惯。	拥有通过动手实验找出符合实际情况的真实结果的能力。
沪教版数学五年级(上)	平均数的计算(时间统计)	通过统计树立有效利用时间完成工作的劳动观念。	通过统计产生积极节约劳动时间的情感。	养成有效利用时间完成学习任务的习惯。	拥有高效率完成学习内容的能力。

续表

教材	知识点	融合点			
		劳动观念	劳动情感	劳动习惯	劳动能力
沪教版数学五年级（上）	平均数的应用（平均步幅）	通过测量树立劳动实践出真知的观念。	通过测量产生通过实际劳动才能产生真实结果，产生数学劳动重要性的情感。		拥有能借助真实的测量劳动，完成数学计算的能力。
沪教版数学五年级（上）	列方程解决问题(画线段图)		通过画线段图感悟抽象思维劳动带来的解决问题的便捷性，从而产生进一步进行抽象思维的积极想法。	养成积极借助数学工具进行抽象思维的习惯。	拥有借助数学工具，进行高阶的数学抽象思维劳动的能力。
沪教版数学五年级（上）	平行四边形（小实验）	建立动手实践重要性的劳动观念。	通过动手操作产生借助实践劳动更容易解决实际问题的情感。	养成积极进行数学实践劳动的习惯。	拥有动手实践解决问题的能力。
沪教版数学五年级（上）	梯形的面积（试一试）	建立动手实践重要性的劳动观念。	通过动手操作产生借助实践劳动更容易解决实际问题的情感。	养成积极进行数学实践劳动的习惯。	拥有动手实践解决问题的能力。
沪教版数学五年级（上）	水、电、天然气的费用	通过数学劳动建立解约资源的观念	产生积极参与节约资源劳动的情感。	养成节约资源从自己做起的习惯。	运用所学知识,通过实践劳动,合理帮助家庭实现资源节约。

续表

教材	知识点	融合点			
		劳动观念	劳动情感	劳动习惯	劳动能力
沪教版数学五年级（上）	时间的计算	通过数学劳动建立合理安排实践，提高劳动效率的观念。	产生合理利用劳动时间的情感。	养成合理安排劳动时间的观念。	拥有合理管理劳动时间的能力。

（3）道法学科中劳动教育素材

《意见》在构建劳动教育体系中提出，应以日常生活劳动、生产劳动和服务性劳动为主要内容开展劳动教育。这些劳动内容可以树德、可以增智、可以强体、可以育美，在道法实践活动中根据实际需求进行选择，其丰富性有利于学生综合能力的发展。道德与法制学科在小学逐步成为独立的学科并占据重要学科地位。其教学内容和学生的日常生活、社会品质等紧密相连，同时也融合诸多劳动教育素材。

以小学道法下册为例，见下表。

表3-2-3　道法与劳动教育融合内容的梳理

教材	知识点	融合点			
		劳动观念	劳动情感	劳动习惯	劳动能力
道德与法治一年级下册	通过"我们爱整洁"为主题的活动，学会整理自己的仪表。	初步建立自己的事情自己做的观念。	从自我服务中获得满足感。	每天整理仪表的习惯。	学会自己整理仪表。
	了解大自然，知晓食物的来源。	初步建立珍惜他人劳动成果的意识，自愿开展节粮行动。	了解每一粒米都来之不易，学会尊重劳动者。		

续表

教材	知识点	融合点			
		劳动观念	劳动情感	劳动习惯	劳动能力
	从感受父母的爱中激发用行动回报的意识,形成整理的好习惯。	形成主动承担简单的家务劳动的意识。	愿意帮助父母,理解父母的辛苦。		学会做一些简单的家务劳动。
道德与法治二年级下册	在"挑战第一次"活动中感受劳动带来的成就感。		从劳动中获得成就感。	愿意尝试不擅长或没做过的劳动内容。	能够学会或做熟一件家务。
	探究一张纸的来源,了解背后劳动者的付出。	进一步建立珍惜他人劳动成果的意识。	了解每一张纸都来之不易,学会尊重劳动者。		
	通过坚持做一件事,懂得坚持才会有收获。			每天坚持劳动。	能够持续参与劳动岗位实践。
道德与法治三年级下册	思考"我能做什么",用实际行动为社区、家乡献力。	建立用劳动改变社区、家乡的想法。	从心底爱社区、爱家乡,有强烈的为家乡劳动的愿望。		
	做个"爱心的传递者",主动帮助他人。	愿意付出劳动,主动帮助他人。	从付出劳动、帮助他人中获得快乐。		

教材	知识点	融合点			
		劳动观念	劳动情感	劳动习惯	劳动能力
道德与法治四年级下册	学会尊重		尊重自己、尊重他人，珍惜劳动者的劳动果实。		尊重岗位工作，做好小岗位的主人翁。
	探寻我们的衣食之源，了解我们的美好生活是劳动者用辛苦付出换来的。	进一步建立珍惜他人劳动成果的意识。	了解每一件商品都来之不易，学会尊重劳动者。		珍惜生活中的每一样物质资源，不轻易浪费。
	通过探讨"有多少浪费本可避免"的话题，养成勤俭节约的习惯。	由己及人，推广珍惜他人劳动成果的意识。	主动做到珍惜每一件劳动成果。		

小学阶段的体育、音乐、美术等学科的设立对学生的体育健康保健以及艺术修养的培养至关重要。此类学科于劳动教育的融合可以更好的引导学生形成良好的劳动观念和劳动情感等。

（4）体育学科中劳动教育素材

发达地区的基础教育走在全国的前列，其每个学科的教学目标也更加全面和多元。上海市二期课改中，小学《体育与健身》提倡关注学生的成长特点，并以此为基础设定小学体育兴趣化改革，其目的在于培养学生运动素养，丰富小学体育学科的育人价值：在其健身价值之外，探索体育在培养学生综合素养层面、学科融合层面的具体价值及策略，梳理体育与劳动教育融合的内容。

以一二年级教学参考为例，见下表。

表3-2-4 体育与劳动教育融合内容的梳理

教材	知识点	融合点			
		劳动观念	劳动情感	劳动习惯	劳动能力
《体育与健身》教学参考资料一、二年级	从《走与跑》模块中了解快速的奔跑能力是人类最初谋求生存的必备技能。在"各种姿势的起跑"、"自然地形跑"中创设不同的劳作场景,认识不同的劳动种类及方法。	认识到运动和劳动是一体的,运动源于劳动,做运动是为了更好的参加劳动。	知道不同的地理场景,进行的劳作有哪些区别。感受农田的种植、山上栽树、池塘养鱼等不同的劳动形式,了解劳动,尊重劳动。	珍惜劳动成果,养成良好的劳动习惯。	掌握奔跑的能力
《体育与健身》教学参考资料一、二年级	从《投掷》模块中了解投掷技能诞生于人类最初的抵御野兽和捕获猎物,体会远古人类获取食物的艰辛。	知道原始人类捕获食物的方法,通过对比,知道我们获取食物的方法,明白自己动手,丰衣足食的理念。	理解原始人类获取食物的艰辛,养成珍惜食物,不浪费的习惯。	能自觉自愿地参与劳动,自己动手制作劳动工具。	掌握准确投掷的能力
《体育与健身》教学参考资料一、二年级	从《攀登与爬越》模块中了解原始人类通过各种攀爬的本领来躲避猛兽的追逐,通过攀爬来获取树上的食物,体会远古人类获取食物的艰辛。	知道原始人类捕获食物的方法,通过对比,知道我们获取食物的方法,明白自己动手,丰衣足食的理念。	理解原始人类获取食物的艰辛,养成珍惜食物,不浪费的习惯。	能自觉自愿地参与劳动,自己丰衣足食。	掌握准确投掷的能力

续表

教材	知识点	融合点			
		劳动观念	劳动情感	劳动习惯	劳动能力
《体育与健身》教学参考资料一、二年级	从《队列队形》模块中体验军人的训练日常,感受军人训练的辛苦,学习军人顽强、认真的职业精神。	了解军人的训练生活,体验军人的纪律性的统一性。	认识到每一份工作都是要努力付出,顽强拼搏。	自觉坚持不懈地参与劳动,形成吃苦耐劳的品质。	塑造挺拔有力的体形,培养饱满的个人精神状态。
《体育与健身》教学参考资料一、二年级	从《游戏天地》模块中的各类游戏(蚂蚁搬家、运输物资、抗洪救灾、送快递、建筑小达人、移植小树苗、小白兔收萝卜等)的情景及运动中体验劳作的辛苦,了解不同的工作岗位,知道部分工作的工作内容等。	尊重劳动,尊重普通劳动者。知道都有哪些职业,体验不同的职业都包括哪些工作内容。	体会劳动的辛劳,珍惜劳动成果。培养学生辛勤劳作的精神。		发展全身性运动能力
《体育与健身》教学参考资料一、二年级	从《创意活动》模块中(例如:变化的纸、有趣的魔板、游戏创编、自制体育器材等活动中)提高学生动手能力,开发学生的劳动创造能力。			培养勤于动手,善于动脑的习惯,培养敢于尝试,勇于创新的品质	发展身体基本素质,提高动手能力,增强创新意识

2.综合活动课程:劳动教育内容开发

基于时代背景,综合活动课程旨在培养具有综合性和创新性的时代新人。实践过程中,通过"居家劳动群、职业体验群、艺术创作群、科创智造群、自然生态群"五大模块的课程群的建设与实施,开展贴合小学生年龄特点,凸显发达地区劳动教育特质的劳动综合活动课程。

比如"居家劳动"的课程群,旨在育时代新人,以居家劳动为切入点,将学生的实际生活和劳动教育有效对接,开发了《居家劳动》《小厨房 大科学》《舌尖上的四季》等劳动教育校本课程。通过建设与实施劳动教育校本特色课程,充分挖掘劳动中的科学,指导如何科学进行劳动,以劳树德、以劳增智、以劳强体、以劳育美、以劳创新,促进学生全面融合发展。具体课程群见下表:

表3-2-5 学校劳动教育课程之"居家劳动"的课程群

课程名	《居家劳动》	《小厨房 大科学》	《舌尖上的四季》
内容结构	居家厨房	人气主食	舌尖上的春天
	居家客厅	缤纷特饮	舌尖上的夏天
	居家卧室	开胃小菜	舌尖上的秋天
	居家其他	幸福甜点	舌尖上的冬天

《居家劳动》系列课程:学校整体策划、有计划指导学生开展"居家劳动 智慧妙招"家庭劳动实践活动。根据学生的年龄特点,低年级以个人生活起居为主要内容,注重培养劳动意识和劳动安全意识,使学生懂得人人都要劳动,感知劳动乐趣,爱惜劳动成果;中高年级以校园劳动和家庭劳动为主要内容,体会劳动光荣,尊重普通劳动者,初步养成热爱劳动、热爱生活的态度。在教师指导下,学生尝试探索、创造并分享劳动小技巧、小妙招;家长及时加入指导,鼓励晒娃评价,组织评选每周"家务小能手"、"家务小巧手"至校级评选等。劳动教育过程推进下,一套四册的成果性的课程读本也应运而生。

《小厨房 大科学》系列课程:学生通过厨房美食制作的自理性劳动,探秘美食烹制的科学原理,学会一门生活自理的劳动本领。该课程共有四大版块,既有面向全体学生的"人气美食王"和"厨房科学家",又有面向特长学生的"美食家"和"美食小主播"四大板块,大大激发学生爱生活的劳动情感。依托项目化学习,形成一种深度探究自理劳动的学习,引导学生为解决新问题,探索独特思路或方法,形成具有时代创新性的劳动成果。将自理性劳动以项目化学习方式展开,实现拓展型课程的校本化实施。确定真实驱动问题、设定多维学习目标、构建持续学习过程、展示学习成果作品、运用表现性评价。引导学生在某个特定的真实情境中,运用先前已有的知识或尝试获取新知识,从而完成某项任务或解决某个问题,以考察学生知识与技能的掌握程度、问题解决、交流表达、团队合作和批判性思考等多种复杂能力的发展状况。

《舌尖上的四季》系列课程:基于五育融合理念开发的小学劳动教育校本课程。以二十四节气为线索展开,包括节气文化、节气美食、诗说节气、节气民俗等板块。该课程旨在述说节气背后的文化习俗,追寻时节变化的自然规律,探秘节气饮食中的科学印记,挖掘民俗工艺中的智慧劳动,体验信息技术的多元融合。这套课程将劳动教育与真实生活有机融合,丰富劳动教育课程的内涵,让劳动教育回归到学生的生活世界;打破学科知识与现实生活的割裂状态,打破了学校与家庭、社会之间的藩篱,使学生的知识学习与生活意义追寻找到了契合点;促进学生从个体生活、社会生活中获得丰富的劳动实践经验,从而树立正确的劳动观念、具有必备的劳动能力、培育积极的劳动精神、养成良好的劳动习惯和品质。同时,这套课程不拘泥于任何学科,站在促进学生五育全面融合发展的视角,传承与创新并举,理论与实践同行,让每个孩子在劳动实践中获得创造幸福生活的能力。本课程除了有四册劳动指导手册的课程资源,还配套《舌尖上的四季》视频学习资料,丰富的课程资源可为学生提供多元化的学习选择。

【案例3-2-1】《小厨房,大科学》校本课程①

《小厨房,大科学》课程以厨房为阵地,以美食为对象,以厨房劳动为载体,以问题为驱动,运用项目化学习的方式,发现厨房劳动中蕴含的科学原理,指导他们用科学的方式进行劳动,鼓励学生创造性地开展厨房劳动。

图3-2-3　《小厨房、大科学》劳动教育校本课程

《小厨房,大科学》劳动教育校本课程把树立正确的劳动观念、涵养丰富的劳动情感、培养扎实的劳动能力和培育高尚的劳动精神贯穿于课程实施的全过程,融合学校、家庭、社会生活等方方面面,对拓展型课程、实践活动型课程、家校合作型课程、校企合作研学等课程有机整合。课程实施贯穿一到五年级,具体内容呈螺旋状选编与安排。

课程目标及结构:低年级注重健康饮食和厨房劳动安全习惯的培养,让学生学习简单的厨房劳动技能,进行简单的食物制作,掌握基本的饮食卫生常识,探究简单的厨房劳动中的科学常识,满足学生好奇心与探索欲,感知劳动乐趣。中高年级注重科学健康饮食和日常厨房劳动习惯的培养,能够适当分担厨房家务劳动,学会与他人合

---

① 选自上海市闵行区七宝镇明强小学刘依婷的论文《小厨房,大科学》.

作开展劳动,分享劳动成果中体会劳动光荣;追求科学的饮食方式,初步形成健康的生活态度;在厨房劳动实践中探究简单的科学原理,培养科学劳动的态度;逐步养成勤俭节约、珍惜劳动成果的劳动品质。

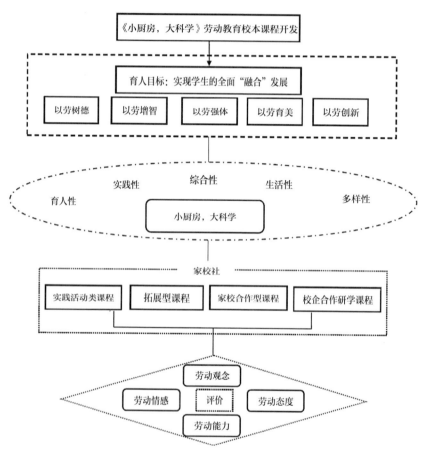

图3-2-4 《小厨房、大科学》劳动教育校本课程结构

课程内容:《小厨房,大科学》课程围绕核心目标,从学生的发展需求出发,形成了五个年级的课程,以菜单的形式呈现,分别为一年级人气主食、二年级缤纷特饮、三年级开胃小菜、四年级主厨推荐以及五年级幸福甜点。每个年级又可分为七大板块:知识冲浪、科学调查、趣味

实验、探究实验、美味菜谱、数学链接、创意美食和美食积分。

图 3-2-5　《小厨房、大科学》劳动教育校本课程内容

多元化的课程内容帮助学生发扬劳动精神,形成崇尚劳动、尊重劳动的劳动态度,实现以劳树德;开展厨房劳动掌握劳动技能、提高动手能力和发现问题解决问题的能力,实现以劳增智;在设计劳动成果过程中提高寻求美、感悟美、发现美的能力,实现以劳育美;在创造性劳动实践过程中,激发学生创造力,实现以劳创新。

二、劳动教育课程实施

劳动教育基于劳动观念、劳动情感、劳动能力和劳动习惯四个维度,建设学科课程和综合活动课程。其中学科课程包括劳技学科和学科融合教育。

（一）强化基点：劳技学科劳动教育实施

劳动技术是劳动教育的主学科,在劳动教育实践中,注重劳技学科的校本化实施。根据学生的成长需求,通过教与学的实践,使每个学生都"会动手、能设计、爱劳动",提高学生的劳动技术素养。发达地区公办小学的劳动技术学科具有一定特质,"会动手"体现劳动技术的实践性,"能设计"体现劳动技术的创造性,"爱劳动"体现人类劳动的情感性。

1.劳技学科校本化实践

劳动教育在劳技学科校本化实施中充分关注劳动类型的维度,以初步的生产型劳动为主,带有职业教育启蒙的色彩,同时有机融入了生活型、服务型、管理型、创意型劳动。在实践过程中注重充分运用信息化技术助力教学,注重跨学科学习,即与信息课整合、与自然课结合,依托项目化学习方式推动具有发达地区公办小学特质的劳技活动的开展。

（1）明确教育目标,提高学生技术素养

劳动技术课程通过技术项目载体的富有创造性的技术活动和劳动实践,让学生在创造过程中体验技术带来的智慧和力量,养成良好的劳动行为习惯,特别是通过自己与同伴的合作取得技术成果,学生们体验到成功的喜悦和劳动创造的光荣,接受劳动观念和创新精神的熏陶,形成乐于交流、善于合作的团队意识和不断进取的创新精神。

劳技课程的总目标:通过教与学的实践,使每个学生都"会动手、能设计、爱劳动",提高学生的技术素养。劳动教育课程之劳技学科实施的教育目标如下:

一是会动手,实现劳动教育"实践性":动手的途径、形式和内容非常广泛,手工制作是动手,操作机器是动手,调控自动化工具也是动手。技术发展经历了手工技术、机器技术、自动化和信息技术等各个阶段,虽然技术发展各阶段是以新技术为标志,但也包括对前阶段技术的包容、革新、提高和丰富。通过动手,养成劳动实践的习惯,培养热爱劳动和劳动人民的情感,仍然是"会动手"目标的一个不能轻视的方面。

二是能设计,实现劳动教育"创造性":设计活动的独立性和专题化,是技术得以有序发展的重要原因之一。因此,现代技术课程不仅重动手制作,也重视设计创新。加强创新设计教学,就是开发人脑创造潜能,促进大脑发展,为创造性人才的培养提供了有效的方法和途径。劳技课程的设计教学主要是技术设计教学,在设计教学中要引导学生关注其作品的功能结构、加工方法、工艺流程、技术规范的设计,强调设计的技术内涵。所谓"能",表达的目标要求层次是了解设计尝试,学习基本技能,进行设计尝试。它注重设计一般过程的体验,鼓励技术创新。对于设计应制定对应的评价标准,但不论优劣,不计成败,而是求改进,讲特色与适合。

三是爱劳动,实现劳动教育"综合性":人类劳动是社会的劳动,是具有创造性的劳动。人类为生存而不断适应和改造自然界,并创造出区别于自然界其他生物的人类社会。所以,劳动是人类区别于动物的本质特征。劳动教育是实践德育和技术教育相关内容的载体和途径。劳动是有目的、有技术的活动。劳动和技术有本质上的关联,应用了技术的劳动可以提高效率,而技术活动本身就是一种劳动。劳动是人类的主体实践活动,它与社会、文化、道德的关系最为深切。因此劳动技术课程的劳动目标能最好地发挥教育的整合功能。"爱劳动"的教学目标是培养学生正确的劳动观念、认真的劳动态度和劳动习惯、现代技术价值观和技术意识。实际、有力度的劳动技术情景会激发热爱技术学习的心理因素,而"爱劳动"的观念、态度、习惯、价值观等的培养对技术学习有着直接的促进作用,如有助于"设计"学习中的以人为本、重视生产劳动和生活劳动的技术创新、节约资源和保护环境,提高生产质量效益等;还有助于"动手"学习中的艰苦奋斗、勤俭节约、爱护劳动工具、珍惜劳动成果和遵守劳动纪律、完善劳动组织、培养合作竞争意识等。"爱劳动"目标的提出,体现了劳动技术课程核心理念中对劳动的重视。这不仅使技术学习突出了劳动生产在技术体系中的重要地位,加深了对"科学技术是第一生产力的认识",而且拉近了学生学习与实践的距离,为使学习更接近现实生活创造了条件。所谓"爱",需要期望、体验、感染、感受和内化。所以,通过联系生活劳动和生产劳动实际,激发需求,可以以期育情;通过师生榜样,可以以爱育爱;通过创设劳动技术效能、劳动组织、劳动成果分享和劳动史实等情境,可以以境育情,在适度的劳动认知教育中以知育情。所以,劳动技术课程是以技术学习为核心,注重劳动的德育功能的技术教育。

(2)系统梳理教材,精准设计教学方案

教材资源由国家标准教材和根据校情、师情和学情按需开发的劳动指导手册组成。国家标准教材从教学内容来看,小学阶段的劳技课程以初步的生活型劳动、生产型劳动为主,带有职业教育启蒙的色彩,学生需要教师的标准示范和自身反复的练习,才能达到规范和追求品质的劳动行为。而在实际的教学实施过程中,专职教师也进一步融入了服务型劳动、管理型劳动,并越来越重视创意型劳动。

表3-2-6 劳技学科校本化实践的内容序列表
——以《劳动技术》五年级第一学期为例

教材	知识点	劳动教育实施点			
		劳动观念	劳动情感	劳动习惯	劳动能力
第一单元 材料与工具	学习制作角尺		认识人与自然的关系,理解节约自然资源的意义并贯彻于实际行动中。	初步学会根据实际需要,选择合适的材料工具,并安全、正确地使用工具。	初步学会小手工锯的锯割、砂纸的打磨和木材的简单连接的技能。

教材	知识点	劳动教育实施点			
		劳动观念	劳动情感	劳动习惯	劳动能力
第二单元看图与表达	识读、绘制简单的组装图			意识到生活中阅读、保存说明书、组装示意图的意义。	初步学会读识简易组装示意图的能力。
第三单元设想与选择	制作木制相架		在调查、交流和设计展示等活动中,体验与他人合作的愉快。		了解相架的支撑部分,并根据照片形式、放置的方式,选择合适的支撑方法。能合理选择工具、材料,并能安全有效地制作相架。
第四单元折尺	学习制作折尺				学会木片的基本切割和打磨方法。学会木片的连接方法。了解折叠结构中折叠与展开后的长度关系。通过自评和互评,养成良好的团队合作精神。
第五单元杯垫	学习制作杯垫			养成"物尽其用"的好习惯。养成热爱生活,善于观察和发现生活中的问题并设法解决的习惯。	了解薄木片的几种连接方法,掌握粘接木片的基本方法。根据杯垫的外形和功能,设计制作各式杯垫。学会利用废旧材料设计、及制作各种杯垫。

教材	知识点	劳动教育实施点			
		劳动观念	劳动情感	劳动习惯	劳动能力
第六单元拱桥	学习制作拱桥	知道我国建造拱桥的历史,激发学生奋发向上的民族自豪感和爱国热情,进而感受劳动的崇高和伟大。	在制作过程中体验与他人合作的愉快。		初步学会根据实际提供的材料,选择合适的加工工具和加工方法。初步学会木料的锯割和打磨的方法。
第七单元笔架	学习制作笔架	了解笔架的由来和历史;感受劳动的伟大和美丽。	在调查交流和设计、展示活动中,养成良好的合作态度。	学会关注生活,发现并设法解决生活学习中的一些小问题。能在设计、制作过程中倾听他人的意见,进行反思,并加以改进。	巩固小手工锯的使用方法,薄木板的割锯技能与打磨技能。设计、制作不同造型的笔架。
第八单元收纳盒	学习制作收纳盒		从生活中凌乱的桌面引入,感受劳动创造美化生活。		知道收纳盒的功能与结构。根据需求,设计并画出收纳盒的草图,提高创新能力。初步学会锤子的使用方法与用钉子连接的技能。
第九单元迷宫	学习制作迷宫		养成良好的合作意识和交流的态度,养成团队协作、负责进取的精神品质。		了解常见迷宫的基本特点。初步学会设计简单的迷宫,并用简单的图示表达想法。初步学会根据迷宫设计图,选择合适的材料和工具,制作简单的迷宫玩具。

续表

教材	知识点	劳动教育实施点			
		劳动观念	劳动情感	劳动习惯	劳动能力
第十单元 我们的新操场	学习搭建操场模型		具有良好的合作和交流的态度,养成团队协作、负责进取的精神品质。	养成勤俭、守纪的劳动品质及珍惜劳动成果、爱护工具、节约材料的习惯。	收集操场设施结构、形状等基本信息。初步学会用图样描绘所设想的各种设施。初步学会安排加工制作的工序。初步学会利用各种简单的材料和发放进行操场模型制作。提高关注生活、勇于创新的能力。

　　小学阶段,四、五年级开展劳动技术课程,每周一课时。四年级第一学期围绕卡纸模型的制作展开,要求学生能够熟练使用剪刀、胶水等常用手工工具,初步学会平面展开图以及设计草图的读识和绘制。四年级第二学期的主要加工对象是金属丝,要求学会使用尖嘴钳、钢丝钳等生活常用工具,学会绘制设计草图,并根据草图完成加工。五年级第一学期以木头为主要材料,要求学会使用小手工锯、砂纸、白胶、桌虎钳、C型夹等手工木工的常用工具,学会绘制组装类的设计草图,并能够根据手边材料进行创意加工。五年级第二学期主要是电子小制作,初步学会读识简单的电路图,并根据电路图完成实物元件的连接和测试,并学会绝缘胶布、剥线钳等电工工具的使用。

　　(3)重视教学过程,高效推进课堂实施

　　提到创意,大家最先想到的往往是突发奇想的灵感,其实,这些"金点子"的背后是大量的知识积累。所谓创意劳动,是指在面对新问题时,运用创造性思维,构建事物之间全新结合方式的活动。小学劳技课堂上,观摩、效仿、操练的教学环节一般都能顺利开展,而在创意改造环节,学生往往就会遇到"桎梏",呈现的作品要么是毫无新意,要么是大量雷同,要么是偏向于装饰性的美化,而难以有造型、功能或技术融合等更深层次的创新突破。深究原因,一方面是因为学生在劳技课堂内的知识、技能累积尚没有"量化",因此较难达到"质变";另一方面,学生的思维受到教学氛围、材料配备、活动形式等的限制,"天马行空"的想法无法彰显,更得不到深入探讨与落实,自然缺乏进一步思考的动力。设计草图,创意劳动的雏形;操作实践,制作中的劳动感悟;走出传统课堂,步入各类校内外场馆,巧妙整合资源,为学生的创意劳动保驾护航。

第一步:设计草图,创意劳动的雏形

现代社会的节奏越来越快,各行各业都不断推陈出新。在劳技课程内,通过绘制设计草图,学生能够最直接地表达自己的创意,并在展示评价中不断改善,最终尝试制作实现。例如,在四年级的笔筒制作中,学生可以在笔筒的主体造型的基础上,发挥各自的创意,增加带有其它功能的收纳盒,甚至是融入笔插的用途等;再比如,在五年级的木工课上,教材本身也在不断与时俱进,本学期用木制收纳盒替代了之前的碟片架,但因为配套材料还未及时更进,学生需要根据手边的木料进行尺寸调整,通过绘制设计组装图,同学们在课堂上群策群力,最终在集体评选中确定合适的加工方法。

第二步:操作实践,制作中的劳动感悟

日渐优越的生活条件,让现在的学生很少体会到什么是"吃苦耐劳"。劳技课堂上的实践操作,往往会让学生感受到"很辛苦"。四年级的金属丝加工,看上去并不复杂,学生利用18号铁丝弯折衣架、锅盖架、垃圾袋架等生活用品,但大多数孩子由于缺乏必要的体力劳动锻炼,手部力量并不足以加工18号铁丝,因此,作品的加工难度就可想而知。五年级利用手工锯切割木块、木板,并完成切割面打磨,不少孩子表示"劳技课比体育课还累",顺手脱下了厚实的外套,继续制作⋯⋯通过这些艰苦的实践过程,有些孩子可以越挫越勇,学生就能够慢慢树立良好的劳动品质,而有些孩子就会半途而废,教师会根据学生的情况调换更加细软而容易加工的材料作为过渡,并不断鼓励孩子勇于尝试、勇于挑战,使他们逐渐感受到劳动的艰辛和收获的快乐,增强获得感、成就感和荣誉感。

第三步:走进实验室,养成良好的劳动习惯

为了让学生能够有较好的劳动情境,劳技专用教室是必不可少的。实验室的守则涉及到课堂纪律、工具管理、教室整洁等方方面面,并由小干部督促落实。开学初期,教师完成分组,并布置好小岗位,之后每节课进行情况登记,以"加、减星星"的方式作为过程性激励。一段时间之后,学生就会呈现出潜移默化的习惯养成,操作课结束,主动将工具放入工具箱,主动捡走桌面、脚边的垃圾,主动将椅子推入操作台下方等。

第四步:走进各场馆,提升学生的劳动素养

劳动教育离不开教育场域,其中各大场馆尤其重要。学生在场馆活动中,包裹在浓浓的主题氛围内,相对容易产生创意劳动的欲望。在教学过程中,教师可以准备基础型和进阶型任务,并通过多样化的评价方式不断激励、催化创意设想。由此,劳技课堂内营造出相应的教学情境会更利于学生的创意发挥,但相较更加专业、系统、全面的场馆体验而言,还需要不断尝试与调整。

【案例3-2-2】劳技学科"走进场馆—绿空间"的劳动教育实践活动[①]

走进劳动教育校内场馆"绿空间",学生可以体验种植、饲养、烹饪等多种劳动形式,结合校本课程以及劳技学科特色,在教学实践过程中,学生既能探秘节气饮食中的科学印记,又能挖掘民俗工艺中的智慧结晶,深刻感受工匠精神。围绕"清明"节气,师生以制作青团为主要任

---

① 选自上海市闵行区七宝镇明强小学蒋洁的论文《走进场馆的劳技学科活动》.

务,学生通过实际制作,掌握了青团的基本制作方法,从面粉、艾草粉的调和开始,到上锅蒸熟,再到加油翻拌,晾凉后加入豆沙馅料后揉捏成型。品尝到亲手制作的劳动美食,学生立马就有继续制作的兴趣,并想分享给家人、朋友。劳动技能得以强化的同时,不少学生开始跃跃欲试,从色、香、味、形、意、养等多方面进行创意团子的构思与实现,伴随着互评鼓励、发放社团奖券、装饰贴纸等方式,最终,普普通通的青团演变成了"春日暖暖"、"秋日丰收"、"'牛'转乾坤"、"年年有'鱼'"等一个个具有鲜明主题的创意作品。

学生初入场馆,难免会感到陌生、无助,学习空间很大,但却不知从何学起,一份主题鲜明、指引清晰的研学任务单可以成为学生的"灯塔"。场馆内,学生以小组为单位自由活动、共同学习,发挥各自的优势,这也是教师在利用场馆资源进行教学时的重要手段。

【案例3-2-3】劳技学科"走进场馆—鸡精工厂"的劳动教育实践活动①

走进劳动教育校外场馆"鸡精工厂"。学生在外出参观前,提前拿到了研学单,并结合研学单的内容,了解此次活动的参观对象、大致的活动流程,主要的活动任务以及相关的活动评价,并完成了事前的活动准备,包括分组、任务分配、相关设备的使用与保管等。在整个外出参观的活动中,学生通过绘画、采访、撰写、摄像等方式,不仅感受到了美食制作的精湛工艺,也切实体会到产品背后的辛勤劳作。如下图中《劳动实践手册》中的研学单,以"具体任务"为目标导向,引领学生在参观学习后,自主组建小组团队,自主申领任务,并通过积极的团队活动完成任务,实现个性化劳动。同时,学生在劳动过程中会参照研学单中的评价内容,有意识地调整劳动状态,有目的地"靠近"评价要求,从而完成评价中"四个劳动维度"的考核。

————————————

① 选自上海市闵行区七宝镇明强小学蒋洁的论文《走进场馆的劳技学科活动》.

太太乐鸡精工厂 研学单

学校_____ 组长_____ 小组成员_____

引入:人的五种味觉分别是:酸、甜、苦、咸、鲜,味精就是通过刺激人的味觉而感觉到鲜味而发挥其功效的。人为什么能感觉到鲜味?

1. 前期调查:找找你家里的鸡精或者味精包装袋,并在下图中试着画一画,你觉得使用起来方便吗?有没有需要改进的地方?

2. 研学活动安排

服务时长	内容安排	服务实施地点
120~150分钟	宣导教学观摩: 通过生动有趣的视频,在工厂见学、实践活动前让我们了解与"鲜味"相关的基础知识,提升学习兴趣	放映厅
	工厂见学:太太乐鸡精工厂 近距离看生产流水线,看看鲜味鸡通过现代工艺制成鸡精的全过程,了解科技赋能生产力!	鸡精工厂车间
	知识教学: 鱼不平,谓之"鲜",鲜味,不仅是一种味源,但是因工厂的花园内看环境布置的相关活动。	鲜味博物馆
	花园厂区:劳动最光荣 工厂的花园内看环境布置主题的相关活动。	花园厂区
	馆内教学:科技之旅 近距实验室了解为避的校验员是如何保证产品质量安全的,了解各环节的推荐营养食谱。	鲜味科学馆
	鲜味制作:我是小厨师 动手自制鲜食,品尝劳动成果,我们有一双勤劳的手!	鲜味品尝厅
	研学成果检验:知识竞赛 研学大挑战,轻松今日研学内容知识竞赛小题比拼!	花园厂区

3. 核心任务:鸡精包装袋的设计除了造型,我们还需要综合考虑哪些因素呢?结合我们的活动安排,你是否能想到解决的方法,并跟你的组员交流。

_____

_____

4. 为了高效地完成研学任务,是否需要携带电子书包等?又或者你们是否考虑分工协作?

学生	具体任务	备注

5. 成果展示:研学之旅结束,设计一款富有创意的鸡精包装袋或者鸡精包装盒,可以就造型、材料、使用便捷度、保鲜度等方面综合考量,并附上简单说明。

6. 评价

评价维度	具体内容	达成情况
劳动观念	积极、愉快地参加劳动实践	☆☆☆
劳动能力	能结合场馆资源,学习相关的产品设计与包装方法,并能有初步的创意设想	☆☆☆
劳动习惯和品质	认真完成研学任务,全程轻声交流,能够完成劳动实践,主动协助工作人员整理劳动用品	☆☆☆
劳动精神	能感受到劳动人民的智慧和现代工艺的不断发展与进步,追求技术创新	☆☆☆

图3-2-6 劳技学科走进场馆的学生活动单

开放的环境,多元的体验,场馆内的创意设想将会融入到学生的劳动实践。在日常的劳技课教学中,学生往往局限于手边的材料而难以发挥创意,教师要尽可能从场馆中深入挖掘有效资源,让学生在动手实践的过程中体会到事物之间的关联往往就是意外的惊喜,从而促使学生不断思考、不断融合、不断改进。

【案例3-2-4】劳技学科"走进场馆—陶瓷馆"的劳动教育实践活动[①]

走进劳动教育校外场馆"陶瓷馆"。学生通过精彩的纪录片,不仅

---

① 选自上海市闵行区七宝镇明强小学蒋洁的论文《走进场馆的劳技学科活动》.

对制瓷技术有了较为全面的认识,更惊叹于中国劳动人民的勤劳与智慧。分组活动,主动探索、深度游览,认识了从古至今具有代表性的陶瓷制品,了解到制瓷技术的历史演变,还有陶瓷技术的现代生活应用和未来发展方向。在馆内专业老师的讲解下,同学们了解了各种常用的陶艺加工工具,学习揉、搓、捏、拍等基本技法,一个个有趣而富有个性的陶艺造型在同学们指尖诞生。

2.劳技学科资源拓展实践

2020年7月,教育部印发《大中小学劳动教育指导纲要(试行)》。纲要中指出,在学科专业中进行有机渗透,是落实劳动教育的重要途径。

劳动教育的知识涵盖面极为广泛,对于其它任何学科来说都有着举足轻重的作用,随着新课改政策的实施,大众对教育的关注点发生了改变,从传统的对应试教育的重视逐渐转变为以培养综合性人才为教育目标的教育方向。其中,实践课程在各学科中的开展为很多学科都带来了极为有效的教育成果,作为实践课程重要的一环,劳动教育也开始凸显出其在各学科间的特殊性、重要性及融合性。

(1)与时俱进:搭载信息技术

劳技课堂内的创意主要依靠设计,而四五年级的孩子以手绘设计草图为主,但随着学生的信息素养越来越高,将电脑设计带入小学劳技课堂也是不错的尝试。引导学生主动思考,在科技飞速发展的当下,如何做好坚守中吸纳、传承中发展,并运用信息技术工具进行科创探索,围绕各个教学专题创新实践,在问题解决过程中制作小发明、小创造。

人工智能的教学探索成为又一新趋势。在信息课上,小学三年级的孩子对于人工智能已经有所认识,甚至对于天猫精灵、扫地机器人、指纹识别、"刷脸"等都能侃侃而谈。人工智能开始逐步替代了一些重复、繁琐的生活、生产型劳动,为我们带来了更多的便捷。而设法将这种新技术引入小学劳技课堂,必将激发学生的实践热情。自动"舂米机"、自动"洗手液"等,可以通过软件与硬件的组合搭配,利用信息课堂上的编程,加上劳技课堂上的动手实践(搭建模型),三年级的信息课通过未来四、五年级的劳技课一定能带来劳动教育的新火花,为创新劳动教育内容打开了新思路,增强了劳动教育的时代性。

在信息技术学科中,电子书包、数字教材等教学平台影响着现代课堂。在四年级第一学期"双锥体模型"这一单元,教师采用了数字教材,让现代劳技课堂越来越精彩。学生既能够感受到传统的手工作品,又能够感受到现代技术带来的教学便捷,个性化指导、合作式学习激发了孩子的学习热情,通过创新教学手段、教学方式,让学生能够喜欢劳技课程,从而更容易将劳动教育浸润孩子心田。

每个系列课程既有固定不变的教学专题,也有开放灵活的教学专题,给予学生更多的选择空间,支持学生数字化学习环境下的自我规划和自我管理,充分凸显学生的主体性,关注学生个性化、多样化的学习需求,增强课程适宜性。每个教学专题对应的"科创智造"主要围绕"如何让劳动产品更好地服务于人类生产生活"这一理念而展开,以真实问题驱动,引导学生对复杂问题进行分解,基于开源硬件、编程软件、信息技术工具等创新实践,分步骤或小组合作开展探究,动手中动脑、劳动中创造,最终完成一个个创新劳动成果。

(2)融会贯通:走进自然科学

劳技课堂经常会涉及自然课内教授的科学知识,两者的结合又成为劳技课的创新试点。美国思想家梭罗在《瓦尔登湖》中从"生活艺术化"视角对"审美"进行了新的诠释。梭罗用自己的经历证明,人生可以借助美的感受,将世俗艺术化。美好的生活并非只能靠积累知识与财富获得,而是经由智慧,通过对自然与人性的审美体验而获得的。朱光潜先生也认为,"人生本来就是一种广义的艺术"。他提倡人们领略生活的乐趣,通过审美实现人心净化,达到真善美统一的人格理想。"人生艺术化"强调将美与艺术贯穿人的一生,融入生活。我国当今美育的一个突出特点,就是走向了"日常生活"的广阔天地。劳动是劳动者基于审美对劳动对象进行改造的过程:劳动创造美。在日常生活审美化的时代语境下,劳动教育为美育开辟了一个广阔天地,为美育创设了实施载体。

五年级《材料的复合》一单元引入项目化学习,通过与上海材料研究所的合作,学生对各种材料及其用途有了切实的体验,进而运用于超级实验室改造。由此,创新劳动教育的途径、方式又有了新的尝试:一、与现有的项目化学习合作,在劳技课堂内,材料是"加工与制作"的对象,每一册教材的第一单元都会介绍本学期需要的材料和与之相匹配的工具,由此一来,自然课课堂内对于材料的认识与探究,也能够进一步引申入劳技课堂,成为新的实践契机;二、尝试馆校合作的新途径。在劳动教育大背景下,孕育了新的研究课题,通过与上海陶瓷科技艺术馆的合作,让学生提升技术素养的同时,也重视技术文化。所谓技术文化,既凝聚在劳动资料、劳动对象中的文化因素。技术和文化是不可分割的,是一种并驾的动态过程。人类的文化教育活动,是奠基在极为漫长的使用、调节工具、更新、创造的劳动实践之上的。文化传播教育促进了技术的发明创造。人们总是在一定社会环境的特定场合中从事技术活动,环境因素、传统习惯、民族心理、思维方式、社会道德价值观等,无不潜移默化地影响着人们的行为,并反映在他们的劳动成果上。在劳动技术操作过程中,要注重培养学生正确的劳动观念和技术意识,更要注重技术文化深层的东西,为我国的技术发展提供价值基础和深层动力。知识经济时代强调人文,强调创新,强调综合。加强现代劳动技术教育,可以让学生在学习的过程中,掌握技术,增强技术文化底蕴,为他们今后适应未来社会,参与国际竞争而奠定基础。而充分利用上海的场馆资源,切实感受到人类劳动带来的发展变化,进一步内化学生的劳动观念,同时也能在历史和未来中找寻思路,提升学生的创新思维。

【案例3-2-5】电路知识知多少

针对五年级劳技课程中电路知识的难点,结合自然学科的电路原理以及电路实验等,帮助学生较好地进行知识整合,并将所学的理论知识运用到实际的电路连接中,从而突破教学难点。

五年级开学初的劳技课往往会面临着配套材料尚未发放到位的问题,再加上学生平时对于电子元件、电路符号等接触较少,在课堂上,结合教材直接教授电路的串联与并联,学生有些理解不了。笔者通过指导学生观察"探索角"里面串联、并联电路的不同,记录下小电珠的亮度差异,之后再进行"想想做做"里面的电路连接,通过观察小电珠的亮度,结合"探索角"里的观察结果,得出自己的判断,"想想做做"里的这张电路图究竟属于串联还是并联电路。通过实验帮助学生较好地进行知识整合,并将所学的理论知识运用到实际的电路连接中。

（二）多域贯通:多学科融合劳动教育实施

《义务教育劳动课程标准》(2022年版)明确指出要在学科专业中渗透劳动教育。学科教学融合劳动教育的过程中重点关注学生劳动观念和劳动情感的培育。

在道德与法治、语文等学科要有重点地纳入劳动创造人本身、劳动创造历史、劳动创造世界、劳动不分贵贱等劳动观,纳入歌颂劳动者的选文选材,纳入阐释勤劳、节俭、艰苦奋斗等中华民族优良传统的内容,加强对学生辛勤劳动、诚实劳动、合法劳动等方面的教育;在数学、体育等学科要注重培养学生劳动的科学态度、规范意识、效率观念和创新精神。通过充分发掘科学知识的产生和发展过程,让学生领略到科学家为追求知识、追求真理的那种科学、严谨、奉献、创造的精神和追求。同时注重培养学生的知识运用与动手实践能力。

1.探究学科融合价值,丰实劳动教育内涵

学科融合劳动教育,注重体验,激活思维,提升能力,孕育创新。挖掘学科素材,拓展教育资源,让学科教学与劳动教育的巧妙融合,能让劳动教育在教学内外真正落地生根。

一是学科育人层面上,挖掘学科内隐的劳动性,实现"五育并举"的育人目标,各课程目标中隐含着劳动性的价值导向;二是学科教学层面上,以劳动为载体,推动"知识世界和生活世界"的融通,教学的过程是一个从具象到抽象的过程,具体的实践过程离不开劳动这一现实化的载体;三是学科文化层面上,聚焦劳动素材,发挥学科劳动文化的双重隐喻功能,有效实现"以劳树德、以劳增智、以劳强体、以劳育美、以劳创新"的大劳动教育观。

表3-2-7　多学科融合劳动教育的价值

序号	学科	融合价值
1	道德与法治	《道德与法治》课程十分关注培养学生的劳动能力、劳动意识,教材中很多内容是引导学生思考如何劳动生产以及创造,有助于为学生树立正确的劳动观念和爱岗敬业的意识,也是劳动教育的另一种体现。 课本生动的事例呈现、课堂有效的讨论交流能提高学生对劳动重要性的认识,道法课的实践活动则补足了课堂上劳动教育在"做"的方面的缺失,因此对推动劳动教育的进程起到了至关重要的作用。让学生在道法活动实践中体会、感悟,达到知、情、行的统一,促进劳动观念的形成。
2	语文	语文学科的人文性对于培养劳动思想和劳动意识有着得天独厚的优势。语文教学的工具性对于劳动实践能力的训练有一定的帮助性。因此,在语文教学中渗透劳动教育是较为合适的。劳动教育更好地融合到语文学科教学中去,不断提高学生的综合素质,培养德智体美劳全面发展的社会主义建设者和接班人,这也是在小学语文融合劳动教育的重要价值。 通过语文学科的学习,可以从许多名人事迹、历史故事、古诗词中深刻感受到"生活靠劳动创造,人生也靠劳动创造"的道理,有利于培养学生的劳动意识,激发学生的劳动热情,为学生养成良好的劳动习惯奠定基础。

序号	学科	融合价值
3	数学	数学学科与劳动的融合,在实现学科育人目标、完善数学教学过程、发挥文化隐喻功能这三个方面有着重要的价值与意义。数学学科兼具学科性与劳动性的双重特征,挖掘数学学科内隐的劳动性有利于整体的学科育人目标和课程目标的实现,真正做到五育并举。学生为主体的动手实践、自主探究、合作交流将成为学生学习的重要方式,学生必将以自身劳动的形式参与数学活动中的体力和脑力劳动。学生实实在在地处在学科劳动文化之中,感受文化所隐含的价值的熏陶,就会不自觉地在心理和行为上受到这些数学劳动文化所蕴含的正确的价值观的引导而形成正确的价值观念和养成正确的行为习惯和品质。促进数学学科与劳动的融合,可以聚焦数学教材中的劳动素材,可以发挥数学文化的双重隐喻作用。
4	体育	体育学科已经衍生出各种体育工种(体育教练、体育教师等等),是劳动的重要组成部分;其次,良好的身体素质和身体机能是一切劳动的前提,而这一前提在一定程度上源自于自身的运动习惯、动认知储备。就像我国早期的运动口号:每天运动一小时,健康工作五十年。 基础教育阶段,教育系统旨在为新时代培养全面发展,具备综合素养,对社会有所贡献的合格公民。在此基础上有效开展劳动教育、开展体育教育,做到劳动教育和体育教育的有效融合,让学生动手实践、出力流汗、接受锻炼、磨练意志,培养学生正确的价值观和人格品质,充分做到以劳强体,以体促劳。
……	……	……

2.明晰学科融合目标,挖掘劳动教育元素

学科与劳动融合的总目标:在积极参与学科劳动中,树立正确的劳动观念,掌握必要的学科劳动知识与技能,生成正向的学科劳动情感,养成良好的学科劳动行为习惯和品质。学科与劳动融合的分目标:树立正确的劳动观念,正确理解学科知识的创造离不开劳动,学科知识的价值实现离不开劳动,树立尊重学科劳动的价值,积极参与学科劳动的思想观念;培育正向的劳动情感,通过学科劳动的实践体验进一步激发劳动情感,将"情感"培植贯穿于学科教学的全过程,从而实现培养学生尊重劳动、爱劳动、能劳动的品质;掌握必备的劳动能力,根据学科特点挖掘教材中"体力和智力"两层面的劳动能力培养目标;经过一定时间的学科劳动的实践,养成良好的数学劳动行为习惯和品质。

表3-2-8　多学科融合劳动教育的目标

序号	学科	融合目标
1	道德与法治	在道法课中的实践从培养核心素养(必备品格、关键能力)的不同角度切入,以达成劳动育人的总目标。 低年段目标:动手动脑、有创意地生活是学生个性发展的内在需要,引导学生学会学习,发展认识能力、动手能力,在自我劳动服务中,养成良好的生活、卫生习惯,培养学生参与劳动的意识,掌握一些自身生活必须的劳动知识和劳动技能。 高年段目标:在低年段形成良好劳动意识的基础上,促进学生劳动实践的能力,进一步发展认识能力、动手能力和创造性,做到生活中自己能做的事情自己做,在创造型劳动的过程中充分展现并提升自己的劳动智慧,享受创造带来的欢乐。在职业生涯体验、职业探索中,领悟劳动的意义,做到尊重社会各行各业的劳动者,爱惜他们的劳动成果。
2	语文	在小学语文教学中渗透劳动教育的总目标定为:树立正确的劳动观念,掌握基础的劳动知识,形成积极的劳动精神,养成良好的劳动习惯。具体目标为引导学生树立正确的劳动观念,明白只要是为社会的发展和建设贡献了力量的劳动都是光荣的,都是值得我们崇尚的,对劳动人民怀有感恩和敬佩之情;通过课本学习与课外实践,习得基础的劳动知识,包括学生的自理能力、劳动技巧和劳动态度等;挖掘教材资源,感悟文本故事,形成积极的劳动精神;经过一定时间的学习与练习,养成良好的劳动习惯。 低年级:有一定的劳动意识和劳动安全意识,懂得人人都要劳动,感知劳动乐趣,爱惜劳动成果,树立自己的事情自己做的意识,提高生活自理能力,同时,学着关爱生命,热爱自然。 中高年级:开展以校园劳动和家庭劳动为主要内容的劳动,体会劳动的光荣感,尊重普通劳动者,初步养成热爱劳动、热爱生活的态度,初步学会与他人合作劳动,懂得生活用品、食品来之不易,珍惜劳动成果。

续表

序号	学科	融合目标
3	数学	数学学科与劳动融合的总目标:在积极参与数学劳动中,树立正确的数学劳动观、掌握必要的数学劳动知识与技能,生成正向的数学劳动情感,养成良好的数学劳动行为习惯和品质。 数学学科与劳动融合的分目标:正确理解劳动是促进社会分工,知识产生和发展的根本力量,树立尊重数学劳动的价值,积极参与数学劳动的思想观念;掌握基本的数学劳动知识和技能,这种数学劳动能力包含了体力和智力劳动能力这两个层面,体力数学劳动能力表现在能借助数学工具进行数学劳动,并在数学劳动的过程中建立丰富的表象概念,智力数学劳动能力表现在在丰富表象的积累上,抽象表象经验,形成高阶的数学劳动能力,掌握高阶的数学劳动知识与技能;能从数学劳动中领会到日常生活中数学劳动的价值以及数学家高阶的数学劳动的价值,进而产生积极参与数学劳动的需求激发情感;养成良好的数学劳动行为习惯和品质。
4	体育	体育学科与劳动教育融合的总目标:应做到培养学生动手能力、运动能力,引导学生积极参与劳动,参与劳动相关的各类运动项目,形成运动促进健康、劳动创造价值的意识;构建学生对劳动职业的基本认知框架;激发学生开展创新型劳动,创新运动方式、方法。 体育学科与劳动教育融合的分目标:知道常见的劳动项目,会进行简单的劳动分工;积极参与各类班级体育工作;培养不怕吃苦,敢于挑战,能够坚持到底的意志品质;激发劳动创新意识,乐于进行体育游戏改进和创编。
……	……	……

3.提炼学科融合原则,优化劳动教育过程

劳动教育可以依托学科融合实现内外联动和融合共育,拓展了学科学习和劳动教育融合的时空,在更丰富多元的链接和资源中实现了融合渗透。

学科融合教育劳动主要遵循以下原则:一是学生主体性,劳动观念和劳动习惯,必须让学生对劳动有充分的理解,体悟其中的人生价值,发挥学生的主体性,让学生有真实的切身体会,才会实现学科教学和劳动教育的有效融合;二是资源整合性,充分挖掘学科教材中的劳动教育资源,发挥其融合性教育价值;三是活动实践性,通过劳动教育帮助学生进行学科劳动的实践体验,让学生在亲自参与到教育实践活动中切身体会劳动的辛苦、不易,从而获得直接的情感体验,产生正确的劳动观念、习得劳动能力,形成较好的劳动习惯与品质,这是学科教学融合劳动教育的原则所在及思考。

表3-2-9 多学科融合劳动教育的原则

学 科	原 则	融合要求
道德与法治	思想性原则	劳动教育活动必须以社会主义核心价值体系为指导思想,落实"育人为本、德育为先、能力为重、全面发展"的指导方针,根据儿童品德发展的规律和认知特点,在整个活动过程中渗透对儿童的情感、态度、价值观的教育,重视劳动品德与劳动习惯的养成。
	科学性原则	劳动教育的内容必须符合儿童品德发展的规律和教育规律,内容的选择与组织、活动的安排与呈现、评价的设计与表现等必须符合学生身心发展特点、学习特点和认知规律,考虑学生的年段特征与最近发展区,生动活泼、时代感强,激发学生参与活动的兴趣。
	理实性原则	劳动教育活动必须关注到学生现实的生活,充分考虑作为发达地区学校的经济、文化、教育以及师资状况,贴近学生生活,精选基础的、易行的和学校在现有条件下可以操作的内容。
	综合性原则	劳动教育活动应体现提升综合能力的特点,贯彻"动手动脑、有创意地生活"方面的内容,在系列活动中进行横向与纵向的联系和整合,促进劳动教育目标在道法课中得到整体实现,避免单一、简单和割裂等倾向。
	活动性原则	劳动教育内容的选择和呈现应突出活动性,有利于教师和学生采用活动型的教与学方式,要注意将劳动的方法、技能与知识融合起来,同时,劳动教育主题活动的设计要具有趣味性和可操作性。

续表

学　科	原　则	融合要求
语文	潜移默化原则	在语文教学中对学生进行劳动教育,要潜移默化,'晓之以理,动之以情,导之以行。充分利用语文的人文性和感化性特征,潜移默化地感染学生,影响学生,帮助学生形成正确的劳动观点。
	适时适度原则	小学语文渗透劳动教育需要教师在备课时仔细认真地研读教材,灵活准确捕捉劳动教育的渗透点。把握好度,尤其在语文教学中渗透劳动教育,不可以本末倒置,要始终把"语文"教学作为本。此外,部编教材以主题和体裁双线来划分单元,这时教师还需要考虑劳动教育因素和学生心理发展特点的契合程度,适时适度地进行渗透。
	知行并重原则	劳动教育包含体力劳和脑力劳动,我们不可偏废其一,在注重学生劳动意识劳动情感培养的同时也不可忽视语文学科还具有实践性这一特征,可以充分利用语文课堂,实现语文学科教学的多样性。
数学	整体目标视角	基于对目标的分析,可以确定数学教学是兼具数学性与劳动性的双重特征,因此在进行数学教学设计时应具有整体的目标视角,将这两性相融合才能使数学教学达到一个最佳的状态。整体性的目标视角具体就是指在进行教学设计时,不仅要关注到教学的学科知识的本身,还要关注知识性目标达成的具体形式即关注学生的活动体验和活动经验的累积。同时,除了将劳动赋予活动载体的价值之外,还应挖掘数学劳动的文化以及数学思维劳动的价值,让学生通过活动中有效的积极情感的积累,促发对数学学习的热爱和探索。
	坚持学生立场	数学教学的劳动性是基于数学劳动这一载体的,学生的知识、技能、情感以及价值的体悟都集中于活动体验的过程之中。因此,在数学教学中,教学应立足于现实的生活场景。因为现实的生活场景是与学生息息相关的,立足于学生熟悉的场所,能够让学生有想要去参与活动的欲望,主动积极地参与活动。

学　科	原　则	融合要求
数学	丰富劳动经验	学生在数学学习中的体力劳动和思维劳动的两个层面都脱离不了数学活动这个载体。那在数学学习活动中学生具体要去习的何种劳动性的知识才能真正地是促进数学学习有效性地提升呢？发挥数学教学的劳动性特征,其实就是促进学生体力劳动和思维劳动的经验的积累,而这样的丰富经验积累是基于学生的具体的表象性经验的积累而达成的。
	关注思维生成	建立丰富的表象经验是认识一个数学概念的基础,这是一个浅层次的经验。数学学习的进一步深入,离不开拨开事物的表象,抽象出事物本质的过程。而这一过程的实现,需要高阶的数学思维劳动来进行。因此,在数学教学中要关注活动设计的多维度和有梯度性,让学生在以层层的活动体验中抽丝剥茧,习得复杂的思维劳动经验,并能够在新知识的学习中复刻这种思维劳动的过程。
……	……	……

【案例3-2-6】加强活动实践,体验劳动融合①

在课堂教学中落实劳动教育,要理解劳动教育内涵和学科教学的关系,寻找适切方式互相影响和凝集,智慧地内化生成。通过体力和脑力劳动,丰富实践体验和积累经验来达成学生知识世界与生活世界的对接。

1.提供"空间"的机会,在活动中体验思维劳动

在课堂活动中引导学生动手实践、自主探索与合作交流,让学生在观察、比较、猜测、操作、验证、推理等数学活动中经历"数学化"与"再创造"的思维过程,形成对数学知识的理解与运用,累积活动经验,提升思维能力,让活动成为激活学生探究动力的源头活水。

---

① 选自上海市闵行区七宝镇明强小学丁恺的论文《小学数学教学融合劳动教育的策略》.

表3-2-10 数学教学中劳动教育融合的内容

活动名称	活动内容	设计意图
活动一: 1克有多重?	1.掂一掂1克的2分硬币,说说感受。 2.在篮子中,找一找1克的物品。说说怎么判断的?	提供丰富的活动素材让学生动手掂一掂,在比较中找出不同质地、形状、大小的1克物品,在反复对比体验中建构1克质量的概念。
活动二: 1千克有多重?	1.掂一掂1千克实心球的重量,说说感受。 2.估计几个同样的物品大约重1千克。 3.称一称验证,并调整个数。 4.算一算1本书、1个苹果、1袋盐大约有多重。	通过掂一掂、估一估、称一称、数一数等多样化的操作活动,让学生从不同角度丰富对1千克质量的感知。先估计几个同样的物品大约重1千克,再通过称一称加以验证,获得初步的估测经验。
活动三: 猜猜有多重?	提供标有1g、10g、100g、500g、1kg若干物体。 1.用标签贴掉部分物品重量,猜一猜大概有多重。 2.说依据、谈感受。	学会选择合适的、已知的参照物来估测,渗透了估测的方法和策略,帮助学生逐步积累估测经验,提高估测能力。

如在学习《长方体的体积》时,老师提出了这样的问题:如果有一个长方体,只给你2个面,你能不能想象出这个长方体原来是什么样子的?想一想,用手比一比或拼一拼。经过学生合作交流,学生大都认为右边的两个面能想象出盒子原来的样子,而对于左边的两个面能不能还原出长方体原来的样子,学生的想法出现了分歧。老师聚焦2个粉色的长方形,请学生边演示边说理由。老师继续把学生的思维引向深处:"那到底怎样放的两个面才能想象出这个盒子的大小呢?"学生再次讨论进行思维碰撞。设计这样有趣又充满挑战的活动,给予学生充分的探究空间,把学生真实想法和思维能力的差异性暴露出来,在思维劳动中获得思考的乐趣和思维能力的

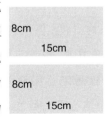
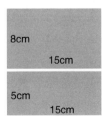

转化。

2.提供"做"的机会,在操作中体验劳动教育

《课程标准》指出要关注学生学习的过程,通过实践环节帮助学生在学习的过程中体验、感悟、建构并丰富学习经验。劳动教育则强调学生亲临劳动场所,有亲身的劳动经历、亲近的劳动情感、亲切的劳动认知,注重学生的身体体验及其活动方式的"具身认知"。因此,课堂中让学生在动手实践中充分体验,积累活动经验和劳动体验,以劳促思,以劳促能。如学生对"克"与"千克"缺乏量感,需要老师创造条件让学生在实际体验中将浅层次感性认知不断深化,让真实的量感在课堂中发生和持续。所以在学习《克与千克》时,老师设计了多个体验活动。

3.提供"回归"的机会,在生活应用中体验劳动教育

把所学的知识运用到生活中,解决生活中的问题是数学和劳动教育融合的落脚点,也是学习"有价值"数学的生动体现。老师要从学生的生活经验和已有知识出发,要善于引导学生把课堂中所学的数学知识和方法应用于生活实际,既可加深对知识的理解,又能让学生切实体验到生活中处处有数学,体验到数学价值。培养学生学会用数学眼光打量生活,用数学大脑认识世界,把学到的数学知识运用到现实生活中去。

一年级《度量》,在学习了用尺进行精确测量后,设计了用"身上的尺"进行估测的活动。学生根据需要灵活地选择"小尺子",用"一庹"估测出黑板的长度,用"一步"估测出走道的长度,用"一拃"估测出课桌边的长度。学生学会了"身体尺"估测的方法,从中体会"身体尺"的实际应用价值。五年级在学习《平均数的应用》时,老师抛出了问题:"要测我们学校操场草坪的宽度,但没有合适的测量工具,你认为该怎么测呢?"经过师生的讨论发现"平均步幅×平均步数"可以估测草坪的宽度,随后老师带学生去操场进行实地测算。学生通过数据收集与整理,进行知识建构,感受和体会平均数在现实生活中的作用和意义,将平均数

运用到解决生活实际问题中。

4.开拓学科融合途径,提质劳动教育实践

结合学校实施学科融合教育的具体实践,简单总结以下途径与策略:一是充分利用学校空间,做好学科教学中的劳动渗透系统性,使得渗透效率的最大化。学校和教师可以思考,如何根据语文学科内容与学生年段特点,构建有序列的劳动教育推进体系,充分利用课堂时间去做好劳动教育的渗透,挖掘课堂知识点中隐含的劳动教育的内涵,积极有效地进行课堂渗透。二是融合途径的纵向深度和横向广度进行拓展。要寻求家庭、社区的有效合作而不是单一的依靠学校空间,学校更多的是知识性的学习,而在家庭和社区的现实空间中会发生更丰富的学科劳动活动,在促进学科与劳动融合的时候不能仅仅是单兵作战,而是充分利用家庭和社区的资源,拓宽现实的劳动场域,建立多维多层次的融合模型。三是网络空间的多维建构,学科与劳动的融合不仅发生在现实空间,也可在虚拟空间存在,大力借助网络平台构筑学科与劳动结合的多维空间。

表3-2-11 多学科融合劳动教育的路径

学科	路径	内容	融合要求
道德与法治	途径	基于学生的真实学情	要了解学生在劳动中已经习得哪些解决问题的能力,在后续的实践中可以提升哪些劳动水平。
		勾连学生的现实生活	在设计活动时可以结合学校的主题活动,针对劳动教育的需求、道法课程的要求进行合理的调整。
		贴近学生的情感需求	要培养学生自主的劳动意识,应注意及时缓解学生对劳动产生的抵触、焦虑等负面情绪,在尊重、信任和发挥学生主动性的前提下,让学生在劳动中获得自信心,取得成就感,最终促成劳动意识的良性发展。

学科	路径	内容	融合要求
	策略	劳动动机——观念的转化	从劳动动机出发进行观念的转化,学生享受劳动的乐趣,产生劳动自豪感,使劳动目的变得更纯粹,为树立正确的劳动观打下坚实的基础。
		劳动体验——观念的培养	根据学生不同年龄段,结合道法课程的进度,有目的、有计划地组织学生参加日常生活劳动、服务性劳动等,培养学生建立正确的劳动观,即实践出真知。
		劳动意识——观念的成型	转变劳动目的、开展劳动体验都是为了让学生最终形成较强的劳动意识,激发学生作为劳动主体的潜能,转变劳动目的、开展劳动体验都是为了让学生最终形成较强的劳动意识,激发学生作为劳动主体的潜能,让劳动由被动的任务行为转化为学生自发、自主的行为,最终形成正确的劳动价值观和良好的劳动品质。
语文	策略	研读教材,挖掘劳动内容	教材是课堂教学的重要载体,目前小学阶段使用的部编版语文教材中有许多蕴含劳动教育的课文,"文质兼美",在一定程度上对学生进行人文熏陶,这为在语文教学中渗透劳动教育提供了契机。
		创设情境,生成劳动话题	要根据不同的体裁和内容创设不同的情境,生成相应的劳动话题,帮助学生认识到劳动的重要。
		回归生活,培养劳动品格	教育要与生活相联系才能实现教育的真谛。在语文教学中渗透劳动教育更加离不开学生的现实生活,只有回归生活,才能在真情实感中培养尊重劳动人民、珍惜劳动成果的品质。
		家校共育,提高劳动技能	在语文教学中渗透劳动教育更应该注重家校合力,提高学生的劳动技能。

学科	路径	内容	融合要求
数学	途径	教师个体的现有途径——学校空间的充分利用	数学学科与劳动的融合发生最主要的场域是学校,充分利用学校空间,做好学科教学中的劳动渗透能够做到渗透效率的最大化。除了课堂上的学科教学中的渗透,课下的延伸的课堂探究活动也可以指导学生进行数学与劳动活动的有效融合,体会数学劳动价值。
		现实空间的外延途径——寻求家庭、社区的有效合作	数学学科与劳动的融合发生的场域不仅仅局限于学校,家庭和社区是教育场域的外延空间。要求老师在促进数学与劳动融合的时候不能仅仅是单兵作战,而是学会寻求家庭和社区的有效合作,充分利用家庭和社区的资源,拓宽现实的数学劳动场域。
		虚拟空间的拓展途径——网络空间的多维建构	数学学科与劳动的融合不仅发生在现实空间,也可在虚拟空间存在。特别是疫情期间,云上教育的突飞猛进,学生对网络空间和网络资源的利用有了一定的认知。因此,可以借助网络平台,构筑数学教育与劳动结合的多维空间。这个空间既可以是融合发布的空间,讨论和实施的空间,更是一个记忆存储的空间。
	策略	挖掘教材资源,整体把握教学设计	最重要的途径就是梳理教材的内容,充分挖掘教材的资源,发现数学教育与劳动教育融合的可能性。通过挖掘教材资源,发现数学教学与劳动教育融合的可能性,整体把握教学设计是实现数学教学与劳动教育融合的重要途径。
		创设生活化的体验情境,丰富学生的数学劳动体验	学生的数学学习是与日常的生活密不可分、息息相关的。创设生活化的情境可以激发学生产生参与数学劳动的兴趣,积极在数学活动中发现问题、提出问题并解决问题。

学科	路径	内容	融合要求
		设计多层活动,感悟思维劳动的价值	这是学生数学学习从浅层经验走向知识本质的认识。培养学生在数学学习中获得抽象思维劳动的能力,需要老师去进行多层活动的设计。
		渗透积极情感,生成正向数学劳动情感	设计一些新颖的游戏环节和一些有趣味性的探究活动环节来引起学生兴趣,渗透积极数学学习情感的引导,激发学生的感受到数学劳动的趣味性,提高数学劳动参与的积极性。
体育	策略	提升教师素养,更新教师教学观念	研读学科的教材,挖掘学科培养全面的人所呈现的各维度的育人价值。清楚知道劳动概念,有的放矢的开展体育课堂中的劳动教育。
		整体把控课堂,提升教师教学能力	在体育教学中渗入、挖掘劳动教育,做到以体促劳,对课堂有整体系统的把控,教师在课堂中应更多的促进学生之间的互动。
		善用课堂评价,丰富师生评价方式	小学生的学习多数为应激行为,针对一件事,一个行为的认知是在习惯中逐渐形成的。面对学生显现出来的行为,教师要明确的指出其好在哪里或错在哪里。在评价的形式上,也要做到多样多元的评价,切记老师的一言堂。
		联动家校合作,提高家、校、生互动效果	小学生运动、劳动习惯的养成,体育学科素养及劳动素养的形成都不是个人的事情。需要家长、老师、学校给予他们支持和帮助。家长对学生的陪伴、和学校、老师的配合是学生掌握运动技能,培养体育劳动素养的基石。

【案例 3-2-7】立足课堂,在低年级语文教学中渗透劳动教育①

　　围绕识字与写字、阅读与鉴赏、表达与探究等语言实践活动,引导

————————

　　① 选自上海市闵行区七宝镇明强小学秦艳的《立足课堂,在低年级语文教学中渗透劳动教育》。

学生体悟劳动价值,磨练劳动意志,增进劳动情感,激发劳动行为,促进学生语文素养与劳动素养的共同提升。

一、在识字教学中体悟劳动价值

劳动促进人类的进化,人类在劳动过程中逐渐产生了语言以及记录语言的文字符号。作为语文学习的起步阶段,识字教学在小学低年级语文课堂中占有非常重要的位置。识字教学时,教师可以结合汉字的产生与演进过程,探索古人质朴的劳动语言,引导学生透过汉字体悟劳动的价值。

(一)劳动孕育了汉字的产生。文字起源于劳动。识字教学时,教师可以追溯汉字的起源,让学生理解字义的同时,感受古人创字的智慧。例如,学习生字"采",教师可以给学生看它之前的样子。"采"字上面的部分,由一只手演化而来,下面表示树木、植物。生动展示了古人摘果子的场景。除了描绘劳动场景,还有很多象形字,如"山、石、田、火"等,体现了古人观察自然、描绘自然的创字方式。

(二)汉字传递了劳动的智慧。汉字是古老的传承至今的文字,它记录着古人分门别类的思维方式。在识字教学中,随着学生识字量的增多,让学生掌握汉字的构字规律,从识一个字到识一类字,变得日渐重要。古人在造字过程中,会用相同的部件表达一类字的意思,如:用"草字头"将与植物相关的字区分出来,用"木字旁"将与树木相关的字区分开来,用"提手旁"将与人手上动作相关的字区分开来。劳动是人与外部世界相处的最佳方式。从汉字本源出发的识字教学趣味横生,便于学生识记与理解。更重要的是,学生通过一个个汉字的学习,传承古人劳动智慧,增强文化自信的同时,感受劳动之于文化创造的价值。

二、在写字教学中磨练劳动意志

劳动意志,就是在劳动过程中,个体充分调动主观能动性,克服一切困难,完成既定任务的劳动品质,包含劳动的自觉性、果断性、坚持性、自制性等方面。就低年级的写字教学来说,一笔一划的书写过程,也是磨练学生劳动意志的过程。

（一）写字，考验学生的自制力。对于低年级小学生来说，写字是他们的必修基本功。小小一个汉字，要想写好它，并不是一件容易的事。任何一项劳动任务的完成，都需要劳动者能够不受无关诱因干扰，控制自己情绪，始终让自己的行动为目标服务。

（二）写字，历练学生的坚持力。劳动技能是相通的，劳动意志也是可迁移的。写字教学看似简单，实则蕴含着遇到困难不放弃这一劳动品质的培养与历练。

三、在阅读鉴赏中增进劳动情感

统编小学语文教材中精选的课文，是集人文性与工具性相统一的优质范文，蕴含了丰富的劳动教育资源。教师可以充分挖掘教材资源，通过故事赏析，增进学生热爱劳动、热爱劳动人民的情感。以统编语文一上第一单元"和大人一起读"的故事《小白兔和小灰兔》为例。这是一个传统而又经典的故事。作为孩子们通过语文课本接触的第一篇长文章，故事传递的是"民生在勤，勤则不匮"的中华民族传统劳动价值观。学习本文时，教师可以引导学生遵循故事情节变化，逐步体会劳动的重要，增进学生对劳动的热爱之情。

（一）故事的起点·白菜与菜籽

（课堂片段一）

师：当老山羊把白菜送给小灰兔和小白兔时，它们表现有何不同？

生：小灰兔收下了，说"谢谢您！"

师：那小白兔呢？

生：小白兔说："我不要白菜，请您给我一些菜籽吧。"

面对老山羊的馈赠，小白兔与小灰兔的表现截然不同。小灰兔选择直接接受老山羊的劳动成果，小白兔则选择"菜籽"，也就意味着小白兔愿意回到老山羊劳动的起点，自己播种菜籽，种植白菜。在对比阅读中，学生能够清晰感受到小白兔心中"劳动"的分量。

(二) 故事的发展·吃白菜与种白菜

(课堂片段二)

师:回到家里,小白兔和小灰兔又有什么不同的表现呢?

生:小白兔把地翻松了,种上菜籽。

师:过了几天,白菜长出来了。小白兔又做了什么?

生:小白菜常常给白菜浇水,施肥,拔草,捉虫。

师:那小灰兔在做什么呢?

生:小灰兔不干活,饿了就吃老山羊送的白菜。

播种菜籽之后,小白兔开始了相对漫长的悉心劳作过程。浇水、施肥、拔草、捉虫等一系列种植活动,都需要小白兔在田间地头辛勤劳动,出力流汗。小灰兔饿了就吃白菜,可白菜总有吃完的一天。劳作固然辛苦,但是过程中的充实感与收获感,是小灰兔所体会不到的,坐吃山空的状态只会给他每日的生活带来空虚乏味感。只有通过劳动,个体才会具有用心灵去认识周围世界的能力。这一次的对比阅读,使学生明白小白兔即将收获的,不仅仅是白菜,更是与自然世界相处的最佳本领。

(三) 故事的结局·要白菜与送白菜

(课堂片段三)

师:又过了一段时间,小灰兔把白菜吃完了。这时又发生什么事情了呢?

生:小灰兔又到老山羊家里去要白菜。

生:小白兔挑着一担白菜,给老山羊送来了。

师:你们知道小白兔的白菜是哪里来的吗?

生七嘴八舌:知道,小白兔自己种的。

生:是它自己种的。只有自己种,才有吃不完的菜。

生:自己动手种白菜,白菜就会越来越多。不像小灰兔,吃完白菜只能找老山羊要。

师:你再看小灰兔的表情,其实他还有一点点害羞呢。它想——

生：我也要菜籽，自己种白菜。

生：不能再懒惰了，只有自己种，才有吃不完的菜。

师：嗯，辛勤劳动，是我们的传统美德。从此以后，小灰兔和小白兔一起种白菜，一起浇水，施肥，拔草，捉虫，白菜再也吃不完了。

故事里，小灰兔只管伸手要，自己不劳动，所以吃白菜便受制于人；小白兔则靠自己的劳动，过着自由吃白菜的日子。孩子们借助文字，读懂两只小兔的不同表现，在对比阅读中体会崇尚劳动，辛勤劳动的重要性，强化内心热爱劳动的情感。

四、在言语实践中激发劳动行为

语文学科教学中，大量与生活相勾连的言语实践活动，能够引发学生的劳动动机，激发孩子们的劳动行为。

（一）创设言语情境，引发劳动动机。李吉林老师曾说过："言语的发源地是具体的情境，在一定情境中产生语言的动机，提供语言的材料，从而促进语言的发展。"劳动是人类的基本活动方式，自然界为劳动提供材料，劳动把材料变为财富，也为语言发展提供实践场景。也就是说，言语发展离不开劳动所创造的实践情境。

（二）构建学习任务群，激发劳动行为。结合一年级的表现性评价，教师可以设计评价导向下的跨学科学习任务群。以"七彩童年"为内容主题，以"彩虹"为形象表征，语文、数学、美术、体育等学科，将自己的学科学习要点，融入"彩虹"元素中，综合调动学生听、说、读、写、画、跳等诉诸不同感官与机能的学习方式。

表3-2-12　评价导向下的跨学科学习任务群举例

（一年级第一学期）

学科	主题	评价内容	劳动行为激发点
语文	童"话"时光	朗读儿歌，借助绘画作品交流课余生活。	脑力劳动：朗读 构思 表达

学科	主 题	评价内容	劳动行为激发点
美术	童"画"时光	借助彩虹色彩,画出你丰富多彩的课余生活。	体脑结合: 实践 构思 绘制
数学	七彩列队	说出彩虹不同颜色的准确排列顺序。	体脑结合: 实践 构思 表达
体育	跳跃彩虹	用立定跳远的动作跳跃"彩虹"。	体脑结合: 实践 构思 迁移

【案例3-2-8】创设语言情境,培育劳动观念①

对于小学生而言,英语课堂中听、说、表演是综合较强的表现性任务。为了检测学生的阶段性学习成果,创设生动的英语学习语言情境,帮助学生运用已掌握的知识,进行语用输出,提升语用能力,挖掘文本内容进行劳动教育有机渗透,在语言习得的过程中也能有效助力学生劳动观念的培育。

以1B Module1 Unit3 Tasting and smelling第二课时的 At the restaurant为例:教师在教授Kitty在餐馆中用餐时的劳动小故事,对话内容如下:

Can I help you? Soup, please. Here you are. Thank you. Taste it, please.Hmm…Yummy. Yummy.

先设置Listen and follow, Look and read, Say and act的三个小任务,让学生从听说、模仿、表演,亦步亦趋进入角色,感受劳动情境中人物的语言、动作、神态,了解文明点菜、用餐等餐馆礼仪。接着以问题引发学生思考:Do you like the waiter? 学生已经通过表演,感受到了Danny扮演的服务员是多么有礼貌地服务顾客,异口同声回答"Yes!",此时,教师继续追问"Why you like this waiter so much?"学生虽然英语储备有限,

---

① 选自上海市闵行区七宝镇明强小学王月华的论文《让英语学习"动"起来》.

但也会蹦出几个简单词汇："He's a good boy!""He can help Kitty."此时已感受到学生触发到有关劳动可以帮助他人，劳动使人快乐的那个点，适时总结提升情感态度，"Great! We do a favour for others. They feel happy. We feel good."

在课后活动的语言情境中进行巧妙设计：Say and act with your parents. 要求学生晚餐时，扮演服务员，帮助父母或家人端菜上桌，表演餐馆对话。在家人的肯定和赞美中，学生初尝简单劳动后的喜悦，激发自我成就感，就会在生活中跃跃欲试，进一步搜寻并完成力所能及的劳动，逐步形成正确的劳动观念。

【案例3-2-9】自制体育器材、提高动手能力①

体育学科可以结合体育教学内容，进行器材制作，来提高劳动能力。在体育课上教会学生利用废旧材料自制体育器材，既可以培养学生的动手能力、创新思维，激发学生的探究精神；又能吸引学生积极思考、主动参与，提高其相互合作能力。如利用废旧的纸箱、报纸、鞋盒等制作成进行跳跃、投掷等练习器材，既能活跃课堂气氛，提高上课效率；又能增强学生的动手能力及劳动意识。

通过自制器材，激发学生创意性劳动。器材很难满足每一位学生，因此引导学生自制器材，以此丰富体育课的内容。教师通过课堂或是视频教会学生如何利用家中常见的物品自制器材。居家学习期间，为解决器材缺乏的问题，我们引导学生利用鞋盒、报纸等制作器材，还教会学生自制翻翻乐卡牌、跳房子脚印卡等，通过器材的多样制作及运用，激发学生练习兴趣及劳动意识。为了进一步提高学生的劳动创作兴趣，体育组设计针对全校学生的居家体育游戏设计比赛，有器材创编制作，有游戏方法创编，孩子们的创意无限，表现出了较强的动手能力。最终产生最佳实用奖、最佳创意奖等。

① 选自上海市闵行区七宝镇明强小学陆一的论文《器材制作，提高动手能力》.

一、翻翻乐制作

将磁铁剪成相同大小的两块,带磁性的一面朝外,中间用双面胶黏住,形成两面都是磁贴,在一面贴上数字或者图案,用于黑板上进行一系列的接力游戏。翻翻乐的图案及数量根据游戏的形式进行调整,适用于雾霾及雨天室内课。在家可以尝试用A4纸进行制作,在纸上进行数字填写或者绘画。

二、翻翻乐游戏

连连看:将两组贴有图片或是数字的磁贴分别贴于黑板上两处位置,根据座位进行两组之间的接力比赛。游戏开始,第一人跑至黑板任意翻出两张,如果相同直接贴在黑板后跑回第二人处击掌,第二人继续;如果不同则翻回磁贴,跑回击掌,第二人继续。以此类推,以全部配对成功用时少的队伍为胜。

数字接龙:将两组磁贴分别贴在黑板上的两处位置,要求按数字从小到大的顺序依次翻出磁贴,每人每次翻一张,根据座位进行两组之间的接力比赛。游戏开始,第一人跑至黑板翻出一张,如是"1"直接贴在黑板后跑回击掌;如不是"1"则翻回磁贴,跑回击掌,第二人继续。依次类推,以全部按顺序翻出用时少的队伍为胜。

除去呈现出的翻翻乐,老师们同时还制作了其他各类体育器材。具体如图所示。在各类材料搜集结束,进行汇总和剪辑,并最终上传至钉钉体育云课堂。

寻宝活动:将磁贴散乱地贴在黑板上,教师在比赛开始前说出一个数字或是一种动物、一个物品,要求学生去尽快找出,每人每次翻一张,根据座位进行两组之间的接力比赛。游戏开始,第一人跑至黑板翻出一张,如是直接贴在黑板后即获胜;如不是则翻回磁贴,跑回击掌,第二人继续,依次类推。

在自制器材的过程中不仅提高了学生的动手能力,培养了劳动技能。同时通过对器材使用的举一反三、一物多用,激发学生的创新意识,不仅学会自制器材,还能玩出不同花样,构建了创意性的劳动。

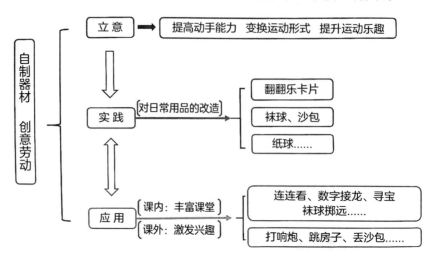

图3-2-7 "自制器材　创意劳动"实践活动流程

劳动本就是人类的生存方式,是人类与外界,与自身和谐相处的通道。学生的课余生活中一定会有劳动的身影。融合学科课程,有的学生选择以居家劳动为切入口,他们用画笔记录的课余活动,包含居家打扫与整理、制作装饰小手工、自制甜点与简易菜肴等。整理书架时,有的孩子还能迁移彩虹排列的规律,对书籍进行分类整理。在语文的童"话"时光版块,不仅能看到学生绘制的精彩作品,还能看到他们根据亲身体验创编的儿歌。孩子们不仅语言有了画面感,而且在完成任务的过程中历练本领,成为掌握生活技能的小达人。由此可见,跨学科学习任务群的构建,能从学科融合与渗透的角度,为落实劳动教育的目标助力。

综上所述,学科教学中蕴含着丰富的劳动教育资源。教师要立足课堂,针对学生的学习特点,在学科教学系列活动的展开过程中,巧设学科教学与劳动教育的融合点,综合提升学生的学科素养和劳动素养,为学生的全面发展奠定坚实的基础。同时,教师还要基于学科,勾连学生生活,为构建"以劳树德、以劳增智、以劳强体、以劳育美"的育人新格局,不断地做出探索与尝试。

(三)动态延展: 劳动教育综合活动课程实施

课程实施是促进学生德智体美劳融合发展的重要渠道。聚焦小学劳动教育现状,寻求解决劳动教育缺位、错位、泛化等问题的办法,使劳动教育突破瓶颈,守正创新,学校就劳动综合活动课程的开发与实施进行实践探索。

完善学校劳动教育综合活动课程实施体系需要建立"一体两翼"的课程实施模型和"多元"的课程实施途径。五育融合课程既需要学校为主体积极协调推动,同时也离不开广大家庭的协作,以及社会的参与。家庭、学校、社会"一体两翼"的大教育格局,家庭发挥基础作用,学校发挥主导作用,社会发挥支持作用,形成协同机制。学校、家庭和社会等各施所长、紧密配合、共同实施课程,在实施过程中提炼与积累课程实施的典型案例与鲜活经验,结合学校办学特色,形成了"一体两翼"的实施模型,推进"多元"课程实施途径,充分利用资源进行校内教学、开发校外教学、引入网络拓展教学,使得劳动教育启蒙于家庭,强化于学校,泛化于社会。

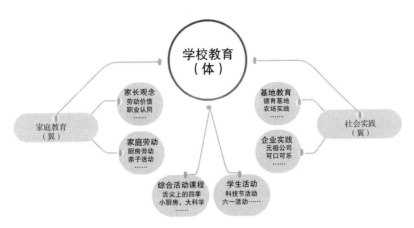

图3-2-8　"一体两翼"和"多元途径"的课程实施

根据学生经验基础和发展需要,以各种不同的劳动项目为载体,以劳动任务群为基本单位,多元主体联动,引导学生经历从简单劳动到复杂劳动和创造性劳动的发展过程,实现劳动教育纵深发展,落实新时代劳动教育课程理念。

1.知行合一,学以致用

结合校园文化,打造丰富多样的劳动教育场域,开启"手脑并用、知行合一、学以致用"的模式,引导学生通过设计、制作、试验、提炼、探究等过程获得丰富的劳动体验,习得劳动知识与技能,使用常用工具与基本设备,采用一定的技术、工艺与方法,综合运用多学科知识和多方面经验,解决复杂劳动中出现的问题,感悟劳动价值、培育劳动精神。

"用中学"是以学生习得知识的实际运用能力发展为目标,以指向解决生活情境的真实复杂问题为学习过程和学习手段的一种综合性学习方式。经由知识的新旧交融与推陈出新,在"学"与"用"的交互中,助力学习者实现"知识学习"与"实践能力"的双向建构,从而形成一个开放的微生态系统,即学生可以在解决真实复杂问题的实际探究运用中进行反思迭代,依据课程学习路径,通过不断纳入、调整、重构与完善,拥有并增强对实际复杂问题情境的理解力和应对力。"用中学"旨在手脑并用,同向共进,以"用"促学,以学导"用",在"用"中发现,在"用"中体验,在"用"中感悟,在"用"中思考,在"用"中内化。

(1)回归生活本色,激发"以学导用"的学习动力

在解决生活情境真实复杂问题中实现知行合一。通常真实生活的情境不是简单的课前激趣,而是贯穿于整个学习过程中需要亟待解决的任务。我们的生活中蕴含了大量的复杂劳动,无法通过简单的做中学去实现,这些劳动往往是基于实际生活问题的挑战,它们是完整的、不是割裂的,是整合的、不是单一的。

【案例3-2-10】《居家劳动,智慧妙招》校本课程①

聚焦"手动系列"之"居家劳动,智慧妙招"活动,在家校合作中开发居家劳动教育课程,组织学生开展基于生活自理的家务劳动体验,学一学、做一做、问一问、创一创,并分享家务劳动创意小妙招等。推进居家生活劳动,鼓励明强学子乐观、勇敢、智慧地面对疫情,激发大家的劳动兴趣和热情,提高能力、增强体力,探索劳动过程中的收获和创意,培养学生良好的生活习惯。

具体依据学生年龄特点,重点考虑学生劳动能力和劳动安全等核心因素,分年段系列性、进阶式设计与推进,涉及到客厅、卧室、餐厅、厨房、书房、阳台等各个生活角落。在低年级(一二年级),主要从事的居家劳动内容以简易劳动为主;中年段(三、四年级)则要求在简易劳动的基础上适当增加要求,并注意自身安全和卫生;高年段(五年级)要求就会更加高一点,比如厨房劳动中除进行餐点制作可以进一步探究饮食的科学、美观等;卫生打扫的过程中能够尝试寻找打扫的捷径和窍门等。这样的设计也是希望每一个学生都能在不同年段体验和锻炼不同要求的居家劳动,促进每一个学生体能和智能都能得到不同程度的发展。

居家劳动课程在不断实施和逐步改进中取得了初期成效,不仅在校内形成了良好的劳动教育氛围,对校外乃至区、市也起到了一定的辐射和影响作用。学校居家劳动教育活动陆续接受上海教育电视台"成长专栏"和"教视新闻"访谈、上海新闻广播电台"教子有方"、闵行教育等专访,同时近二十节居家劳动微课程被推选为"学习强国"的精品课程。这样的宣传和影响力也使得明强的师生和家长对居家劳动更有信心和动力,进而不断促进和深化居家劳动的成效。

---

① 选自上海市闵行区七宝镇明强小学叶喜的论文《居家劳动,智慧妙招》.

图 3-2-9　《居家劳动 智慧妙招》校本劳动课程

（2）探究自然现象,感受"以用促学"的智慧体验

从劳动课程的现实价值出发,推动学生积极地观察世界、自主思考解决问题的方法,开展主动的学习探索。对小学生而言,这势必需要建立在正确的劳动态度之上,即确认学生要解决的复杂问题是满足自己生活需要的,同时能够在结合认知悬念与好奇心的基础上诱发产生学习的内驱力,然后才会去感叹、去摸索、去探究一系列的智慧劳动体验背后的深层知识与科学规律。

【案例3-2-11】《气象生活家》校本课程①

以"气象生活家""行与气象"分册中《小车爬坡》一节为例。教师从雨天爬坡倒溜的生活情境出发,引发学生开展对小车轮胎的进一步探索。以"我们要选择怎样的轮胎才能帮助小车爬上湿滑的坡道呢?"的问题为驱动,诱发学生探索"轮胎有哪些不同花纹?"、"不同花纹轮胎之间的差别是什么?"、"哪种花纹更适合爬坡?"等一系列问题的好奇心。学生通过自主设计借助常用器材进行实验,在经历反复不断地试验得出最后的结论,使得学生能够在实践中习得解决问题的一般途径,收获属于自己的独一无二的智慧劳动体验。

———————————

① 选自上海市闵行区七宝镇明强小学刘依婷的论文《五育融合创课程》.

科学探究

轮胎是小车的重要部件之一,轮胎上的花纹是区分不同轮胎的关键。仔细观察下方四种花纹的轮胎,并通过实验进行探究,选择哪种花纹的轮胎能够帮助小车爬上湿滑的坡道呢?

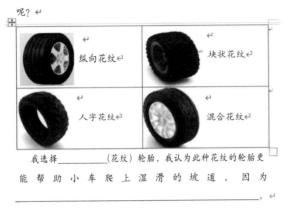

纵向花纹

块状花纹

人字花纹

混合花纹

我选择_____(花纹)轮胎,我认为此种花纹的轮胎更能帮助小车爬上湿滑的坡道,因为_____。

图3-2-10 《气象科普课程》校本特色课程群

气象科学与生活劳动产生的神奇化学反应,生成的是孩子们综合能力的提升,坚韧品质的养成,安全、环保意识的深入根植。而劳动教育校本课程之气象科普课程2.0版本《生活小气象》将活动升级为五大板块:文化探秘、科学探究、科艺制作、智慧劳动、环保贴士,未来学校的气象科普课程定能带给孩子更棒体验。

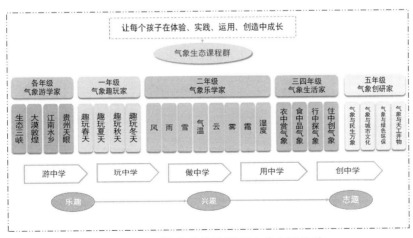

图3-2-11 《气象科普课程》校本特色课程群

（3）关注完整过程，形成"学用合一"的合作意识

"用中学"的学习过程是不断学习、试错、改造、推翻、再构的过程。面对复杂问题将之拆解成一个个简单可解决的小问题，通过及时的知识学习以一名"社会专家"的身份思考问题并尝试解决问题等可能都会面临失败与挑战。凭借小组之力、整合组内众人的智慧，方能扬长补短。

【案例3-2-12】《小厨房 大科学》校本特色课程实施①

在《小厨房，大科学》课程中，学习活动不是单一类型的，而是涵盖了三类学习活动，各种不同类型的活动相互融合，有效促进学生深度学习。通过借助品秋季之科技节等各种家校合力实践活动，如"舌尖上的科学"新年特别活动、"厨房劳动缤纷秀 美食科学大比拼"活动、"舌尖上的科学，书香中的环保"科技节活动、"赏味时光，献礼明强"科技节活动等来增强学生厨房劳动实践的兴趣与动力。

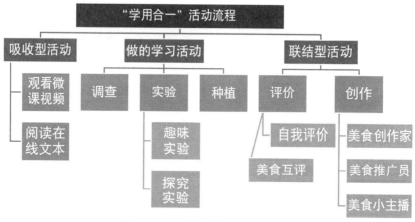

图3-2-12 "学用合一"活动流程图

2.思维进阶，学创相融

劳动教育要发挥自身的独特优势，站在时代发展的最前沿引导教

---

① 选自上海市闵行区七宝镇明强小学刘依婷的论文《小厨房，大科学》.

育评价机制向多元化、过程化、创造性的方向发展。学创融通,注重实践性和综合性,需要开放性思维和挑战性实践,旨在面向真实的复杂性问题、通过技术、知识、思维的革新提升劳动效率,创造性地解决问题,产生创新性的劳动成果,弘扬开拓创新、砥砺奋进的时代精神。

"创中学"是冲破思维定势,不拘于原有学习方式,不限于原有学习资源及传统学习工具,寻找多样的问题解决方式及途径的学习。它指向高阶思维,以高阶学习驱动低阶学习,是促进学生思维、提高学习热情及持续学习力的学习①。

在劳动教育校本课程教学实施中,倡导"创中学"的教学理念,一定程度上指向"为未来而学",以学生发展核心素养为目标,培养学生"能够适应终身发展和社会发展需要的必备品格和关键能力",它符合未来人才发展的需要。课程倡导的"创中学"同时强调并非为创新而创新,也不把培养发明家作为学习的主要目标,它是为解决真实问题寻找新的解决之道,是为实现学生内心所涌动出的创造欲望、创意构想及创新思维而学。

(1) 以生活为导向,确保学生能立足于课程中央

真实世界中的复杂问题解决是学生的薄弱之处,因此,在课程实施过程中要时刻关注与真实世界的链接,创设真实问题情境,落实真实性学习,确保学生立足于课程中央。

【案例3-2-13】《天工开物·科创智造》校本课程②

"天工开物·科创智造"校本课程包含三个系列微课程(如图所示),分别是"智慧农耕系列"、"智慧机械系列"、"智慧生活系列",每个系列包含若干教学专题。三个系列课程分别面向3—5年级学生循序渐进地

①　陈平,蒋洪兴.谈"创中学"的基本特征及实践价值.江苏教育[J],2021.20.
②　选自上海市闵行区七宝镇明强小学程育艳的论文《跨学科视域下小学生创新劳动教育实践探索》.

推进。

我国自古是农业大国,中华文明根脉系于农耕,农耕文明在博大精深的中华文明体系中占据着核心地位。因此,本课程以"农耕文化"探究为起点,带领学生领略中华悠久的农耕历史和灿烂的农耕文明,领悟劳动以及劳动工具对社会发展的推动作用。引导学生主动思考:在科技飞速发展的当下,如何做好坚守中吸纳、传承中发展,以"智慧农耕—智慧机械—智慧生活"为主线,以生活应用为导向,运用信息技术工具开展科创探索,围绕各个教学专题创新实践,在问题解决过程中制作小发明、小创造。

每个系列课程既有固定不变的教学专题,也有开放灵活的教学专题,给予学生更多的选择空间,支持学生数字化学习环境下的自我规划和自我管理,充分凸显学生的主体性,关注学生个性化、多样化的学习需求,增强课程适宜性。每个教学专题对应的"科创智造"主要围绕"如何让劳动产品更好地服务于人类生产生活"这一理念而展开,以真实问题驱动,引导学生对复杂问题进行分解,基于开源硬件、编程软件、信息技术工具等创新实践,分步骤或小组合作开展探究,动手中动脑、劳动中创造,最终完成一个个创新劳动成果。

例如:"垃圾分类"教学专题实施过程中,老师启发学生思考"生活中的垃圾分类会面临什么问题?又该如何去解决?"学生头脑风暴,最终梳理出垃圾分拣、垃圾投放、垃圾运送等方面诸多问题。基于此,让学生自主选择探究主题,师生共同经历项目规划、方案设计、项目实施、产品设计制作、成果方向等过程。学生的创意无限,最终衍生出自动开合垃圾桶、太阳能光板寻迹车、垃圾猎手、自动避障垃圾车、智能垃圾清运车等精彩又生动的创新劳动成果。专题总结阶段,有学生提出"自动开合垃圾桶"只是解决了垃圾桶开关的问题,还面临垃圾桶识别垃圾种类、智能打开对应桶盖的问题。带着学生的学习创新热情,师生共同走进人工智能板块学习,在初步了解图像识别原理的基础上,创中学、学中创,出色完成了"智能分类垃圾桶"的创造。开放自主的主题探究很好地激发学生的学习兴趣和创新热情。

图 3-2-13 "学用合一"活动流程图

"创中学"的学习活动是对习得的学习内容进行应用,从而内化为自身的知识与技能的一类活动,包含有调查、实验、种植、烹饪等实践类活动,侧重于让学生亲身体验、实践或经历。联结型活动是将习得的知识与技能应用到实际生活中,如评价类活动包括评价自我和评价他人,创作类活动包括自创美食家、美食推广员、美食小主播等,这类学习活动更有利于学生开展深度学习,促进高阶思维的发展。

(2) 以问题为导向,引导学生找寻问题解决路径

"创中学"是为解决真实问题寻找的解决之道,指向学生高阶思维的培养。课程实施过程中,以问题为导向,引发学生主动思考,启发他们找寻探究思路、构建问题解决方案或模型、实践与验证方案、得出结论和成果。学生在这个找寻问题解决路径的过程中,学到的不仅仅是知识和技能,更多的是学习方法,这可以帮助他们迁移应用到其他场合或领域,提升综合素养。

【案例3-2-14】《让城市不再看海》校本微课程①

教师引导学生从身边的"城市内涝"问题出发,通过走一走、拍一拍、查一查等方式进行实地走访、调查收集、头脑风暴等,初步拥有解决问题的方向。继而,教师以一名"教练"的身份参与其中,帮助学生建立生活现象与学科知识的链接,引导其站在一名"城市规划者"的角度,以问题为导向,搭建问题框架(如图),通过多学科的综合理解与运用,设计一个完整的可行性方案并加以查证。

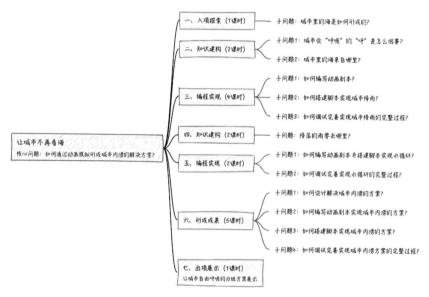

图3-2-14 《让城市不再看海》校本课程结构

在经历了"入项探索《探秘城市里的'海'》—知识建构1《城市会呼吸》和《城市的'海'来自哪里》—编程实现1《模拟城市降雨》—知识建构2《降落的雨会去哪里》和《让城市自由呼吸》—编程实现2《模拟水循环》—形成成果《设计解决城市内涝方案》和《模拟解决城市内涝》—

---

① 选自上海市闵行区七宝镇明强小学黄妍萍的论文《打造融合创新课堂,让教学评一体化真实落地》.

出项展示《让城市自由'呼吸'方案展》"的整个学习过程中,学生的主体认知潜能受到激发。他们以小组协作学习的方式突破一个个子问题,并逐步深入构建出一个完整的结构化知识体系,建立起用信息技术解决问题意识的同时,实现了自然问题的表达与解决。在身心的交织共进中,他们完成了从一个"学习者"到"解决者"的角色跃迁,初步了解了生活中真实复杂问题的解决路径。最终,学生不仅收获了成果喜悦,也感悟到了其中的劳动价值,更在潜移默化中提升了自身的创新品质。

(3)以成果为导向,激发学生持续性创新学习力

学生通过"创中学",往往会学习创造出实物、模型、问题解决方案等成果。对于小学生而言,最终的创新成果不仅是对学习过程的验证,更重要的是帮助学生收获成功感,增强学习自信心,提升学习积极性,大大提升学习内驱力。

一方面,学生的创新成果既激发自己的学习热情,又激发同伴的探究欲望。另一方面,学生在探寻出复杂问题解决路径后,会自发地内化、衍生,迁移应用到其他的学习领域。以成果为导向的"创中学",可以帮助学生更长久地保持创新热情,延续性的深入创新探索,激发学生持续性创新学习力。

【案例3-2-15】《小小科创家》校本课程[①]

本课程融综合性和实践性于一体,引导学生在跨学科背景下经历完整的项目探究,以创新劳动成果为导向,深度学习。过程中培养学生的创新意识和创新能力,同时涵养他们的家国情怀。

学生经历了跨学科项目《自制气象生活小贴士》的学习之后,学习力、问题解决能力、创新能力都有所提升。项目成果会借助校园电视台"气象播报秀"栏目展示分享,将学习成果应用于日常生活,服务生活,

———————————
① 选自上海市闵行区七宝镇明强小学程育艳的案例《小小科创家 未来少年梦》.

让学习和探究富有价值、意义。他们学习、内化后,会对项目内容进行延续性探索和应用。部分学生在科技节气象科普展中,结合数据可视化制作了精美的展板,提升生活中数据应用意识,提升用数据说话的能力。钟同学独立完成气象与穿着的研究课题,完成了气象研究报告的撰写。

有学生受到"智能分类垃圾桶"的启发,探索创作了无接触智能洗手液按压装置、无接触送货机器人、智能舂米机等科创成果,面向全校展示、分享,供全校学生体验应用,点燃更多孩子心中"科创智造、创新劳动"的火种。

高年级学生会基于问题解决,实践科创探索。老师指导他们"像科学家一样地去思考",经历"发现问题—分析问题—解决问题—反思改进"的探究过程,落实做中学、用中学、创中学,完成了系列科创成果的探索。如基于图像识别的篮球场安全提醒装置、基于Yolo网络的流浪猫关爱系统、基于EfficientDet目标检测技术的智能鱼池驱鸟系统等。

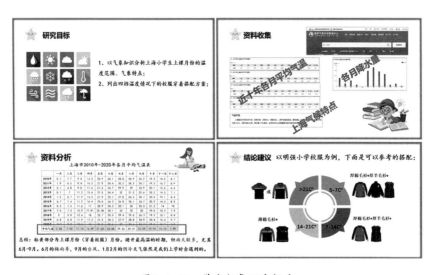

图3-2-15　学生气象研究报告

图3-2-16　学生的创新劳动成果
"无接触智能洗手液按压装置"

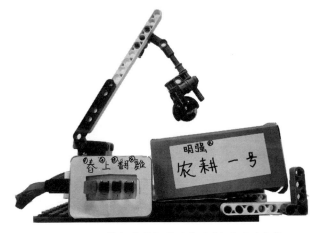

图3-2-17　学生的创新劳动成果"智能舂米机"

【案例3-2-16】劳动"成果"，硕果累累①

在课程开发与实施中，组建了劳动课程开发小组，开发《作文地图行走课程》《探秘墨宝农场》《玩转墨宝果园》等劳动课程；《墨宝四季厨房》等食育课程；食育文化节、春耕秋收节等节庆课程；家校亲子劳动教育课程，分年级、定主题、分层次开展项目化劳育活动，并解锁了相应的农场课程花式课表，举全校之力，探索将劳动教育与德智美体相互渗透。

针对基础型课程，对应基础型课程的学科融合劳动课表，结合学科实际情况，灵活安排例如自然植物探秘课、语文农场习作课、数学丈量面积课、英语农场记者课、美术农场写生课等；对应拓展型课程的劳动课表，例如墨宝四季厨房、墨宝小农夫、食育文化课程、春耕秋收节庆课程等；对应探究型课程的项目化劳动课表，例如温室工程、机器人播种、无土栽培、搭建黄瓜架等，整体架构劳动教育课程，包括这学期试行的课后看护劳动课程。

在劳动教育开展过程中，利用墨宝评价系统，发放校内虚拟货币"墨宝积分卡"，对学生个人、班级集体的劳动过程与成果进行评价。评价结果纳入班级流动红旗、农场小管家等评选活动，关注劳动教育效果的实际达成。

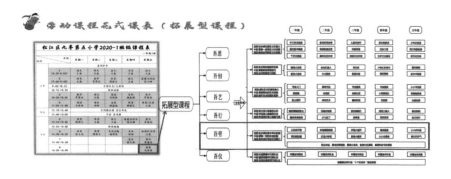

---

① 选自上海市松江区九亭第五小学凡芷芯的论文《以"墨宝农场"为载体提升小学生劳动意识的实践研究》.

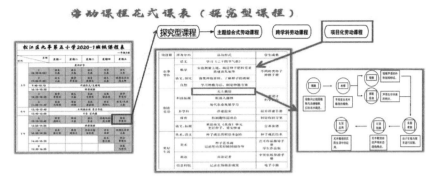

图 3-2-18 学校劳动教育校本课程内容及成果

劳动课程花式课表 (课后服务劳动课程)

课后服务课程安排 (16: 30-17: 30)				
周一	周二	周三	周四	周五
体育精英	体育精英	体育精英	体育精英	体育精英
鼓号	模型	鼓号	模型	英语戏剧
彩泥	折纸	名画拼图	刮刮乐	Scratch编程
书法	合唱	舞蹈	书法	国画
墨宝小农夫	墨宝四季厨房	墨宝小农夫	墨宝四季厨房	墨宝小农夫

图 3-2-19 课后服务劳动课程

3.能力储备,职业启蒙

学校劳动教育,就是要培养未来时代新人,为学生未来职业生涯打下良好的基础。因此,职业启蒙是小学劳动教育的关键,是学生能力储备的重要内容。围绕职业启蒙,学校需要整合教育资源,搭建了"学校主导、家庭参与、社会支持"的实践共同体,建立了"学校+家庭+社会"三位一体劳动教育培养实施路径,包括以培养独立意识为目标的家庭劳动课程、以培养责任感为目标的社区服务课程、以职业规划为目标的社会实践课程。

(1) 绘制职业手账,打开学生生涯认知世界

围绕职业启蒙,开展《我的家人》职业家谱家庭手账制作活动,引导

学生用艺术创作图文并茂的手账形式,用文字诉说家人岗位劳动的点滴故事;用画面记录下家人岗位劳动的心灵旅程,形成独具特色的职业家谱家庭手账。

低年级:对于低年级的孩子来说手账表达的形式有一定难度。老师就鼓励学生多欣赏,看云课堂中十几位美术老师制作的不同职业微课;多提问,对家人的职业多提出自己的疑问;多收集,把家人的工作照片及与工作有关联的图片资料剪一剪、贴一贴、画一画,用各种形式来生动表达。

中高年级:考虑到这一年龄段学生美术技能上有了一定的基础,对手账布局特点有了初步了解。老师就设计剧本形式,从具体人物视角出发,通过介绍家庭成员,启发学生通过观察、访谈、认知、理解,对于家人的职业特点、职业环境、职业贡献等有更深层次的探究。

图3-2-20 《职业手账》学生劳动成果

(2)融入社会实践,丰富学生职业启蒙活动

小学生职业启蒙教育是引导小学生对当下社会职业进行初步感知、简单体验和对未来职业的憧憬与遐想的启蒙教育,是劳动教育的重要组成部分。从小学生的认知水平、发展规律和成长需求出发,建立了家庭、学校、社会三位一体的联动机制,开展丰富多彩的社会实践活动,帮助学生逐步形成对当下职业的初步认知和对未来职业的憧憬,以及对自我、社会、世界的积极认识,为学生的终身发展奠定基础。

教师带领学生走进社会、体会职业,初步了解各种职业,感悟职业精神,在潜移默化中启蒙了生涯意识,强化了劳动意识。学生广泛地接触了各行各业的社会人,对社会的理解逐步加深,对社会的分工逐渐清晰,对劳动的意义逐渐明确。这样的活动通过与社会接轨,不仅丰富了学生的劳动体验,更让他们清晰地了解到未来职业中所需要的劳动素养,同时也思考着对劳动价值的理解。努力构建出以学校为主导、家庭为基础、社区为依托的协同实施机制,三者形成共育合力,打造学生劳动教育新空间。

多元职业实践,是一种多元的课程网络,辐射到各个年段的学生。低年级学生,他们有探索社会的好奇心,但还不具备到真实的工作场景中去体验的能力,所以学校联系模拟性和趣味性兼容的儿童职业体验馆,如"星期八小镇、地球儿"等场馆,让学生在"角色扮演"的过程中参与职业游戏体验,从中认识和了解多种职业,形成对社会职业的初步认知。中高年级学生,他们具备了一定的社会经验,有较强的观察、沟通能力,这个阶段老师和家长就带领他们进入真实的社会职场进行初步的体验,比如到银行、消防中队、牙防所等,通过专业人员的介绍,全面地了解工作流程、工作内容、工作难点等,再参与到真实的工作场景中,比如清点钞票、如何使用灭火器等。这样的走访体验,重点不是要学生学到多少职业技能,而是让他们在真实的工作场景中观察、感悟、体验、收获,使学生对职业有初步的认识,感受到职业的乐趣。

【案例3-2-17】职业体验之飞行维修员

2019学年开始,基于明强承担的教育部重点课题《发达地区公办小学劳动教育养成体系的实践研究》,明强小学为学生增设小组化的"生活与劳动"课程,培养学生的基本生活技能与劳动能力。老师们经常打破课程实施的时间和空间,带学生走出学校,参与各种社会实践融合活动。通过融合活动为学生创设实践岗位和实践机会,让学生在劳动岗位和实践活动中运用劳动技能,收获劳动成果。

直升机维修实践,不仅让学生们大开眼界同时锻炼了学生们的动手能力,增加了社会实践经验,在实践活动中不断提升个人职业技能,为今后的个性化发展教育和找到合适自己的就业方向埋下兴趣的种子。

家校合作支持下,学生实践直接体验和亲身参与,注重引导学生从真实需求出发、亲历情境、亲手操作、亲身体验,经历完整的动手实践劳动过程,激发学生参与劳动的主动性和积极性,养成自觉自愿、吃苦耐劳、团结合作、珍惜劳动成果等品质。

在劳动教育的过程中,也应培养学生的劳动精神,学会做人做事,丰富学生的日常生活,树立正确的人生观、价值观,培养学生的社会责任感,使学生潜移默化地受到丰富的道德教育的影响。可见,劳动教育是以学生真实的学习和生活状况为基础,以实际项目为载体,具有很强的说服力和号召力。学生在学习做事的过程中学会了行为规范,形成了强大的内化力量,大大提高了教育的有效性。

(3)构建启蒙课程,培育学生劳动综合素养

在课程构建中,通过构建分年段的职业启蒙教育实践模块,建立家庭、学校、社会三位一体的联动机制,有效保障职业启蒙教育的开展和实施,夯实每个学生的职业生涯发展的基础,提升了学生生命成长质量。

厘清职业启蒙课程的分年段实践模块。三大模块有机配合、联合和整合。学校发挥自身专业优势,主动指导家庭,帮助家长认识到职业启蒙教育的价值与意义,并掌握实施职业启蒙教育的方法与策略;家庭理解学校实施职业启蒙教育的目的与价值,主动参与职业启蒙教育,为学生的终身发展贡献自己的力量;社会充分地提供适合的资源,让学校更好地开展职业启蒙教育,让学生对社会对职业有一定的认识,同时促进学生的自我认识,形成初步的生涯规划。

制定课程的实施目标、内容、途径。不同年段学生对于职业启蒙需

求不同,相同内容和要求的活动不可能满足全体学生的发展,因此,根据学生发展规律,将职业启蒙教育按不同年段划分,设置递进、螺旋上升的实施目标、内容和途径。

以低年段为例,该年段学生年龄小,很多连爸爸妈妈职业做什么都不知道,更不要说社会上的众多职业了。因此针对低年级学生,老师给学生讲职业绘本,把身边常见的职业编成职业读本供学生学习;在家里,学生在老师、家长指导下完成职业树的制作,再通过自评、互评等方式进行过程性评价;在社会中,利用周末时间老师、家长带领学生到职业体验场馆进行参观、体验,形成对社会职业的初步认知。这三大版块内容通过家校社协同合作,有机融通、相互渗透、互为补充,形成了立体的、有序的、完整的模块体系。

表3-2-13　职业启蒙课程的目标、内容、途径体系表

模块一:小学生职业启蒙——学校教育			
	目　　标	内　　容	途　　径
低年级	1. 对自我和外部世界有好奇心与兴趣。 2. 适应学校生活,了解学校中的各种职业。	读职业绘本故事;认识身边的职业,如教师、保安等。	每周的阅读课上,老师筛选适合低年级学生阅读的职业绘本故事,推荐给学生阅读;把低年级学生常见的职业编写成教材,通过每月一次的班会课落实。

模块一:小学生职业启蒙——学校教育			
	目　　标	内　　容	途　　径
中年级	1. 有较强的自我意识和对外部世界探索的兴趣 2. 热爱学校生活,了解各种职业的工作内容	听爸爸妈妈的《职业故事》;认识有趣的职业,如闻香师、酒店试睡员等。	通过家长课程,让爸爸妈妈给学生讲述《职业故事》,了解各种职业的工作内容;通过班会课学习学校自编教材《有趣的职业》,激发对外部世界的探索兴趣。

	目　标	内　容	途　径
高年级	1.对未来的职业充满期待和憧憬 2.享受学校生活,尊重劳动成果、感悟职业精神。	认识未来的职业;开展"校园职业体验"活动,撰写微报告。	通过班会课学习学校自编教材《未来的职业》,产生对未来职业的憧憬;通过"校园职业体验",撰写《体验微报告》,懂得尊重劳动者。

模块二:小学生职业启蒙——家庭实践

	目　标	内　容	途　径
低年级	1.了解家庭成员及其职业,增进情感交流。 2.参与家庭生活,知道家庭分工	制作职业树了解家庭成员的工作;了解家庭成员的家庭岗位分工,选择1项尝试做	在老师、家长指导下完成职业树的制作,进行自评、互评
中年级	1.热爱家庭成员,知道家庭成员为家庭做出的贡献 2.热爱家庭生活,学习家庭不同家务岗位工作	制作家庭职业图谱,了解更多职业信息;选择2—3项家庭岗位轮换做	在老师、家长指导下完成家庭职业图谱的制作,进行过程性评价
高年级	1.了解家族成员及其职业,知道为家族做出的贡献 2.意识到自己与家庭的关系,愿意为家庭付出	制作家族职业图谱,了解家族职业信息;选择有挑战性的家庭岗位坚持做	在老师、家长指导下制作家族职业图谱,班级、学校层面评价

模块三:小学生职业启蒙——社会体验

	目标	内容	途径
低年级	1.具有探索外部世界的好奇心与兴趣。 2.初步了解社会,知道社会中的各行各业。	参与职业游戏体验,从中认识和了解多种职业,形成对社会职业的初步认知	利用周末时间老师、家长带领学生到职业体验场馆进行参观、体验

续表

	目　标	内　容	途　径
中年级	1.知道父母和他人的职业及对社会的贡献。 2.初步体验职业,尊重所有劳动者。	实地体验,了解工作流程、工作内容等,再参与部分边缘性的工作	利用寒暑假老师、家长带领学生进入真实的社会职场进行初步体验
高年级	1.意识到自己学习与未来职业的关系。 2.体验职业,感悟职业精神。	体验父母的工作,了解父母工作的内容,感悟父母工作的快乐与不易。	利用寒暑假,学生组成体验小队,跟着爸妈去上班

形成家、校、社三位一体的联动机制。本课程在进行小学生职业启蒙教育的模块设计中,打破了学校、家庭、社会三者之间的壁垒,形成三位一体的联动机制,构建年段清晰、有机衔接、内涵丰富的实践体系,以达成启蒙教育之目标。

职业课程齐上阵。确定了"纵深关联、螺旋上升"的课程主线,自编了适合不同年段学生学习的职业启蒙读本,低年级读本《身边的职业》,主要通过讲讲、看看、玩玩的形式,让学生初步了解身边的职业,如教师、医生、快递员、环卫工人等,激发学生对这些职业的热爱与尊重。中年级读本《有趣的职业》网罗各行各业中的新兴职业,如旅游体验师、闻香师、宠物美容师等,拓宽学生的视野、延展职业的范畴。高年级读本《未来的职业》引导学生对未来职业进行展望和憧憬,从而了解未来从事这些职业需要具备的职业技能和素养,激发学生学习的潜能和动力,为今后的职业规划奠定基础。

总的来说,面对未来的劳动教育,要以国家对劳动教育的指导意见为依据,充分体现了新时代劳动教育的价值及意义,遵循小学生普遍的认知特点、成长规律以及兴趣爱好,以"劳动观念、劳动情感、劳动能力、劳动习惯"四大维度为劳动素养目标,以德智体美劳五育有机融合为壤、以培育正确劳动价值为干,将自然科学、信息、语文、数学、音乐、美术等学科有机融通,强化基础"劳技学科劳动教育实施",多维探索"多学科融合劳动教育实施",策略驱动"劳动教育综合活动课程实施",在课程领域中统筹学习时间,拓宽教育空间、联动家校社资源,打造旨在培育未来复合型人才的融合性劳动的教育生态。

第三章　融汇生活体验:拓展劳动教育广度

劳动活动,主要是指由学校组织的校内外与劳动教育相关的活动,是对学生实施劳动教育养成不可缺少的重要路径,也是对课内劳动教育的必要补充,是丰富学生劳动实践的重要组成部分。

融汇生活体验,拓展劳动教育广度。围绕学校教育、家庭实践、社会体验三大模块,开展劳动教育实践体验。其中,学校作为主阵地开展活动、家庭参与协同活动、社会提供教育资源,三方的紧密配合,可以实现劳动教育全域联动,促进劳动教育及学习场域的"自然交融"。

学校根据不同年龄段的学生特点,对接实际生活,开展具有多维度、多主题的小学生生活体验的劳动技能培养活动。具体见下表:

表3-3-1　小学生生活体验的劳动技能培养内容

学段	劳动内容类别	审美类	创作类	服务类	学习类	竞赛类	自理类
一年级	家庭劳动	我的穿衣我做主(搭配衣服)	制作垃圾分类卡片	给父母洗脚	学择菜	闪亮小书包	独立洗脸刷牙
	学校劳动	手抄报	DIY纸杯电话	班级卫生	学习削铅笔	漂亮的包书皮	整理书桌
	社会劳动	角色扮演(孝道)	草莓采摘体验	环保宣传	学看红绿灯	安全宣传员	不乱扔垃圾

学段	劳动内容 类别	审美类	创作类	服务类	学习类	竞赛类	自理类
二年级	家庭劳动	包漂亮的饺子	家电的使用	给家人捶背	价格能看懂	争做小小帮厨	叠被子
	学校劳动	制作节日贺卡	树叶绘画	保护学校—捡垃圾	学会乘公交	桌椅管理员	打扫教室
	社会劳动	角色扮演（勤劳）	爱心义卖	文明宣传	种蔬菜	环保小先锋	学会谦让
三年级	家庭劳动	装饰卧室	制作垃圾盒	泡茶	独立购买用品	勤劳小蜜蜂	整理卧室
	学校劳动	制作风铃	变废为宝	排桌椅	学习物品的归类整理	学习小标兵	擦黑板
	社会劳动	角色扮演（责任）	种植养护植物	清楚小广告	安全过马路	乐于助人小明星	尊重他人劳动成果
四年级	家庭劳动	DIY创意饼干	制作一个节约用水的装置	打扫家里卫生	学做一道菜	小小美食家	扫地洗碗
	学校劳动	制作生态盆景	做陶瓷	擦玻璃	学习图书的借阅和归还	闪亮小主播	自己上下学
	社会劳动	与农民工一天	养小动物	探望敬老院	礼貌打招呼	观察笔记	扶老人过马路
五年级	家庭劳动	用烤箱做蛋糕	用废纸盒或瓶子制作物品	给家人做一顿美味的饭菜	压岁钱理财	生活小达人	洗衣服
	学校劳动	创意黑板报	小车设计制作	扫楼梯走廊	学习制作毕业纪念册	小小发明家	校园劳动
	社会劳动	走进贫困家庭	农耕体验	修剪园区绿植	垃圾分类	劳动之星	节约粮食

进一步丰富新时代劳动教育活动，开发多样化的校内外生活体验活动，将劳动教育与学生的校园生活、家庭生活和社会生活有机结合起来。通过浸润、深入、走入，丰富学生校内外劳动体验，拓宽劳动教育时空，提升学生劳动综合素养。

一、让劳动体验浸润校园

基于学生的成长需求，劳动岗位的创设、劳动空间的再造等劳动实践体验，是校园生活劳动的重要的组成部分。

为了让学生更好地参与校园生活，可以开展多样化的劳动岗位体验，比如学生可以合理、有序、整齐地摆放教室物品，并在卫生清扫后及时整理劳动用具；他们可以主动维护黑板、课桌、教学仪器；并可以普及班级校园环境美化知识，让班级、学生认领绿植并进行养护。此外，学校对所负责的卫生区和教室实行分块管理，确保校园生活劳动的顺利开展。其中，"强强当家"就是一大特色。

（一）劳动岗位的创设

在"明事理、明自我、强体魄、强精神"的校训指引下，明晰事理、认清自我、强健体魄、锤炼意志，引导学生参与到劳动实践，实现自主性劳动，共同创造更美好的校园生活。为了更好地反映新时代的特点和内涵，学校在现有研究基础上不断深化和扩展"强强当家"教育内涵，提升育人成效。

学校进一步梳理和完善"强强当家"系列化劳动内容，形成"班级当家之班级岗位我能行""校园当家之校园管理我参与""家庭当家之家务劳动我有责"的三位一体的劳动当家系列。具体见下表：

表3-3-2 学校"强强当家"的系列化劳动内容

序号	名称	主　题	内　　　容
1	班级当家	班级岗位我负责	班级当家系列,以各个班级的各种小岗位建设为载体,形成集合班级教室卫生、自主管理、纪律维护等功效的各种岗位劳动,让学生在班级常态化生活中通过自主的劳动实践实现班级生活的自主创造。
2	校园当家	校园管理我参与	校园当家系列,以三至五年级每个班级每周轮流参与校园自主管理劳动为载体,形成集合升旗仪式、礼仪示范、文明评价、互动宣传等功效的管理型劳动体验,让学生在参与示范、引导、评价中体验校园管理的劳动收获。
3	家庭当家	家务劳动我能行	家庭当家系列,则是以引导每位学生在家庭生活中参与各种自主性劳动体验,形成生活自理、学习自理、家务协助等功效的生活化劳动常态体验,让学生在参与和家人共同的亲子劳动中共创家庭生活的美好。

1.班级当家系列

班级当家系列,以各个班级的各种小岗位建设为载体,形成融合班级教室卫生、自主管理、纪律维护等功效的各种岗位劳动,让学生在班级常态化生活中通过自主的劳动实践实现班级生活的自主创造。学校校内生活的服务型劳动,重点培养学生的劳动观念和劳动习惯。

(1)竞争上岗,人人上岗

立足学生立场,根据学生不同的个性、特点,利用劳动小岗位发挥学生优点,解决学生存在的问题。小学生参与劳动小岗位的热情和兴趣非常强烈,但是学生的自我认知能力很弱,普遍缺乏承担岗位职责的生活经历和直接经验,只是期待有一个展示自己的平台,培养他们履行岗位职责的行为能力,让他们在岗位实践中有所成长。让学生对于班级劳动小岗位有整体认识,在初步了解岗位分类后,寻找适合自己的劳动小岗位。初步培养学生的劳动意识,准备寻找适合自己的劳动小岗位。通过竞聘活动,让学生参与并倾听竞聘演讲,并对演讲进行评价,以便让他们了解自己所要承担的岗位职责,从而对劳动小岗位有正确的自我定位,并最终确定自己的小岗位。

人人都有一个小岗位,这些小岗位构成了班级自主管理的网络,每个小岗位都是非常重要的网络节点,每个学生都有自己力所能及的岗位,有机会参与班级管理,为班级服务。这样,班级的事情就由人来做,事情都有人来负责,每个学生都有机会参与,从而形成了良好的班级氛围。

(2) 明确职责,强化责任

根据班级学生实际年段特点,初步制定基本的岗位职责。劳动小岗位设置是逐步完善的,明确岗位职责,指导学生逐步掌握工作方法和技能,增强小岗位工作责任心。基于学生的认知特点,把岗位列成表格或者制作成简单的图示,以便于学生理解和明确岗位的职责。其次,岗位职责必须在实践的过程中不断认识和明确。在岗位实践过程中不断明确职责,强化职责,岗位的职责目标就会更有效地落实到位。

(3) 巧妙轮换,丰富体验

小岗位的轮换给更多的学生提供更多的锻炼机会,丰富学生在不同岗位上的体验,通过轮换学生还能与不同的个体进行合作和交流,取长补短,有利于开放心态,在共同经营班级生活的过程中提升小岗位实践能力。岗位轮换要根据班级学生的实际情况而定,尊重学生个体差异,关注岗位轮换对班级建设的发展意义。

【案例3-3-1】班级小当家 劳动我能行[①]

班级小当家,需要家长的支持。在暑期家访和家长会上向家长明确劳动教育的重要性,引导家长理解正确的教育理念。通过积极引导,

---

① 选自上海市闵行区七宝镇明强小学王洁的案例《班级小当家 劳动我能行》.

家长开始有意识地让孩子在家练习值日必备的几个劳动技巧,如扫地、拖地、擦桌子、换垃圾袋等。

班级小当家,需要学生的自主。通过班会课向学生宣传值日工作的重要性,树立榜样,正面引导学生崇尚劳动、以劳动为荣。身为班级的一份子,我们应当为他人、为自己创造一个良好的学习环境,让教室保持整洁美观。每个学生积极参加劳动,让劳动成为自觉行为。

班级小当家,需要榜样的力量。根据学生入学后两个月以来的表现,小顾和小曹同学的表现让同学们和老师们啧啧称赞。小顾同学每天中午坚持"光盘行动",吃饭又快又好,饭后主动帮助同学摆放餐盒,他不怕脏不怕累,等所有同学吃完了饭后,将餐盒整理得整整齐齐,还将汤桶、汤勺,都一一摆放好。小曹同学则是班里的"拖地小能手",每天他都抢着要拖地,动作有模有样,他拖过的地面干干净净,整洁明亮。他们勤勤恳恳地在自己的小岗位上劳动着,同学和老师都见证了他们的成长。为了鼓励大家学习榜样,热爱劳动,我在全班同学面前为他们颁发了"表扬信",将他们的事迹制作成小报,张贴在教室后墙让大家学习,大家争做"劳动小达人"。

班级小当家,需要规范的制度。建立"值日小组长"管理机制,设计好班级劳动岗位,进行明确分工,由值日小组长对值日生工作情况进行记录。值日小组长是由学生推选出来的"劳动小达人",他们不仅能对同伴的值日情况做出评判,还能在同伴有困难时帮助对方,达到互帮互助、互相督促的效果。根据值日班长所记录的每日值日情况,每月会评出在值日工作方面有突出进步的学生,评为"劳动小达人",在班内进行表扬,并且在期末评语中有所体现。

班级小岗位,温馨大家庭。劳动小岗位的建设,为学生的成长搭建了舞台,它强化了学生的责任意识,培养了学生积极向上的情感,使之在班集体中实现了自我管理、自我激励、自我追求的和谐统一的教育样态。

【案例3-3-2】用心做好劳动小岗位[①]

一年级新接班开始，积极以小岗位建设为抓手，通过人人为班级出力、认真负责、积极进取的小主人意识的培养，努力形成团结协作、相互欣赏的生生关系，从而把班级创建成一个温馨集体。

一是小岗位的合理设置与落实，唤醒小主人意识，凝聚班级合力

小岗位的定岗来源于班级实际。在定岗位前一个星期，让学生做一个"小小观察员"，找找班级中每一个角落需要哪些工作。然后让孩子们"亮化"小岗位的名称。如：绿化小天使、节能小卫士、黑板美容师……定好的岗位马上张贴在"百花齐放"图上，一个花瓣上写上一个小岗位。随着一个个岗位上墙，一阵阵热烈的掌声在教室里回响。选岗、定岗后，班中人人有小岗位，班中事事有人做，人人有事做。

二是小岗位的灵活轮换与调整，丰富学生体验，促进大家庭的融合

学生换岗：也称小岗位的轮换，它能给学生提供更多的锻炼机会，丰富学生在不同岗位上的体验；通过轮换，学生能与不同个体进行合作，有利于开放心态，促进班级大家庭的进一步融合。

岗位调整：小岗位是因需而设的，随着学生和班级的共同成长，有些岗位需要及时调整，甚至适时废除，根本目的也是为了促进班级温馨氛围的形成。

三是小岗位的持续管理与评价，强化自主意识，促成合作发展

小岗位的部门管理为了方便管理，根据岗位性质把小岗位分设四个部门：劳动卫生部、服务管理部、课间安全部、学习比赛部。部门的设立，有利于促进学生之间互帮互助、友好协作关系的形成。

小岗位的多元评价：跨部门的日常检查、部门工作的每日反馈、基于日常检查基础上的每月评优。

---

① 选自上海市闵行区七宝镇明强小学杨晓靓的论文《劳动小岗位建设》.

2.校园当家系列

学校劳动教育要以唤醒学生劳动权利、责任和意识为前提,充分尊重学生的主体地位,紧紧围绕师生共育的双主体,尊重学生的劳动需求与愿望,在真实性劳动教育情境中开展多样化的劳动教育"互育"课,进而实现以劳树德、增智、强体、育美的丰富价值,更好地促进学生身心和谐发展。

校园当家系列,以三至五年级每个班级每周轮流参与校园自主管理劳动为载体,形成集合升旗仪式、礼仪示范、文明评价、互动宣传等功效的管理型劳动体验,让学生在参与示范、引导、评价中体验校园管理的劳动收获。

【案例3-3-3】我们的"强强大当家"[①]

强强当家,作为大队部的"大当家",从注重认知、训导转化到亲身实践、感悟体验,学生将逐渐从被动执行者转变为行规教育的主动实践与传播者,从校园的被管理对象转变为自主管理的小主人。

"强强当家"的职能分工明确。以大队部为例,学校大队部包括大队主席、大队副主席以及6大部门,分别是组织部、体育部、纪检部、宣传部、文娱部、劳动部,其中每个部门又对接每个中队委员。

"强强当家"是学生劳动实践的主要阵地。从少先队大队部引领、到中队的值周工作、再到"强强当家示范岗",每项劳动体验都能激发学生主动劳动,都有学生自主化地提醒、检查、评比、反馈机制,努力实现对学生规范常态的自我管理。在当家过程中,学生还组建校园内外志愿者团队,在校及时劝阻不文明行为,开展学校服务型劳动体验等事宜;在社区进行文明楼道创建活动、防疫小志愿者行动等等,每一位学生都在劳动实践中实现成长,更在意志锻炼中实现自主劳动。

---

① 选自上海市闵行区七宝镇明强小学胡韵雯的案例《强强当家》.

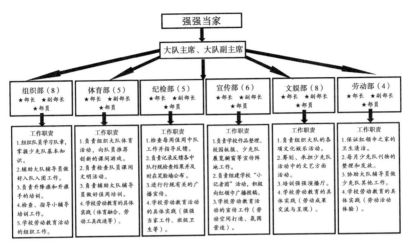

图 3-3-1　大队部"强强当家"组织分工

新时代的劳动教育在强调开发综合育人价值的同时,要激活学生劳动价值观,要强化岗位体验与劳动实效的结合。在实践体验中,让学生亲历劳动过程,在劳动创造与实践育人深度融合中回归劳动教育的初心。其中学校的志愿者队伍也呈现出了独特的精彩。

【案例3-3-4】"小黄帽"在行动①

大大的校园里,老师、阿姨们每天都会发现遗留在校园里各处的校服、口罩、口风琴等等生活、学习用品以及随手丢弃的垃圾,这些时不时冒出的"不速之客"让大家苦恼不堪。如何改变现状,学校组织学生开展讨论,孩子们纷纷发表想法,作为校园小主人的学生有责任担起服务校园的义务,责任意识被唤醒,劳动愿望被激发,学生部成立了一支"小黄帽"护校志愿者队伍,小黄帽全部是学生志愿者。孩子们以劳动为光荣、以志愿服务为自豪纷纷报名参加,志愿者队伍不断壮大。

于是,午间的校园里总能看到一群"小黄帽",身穿黄围裙,一手垃圾袋,一手垃圾钳的孩子在大家眼前走过,他们三五成群活跃在校园的

① 选自上海市闵行区七宝镇明强小学沈新红的案例《"小黄帽"在行动》.

各处，那是校园的劳动志愿者开始了每天中午的护校活动。看到垃圾捡一捡，看到同学们遗落在校园内的物品带回到志愿点"红领巾失物招领处"按不同类型折叠、规整好，看到不文明行为劝一劝等等。志愿活动开展至今，校园更文明、更整洁。孩子们在护校志愿劳动过程中体会到了辛勤付出可以换来美丽的劳动成果，明白了生活因劳动而更美好，劳动者最美。从发现问题、研究问题、解决问题出发，护校志愿者行动提供了学生成长平台，学生在真实的劳动实践中体验、感悟，反思，学会换位思考，懂得心怀感恩，学校服务型岗位体验与劳动育人巧妙结合。

创设校园劳动岗位，让劳动美浸润校园每一处。在班级当家、校园当家等劳动岗位中孩子们的协作能力、沟通能力、交往能力、吃苦耐劳精神大大提升，对其成长有着重要意义。把劳动教育融入校园，融入生活体验，在儿童心中播下爱劳动的种子，树立正确劳动价值观，促进学生在热爱劳动、尊重劳动中健康成长。

（二）劳动空间的再造

融入生活，学校劳动活动需要不断创新。新时代劳动活动，需要活动体系的支撑，需要场地、工具、材料等物质支持，需要为学生提供足够的劳动空间，助力每个学生的健康快乐成长。为了落实国家关于加强中小学生劳动教育的要求，让学生在校园内更好地体验到劳动的魅力，学校对校园劳动空间再造，实现劳动活动创新。

充分利用校园内场域，整合教育资源，让劳动空间更广阔。其中"一米农田"就是劳动空间再造的校本实践，为校园劳动开拓新空间。它是校园内为培养学生的劳动能力而设置的一种生产型劳动，每个班级都有专属责任田，让学生参与种植、管理、收获等农业活动。在这里，每个班级都有自己的责任田，学生们可以在责任田上亲手体验种植、浇水、收割等每一个生产环节，更好地理解自然规律和劳动过程，感受大自然的奥妙和劳动的快乐,从而更加珍惜粮食,感恩劳动,树立正确的价值观念。同时在劳动实践体验中也锻炼了自己的劳动能力和团队协作精神。校园劳动空间再造,让学生们在校园内拥有了更多的劳动体验,为他们的未来奠定了坚实的基础。

【案例3-3-5】一米农田,为校园劳动开拓新天地①

明强小学西校区每个班级都有专属小农田,每个班级有一本"一米手册",手册里有班级建设公约,大家可以填写集体讨论的过程,用画笔或文字介绍想种植的种子。每个班级还需建立一个种植社团,每次12人以内,每个岗位都设置了有趣名字:比如浇水小达人、天气预报员等。每一个月进行岗位轮换,确保让班级中每位同学都能参与到劳动活动。在一米农田每位同学都能感受从一粒种子到餐桌上的美食,需要经历春播夏长秋收的自然生长过程,更需要辛勤地用汗水浇灌。

一、"一米农田"的系列活动

1. 分年级进行劳动实践体验

根据不同年段学生的成长需求,在"一米农田"实践推进中制作了不同的活动目标,开展了各类劳动实践体验活动。

一年级——成长豆豆我守护。一年级每位孩子在入学第一天都会收到一颗"成长豆"。利用十分钟队会、少先队活动课等时间,与老师、大队委员们一起搜寻"成长豆"的相关资料:属于什么植物,该如何种植,种出来是什么形状。在老师和大队委员的协助下将每个人的成长豆按照手绘编号种进一米农田。每天观察豆豆的变化,可以用手机拍摄照片或录像,以绘本的形式进行记录和观察。每月利用十分钟队会等平台,大队委员走进一年级各班,了解一年级同学的种植情况,同学间互相分享种植成功或失败的经验,向伙伴承诺自己会定期呵护豆豆,并且及时关心同伴的豆豆成长情况。在积累了一段时间的种植经验

---

① 选自上海市闵行区七宝镇明强小学邵玉茹的案例《一米农田,劳动教育的起点》.

后,谈谈自己的劳动感悟。

二、三年级——我的农田我做主。发挥队员的自主及创新能力,共同讨论大家最想种植的植物或水果以及当下季节适合种植什么。科技老师、学校园艺师傅、队员家长等作为智囊团给予意见参考。购买种子,成立种植社团。了解种植的具体步骤,队员分工合作,制作成手绘小报,为种植做好前期准备工作。以红领巾电视台作为平台,队员绘制种植日记或以 vlog 形式宣传、分享自己中队的种植过程和经验。

四、五年级——农田生活我来创。队员们在种植基础上,体验丰富的农耕文化。了解并学习24节气与农业种植的关系,搜集、诵读与农耕相关的诗歌。创编各种蔬果版的种植童谣,将种植的完整过程和步骤写进童谣,便于实际操作。与同年级、低年级队员一同分享种植成果,并与学校品牌科技学科活动《小小爱迪生》之"小厨房大奥秘"相结合,制作一道可口美味的菜肴给父母、同伴品尝。

2. 系统化组织推进劳动实践

一是组织种植小组。班主任倡议学生自带种子并种植。根据班级人数成立种植小组,种植小组通常由8人组成,按学号轮着去养护田地,观察植物的成长。每人都有自己的小岗位:一位组长,一位天气预报员,一位劳动工具管理员,一位植物生长记录员,两位浇水小达人和两位松土大力士。每个小组按照周一到周五的顺序参与种植活动,劳动时间主要放在午饭后,由组长负责协调。

二是共享劳动成果。学生们一起观察植物的成长,共同拿起劳动工具,学习播种、给土壤松土,丰富劳动认识,了解农业劳动的规律性,分享农业劳动的成就感,笃行劳动行为,从而让孩子们更加珍惜农业劳动的成果,劳动情感更加充沛,让人更加自信,更加愿意进行劳动活动。

三是拓展劳动空间。由于天气等客观因素会阻碍小朋友的劳动,所以感兴趣的同学在家里用花盆种下种子，由自己养护，可以更加细致地观察到植物的成长，体验到劳动快乐，弥补学校里没法经常照顾的缺憾。

二、"一米农田"的智慧分享

1. 借助图片视频，感受劳动的成就感

繁忙的学习之余，每天养护苗苗成为最期待的劳动时间。大朋友、小朋友们用图片或视频记录了苗苗的成长。大家撒下不同的种子，长出的苗苗也不一样。在钉钉群文件里建立了"苗苗成长记录袋"文件夹，大家把图片或视频发到里面。孩子们一面欣赏着自己的苗苗，一边观看着别人的苗苗，那些看起来遥远的菜地、农田仿佛就在我们身边，这种劳动的成就感跃然屏幕之上。

2. 伙伴答疑解惑，探索劳动的规律性

在种植的过程中，会遇到各种问题。比如"故事回放"中的浇水：到底多久浇一次水？一天中什么时候浇水最好？还有其他的问题：为什么种了几天了，还不见动静，能不能翻开土看看小种子是否发芽？菜叶为什么变黄了……

午会课会进行答疑解惑，主要由有经验的孩子来完成。每次还会有解决不了的问题，由孩子查阅书籍或请教家人等方式解决。在遇到问题、答疑解惑的过程中，孩子们不仅获得了菜苗生长的基本常识，还认识到劳动不是凭借自己的兴趣来完成，不要急于求成，不能有"拔苗助长"的心态，要尊重植物的生长规律，才能让植物长得更好。

3. 诗画作文创作，珍惜劳动的成果

为了激发小学生的学习兴趣，可以画一画苗苗生长的样子，编写劳动的童谣，写一写自己的劳动收获。看着图文并茂的作品，孩子们进一步认识到劳动的价值，也理解到一颗种子成长为餐桌上的菜所经历的辛苦过程，这对于珍惜粮食是最好的诠释。

三、"一米农田"的实践感悟

1.智慧引导,保护劳动的积极性

热爱劳动是儿童的天性,一米农田对于儿童来说,就是一扇发现农业世界的窗口。孩子们在第一次拿起小铁锹、小水壶去一米农田种植的时候,眼睛就放射出热烈的色彩,看着自己亲手种植的苗苗不断长大,仿佛看到了一个诱人的、有趣的、美好的劳动目标的小路。但又因为学校的农田只有"一米",我们开辟家庭的微田地——变花盆为"农田",保护孩子对劳动的这种积极性,促使劳动成为一种持续性行为。

2.实践体验,增强劳动的创造性

初步参与一米农田的劳动过程中,儿童们不仅认识了劳动工具,还能创造性地改进劳动工具。比如,在浇水的过程中,儿童们一开始要用水壶的花洒浇,这样容易保护刚出土的小芽。后来浇水时可以拿下花洒,因为成长中的苗苗需要更多水分,去掉花洒可以提高效率。可以看出,创造性劳动是建立在开放性思维和挑战性实践的基础之上的,不仅仅是靠激情、靠运气、靠蛮干,而是一种基于实践智慧的巧干来进行创造性劳动,助力学生拓展思维,增强农业劳动的创造性。

3.合作研讨,提升劳动的科学性

学校种植小组的小岗位分配,是分工合作的尝试,每个人各司其职,在劳动的过程中不断总结劳动的科学规律。每个班级的钉钉群都设置了"苗苗成长记录袋",这是分享交流的重要平台,比如说同学们经常在群里提问到底什么时候浇水合适呢?之后孩子们在实践中发现,中午太阳火辣辣的,土壤也热乎乎的,这时浇水会"烫坏"苗苗。因此总结出早上和晚上浇水比较合适。这些实践的智慧,都是合作研讨的智慧结晶,让孩子们用更加科学的方法养护苗苗。

春种一粒粟,秋收万颗子。"一米农田"在农田中种下了一颗颗种子,也在孩子们心中种下了一颗颗种子,一颗美的种子,一颗劳动的种子。将来,农田收获了果实,孩子们更收获了自信、乐观、劳动能力。从小事中激发大情怀,这就是"一米农田"开出的最美劳动之花。

二、让劳动体验深入家庭

家庭强强当家系列,是以引导每位学生在家庭生活中参与各种自主性劳动体验,形成生活自理、学习自理、家务协助等功效的生活化劳动常态体验,让学生在参与和家人共同的亲子劳动中共创家庭生活的美好。

(一) 生活自理能力的培养

针对小学生的家庭生活,可以通过落实生活自理的活动来培养他们的生活自理能力。在家庭教育中,通过寓教于乐的方式让学生学会自理的方法,并树立生活自理的意识。具体来说,包括学生在日常生活中能够自己处理做饭、吃饭、卫生和学习等方面的事情;能够处理好人际关系,独立处理一些事务;在年龄增长过程中能够独自承受各种压力;并能够独立思考、理解和解决学习中遇到的问题。通过这些方式,可以培养小学生的生活能力和独立思考能力,帮助他们更好地适应未来的生活和学习。

生活自理中劳动素养的培育主要集中在劳动习惯和劳动能力上。通过劳动实践活动,促使学生习得更多的劳动能力,从而慢慢形成良好的劳动习惯和品质,这也是提高个人生活品质的重要路径和保障。家班共育是关键,整合家校教育资源,进行多元化的劳动教育实践探索,达成教育目标和愿景,即劳动创造美好生活、美好生活劳动创造。

【案例3-3-6】劳动最光荣,实践促成长[①]

基于小学生的年龄特点及能力因素,学校组织学生开展了不同类

[①] 选自上海市闵行区民办振兴小学李林的案例《劳动最光荣,实践促成长》.

型的家庭劳动教育实践,全面提升学生的生活自理能力。

一二年级,小小内务我能行。低年级的学生年龄尚小,首先要学习自己的事情自己做,学会自己穿衣、系鞋带、整理书包等简单劳动,并养成能自己完成的好习惯。同时,还要学会能够帮助父母做一项力所能及的家务,比如:浇花,捡碗筷等。

三四五年级,我是家务小能手。随着年龄的增长,中高年级学生的生活自理要求就得有所提高了。在老师和家长的指导下,学生要能熟练使用劳动工具,能够独立整理好内务、掌握各种衣物的洗涤、做好垃圾分类等。同时,要发挥好小主人翁意识,要能够主动帮助家人做一些家务,形成为家人服务的劳动观念。

各个年级的队员们将劳动视频拍摄下来剪辑成短片并在全校进行展示,这也大大提高了队员们的劳动兴趣。

【案例3-3-7】家庭劳动指导微课①

家庭教育与学校教育不可分割,对于小学生生活自理能力的培养,家庭生活无疑是实践的主阵地。针对不同年龄段学生的特点,结合自理能力培养的需求,展开各年段的家庭劳动指导微课制作。

1.整理书包小能手,生活用品按类放

一年级的学生刚入学,首先从自理能力的基础训练做起。胡老师基于一年级学生的年段特点,制作了整理书包的家庭教育指导微课。

老师通过视频指导学生进行分类,在掌握方法的情况下,以竞赛的形式鼓励学生动手去实践,并思考:怎样整理得又快又好呢?学生交流,老师梳理总结。

通过全班参与,与榜样视频对照,学生活学活用,不仅掌握了理书包的方法,还体会到了劳动带来的乐趣和成就感。

---

① 选自上海市闵行区七宝镇明强小学唐红的论文《今天,我们怎样做家庭劳动教育指导》.

2.书桌收纳小达人,每日学习有条理

中年段学生已基本掌握基础型自理能力学生能力的提升性,实现劳动素养上"生长"。卢老师在《收纳小达人》一课中设计这样环节:

★师生互动,方法初探

师:小朋友们平常会整理自己的家里的书桌吗？整理书桌看似简单,其实可不简单哦。大家有哪些整理书桌的小妙招呢？

师:看,这个小朋友比较犯愁。来为他支支招。该怎样收纳书桌上的各类物品呢？下面我们来看看我们班蔡同学是怎么在妈妈的指导下收纳书桌的吧！

师:看了视频,你们了解到了哪些收纳方法呢？

课堂环节循序渐进,体现劳动教育活动内容和活动环节的梯度推进,同时减少了学生畏难情绪,有利于学生持续开展家庭劳动实践。

3.晾晒衣物不怕难,日常自理爱干净

高年段的学生已经有了一些劳动的技能和方法,对于这一阶段的学生,希望通过家庭劳动教育指导能启发学生的思维,提升他们发现自理能力中的问题,以及解决问题的能力。比如,可能会遇到晾衣架清洁的问题。蒋老师在《清洁阳台晾衣架》的微课中,设计了这样的环节。

★情景重现,聚焦问题

观看《欢欢的清洁自动晾衣架》视频,启发学生思考问题:应该用哪几种工具清洁晾衣架？晾衣杆太高、摇晃怎么办？晾衣杆小洞和缝隙怎么清洁？钢丝不易清洁,卡顿严重怎么办？

★合作交流,解决问题

四人小组选择一个问题进行讨论交流,教师巡视指导,学生交流总结好办法。

在微课中,呈现四个问题以及对应四个问题的解决策略:选择清洁工具、解决清洁困难、把控清洁细节、巧用维护妙招。回家后,家长跟进老师的指导,进一步引导学生进行实践,强化学生的思维方式,把解决劳动中的问题习惯化。

(二) 参与家务热情的激发

自理能力是一个人的基本劳动技能,在此基础上,参与家务劳动则进一步提升了学生劳动观念中的家庭观和集体观。因此,除了自理能力的培养,参与家务劳动的兴趣也是劳动教育的重要培育目标。教师和家长应共同协作,抓住教育契机,激发孩子参与家务劳动的热情,让孩子在真实的情感体验中感受家务劳动的价值。小学生劳动的实施注重学生自主选择、主动创造,但这一阶段学生发展的水平决定了教师对学生的指导不可或缺。教师不仅要在预设学生可能遇到的困难,还要在思想上加以引导,开展及时有效的评价激励。

【案例3-3-8】永不落幕劳动节、美好生活齐创造[①]

捕捉劳动教育的教育契机需要教师的教育智慧,在劳动节期间,不少教师抓住机遇,搭建家校合作劳动教育的桥梁,进一步激发学生参与家务劳动的热情,教师手记如下:

1.唤醒与预热

"五一"劳动节前夕,在班级中布置了一个特殊的作业——做家务。孩子们听了,一个个都摸不着头脑。我带着神秘的口吻说:"孩子们,我们要利用劳动节的三天假期,做一件家务活,可以让家长教给你们方法,在劳动的时候我们还要拍下照片或视频,在班级群里面展示哦!"大家听完后议论纷纷。"做家务?我不会啊……""哈哈,我要让我妈妈用'抖音'来拍视频。""啊?还要拍照啊,看来要好好干家务了。"我笑而不语。

---

① 选自上海市闵行区七宝镇明强小学雷秀春的论文《永不落幕劳动节、美好生活齐创造》.

2.期待与惊喜

劳动节的第一天,我在等待。究竟孩子们能不能在家长的帮助下顺利完成这个特殊的作业呢?终于,在下午一点左右,班级群里出现了第一张照片——小宇拿着拖把弯着腰煞有其事地拖着地。其他的爸爸妈妈们发来了欣赏的表情和赞美的话语。在接下来的两天里,班级群里炸开了锅,家庭劳动新闻不断在群内发布,家长们的热情也前所未有地高涨。看,昊昊正在和外婆一起换床单,这认真的架势真像个小大人;瞧,视频中的小婧一手抄着鞋子,一手拿着刷子,在妈妈的指导下把鞋子刷得干干净净;听,锅中的"滋啦滋啦"声伴着铲子的声响,这厨房里也奏响了劳动的新乐章……

我透过手机屏幕,看着评论,看到的是家长对参与这次活动的感慨,是对劳动教育的认可和对劳动教育态度的转变。当然,作为教师,还要教会家长如何"教"孩子们学习劳动技能。因此我偷偷跟几位干得不咋样的孩子家长私聊,让他们进行指导、鼓励……

果然,在我和家长们的及时点拨、引导、激励下,孩子们劳动的兴趣被大大激发。

3.分享与传递

在家务比拼过后,我们在班级中进行了一堂《天天爱劳动·生活真美好》的主题教育课,针对本次活动进行了展示和分享。所有孩子劳动的画面都展示在大屏幕上,他们一个个兴致勃勃地讲述自己的体验以及收获的本领,很显然,劳动给他们带来了快乐的体验。轮到小米上台讲述自己收获的本领。"我学会了采蚕豆的方法,要把蚕豆转三四圈,这样蚕豆才能拧下来,不然就很费力。"原本有些紧张的他,越说越自信了,掌声响起,我看到,在场的家长代表们发出了会心的微笑……

后来,孩子们争先恐后地谈起劳动的好处。小叶回答道:"在劳动中我们学会了本领,可以帮助爸爸妈妈。"欣欣自豪地说:"我觉得我们长大了,可以独立了。"我点头微笑,通过实践,孩子们已经对劳动有了新的认识。我又在屏幕上出示了人类进化的图片,告诉他们:"其实,正是劳动让原始人类得到进化,是劳动创造了人类!"孩子们看着图片,听着讲解,若有所思。教育目标正在渐渐达成,老师就应该让孩子们在劳动中体验和感悟,让他们明白是劳动创造了生活,劳动最光荣。

最后,现场的几位家长都对孩子的表现给予评价并提出希望。小天的奶奶上台了,她笑着说:"天天,看着你帮爸爸摘菜,奶奶觉得很欣慰。你是我们家的小大人。"长辈们的真心话深深触动了孩子们,他们也体会到不会的事情要学着做,学会的事情要坚持做。

深深感悟到教育是需要多方的合力才能够促成的。如果没有家长用心指导,孩子们就未必真正掌握劳动的窍门,也不会有这种切身的体验。

三、让劳动体验走入社会

劳动教育,是以促进学生形成劳动价值观和养成劳动素养为目的的教育活动。旨在培育未来时代新人,需要深入校园和家庭的劳动体验,还需要走入社会的劳动体验,要充分发挥其社会性。

社会是培养学生劳动技能和劳动习惯的重要场所,通过带领学生走出校园和家庭,在社会生活中开展劳动实践活动,进一步丰富教育资源和教育手段,这样的劳动教育视野就会更宽广,劳动教育形式会更多元化。

（一）因"季"制宜:自然元素的卷入

充分挖掘自然资源,将季节的重要元素融入丰富的劳动中,将自然四季更迭交替中的自然创造活动与劳作活动融汇贯通,以劳动体验为经,季节交替为纬,在活动中引发学生对自然的憧憬,感受劳动让生活更美好。从小学生的年龄特点出发,对劳动教育的内容进行拓展、进行创意,为学生创设更多的劳动体验。

融入自然元素,在社会层面上开展丰富多彩的劳动教育实践活动,即访春季、燃夏季、品秋季、暖冬季,发挥大自然的力量,加强劳动教育成效。

1.访春:播种和寄予

春天是万物复苏、茁壮成长的季节,也是播种与希望的季节。绿意被温暖的春风吹入校园。孩子们手捧希望的种子,走出校门,将它们播撒在更加广阔的天地。访春活动通过走进大自然、开展种植类劳动等活动,体悟劳动的力量,热爱生活,体会到劳动创造美好生活的情感及价值观;孩子们在春天亲手播下希望的种子,在活动中提升劳动观念、劳动情感、劳动能力、劳动习惯等。

【案例3-3-9】走出校园的"开心农场"

一年之计在于春。在这个暖春,学校的"开心农场"走出校园,走到了校外的劳动教育实践基地。在这里,每个班级都有了专属自己的小农田。在这里,大家可以发动集体的力量,用心打造自己班级的自然农场。在这里,小朋友们用自己的辛勤劳动来播种了一颗颗种子,每个人都努力成为"小小农学家"。同时,"开心农场"还有服务型劳动,每个班级都组建了种植社团,每次12人以内,每个岗位都设置了有趣的名字:比如浇水小达人、天气预报员等。每一个周期进行劳动岗位的轮换,确保让班级中的每位同学都能参与到劳动活动中。春天是播种的季节,在劳动中期待孩子们收获成长的香甜果实!

2.燃夏:耕耘和绽放

烈日骄阳,蝉鸣聒噪,热辣的夏季伴随着蒸腾的汗水扑面而来了。热情的夏天,是饱含耕耘与绽放的劳动季。

孩子们向阳而生,通过四史学习,职业体验等活动,让学生在社会寻访体验中,将劳动价值和意义得到提升和延续。孩子们通过暑期研学的方式追寻红色记忆,探访革命基因,聆听先辈故事,歌颂红色传奇,在劳动实践中让红色基因始终流淌在他们的血脉。

【案例3-3-10】鲜花致英雄,传递夏日热情

六月的鲜花在夏季绽放,它们把最美的色彩和热烈献给平凡又伟大的劳动者。在七一建党节前夕,学校童心花艺社团学子走出了校园,来到红色场馆——闵行区烈士陵园祭奠英雄,祭奠值得每个人纪念与尊重的最美劳动者。献上一束鲜花,表达深深的敬意。学子们缅怀历史,厚植爱国情怀;深入了解党的百年历史、重大事件和英雄人物;激励自身树立远大目标,努力学习,拥抱梦想。夏季里的热情在传递,充分呈现了学子献礼之热忱、青春之热情、梦想之热切。

3.品秋:收获和感悟

秋风拂过金色的麦浪,在这个季节,孩子们收获果实、收获成长,在纷飞的落叶与缤纷的果园中捕捉秋日美好。

秋天是个丰收的季节,将秋天的元素融入丰富的劳动教育中,引发学生对自然的憧憬,感受劳动让生活更美好。引导学生明白一切的劳动成果都是来之不易的,从而培养学生养成珍惜劳动成果的优秀品质。

【案例3-3-11】创意劳动,装饰秋的环境①

融入秋天的自然元素,开展"秋收忙,劳动美"主题活动。引导学生了解秋天是个丰收的季节,认识秋天成熟的粮食、水果和蔬菜。培养学生的劳动能力,感受劳动成果都是来之不易的,从而培养学生养成珍惜劳动成果的行为习惯。

开展品秋季的创意"捏中秋"、创意"品"秋橘、创意"贴"秋画的活动,将创意型劳动融汇于品秋季的活动中,也让劳动丰富了学生们的审

---

① 选自上海市闵行区航华第二小学陈瑾珏的论文《创意劳动 点燃秋天》.

美情趣,丰盈了学生们的精神生活。

系列一:创意"捏"中秋

巧学·巧思。老师引导学生了解中秋节的由来,了解中秋节的习俗。美术课上,美术老师指导学生学习彩泥基本制作方法,运用捏、搓、揉、切、戳、混等技巧,完成一个个基本图形。

探究·探学。孩子们个个热情高涨、兴趣盎然,回到家就和自己的爸爸妈妈一起捏中秋彩泥作品,活泼生动的"玉兔"、婀娜多姿的"嫦娥"、充满创意的"月亮"……孩子们发挥想象,通过自己的劳动体验,创造了一幅幅漂亮中秋作品。

创意·创新。孩子们兴致勃勃介绍自己的彩泥作品,介绍作品名称、创作思路,用到了哪些工具等。由同学们投票选出10份最有创意的中秋彩泥作品,评选"创意小达人"。

系列二:创意"品"秋橘

走出校园,走进果园。和爸爸妈妈去附近的果园或菜园采摘秋天的水果或蔬菜,老师收集学生与家长劳动时的照片和视频,制作成视频。将劳动的成果展示在同学的面前,要求学生将实践学习中的所见、所闻、所想整理成小报、书签等等,按不同主题、个性化地展示自己的学习所得。老师带来某同学去果园摘的橘子,一边播放同学们在家DIY水果拼盘的PPT,一边剥橘子、品橘子。劳动带来快乐。

系列三:创意"贴"秋画

走出校园,走进公园。为了留住秋的精灵,开展"与秋叶共舞,树叶粘贴画"活动。孩子们在马路边、公园里捡秋天落叶,然后用一片片树叶展开了创意无限的树叶粘贴画制作活动。不同的叶子有不同的形状、颜色、大小,学生们通过构思、选叶、涂胶、粘贴、装饰的方法创作。

在用树叶织就的七彩世界里,孩子们尽情地发挥想象,收获了对秋季满满的欣赏,对生活的热爱,对劳动有愉悦的体验。

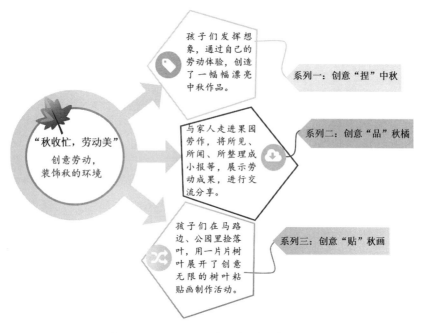

图 3-3-2 "秋收忙,劳动美"劳动实践活动

4.暖冬:积蓄和传递

冬日的寒风中,点点微光汇聚成簇簇温暖。暖冬季,带领孩子们积蓄和储藏更多劳动的技能和力量,为新一年的开篇奠定更好的基础。元旦迎新,既是欢庆又是积累,欢庆辞旧迎新的日子,积累更多劳动的技能。寒假丰富多彩的社区劳动将进一步提升孩子的劳动能力,在社会大家庭养成孩子的劳动品格。其中在冬天里传递温暖,让劳动教育呈现了幸福的味道。

【案例3-3-12】冬日里的温暖

凛冬已至,孩子们在玻璃窗上用手指画下一个个笑脸,校园里也迎来了校庆。学校根据自然天气情况,基于冬天里人们对温暖的需求,组合全校师生开展"幸福劳动,爱的传递"劳动教育实践活动,教师带领孩子们走出校园、走入社会,旨在寒冷的季节里通过自己的劳动来把"爱"传递给身边每一个人,让更多的人感受到冬日里的温暖。

有些学生走到敬老院里,动手劳动,帮助老人们打扫卫生、整理物品,给孤独的老人带去了家人的温暖;有些学生走到公园里,帮助园丁叔叔一起打理植物,学习了劳动技能,也感受到了帮助他人的快乐;有些学生走到交警叔叔的身边,把自己亲手冲泡的红枣茶,送到他们的手中,让热腾腾的暖汤给他们带来更多的温暖。通过劳动实践活动,提升了学生的劳动技能,更激发了学生的劳动兴趣和劳动情感,促进学生劳动综合素养的提升。通过劳动实践,用双手将温暖捧在手心,将温暖送给他人,大家感受到因劳动而更幸福。

（二）因"物"制宜：文化资源的传承

中华传统文化源远流长,对劳动教育有着很好的指导和借鉴作用。在实践过程中,探究中华传统文化融入劳动教育的有效策略,助力学生增强文化自信、继承和发扬传统文化、积累丰富的劳动经验、培养良好的劳动习惯、树立正确的劳动价值观,是劳动教育在当代教育体系中的重要职责和使命。

劳动教育对于青少年践行社会主义核心价值观,传承中华优秀传统文化,实现中华民族伟大复兴的中国梦具有重要意义,而传统文化就像一个生命体,只有跟人建立了紧密的共生关系,才能不断进化,传统文化才会焕发活力,文化传承才会薪火绵延。当回归传统习俗、品味传统文化已成为主旋律,将学生置身于中华优秀传统文化和劳动教育相结合的现实背景中,才能影响学生的思想和行为,只有将中华优秀传统文化与劳动教育相结合,才能更好实现育人目标。

1.依托传统节日,开展实践活动

中华传统节日是中华传统文化的重要组成部分。教师结合社会资源,围绕传统节日展开主题教育活动,根据节日习俗设计自主劳动环节,让学生在浓厚的节日氛围中体验劳动的快乐,不但能够激发学生对于中华传统文化的兴趣,还能够使学生在劳动实践中收获经验,提高自主性,获得成就感,培养学生热爱劳动、珍惜劳动成果的品质。在传统文化节日中渗透劳动教育,让学生在动手实践的基础上,品味中华民族的传统文化,在劳动中体会传统美德。

【案例3-3-13】欢欢喜喜过大年①

以春节为切入点,将传统文化教育与劳动教育有机整合,用劳动来赋予传统文化教育浓郁的生活味道,设计《欢欢喜喜过大年》主题综合实践活动,创设了以劳动为主题的体验活动:写福字、写春联、剪窗花,去体验深厚的民族文化底蕴;和家长一起动手进行大扫除,张贴布置,去感受浓浓的新年气氛;在家长的指导下动手做花灯,从材料采购到制作成品,去体验劳动创造的价值;和家长一起学包汤圆,品尝汤圆,去感受举家团圆的乐趣。

(一)启动仪式——动员宣传,说说春节

1.说说春节的那些事儿,了解活动背景和意义。

2.宣布《欢欢喜喜过大年》主题综合实践活动正式开始。

(二)分层落实——层层递进,感受春节

★序列活动:对《欢欢喜喜过大年》主题综合实践活动进行整体设计,根据学生的年龄特点,紧密联系学生的生活实际,分层次、分阶段地实施。拓展了学生的劳动生活体验,又使节庆活动富有教育的张力,同时也增进学生对传统节日文化的认同。

第一阶段:喜气洋洋知新春

1.初步了解春节的由来和习俗。

2.找一找与春节有关的小故事,与家人一起分享。

① 选自上海市闵行区七宝镇明强小学宋丽娜的案例《借传统文化之力 育劳动实践之美》.

3.准备迎新春的材料:学剪窗花、学写福字、学写春联。

第二阶段:欢欢喜喜迎春节

1.学习礼仪规范,向长辈、平辈、老师等表达新年祝福。

2.和家长一起动手进行大扫除,对家庭环境进行布置。

3.和家人一起逛逛超市,准备年货。

第三阶段:红红火火过大年

1.和家人吃团圆饭,拍全家福,并写上新年祝福。

2.向家人学包饺子或汤圆,体会自己动手劳动的快乐。

3.将自己包的饺子或汤圆送给社区里孤苦老人品尝,分享劳动果实。

(三)总结阶段——总结评比,弘扬新年

1.学生层面:进行劳动活动反思与总结,梳理亮点,反思不足。

2.家长层面:整合资源,完成劳动活动照片、视频的发布;分享在春节里亲子劳动的感受,传递智慧。

3.教师层面:搜集过程性资料,完成"新春劳动小达人"评选,完成班级环境布置。通过智慧劳动,让美好留存下来。

兼具社会性和生活味的活动,既增强了传统节日的仪式感,又提升了学生对于传统文化的认知,更培养了学生的劳动能力,使学生收获了良好的劳动品质。

2.融合传统技术,发挥教育作用

中国古代的科学技术是中国传统文化的重要内容,对人类历史发展有很大的影响。教师可以采用寓教于乐的方式,融入社会元素,设计具有劳动元素的传统科技游戏活动,让学生体验劳动乐趣的同时渗透中国传统思想文化。

比如,造纸术是我国古代四大发明之一,教师带领同学们走进博物馆参观,用通俗的语言为学生讲解了关于东汉蔡伦发明造纸术的故事之后,组织学生开展角色扮演游戏,引导学生在游戏中激发浓厚的劳动情感；还可以联系社会教育资源及场馆，为学生提供废纸、木棒、水盆、纱网等材料，让学生亲自动手制作纸张，在实践中体会劳动人民的智慧和辛劳。

3.借助传统艺术，重视三方共育

中国传统文化的瑰宝——传统艺术，既具有深厚的文化内涵，是传承传统文化的重要载体，又凝结着劳动人民的智慧，可以动手操作。但是，传统艺术有一定的门槛，教师可以整合社会资源，邀请艺术专业素养较高的校外导师参与教学，家校社共育，形成合力，引导学生在艺术劳动中提高审美能力和对中国传统文化的鉴赏能力，同时学习劳动技能，提升劳动素质。

综上所述，推动中华传统文化教育与劳动教育融合发展，是培养学生良好文化修养和劳动习惯的有效途径，要让学生在优秀传统文化的浸润下肯劳动、会劳动、爱劳动，在劳动过程中认识、继承、发扬优秀传统文化，为学生的健康成长助力，为中国传统文化的繁荣筑基。

我国伟大教育家陶行知先生提出生活即教育，教育即生活。基于生活教育理念，融汇生活体验，大力拓展劳动教育广度。通过校园、家庭、社会三方进行劳动体验与实践，让劳动教育具有浓厚的生活味道，在加强学校教育与家庭生活、社会生活的直接联系的同时，也充分发挥劳动在个人与家庭、社会之间的纽带作用，引导学生认识家庭认识社会，增强社会责任感，从而更好地成长为时代新人。

第四篇　合：审美超越

劳动教育有待创生协同共育新格局。一花独放不是春,劳动教育正焕发新的活力,迈向协同共育的美丽新篇章。唯有担负起历史使命,齐心协力,砥砺前行,才能在教育的广阔天地里谱写出和谐共融的画卷。让我们在审美升华与智慧超越的交汇点上,共同奏响新时代劳动教育的动人乐章。

教师素养走向综合,实现劳动教育专业发展新高度。以提升规划能力为先导,经历加强理论、理实转化、内外融通、动态优化等过程,扎根劳动教育;以增进设计能力为关键,聚焦多元化、结构化等特质,科学智慧设计劳动教育课程活动,充盈劳动教育;以加强实施能力为保障,深入联结、融合本学科资源,勾连拓展、融合跨学科资源,全面提质劳动教育。

家校齐心走向契合,实现劳动教育协同共育新格局。建构"三级五部"家校共育机制,实践推进全员育人模式,促成学校与家长和美共建;推进家校共创课程,培家长自创、家校合作之力,育特色课程新内容及新空间,促进家长与师生和美共育;优化亲子品牌活动,历经爸爸书架、爸爸课堂、爸爸教育三阶段探索,促进家长与孩子和美共长;搭建家长成长平台,聚智慧学习、兴趣特长之力,开展志愿服务、家长沙龙等活动,促进家长与家长和美共进。

教育生态走向协合,实现劳动教育联智共建新生态。优化校内管理生态,构建"年管会·PDCA动态循环"学校管理网络,推进"系统化·责任分工与合作"学校部门管理实施,依托年管会、群英会、月例会、三推会科学运作来保障劳动教育;优化校际合作生态,架构实践研究共同体,做好强师工程,依托智慧领导、和美课堂、成长四季、幸福教师四大路径,有效推进新劳动教育探索,从而更好地培育未来复合型人才。

第一章　教师素养走向综合:专业发展新高度

教师是立教之本。2020年3月,我国发布《关于全面加强新时代大中小学劳动教育的意见》提出要采取多种措施,建立专兼相结合的劳动教育师资队伍[①]。2020年7月,教育部印发《大中小学劳动教育的指导纲要(试行)》(简称《纲要》),明确提出专业师资队伍的建设应作为劳动教育实施的重要保障[②]。由此可见,新时代劳动教育对教师专业素质及专业发展提出了顺应时代发展的高要求。

新时代劳动教育的顺利实施,必然需要一支劳动教育专业师资队伍。教师队伍已成为学校合理组织和开展劳动教育的关键动力,担负着促进学校劳动教育顺利进行的关键责任。学校要努力培育教师的综合素养,实现专业发展新高度。

一、先导：扎根劳动教育，提升规划能力

教师是新时代劳动教育的主要实施者,劳动教育课程的目标、内

---

① 中共中央 国务院.关于全面加强新时代大中小学劳动教育的意见[M].北京:人民出版社,2020.

② 中华人民共和国教育部.大中小学劳动 教育指导纲要(试行)[EB/OL].(2020—07—07)[2021—10—08].http://www.moe.gov.cn/srcsite/A26/jcj_kcjcgh/202007/t20200715_472808.html.

容、实施途径与评价都需要教师发挥自身智慧来贯彻落实。教师的专业素养直接影响学校开展新时代劳动教育的质量。新时代劳动教育更为多元及复杂,教师自身首先要对劳动教育是什么、如何进行劳动教育有比较明确清晰的规划,其中包括专业夯实和课程规划,并以此扎根劳动教育,树立正确的劳动教育思想观,从而实施科学有效的劳动教育。

（一）专业夯实：深化认知劳动教育

《义务教育劳动课程标准》(2022年版)对教师劳动教育专业发展提出了明确要求:教师应根据自身专业背景,发扬专长优势,弥补短板不足,加强专业学习,提升专业素养[①]。在教会学生成为"懂劳动、会劳动、爱劳动的时代新人"之前,教师自己应该成为"懂劳动、会劳动、爱劳动"的新时代教师。

教育部颁布的中小学教师专业标准中规定了教师的专业标准需包含三方面,即教师的专业知识、专业能力及专业情感。因此,教师在开展劳动教育工作前,需夯实专业、深化认知劳动教育,为后续进行劳动教育奠定坚实有力的基础。

1.加强理论,素养为先

"师者,所以传道授业解惑也。"教师作为开展劳动教育的重要角色,教师自身的劳动素养是极为重要。因此,教师在进行劳动教育前首先要夯实自身劳动素养,更新自身的劳动理念。教师要全面学习和劳动教育相关的政策文件和标准、理论知识,包括经典的劳动教育著作、劳动理论、劳动思想等,还要积极参加劳动教育课程的专业化培训,对劳动课程的内容结构和要求作深入了解,通过专业理论知识学习,教师可以深入理解劳动教育的内涵与价值,这是教师提升自身劳动教育素养的关键所在。

---

① 中华人民共和国教育部.义务教育劳动课程标准(2022年版)[M].北京师范大学出版社,2022.

2.理实转化,实践为本

《纲要》指出,大中小学劳动教育总目标的重要内容之一为"掌握基本的劳动知识和技能,正确使用常见劳动工具,增强体力、智力和创造力,具备完成一定劳动任务所需要的设计、操作能力及团队合作能力。"[①]由此可见,掌握一定的劳动技能是劳动教育的核心,这也是进行劳动教育的教师所必备的技能。实践是检验真理的唯一标准,开展劳动教育的教师在充实自身的劳动理论知识之余,更要将理论与实践相结合,将所学劳动知识转化为实际劳动,积极投身劳动、参加各项劳动实践,提升自身的劳动水平和劳动能力,如能够熟练使用一定的劳动工具、了解劳动材料的性能、会进行相关的技术操作等,充分发挥自身的模范带头作用,带领学生更好地开展劳动教育实践活动。

【案例4-1-1】教职工劳动教育综合课程体验活动

旨在提升教职工劳动素养,学校开展了主题为"育人使命记心间,劳动教育润心田"教职工劳动教育综合课程体验活动。综合体验共有九门课程:慧眼识"珠"、珍珠饰界、"珍"言真语、珍珠手链、马赛克夜灯、水晶爱语、灵动生活、一起玩"皮"工作坊、创意手工香薰蜡片、手工压花小台灯、手工蝶骨亚麻包、养身古法艾绒艾条。

全校教职工报名参与了不同的劳动体验,在脑力劳动与体力劳动并存的劳动体验中,每一位教职工都用自己的坚持与耐心,收获了一颗颗独具魅力的"匠人之心"。此次丰富多彩的劳动教育综合课程体验活动进一步提升了教职工对五育融合促进育人的理解、坚定教师育人担当的使命感。让教师从劳动教育的授课者变成参与者,通过体验和实践,教师可以更真切地感受到劳动的重要性和意义,从而更好地传递和

---

① 中华人民共和国教育部.大中小学劳动教育指导纲要(试行)[EB/OL].(2020—07—07)[2021—10—08].http://www.moe.gov.cn/srcsite/A26/jcj_kcjcgh/202007/t20200715_472808.html.

引导学生正确的劳动态度和价值观。

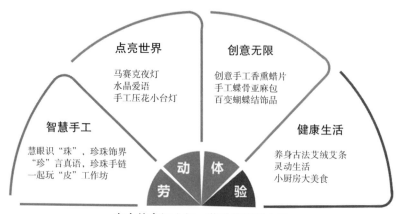

图4-1-1 教职工劳动教育综合课程体验活动

3.真情实感,认同为根

习近平总书记指出:"要在学生中弘扬劳动精神,教育引导学生崇尚劳动、劳动最伟大、劳动最美丽的道理,长大后能够辛勤劳动、诚实劳动、创造性劳动。"教师作为教育教学的主导者,在要求学生热爱劳动、热爱劳动人民前,要充分肯定并认可劳动的价值与意义,提升自身对劳动及劳动教育的认同感,培养自身的劳动情感。教师在日常的教育教学中要牢记劳动教育具有鲜明的思想性和育人导向,在学生面前起到榜样作用、以身作则、身体力行,只有自身具备浓厚的劳动情感,并将这种情感全身心地注入到自己的教育教学中,才能潜移默化地影响学生,激发并培育学生对于劳动的真切热爱。

【案例4-1-2】"3·20有效研修"教师劳动教育规划能力提升工程

为了提升教师的劳动教育规划能力,学校围绕劳动教育推行了"3·20有效研修模式",其中包括三个环节:20分钟的劳动教育骨干教师智慧传递与专业指导,20分钟的劳动教育课程活动回放观摩与理实转化,20分钟的劳动教育教师学习交流与深度研讨。具体来说,骨干专业指导,分享智慧经验;精品课程活动回放,保持对新时代劳动教育特色的深度感悟;学习研究交流,成员轮流头脑风暴,交流劳动教育切身体会。概念内涵慢慢转化为教师校本研修的构成要素,骨干顶层引领作用明显增强,青年教师提升加速,教师队伍基础建设得到夯实。

"3·20研修"有效实施,成为了提升整个教师队伍的劳动教育规划能力的炼金石。通过核心团队的引领,在智慧传递中让每个老师有所学、有所思、有所悟,带动全体教师共同成长,也成为了深受教师喜爱的校本研修特色品牌。比如第一梯队的老骨干们或许并不冲在最前面,更多在幕后引领或指导,他们更愿意把组内新骨干和年轻教师推向前台,而自己则习惯于将研究全程渗透于日常劳动教育实践,努力使变革化为自己的生存方式,系统地把握知识结构,生成了教育教学新基本功,有了更为丰富的底蕴和积累。

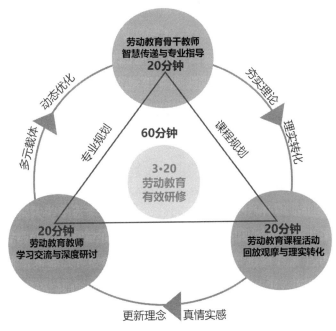

图4-1-2　"3·20有效研修"学校教师提升工程

（二）课程规划：科学开展劳动教育

劳动教育课程教学有别于其他学科教学，目前存在较少的体系化或校本化的目标和内容设计，因此新时代劳动教育对教师的课程规划能力提出了更高要求，需要教师在各项政策文件的引领下，基于学校办学理念和育人目标，进行个性化地规划和设计，具体需要教师做到以下几点：明确课程性质特点、精心设计课程内容、完善课程评价体系、主动开发课程资源，实现教育与研究的同频共振。

1. 更新理念，明确价值

《义务教育劳动课程标准》（2022年版）对劳动教育课程的性质提出了明确要求：劳动教育是发挥劳动的育人功能，对学生进行热爱劳动、热爱劳动人民的教育活动。劳动教育是中国特色社会主义教育制度的重要内容，是全面发展教育体系的重要组成部分，对全面贯彻党的教育方针、落实立德树人根本任务、培养德智体美劳全面发展的社会主义建设者和接班人具有重要的意义。[①]作为教师，要具备课程顶层设计意识，在进行劳动教育课程规划前，要对课程性质有清楚的认识与理解。在政策与文件指引下，基于学校办学理念与育人目标，根据学生的成长需求，明晰新时代劳动教育课程特质，明确劳动教育课程是为了培养什么样的人、如何培养及培养的方式等深层问题。在开展劳动教育时，充分关注学生的最近发展区，即是要了解学生在劳动中已经习得哪些解决问题的能力，在后续的学习实践中可以提升哪些劳动水平。同时，劳动兴趣、劳动能力等内在因素也应该成为设计活动的重要考量，这将直接影响学生的参与积极性及最终的劳动成果。

劳动教育作为人生的第一教育，教人自强自立，教人学会生存、学会生活，为小学生描绘生命的底色、涵养生命的底蕴、勾画生命的底线，

---

① 中华人民共和国教育部. 义务教育劳动课程标准(2022年版)[M].北京师范大学出版社,2022.

是小学生健康成人的重要教育一环，为其生命的可持续发展打好基底。作为教师，在进行劳动教育课程规划时，应注重劳动教育的思想性，从人的本身出发，从劳动态度的维度进行人生价值的理解与确立，让学生知道依靠劳动才会有幸福，促进学生劳动素养的全面发展和完整人的形成。此外，教师在进行劳动教育时，要有目的、有计划地组织学生参与各类劳动实践或与劳动紧密相关的活动，并引导其合作对话、思考体悟。

2.内外融通，丰富内容

《纲要》提出劳动教育课程具有鲜明的思想性、显著的实践性和突出的社会性。劳动教育课程是具有德育属性、实践性和社会关系的交互性。教师在设计劳动教育课程时要注重整合三种特性，这样才能体现出劳动教育的核心内容。

一是思想融通，应该牢牢把握住劳动教育课程的思想性，始终铭记劳动教育课程的德育属性，教师要认同劳动教育是以人为主体，培养人、发展人的教育，具有鲜明的育人属性，要通过劳动课程培养学生形成正确的劳动观念和劳动精神。少年若天性，习惯成自然。教师在进行劳动教育时，要带领学生从事的本身出发，从劳动本质确定本源性，从劳动的意义层面上，从本源上来认识劳动、懂得劳动的价值，这是劳动教育的根本。小学生作为社会主义的建设者和接班人，劳动教育是当代教育中育人的重要组成部分。其中，劳动观念、劳动情感的培育和劳动能力、劳动习惯的培养，更是学生成才的必要条件。劳动教育在培育人的品质和智慧上具有独特的价值，教师在进行劳动教育教学时一定要回归其劳动育人、促进人的自由全面发展的本质。

二是实践融通，劳动教育课程与其他学科的不同之处也在于其显著的实践性。因此，劳动教育课程不应该仅仅停留于书面，而要注重培养学生在做中学的能力。教师要根据所教授的学生的年龄、性格、发展需要等个性化特点，围绕学生的日常生活、社会生产、服务、制造等和劳动相关的活动,有所侧重地设计相应的、具有明确目的的劳动内容,让学生在亲身体验、动手实践的过程中感受劳动的价值与意义所在。劳动教育的实践性特征决定了劳动教育课程应回归生活,由校内学习延伸到校外生活,实现学生的精神生活与社会生活的有机统一。教师要变"纸上谈兵"为"生活体验",关注生活化,以生活世界为本源,从生活现实、生活需求、生活困惑出发,打破儿童生活世界和劳动世界的壁垒,鼓励学生在真实的劳动体验中,动手动脑,身体力行,在真实的劳动实践中提升劳动素养。通过生活进行学习,生活不仅仅是教育的目的和归宿,同时也是教育的过程和手段。有效改变以往劳动教育重课内轻课外,重说教轻实践,重形式轻实干的局面,构建源自生活、回归生活、生动灵活、富有时代感的劳动教育生态。

三是社会融通。劳动教育的社会性也是其独特而显著的特点。劳动教育不是固步自封、坐井观天,不是仅仅凭书本或是简单的家务劳动就能深刻领会其内涵。所有的劳动都是在社会中发生的,需要完成劳动的个体建立起与他人、社会之间的联系。劳动是连接个体和社会的最直接的桥梁和纽带,作为教师,要在进行劳动教育时充分考虑到劳动的社会性,通过设计一系列的劳动内容与活动,以劳动为载体,引导孩子们走出自我的小圈子,走出劳动的浅概念,通过劳动真正地去了解社会、认识社会、进入社会。

【案例4-1-3】劳动教育课程"巧规划"

生活型劳动课程中"整理与收纳"任务群中,教师在规划课程时,首先要认识到重要的不单单是教孩子如何整理与收纳,而是要教孩子在劳动实践的过程中,如何做到高效高质,如何合理利用时间、如何面对可能出现的困难和挑战、如何在完成时精心考虑生活需求等。教师要清楚地认识到劳动能力与劳动技能是有区别的,其主要不同之处在于,劳动技能强调的是获得某项技能,以结果为导向,但劳动能力强调的是过程性,即如何把事情进行规划和整合,从而达到良好的效果。

基于以上认知,教师学会巧规划。思想、实践、社会内外融通,丰富劳动教育内容。思想方面,培养劳动能力的过程中,将学生对于劳动的认识以及劳动价值的理解也潜移默化地渗透其中;实践方面,开发与应用居家劳动指导微课《整理书柜》,微课通过四个方面指导家长在暑期期间对孩子进行居家劳动教育指导:家庭劳动的意义、家庭劳动指导原则和注意事项、整理书柜的步骤和小窍门、劳动实践作业。微课中既有家长和孩子的视频示范讲解,也有老师的总结提升,跨越时空,帮助孩子们更好地掌握劳动知识与技能;社会方面,"整理书柜"看似是生活的小事,但可以延伸到社会场所的建设与规划等,充分感受到社会责任感,让学生体会到干净整洁的环境会给人们带来更好的体验,从而创造更美好的生活。

3.动态优化,完善评价

坚持中国特色社会主义教育发展道路。建构德智体美劳全面发展的教育体系,评价是其中不可或缺的重要内容。缺乏科学规划的评价体系,无法支撑起新时代劳动教育课程。教师在进行课程规划时,要将劳动教育课程评价贯穿于课程的始终,以此推进劳动教育课程的顺利与有效实施。

对于教师而言,劳动课程评价能力要能够对学生的劳动学习状况和教师自身劳动课程实施情况进行诊断与评价,包括对学生的整体劳动能力做诊断评价以及对自我开展劳动教育的情况进行诊断与评价。教师评价学生的综合劳动能力时要对学生的学习现状、学习与发展结果有明确的判断。因此,教师要能利用多种方式、渠道收集评价所需要的信息,并且科学分析所收集到的信息与材料,帮助学生找到解决在劳动学习中遇到问题的方法。劳动教育教师还要客观公正地评价学生,发挥劳动教育评价的育人导向和反馈改进作用,着重于过程性评价。劳动教育教师对自我进行诊断评价的能力是指教师对劳动教育课程的实施情况进行自我认识和反思,从而实现自我素质的提高和专业自主能力的发展。教师要能制订出具体明确的、可操作性强的自我评价指标体系,并且要能利用多种方式与途径收集诊断信息,进行科学分析,还要充分利用自我评价结果不断改进劳动教育教学,促进自身在劳动教育方面的专业成长。

二、关键：充盈劳动教育，增进设计能力

新时代背景下,劳动的内涵发生了深刻变化,劳动已不再局限于传统的动手操作,而是有了更为广阔的外延。顺应时代的要求,教师要充分结合学生年龄特点、学习能力以及兴趣爱好,创新科学化的劳动教育理念和教学方式,不仅要在劳动课程及活动设计上进行优化,更要让信息技术赋能劳动教育,全面增强小学生的劳动意识、劳动积极性和劳动参与性。

（一）科学设计：优化课程活动

新时代劳动教育,需要教师坚守"学生为主体"的理念,结合新课标中对劳动教育提出的要求,教师要改变原有的讲授为主、实践缺乏的教学模式,引导学生活学活用,激发学生的创新意识和创编能力;鼓励学生发挥奇思妙想,自己动手动脑;激发学生兴趣,为学生搭建平台、创造机会来凸显学生的主体地位,让学生学会学习,学会合作,从而实现劳动教育教学的目的。

因此,教师在开展劳动教育时,必须要提升自己的多样化课程设计能力和结构化活动设计能力,全方位夯实科学设计能力。

1.多样化课程设计

劳动教育是促进学生全面发展的关键领域,其多样化的课程设计可培育学生对劳动意义和价值的深刻理解。其中,教师的角色显得尤

为重要,他们不仅是课程设计的主要负责人,更是激发多样化劳动教育课程的引擎。教师提升自身的多样化课程设计能力,不仅可以提升学生在劳动教育方面的学习兴趣和动力,还可以帮助他们在实践中深入理解和掌握知识。

教师可巧妙地将劳动教育元素融入文学、艺术、科学、社会等多元化的课程中,实现学科与劳动教育的有机结合,让学生在丰富多样的课程体验中感受劳动的乐趣。此外,教师可利用各类资源和材料,如文学作品、手工艺品、实验室设备、机械工具等,增加课程的多样性和趣味性,让学生在实践中深化对劳动的理解。同时,教师要秉承"知行合一"的原则,积极组织学生参与各类实践教学活动,如实地考察、社区服务、职业体验等,让学生更深入地了解和体验各类劳动和职业,进一步提高劳动教育的实效性。

教师在提升多样化劳动教育课程设计能力上的每一次尝试和创新,都将为学生塑造丰富多彩的劳动教育体验,进一步增强其实践和创新能力。这对于学生的全面发展具有深远的影响和价值。

2.结构化活动设计

教师在设计劳动教育活动时,结构化的能力尤其重要,这不仅涉及到活动的流程设计,而且还包括目标设定、参与者角色定义、时间管理等方面,需要教师具有严密的逻辑和周密的计划。同时,结构化的设计还需要教师有创新意识,通过创新的设计形式,增加活动的趣味性和参与度,进一步提高学生的学习积极性和动手能力。

结构化活动设计,教师首先要明确设计劳动教育活动的目标。教师要根据学生的年龄、认知水平和兴趣特点,设定适当的学习目标,以保证活动的针对性和效果。其次,教师要精心设计活动的流程。这需要教师具有良好的组织能力和逻辑思维,能够设计出既简洁明了,又富有层次和趣味性的活动流程。这样不仅可以引导学生按照预定的步骤进行学习,还可以提高活动的参与度和吸引力。教师还需要明确各个参与者的角色,为他们设定具体的任务和责任,协调各方的意见和需求,以保证活动的顺利进行。此外,教师也要妥善管理活动的时间,确保活动的有效性和效率,使学生可以在有限的时间内,达到预定的学习目标。

【案例4-1-4】云端共劳动①

疫情期间,师生不得已在家开展体育教学和在线学练。基于现实,学生不可能在家储备各类体育器材,因此如何做到一物多用,或者引导学生在家进行器材的自制是体育组本次学科教研的核心:教师借用家中的常备材料进行自制器材,并设定使用规则,创编对应的游戏,共享在体育云课堂。

师生之间互动。体育教师可以带领学生进行自制体育小器材创编大赛、体育游戏创编大赛等活动。每次比赛可以设定一个主题,例如自制沙包比赛,学生可以从大小,形状、选材、实用性等几个方面进行创新。在云端课堂上,老师组织学生进行线上集体评价,并进行投掷练习,拍摄视频上传、或者线上实时活动,最后进行评分,评出最佳实用奖、最佳创意奖等。在教师智慧引导下,学生通过对各类自制小器材的设计,不仅提高了学生的动手能力,培养学生的劳动技能,同时引导学生进行创编、创想。引导、培养学生形成创新意识,形成不断探索新方法,新思路的思维意识,构建创意性劳动。

团队教师的智慧合作。在教研组负责人的统筹下,以腾讯会议的形式开展教研,针对不同老师进行具体分工。完成本次自制器材、共享云端的主题活动。教师进行分工合作,在各类材料搜集结束,进行汇总剪辑,并最终上传至钉钉体育云课堂进行分享。比如一个教师负责自制器材,要求是可操作、有锻炼,相关老师统筹,将自己的自制方法进行

---

① 选自上海市闵行区七宝镇明强小学王怡元、陆一的论文《小学体育教学融合劳动教育的实践研究》.

拍摄并配文字;一个教师负责创编游戏,要求是可操作、有锻炼效果、具有趣味性,与上一组老师配合好,根据创编的器材进行游戏创编;一个教师负责视频剪辑,要求是将器材制作和游戏创编进行剪辑与整理,并在视频中适当配备文字进行解说;一个教师负责云端上传,要求是将前期完成的作用在钉钉云课堂进行上传,及时进行整理与更新。

(二) 智慧设计:整合信息资源

班建武指出,要对信息和知识生产的高度重视,以及自觉将消费教育、劳动审美教育等内容纳入劳动教育范畴。不仅要重视传统的劳作式的劳动教育方式,更要重视现代化、知识化和信息化的劳动教育,从而构建开放性的劳动教育实践体系。[①]相较于以往传统的课堂,电子书包、数字教材等教学平台也在慢慢地影响着现代课堂,AI技术也慢慢走进人类的学习生活。现代信息技术的发展以及网络的发达也为劳动教育提供了更多可能性和更广阔的学习与展示平台。作为新时代教师,掌握一定的信息技术能力并能整合相应的信息资源,利用信息技术赋能劳动教育,拓宽学生的劳动视域是时代所驱也是个人发展所需。

1.融合多元平台

多元平台融合是劳动教育中一种有益的教学方式,可以将不同平台的优势充分发挥,实现教学资源和教学内容的多样化和整合,提高学习效率和教学效果,同时也符合时代特征和创新精神的要求。

在劳动教育中,教师可以利用多种不同的平台,将教学资源、教学内容、教学方式、教学评价等进行有机结合,实现教学的多元化和高效性。多元平台融合的重点在于将不同的平台进行有效整合和利用,以达到更好的教学和评价效果。在多元平台融合中,教师可以利用多种不同的平台,如移动终端、电子白板、智能电视、网络教学平台等,将教

---

① 班建武:劳动教育应有新的内涵特征与实践路径[J].中小学德育,2019(11):78.

学资源进行整合和转化,形成统一的教学系统,实现教学内容和方式的多元化。比如在劳动教育中,可以使用电子白板展示教学内容,同时利用移动终端进行在线学习和互动,让学生更好地掌握劳动实践知识和技能。多平台融合还可以提高教学效率和学习体验。通过多平台融合,可以让学生在不同的平台上进行学习和实践,可以选择最适合自己的学习方式和平台,提高学习效率。同时,多元平台融合在让学生更好地感受到时代特征和创新精神,提高学习体验和教学效果之外,教师还可以依托多元平台能够进行全方位、多角度的劳动素养发展评价等。在信息化迅速发展的今天,融合多元平台带来的是现代化的劳动教育实践,不仅能促进学生综合能力的提升,更能在智慧设计中提升教师的教育教学水平。

【案例4-1-5】劳动素养评价小程序的开发与运用

教师合作开发。基于网络平台上的问卷星APP、班级优化大师APP的实践基础上,学校教师合作开发一款劳动素养发展评价系统,名为"小工匠"应用小程序,它主要是面向于年级与班级,它的数据来源基础是各班的班级优化大师的数据库资源,形成一种数据流的连贯状态,实现从学生数据—班级数据—年级数据—学校数据的无限循环和教育跟进的良好状态。

教师智慧运用。在评价过程中,教师根据"小工匠"应用小程序的数据分析图表,灵活调整下一轮的劳动教育计划,从学生劳动素养发展的真实情况出发,设计具有真实性、实效性的教育活动,真正发挥了数据的分析决策作用,也促发了"数据驱动下的因材施教"的智慧教育。

用数据来讲话,通过技术连接,评价伴随教育,构建真实存在的数据世界,让学生的劳动素养评价数据沉淀下来成为资源,重构教与学的关系,实现个性化、差异化的劳动教育。

2.应用前沿科技

随着时代的不断进步,前沿科技已经成为劳动教育中不可或缺的一部分。教师应该积极探索和应用前沿科技,不断创新劳动教育的教学内容和方式,实现更加精准、高效的劳动教育教学效果,提高学生的学习体验和实践能力,为学生的成长和未来发展提供有力支撑。

以在劳技学科中进行劳动教育为例。在四年级第一学期"双锥体模型"这一单元,教师采用了数字教材,让现代劳技课堂越来越精彩。学生既能够感受到传统的手工作品,又能够感受到现代技术带来的教学便捷,个性化指导、合作式学习激发了孩子的学习热情,通过创新教学手段、教学方式,让学生能够喜欢劳技课程,从而更容易将劳动教育浸润孩子的心田。

人工智能的教学探索成为又一新趋势。在信息课上,小学三年级的孩子对于人工智能已经有所认识,甚至对于天猫精灵、扫地机器人、指纹识别、"刷脸"等都能侃侃而谈。人工智能开始逐步替代了一些重复繁琐的生活生产劳动,为我们带来了更多的便捷。而设法将这种新技术引入小学劳技课堂,必将激发学生的实践热情。自动"舂米机"、自动"洗手液"等,可以通过软件与硬件的组合搭配,利用信息课堂上的编程,加上劳技课堂上的动手实践(搭建模型),三年级的信息课通过未来四、五年级的劳技课一定能带来劳动教育的新火花,为创新劳动教育内容打开了新思路,增强了劳动教育的时代性。

三、保障：提质劳动教育，加强实施能力

陈理宣、刘炎欣[1]提出:劳动教育作为整个教育的基础,渗透融合到德智体美教育的全过程之中。首先,劳动教育为思想道德教育这个核

---

[1] 陈理宣,刘炎欣.劳动教育与德智体美教育的基础关联和价值彰显[J],课程与教学,2017—11.

心服务,必须渗透、落实到各项社会实践活动和各学科教育之中。否则,思想道德教育就不能落到实处。同时,智育与劳动教育是联系在一起的。此外,劳动教育对于美育和体育具有重要的渗透功能。美育具有综合育人功能,但是美育的实施要以实践活动及其体验为基础。因此,从劳动教育与德智体美的关系来看,劳动教育是整个德智体美教育的基础,要融合到德智体美教育的全过程之中,超越了过去德智体美劳相互分离甚至对立的思想。

这就要求教师改变以前碎片化、散点式、单一任务型的劳动教育,有效贯彻和落实新时代劳动观。通过融合本学科资源、跨学科资源、课内外资源等,通过资源整合最大化地开展劳动教育、发挥劳动教育价值,来培养学生的劳动精神,达到以劳树德、以劳增智、以劳育美、以劳强体、以劳创新的劳动教育新高度。

（一）深入联结,融合本学科资源

苏霍姆林斯基认为:"教育的关键在于与生产劳动相结合,缺乏劳动的教育是不全面的,教育本身就是一种崇高的劳动,所以教育与劳动不可分割。"杜威在《民主主义与教育》中提倡"从做中学",重视学生的实际动手操作经验的积累。而卢梭在《爱弥儿》中也不约而同地强调教育儿童的起点就是从动手操作的感悟中积累经验。这些都说明在普适的教育理论中,劳动是与教育密不可分的,在教育教学中融入劳动教育是实施教育的前提条件。2018年全国教育大会上,习近平总书记要求把劳动教育纳入培养社会主义建设者和接班人的总体要求之中,明确提出构建德智体美劳全面培养的教育体系。这也揭示着劳动教育是教育的重要组成部分,是整个育人目标中的重要组成部分。

学科教学作为教育的重要组成部分,其育人目标应与整体的育人目标保持一致。在各科教材中都蕴含着丰富的劳动教育因素,做好学科教学中的劳动渗透能够做到渗透效率的最大化。学科老师要充分利用课堂时间去做好劳动教育的渗透,挖掘课堂知识点中隐含的劳动教育的内涵,积极有效地进行课堂渗透。将本学科教材中的劳动教育资源整合进劳动教育中,发挥其融合性教育价值,在教学中培养学生热爱劳动,尊重劳动,养成良好的劳动习惯。具体可以从以下方面实施:

1.联结认知,融入劳动元素

《纲要》明确指出"要在学科专业中渗透劳动教育"。学科教学融合劳动教育的过程中重点关注学生劳动观念和劳动情感的培育。从学科育人角度出发,各课程目标中都隐含着劳动性的价值导向,教师要挖掘学科内隐的劳动性,整合学科育人理念。如在道德与法治、语文等学科要有重点地纳入劳动创造人本身、劳动创造历史、劳动创造世界、劳动不分贵贱等劳动观,纳入歌颂劳动者的选文选材,纳入阐释勤劳、节俭、艰苦奋斗等中华民族优良传统的内容,加强对学生辛勤劳动、诚实劳动、合法劳动等方面的教育。在数学、体育等学科要注重培养学生劳动的科学态度、规范意识、效率观念和创新精神。通过充分发掘科学知识的产生和发展过程,让学生领略到科学家为追求知识、追求真理的那种科学、严谨、奉献、创造的精神和追求。同时注重培养学生的知识运用与动手实践能力。

2.联结生活,促进知识融通

学科教学的过程是一个从具象到抽象的过程,过程的实现离不开劳动这一现实化的载体。教师要以劳动为载体,调动学生的动手实践能力,推动"知识世界和生活世界"的融通。具体表现在以下几个方面:

一是生活型学科劳动,教师要立足于学生个人生活事务的处理,通过学科劳动培养学生良好的生活习惯以及提升生活能力;二是生产型学科劳动,让学生在体验从简单劳动、原始劳动向复杂劳动、创造性劳动的发展过程,学会使用劳动工具,掌握相关技能,建构解决问题的模型,感受劳动创造价值,体会学科劳动的魅力与价值;三是服务型学科劳动,服务型劳动要求教室要让学生利用学科知识、技能为他人和社会提供服务,在服务性岗位上见习实习,树立服务意识,强化社会责任感;四是管理型学科劳动,教师要发挥学生的管理才能,在学科探索性的劳动中能够合理地组织他人,合理地利用团队的力量完成学科活动的探索或问题的解决;五是创意型学科劳动,让学生在现有知识、经验的基础上,在学科劳动发生的过程中提出一些创造性地解决问题的思路。

以语文学科为例,小学语文学科中收录了不同的体裁和内容的作品,教师可以根据这些作品创设不同的情境,智慧生成相应的劳动话题,建立知识与生活之间的联系,帮助学生认识到劳动的重要并且尝试去解决真实的问题。

【案例4-1-6】爱学习,爱劳动

教师激发劳动情感。一年级上册《上学歌》是学生从幼儿园到小学的过渡篇章,通过学习这篇课文可以帮助学生意识到自己是一名光荣的小学生了。教师可以重点引导学生品读"爱学习,爱劳动"这一句话,抛出话题"在学校我们可以做哪些劳动? 在家里我们可以做哪些家务劳动? 在社区我们可以做哪些小小志愿者劳动?"学生在交流讨论中知道在学校可以自己擦桌子、擦地板,在家里可以洗碗、洗袜子、浇花,在社区可以捡落叶、垃圾分类,通过劳动创造干净舒适的学习环境和生活环境。在这过程中,教师引导激发学生明白劳动的重要性。

教师创设真实情境。一年级下册《胖乎乎的小手》是一篇关于小手本领大的课文,教师可以创设真实的情境,和学生进行角色扮演,边说边做"胖乎乎的小手拿过拖鞋"、"胖乎乎的小手洗过手绢"、"胖乎乎的小手挠过痒痒",然后进一步展开话题"胖乎乎的小手还做过什么?"在这样真实生动的情境中,学生更愿意表达对劳动的热爱,"等我长大了,小手变成大手,它会做更多的事情"。在这个过程中,学生的劳动素养提升了,教师的综合素养也得到了提升。

3.联结文化，发挥双重隐喻

教师要聚焦劳动素材，联结学科劳动文化，发挥其双重隐喻功能，有效实现"以劳树德、以劳增智、以劳强体、以劳育美、以劳创新"的大劳动教育观。

在学科教材中，有关劳动的素材是非常多的，但教师在挖掘这些现有的资源的时候，往往关注点都集中于素材本身所蕴含的学科知识的价值，而忘记了素材本身蕴含的学科劳动文化的价值。这些学科劳动文化都包含着重要的隐喻功能，当学生实实在在地处在这些文化之中，或者是感受要文化所隐含的价值的熏陶，就会不自觉地在心理和行为上受到这些学科劳动文化所蕴含的正确的价值观的引导而形成正确的价值观念和养成正确的行为习惯和品质。

学科劳动文化的隐喻功能具有双重性：一是学科劳动文化隐喻功能，二是思想道德劳动文化的隐喻功能。聚焦这类劳动素材，发挥文化隐喻功能可以让学生在潜移默化中感受到劳动的重要性，能够梳理正向的学科劳动价值观。思想道德劳动文化主要蕴含在一些现实问题的解决情境中。在这些问题的解决中，如果能聚焦劳动，突破单一维度的知识教学，发挥思想道德文化隐喻作用，可以在问题解决中养成学生的思想道德意识。因此，促进学科与劳动的融合，教师可以聚焦学科教材中的劳动素材，可以发挥学科文化的双重隐喻作用。

【案例4-1-7】劳动的艰辛、收获的快乐[①]

以劳技学科为例，日渐优越的生活条件让现在的学生很少体会到什么是吃苦耐劳。劳技课堂上的实践操作，往往会让学生感受到很辛苦。四年级的金属丝加工，看上去并不复杂，学生可以利用18号铁丝弯折衣架、锅盖架、垃圾袋架等生活用品，但大多数孩子由于缺乏必要的体力劳动锻炼，手部力量并不足以加工18号铁丝，因此，作品的制作难

[①] 选自上海市闵行区七宝镇明强小学蒋洁的论文《劳技学科的智慧探索》.

度就可想而知。五年级的木工加工,主要是利用手工锯切割木块、木板,并完成切割面打磨,完成相框、笔架、收纳盒等实用小物件,不少孩子表示,木工课比体育课还累,顺手抹掉额头的汗水、脱下厚实的外套。

教师组织学生参加各类实践活动,掌握必要的劳动技能,这些就是教师可以从本学科知识中挖掘的劳动素材,而除此以外,教师也可以从学生的活动表现中动态调整教学内容、形式或载体,在真实的劳动场景中全面提升学生的劳动素养。比如在上述艰苦的劳动实践过程中,有些孩子不畏困难、越挫越勇,学生就能够慢慢树立良好的劳动品质,教师应该予以表扬,充分利用"榜样"的作用;而有些孩子自怨自艾、半途而废,教师则可以根据学生的实际情况调换相对容易加工的材料作为过渡,同时不断鼓励孩子勇于尝试、勇于挑战,使他们逐渐在劳动的艰辛中体会收获的快乐,增强获得感、成就感和荣誉感。

(二)勾连拓展,融合跨学科资源

王殿军[①]认为:劳动教育具有融通性,是德智体美育的基础,对四育有着正向的促进作用。劳动教育与德育密不可分,使学生树立正确的劳动观念和劳动态度,热爱劳动,尊重劳动人民和劳动成果,抵制好逸恶劳、贪图享受、不劳而获、奢侈浪费等不良习气的影响,在劳动中磨砺意志品质;劳动教育能促进智育,劳动还能直接为某些知识的学习、观念和情感的体悟提供真实情境;劳动与体育相辅相成,体育就是在劳动的过程中产生的,劳动可以促进人体消化吸收,使人体魄强健,为体育打好基础;劳动涵养美育,劳动创造了世界,也创造了美,劳动美是人们在生产劳动中形成和表现出的美,是社会美的最基本的内容。

在传统的教育教学模式下,劳动教育往往呈现出单一化和孤立性的特征,教师对于劳动教育资源的整合缺乏相应的意识。教师不仅应该将劳动教育和本学科的教学融合在一起,更应在劳动教育这个核心

---

① 王殿军.补齐劳动教育的短板[N],中国教育报,2018—10—31(第9版).

引领下，促进各学科彼此之间的相互融通。教师要在跨学科整合各学科中能够充盈劳动教育的形式和内容，培养学生的发散思维，激发学生参与劳动热情。教师在进行劳动教育时，应该注重对教学内容整合，以跨学科融合形式，提高劳动教育效率，发挥劳动教育最大效能。

1.培育跨学科素养

跨学科学习正逐渐成为全球教育发展与改革的新方向，也是教师胜任未来教育教学所应当具备的一种专业素养。作为新时代教师，必须要具备跨学科教学素养，即能够从自身所任教的学科出发，结合其他学科，基于课程整合的理念，通过一系列跨学科教学方法如主题式、问题式以及项目式等方法开展跨学科教学，促进学生的跨学科学习，培育和发展学生的跨学科素养。跨学科教学对教师也发出了新挑战，教师在进行跨学科教学前首先要加深对跨学科教学的认识和理解，发展自身的跨学科教学素养，激发和培育自身对于跨学科教学的热情和信念。

劳动教育具有强烈的时代特征与社会属性，教师应依据劳动形态的演进而与时俱进。劳动精神的渗透要与时代发展相吻合，在传承中创新，在创新中发展。进行劳动教育的教师尤其要具备跨学科教学素养，要能够依据学生生活实际，灵活创新地设计具有时代特点的劳动教育内容，与信息课整合、与自然课结合，挖掘不同学科的教材中和劳动相关的要素并且有机融入。

2.践行项目化学习

为更好地开展劳动教育，发展学生的实践能力和创新精神。劳动教育教师在开展劳动教育时切忌纸上谈兵，而是要结合自身特色，从各自擅长的领域入手去建设劳动特色课程小项目，以个性化、项目式的劳动教育课程来丰富学校劳动教育资源、丰富学生的劳动体验。

项目化学习既是一种课程形态，也是一种教学形态，两者不可分离。项目化学习强调真实的项目和真实的问题情境，学生在项目化学习的活动过程中需要进行小组合作与自主探究，能够调动学生的各项能力。劳动教育尤其强调真实性和情景化,因此,教师要具备开展项目化学习的能力,在开展劳动教育的跨学科实践中可以采用项目化学习的方式进行,充分整合多学科,以项目化方式推进劳动教育教学,鼓励学生学习劳动技能,感悟劳动精神,促进劳动课程持续优化发展。

教师合作设计具有科学特色的劳动教育项目化学习活动,丰富劳动教育的教学资源。项目化学习涉及到科普阅读、科学调查、科学实验、数学应用以及艺术创作等多板块。项目化内容建构不仅仅局限于劳动,而是将科学、信息、语文、数学、音乐、美术等学科有机融入。多元化的活动内容帮助学生发扬劳动精神,形成崇尚劳动、尊重劳动的劳动态度,实现以劳树德;在项目化劳动实践过程中,激发学生创造力,实现以劳创新。理论与实践同行,发挥教师的教育作用,让每个孩子在生活中实践劳动并获得创造幸福生活的能力。

【案例4-1-8】当气象与劳动不期而遇①

跨学科素养是新时代教师应具备的重要品格,也是教师发展核心素养的主要方式之一。培养教师跨学科素养,也有利于促进学生的全面发展。在"科学指导劳动,劳动实践科学"理念指导下,教师通过挖掘气象中的科学,不断提升自身跨学科素养,创设跨学科主题学习,带领学生在实验操作中经历完整的劳动实践探究过程,在信息交互平台,统计实验数据,精准分析得出科学结论的过程中,学生的综合素养得以提升。

跨学科学习《"暖和"的颜色》的设计与实施。基本思路是:一是链接生活、情景导入,让学生观察穿不同衣服的学生在操场上体感情况,引发学生对不同衣服颜色与吸热能力的思考,学生联系自己的生活经验,做出初步的推测,认为衣服颜色会影响衣服吸热能力,从而引入新课;二是探究不同衣服颜色的吸热能力,通过推测与设计,先让学生做

① 选自上海市闵行区七宝镇明强小学张李奕的案例《当气象与劳动不期而遇》.

一做"小小设计师",设计模拟实验探究三种不同颜色的衣服在光下的吸热能力的强弱,然后基于之前推测,思考怎样的温度上升情况说明衣服颜色吸热较强,再让学生通过实验操作,搜集数据,最后分析三种不同衣服颜色的温度上升情况,解释问题,得出结论,提升处理信息和解释问题的探究能力;三是拓展应用,通过交流在寒冷的冬天,会穿怎样的衣服,体会科学服务于生活,激发进一步探究衣服与保温效果的兴趣。

跨学科学习《"暖和"的颜色》中教师的劳动教育实施能力体现在多个方面。

一是教师精心设计问题情境,引发学生推测验证欲望:教师以贴近学生生活的情境导入,穿不同颜色的衣服在阳光下给人的感受不同,容易引起学生的好奇心和求知欲,激发学生的学习兴趣和探究欲望,引发学生开展合理推测。

二是教师精心设计探究材料,帮助学生科学验证推测:教师选择和提供充足的材料,让学生在实验操作中能经历完整的探究过程,在学生实践操作过程中,教师给与帮助与指导,更好地促进学生观察、分析与推测,提升探究技能。

三是教师精心设计活动环节,提升学生思维能力:推测、进一步推测、想一想,说一说。从一开始推测颜色与吸热强弱的关系,对学生的前概念有了初步的了解;接着,设计模拟实验时,根据学生之前的推测,进一步推测温度传感器的温度变化情况,这之间就建构了知识,即吸热能力较强,温度上升较多;想一想环节,学生通过搜集到的温度数据,思考与分析三种不同衣服颜色的温度上升情况;最后说一说环节,将小组活动结果向全班分享,从最开始的推测到实验验证后的结论,每一个活动环节学生都在不断反思前概念,思维能力也在不断提升。

四是教师巧用信息交互平台,助力学生精准分析汇总数据:有较多实验现象需要通过量化方式呈现,测量3分钟内的温度变化情况,如果用温度计,现象是较不明显的,通过使用温度传感器,能精准采集分析数据,并且在课堂中及时汇总所有学生的数据其实是较有难度的,通过使用平板电脑来记录推测以及探究不同衣服颜色的吸热情况活动,每个小组的学生端数据全部自动上传到教师端,除了可以分组查看外,还可以对所有小组的实验结果数据进行统计和分类,大大提高课堂效率。

（三）多维贯通，融合校内外资源

《关于全面加强新时代大中小学劳动教育的意见》中明确指出："当前劳动教育课全面开展过程中,教师在教学过程中不但应要求学生处理好学校和家庭的各项劳动事务,而且还应当积极组织各类社会实践活动。要将中小学生全面培育成德、智、体、美、劳全面发展的社会主义建设的接班人。"

学校更多的是知识性的学习,而在家庭和社区的现实空间中会发生更丰富的学科劳动活动,在促进学科与劳动融合的时候不能仅仅是单兵作战,而是充分利用家庭和社区的资源,拓宽现实的劳动场域。这就要求教师开发多样化的校内外生活,将劳动教育与学生的校园生活、家庭生活和社会生活等各方面有机融合,丰富劳动体验,提高劳动能力,深化对劳动价值的理解,拓宽劳动教育时空。

1.深耕校园劳动沃土

加强校园资源建设,是学校劳动教育的一个重要的途径。校园劳动资源建设,是指在校园建设中,通过适当的文化形态或载体,将劳动价值观念、劳动精神以及对学生劳动品质、劳动习惯养成等教育融入到校园文化中,让学生在学校日常生活的所见所闻所感中接收劳动教育,形成正确的劳动观念和积极的劳动态度。作为教师,要具备发现并用好校园资源的能力,在班级和校园中,结合学生特点,开展多样化的劳动实践活动,营造良好的劳动氛围,润物细无声地提升学生对于劳动的认识,激发学生对于劳动的热爱。

教师可以根据学生的年龄特点和实际需求,设计和实施多样化的劳动教育课程,让学生在学习中逐渐认识到劳动的意义和价值,从而形成正确的劳动观念、积极的劳动态度和良好的劳动习惯。课程可以包括手工制作、维修、安装、清洁、园艺、养殖等多种实践活动。带领学生参与各种劳动实践活动:教师可以带领学生参与各种劳动实践活动,如手工制作、校园维修、绿化美化、农耕养殖等,让学生在实践中接受劳动教育,感受劳动的价值和意义,增强实践操作能力和创新能力。同时,教师也要注重在校园内营造良好的劳动氛围,激发学生对于劳动的热爱和热情。例如,教师可以鼓励学生在日常生活中积极参与校园公益劳动,表彰优秀的学生劳动者,举办各种劳动竞赛和比赛等等,从而推动学生积极参与劳动。在校园文化资源的建设中,教师也要创新教育方法,使学生在劳动实践中体验和学习知识,从而提高他们的劳动技能和创新能力。例如,采用任务驱动、小组合作、情境模拟等教育方法,激发学生学习兴趣和主动性,提高学习效率。

2.共营家庭劳动氛围

家庭教育、学校教育是影响劳动素养的两个重要因素,但对学生的影响侧重点略有不同,家庭教育是学生劳动习惯的培养主阵地,学校教育则是激发学生劳动感情和提升劳动能力的助推剂。家长在劳动教育中,有良好的愿望,但可能存在方法不恰当的情况,学校与家庭的合力教育,能发挥互补互助的增值效应。如何做好家校合作,共同帮助学生的健康成长,是家庭与学校的共同责任。明强小学作为上海市家庭教育示范校之一,对自主性劳动内容体验的实践中特别重视家长这一重要角色,学校以劳动教育家庭文化为视角,探索构建具有学校特色的劳动者系列。作为教师,要善于关注并充分发挥家长劳动教育资源,形成劳动养人、劳动育人的家校共育样态。

教师要向家长宣传劳动教育的重要性,鼓励家长带领孩子参与家务劳动,如做饭、洗碗、洗衣、打扫卫生等,让孩子感受到家庭劳动的意义和价值,培养孩子的劳动意识和动手能力。教师还可以推广科普知识,普及劳动技能,向家长传授一些科普知识,如家庭维修、装修、家电维护等,普及一些简单的劳动技能,让家长和孩子一起学习和实践,增强孩子的实践操作能力和创新能力。举办亲子劳动活动也是一种好的形式。教师可以组织亲子劳动活动,如植树、园艺、家庭维修等,让家长和孩子一起参与,创造家庭劳动教育的良好氛围,提高家长对于劳动教育的重视程度,让孩子在亲子互动中感受劳动的快乐和意义。对于缺乏相关指导经验的家长,教师可以发放劳动教育资料,如劳动教育读本、劳动教育手册、劳动教育科普知识等,让家长了解劳动教育的重要性和意义,从而更好地引导孩子参与劳动实践活动。在多媒体的时代背景下,教师可以建立家庭劳动教育微信群或社区,为家长提供一个互动交流的平台,让家长分享自己的劳动教育经验,互相学习和提高,让劳动教育在家庭中得到更好的传播和推广。教师还可以通过家访和家长会,了解学生家庭具体情况,与家长交流孩子的劳动教育情况和家庭劳动的具体情况,根据实际情况制定相应劳动教育方案,提出劳动教育建议。

3.联动社会劳动资源

陶行知认为生活即教育、社会即学校、教学做合一,主张教育同实际生活相联系。劳动教育从封闭的学校教育场域回归到开放的生活空间。劳动教育课程活动中寻找素材和资源。生活中的劳动实践是课程开发的直接素材,同时生活也是课程实施的广阔天地。劳动教育的实践性特征决定了劳动教育课程应回归生活,由校内学习延伸到校外生活,实现学生的精神生活与社会生活的有机统一。学生是一个个小公民,社会是他们成长的重要场所。作为新时代教师,不能局限于课堂、校园和家庭的小空间,要带领学生走出去,整合社会资源,在社会生活中开展真实的劳动实践活动,这样教育时空就会更宽广,教育资源就会更充足和多元。

一是教师落实合作机制。为社会中加强劳动教育资源建设的重要主体,教师可以作为具体的落实者,可以通过学校和社区合作机制,与社区的劳动组织、企业和机构合作,组织学生参与各种劳动实践活动,让学生在社会中接受劳动教育,增强实践操作能力和创新能力。

二是教师组织劳动活动。教师联动社会资源,积极组织各种劳动技能培训和竞赛活动,如木工、焊接、电子、机械等各种技能竞赛,以激发学生学习热情和创新能力,同时,也可以让学生学习到如何正确竞争、尊重他人等劳动价值观念。

三是教师寻找实践机会。积极探寻与企业、机构和社区合作的机会,通过一系列劳动实践基地,为学生提供各种劳动实践的机会,让学生在实践中不断锻炼自己的动手能力和创新能力。

四是教师推广劳动教育。教师依托社会劳动教育周、劳动教育展览、劳动教育讲座等,向社会宣传劳动教育的重要性和意义,让更多的人了解劳动教育的内容和方法,推动劳动教育在社会中的普及和推广。

五是教师进行劳动教育研究。教师可以结合自身实践积极推进劳动教育的研究和探索,探索新的劳动教育理论和实践,为社会中劳动教育的发展提供更多的思路和方向。

【案例4-1-9】童心花艺,共品劳动之美[①]

"童心花艺"课程是学校践行劳动教育的重点项目。深耕校园沃土、家校合作共育、联动社会资源的"童心花艺"是新时代劳动教育的创新与实践。

一、以花为纽带,教师多元联结教育资源

教师在课程推进的过程中,要有强烈的资源意识,盘活各类资源,让家、校、社联合,成为孩子成长的能量场。

———————————

① 选自上海市闵行区七宝镇明强小学蒋春霞、张敏、黄庆庆的论文《童心花艺,共品劳动之美》.

挖掘家长资源。童心花艺课程中,教师挖掘各类家长资源,搭建家长课堂,让家长成为课程创造者与参与者。邀请擅长园艺的家长来给孩子们介绍营养土的由来,带领孩子们进行种植;邀请擅长烹饪的家长给孩子们介绍艾草,教孩子们制作青团;邀请擅长摄影的家长给孩子们介绍如何拍摄"昙花一现"等。家长资源的介入让课程内容更为丰富、让学生视野更为开阔,同时教师搭建的平台也让家长们感受到参与课堂教学的乐趣,在课程推进的过程中,家长们自发形成一支强大的家长团队,为课程提供有力的资源,让课程延续进社会、家庭,实现全方面推进。

融合学科教学。教师有机融合语文、自然、探究等学科教学内容,以花艺为着力点实现多课程融通。将花艺活动与植物的习性、来源与故事融合到一起。如生动地展示花朵的自然属性,让同学们认识到不同的花有不同的生长习性。还会带领同学们走进文人墨客的古诗词中,一起鉴赏诵读关于当季花卉的佳作,领略古诗词的魅力。春天的"竹外桃花三两枝",夏天的"小荷才露尖尖角,早有蜻蜓立上头"都让孩子们浸润其中,感受花艺作品和诗词的美妙结合。童心花艺课堂成为多学科交融的课堂,为学生综合素养的形成提供了有力的保障。

结合社会力量。教师有意识地寻找社会力量的介入,让社会上丰富的资源成为孩子们成长的加速器。教师带领孩子们参观中华印刷博物馆,在与主办方沟通后,将印刷技术与花艺有机结合,让学生感受到中华传统印刷技术与传统花艺的奇妙结合;教师带领学生参加国际花卉园艺展览,与主办方取得联系后,为学生开辟现场互动专区,学生在与花艺大师近距离的互动中,提升了自身的劳动素养。

二、以花为媒介,教师智慧整合教育空间

在实践课程的过程中,教师为学生开辟了形式多样的劳动空间。在校内,教师开辟了"半亩花田":种植花草,通过种植过程体验种花、研花、用花的一站式劳动体验;在校外,教师通过任务驱动,让家庭和社会同样变成学生实践劳动的场域,例如惊蛰吃梨,让孩子们回家自制梨汤;芒种时节,让孩子们走进大自然和农民一起感受农忙等等;不仅如此,还与友校曹行小学进行了一场"我们的花花世界"校际联动,将童心花艺的"半亩花田"种植空间延展至校外的"毓秀小院"。"童心花艺"追寻花的芬芳,整合各类教育空间,让教育的视野更为开阔。

三、以花育美,教师创新劳动教育新体验

教师在设计课程活动的过程中不断丰富学生的劳动体验。

传递劳动成果,分享节日的祝福。教师结合各类节庆活动,让花唱起劳动的礼赞。五月母亲节,学生用自己亲手种下的康乃馨,包扎成花束赠送给妈妈来表达爱的心意;端午佳节,学生亲手创作端午花艺作品——"鲜花粽",献给亲爱的家人,分享节日的喜悦,传达美好的愿景。

展示劳动成果,收获成长的喜悦。在花艺课上孩子们完成了各类花艺作品,相框花、压花团扇、花钟等等。在教师的指导与帮助下,孩子们带着他们劳动成果来到了各类市区级的展示平台上。不仅展示作品,他们还展示技艺,做起了"小老师",有条不紊地指导游客完成一件件各有特色的花艺作品。在分享的过程中,劳动的种子已悄然生根。

面向未来的新劳动,需要广大一线教师做大量的、务实的、探索性的工作,有效实施劳动教育。同时,随着社会的发展和时代的进步,新时代对人的劳动理念和技能的要求也越来越高,随之而来的就是新时代劳动教育要求劳动教育教师专业化,教师应与时俱进,积极提升自身的规划能力、设计能力、实施能力等综合素养,高质量开展新时代劳动教育的同时,也要实现专业的成长与发展的飞跃,从而更好地培育未来时代新人。

第二章　家校齐心走向契合：协同共育新格局

著名教育家苏霍姆林斯基说过，教育的效果取决于学校和家庭的教育影响的一致性。如果没有一致性，那么学校的教育教学过程就会像纸做的房子一样倒塌下来[①]。学校作为育人的主阵地，家庭作为教育的同盟军，都是劳动教育的重要实践者，二者的协同合力是实现良好教育效果的重要保障。

在学校办学规模持续扩大的办学压力下，围绕劳动教育，秉承学校文化核心办学思想，始终如一地坚守强己中达人，关注"审美·超越"的核心思想在家校共育机制下劳动教育的具体细化，围绕校训，在学校劳动教育中实现"审家长发展美、审家庭和谐美、审孩子成长美"，从而实现"家长的自我超越、家庭的发展超越、孩子的成长超越"。在新时代教育背景下，开展家校融合性的劳动教育活动与实践，聚集教育合力、打造家校共育的磁力场，从而创设协同共育的教育新格局。

一、夯实家校共育机制，学校与家长"和美共建"

家校共识才能教育共动，落实劳动教育关键是学校与家庭务必达成共识，优化家校共育机制，充分发挥家长和学校多方力量，让劳动教

---

① 王天一.苏霍姆林斯基教育理论体系[M].2 版.北京:人民教育出版社,2003.

育管理更全面更科学,从而实现学校与家长"和美共建"的融合超越之样态。

（一）教育共识：家校共育促发展

新时代劳动教育,学校与家庭教育要保持一致的行动,最终以促进学生的身心健康发展作为劳动教育的终极目标。基于发达地区的地域特质以及学生成长需求,更需要家长充分融入到学校的可持续性发展中来,积极主动地参与学校办学理念、办学体制、办学目标的制定与完善。

在时代发展的大浪潮下,不断变革家校教育工作理念。从学校视角,变"学校教育配合者"为"学校教育发展资源库";从家长视角,改变家长对自我角色定位的认知,变"学校教育享受者"为"学校教育建设合作者";从学生视角,改变学生对家长角色定位的认知,变"孩子生长养育者"为"孩子成长的人生导师"。

（二）组织架构：三级五部规范化

1.学校家校共育整体架构

明确家校教育使命、责任和定位,并通过建立有效的协同机制,充分发挥家校优势资源,营造"家庭—学校"协同共育的育人环境,充分激发全体家长参与学校劳动教育的热情,发挥家长主观能动性,彰显教育智慧,架构具有科学性、系统性、全面性的家长组织结构,为新时代劳动赋能。

构建"三级五部·第一责任人"学校家校共育体系。围绕劳动教育,学校成立家庭教育指导委员会,以全体家长为基底,建立校级、年级、班级形成三级递进式管理体系,并细化为三级体系各有五部门组成（校园安全部、家长学习部、家校沟通部、活动策划部、信息宣传部等）。各部门代表全校家长依据《家委会工作条例》和《家委会工作年度工作计划》

开展相应的工作,对学校办学有知情权、参与权和监督权等。同时,发挥学校"家长俱乐部"的桥梁作用,不断提高家长的家庭教育能力,定期召开校级、年级、班级家委会,在提取意见和建议的基础上,尝试建立劳动教育"资源库",进一步改善家校共育环境,通过教育合力推进劳动教育工作迈向更高更专业水平。

校长作为家校共育工作的"第一责任人",各级中层领导作为深入各年级的"第一责任"加"多元担当",定期总结、反思、推进共育工作的日常化进展。同时,组建以班主任、各学科老师为主的指导队伍,定期开展家庭教育指导工作,使各方资源达到充分整合,形成共建共育机制。具体见图:

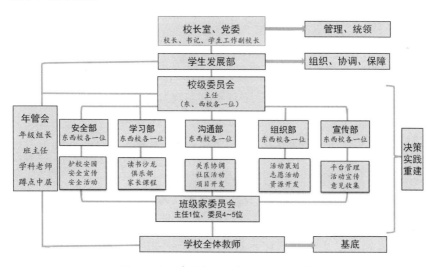

图4-2-1　学校家校共育工作组织架构

2.发挥家委会的桥梁作用

为适应教育现代化的发展、顺应百姓参与学校教育的热情,学校成立家庭教育指导委员会,即家委会,让家长参与到学校管理与教书育人的工作之中。家委会成员、主任和部门主任则从每年家长自愿报名者中,通过公开、公平、公正的竞聘制度产生。为了加强家委会家庭教育指导工作的系统性、针对性,每学期家委会都根据学校工作的整体思路制订家庭教育指导工作计划,面向全体家长,制订总体计划目标,并分年级、分阶段提出要求,实施操作。

聚焦劳动教育,让家委会成为家校共育时代新人的一座桥梁。一方面家委会成员广泛听取家长有关劳动教育的建议和意见,为学校劳动教育决策提供建设性意见;另一方面家委会又是劳动教育的推广者和参与者,有义务将劳动教育工作思路向各位家长进行解读,帮助家长朋友真正融入劳动教育及管理之中,给自己孩子创造更加和谐更加健康的成长空间,推动每一个孩子在劳动中主动健康发展。每学期至少召开期初、期中、期末三次校级家委会会议,成员们通过座谈、讲座等形式、借助微信公众号等载体指导家长进行劳动教育专题学习。同时,学校各个部门也为家委会的建立和运行提供必要条件和有力保障,以年级组长、班主任、学科教师、蹲点中层形成的年管会协同指导同年级家委会的劳动教育工作开展,通过视导、面对面交流,来倾听家委会代表对学校工作的要求与希望,从而促进劳动教育工作的有序开展。

在学校日常工作中,家委会智慧卷入"全体家长的力量",在学校劳动教育中凸显重要作用。比如生活型劳动,家委会成员定期制定小学生家庭劳动清单,探寻劳动教育点,面向全体家长发布征询调查单,在不同层面上召开会议商议教育细节工作,确保每个家长都能助力学生的劳动教育;依托家校委员会,通过家长委员会传递学校教育发展的未来规划,转变家长的劳动教育观念,引导学生从小爱上劳动,如可以开展家长委员会劳动沙龙活动,将班级家长集中起来研讨"小学生到底需不需要掌握基本的劳动技能""学生劳动观念如何建立最有效""家长观念需要如何转变才能使学生们成为'未来公民'"等。依托家长委员会的力量,让家长认识到劳动教育对学生未来发展的重要意义。

(三)实践推进:全员育人新模式

交叠影响域理论认为,如果学生成长所依托的家庭和学校拥有相同的目标,经常进行高质量的沟通和互动并承担协同教育的责任,那么他们对学生成长的影响是相互交织且难以区隔,受到交叠的影响,将有助于孩子的成长。[1]学校要引导家长全员参与到劳动教育工作中,加强家校沟通,明确家庭和学校在学生劳动教育中的重要作用及关键责任,充分认识到家庭对学生劳动教育影响是具有不可估量的作用。

　　基于学生成长需求,集合家校教育之力,优化教师、家长劳动教育观念,打造全员育人的劳动教育新模式。在实施过程中,学校始终发挥主导作用,以家长委员会为桥梁,学校引导全体家长共同来探讨劳动教育目标及愿景,为学校劳动教育做好“规划”;学校制定劳动教育方案时,向全体家长征集,邀请家长代表进行讨论,经过这样的过程产生的方案,得到了家长的广泛认同,家长也由被动配合变成了主动实施;共同设计系列化劳动教育家长课程活动,并加以有效实施,引导全体家长参与活动;学校智慧运用家长会、家长讲座以及网上培训的方式对家长进行引导,让家长明确在家庭中应当如何对学生进行劳动教育,向家长展示家校共育后学生的劳动素养发生了哪些变化,以此来鼓励家长建立起与学校密切配合的信心,唤醒家长的责任意识和协同共育意识;充分发挥家校资源,发挥教师家长集体的智慧,学校能够做到和家长保持有效沟通和协作,共同来完成对学生进行劳动教育的任务;构建和完善线上线下双向联动的家校共育交流平台,使家长通过班群、家长沙龙、家长会等途径,分享劳动教育的感悟及经验;加强学校与家庭之间的教育信息共享和反馈,从家校共育视角上,能使教师更好地了解每一位学生的家庭劳动情况,并将学生在校的劳动教育课程学习情况反馈给家长,便于双方达成劳动教育共识。

　　总的来说,在劳动教育具体实践推进过程中,学校教师要破解以往的“孤军奋战”局面,保持与每一位家长的紧密联系,与全体家长共同承

---

　　① 吴重涵.从国际视野重新审视家校合作——《学校、家庭和社区合作伙伴:行动手册》中文版序[J].教育学术月刊,2013(01):108—111.

担学生的劳动教育责任,发挥全员育人之成效。

二、推进家校共创课程,家长与师生"和美共育"

基于全员育人、多元体验的原则,家校合力开发"家长进课堂"劳动教育课程(简称家长劳动教育课程),从课程目标、内容、途径等方面来建构课程,并在劳动课程实践活动中更好地促进家长与师生和美共育。

（一）培育家长自创之力,共创课程新内容

自创力,即家长自身特有的一种综合性本领,对孩子教育产生新思想,发现和开设劳动教育特色课程的能力。从劳动教育课程内容角度出发,家长的自创力带动劳动教育课程资源的多样性。

1.挖掘家长资源,打造多彩课程

在课程开发与实施中,要充分发挥具有两维双重属性的家长资源,它既属于条件性资源,又属于素材性资源,发挥其最大程度的教育影响作用。学校中每个学生家长的人生阅历、职业背景、个性爱好等都会有很大差异,这些差异就体现出家长课程资源的多样性。学生家长中不乏有公务员、教师、工程师、工人、商人等各行各业的从业者,让他们从自己的职业和专业背景出发为学生提供丰富多彩的专业知识,对学生而言,具有很强的新鲜性。

根据学生的成长需求,家长可以为学校提供丰富而具体的劳动教育课程资源内容。相比学校所教授的理论知识过重,生活知识匮乏,家长可以为学生提供更多的与生活息息相关的知识和技能,更能发挥其"自创性"。学校指导家长充分发挥自身的职业特点和兴趣爱好的劳动教育资源,创造性地开发"劳动教育家长课程"来形成学校劳动教育资源库。每个学期开始,在学校各部门和校级、班级家委会的组织下,每个班级的家长根据需求轮流申报"家长劳动教育课程",几百堂种类丰富的"劳动教育课程"破土而出,有的甚至可以成为学校劳动教育的"拳头产品"。家校协同共育下的劳动教育课程,在内容上主要是根据家长的实际情况,集中在劳动教育之职业启蒙方面,涉足航天、民俗、医学、消防、艺术等各个领域各个方面,课程的形式不单单是知识学习,还有更具有实践性的劳动体验活动,这样的劳动教育可以紧密联系儿童生活、社会生活。

2.家校智慧联动,夯实课程实施

家校联动,围绕劳动教育的相关要求,学校与家长保持联系,以多元课程活动强化劳动教育效果,引导学生能积极参与课程活动,强化其自理能力,提升其劳动热情,同时培养他们良好的劳动素养。例如,家校在组织"职业启蒙"主题的家长课程活动,将相关的课程活动记录表发给学生,让学生根据记录表的相关流程,观察并体验父母的职业劳动;家长可以在接到教师的信息之后,安排孩子在课程中增加劳动实践内容,同时要记录孩子的一系列劳动表现,和他们共同完成劳动课程活动记录表,并写上自己对孩子的评价,粘贴上孩子参与劳动的照片,便于教师进行课程评价。由此,学生的劳动能力会得到进一步提升,其劳动积极性也会不断增长,体现了家校共育的重要价值。

【案例4-2-1】家长劳动教育课程精彩秀

新学期伊始,校内外189节家长"自创"劳动教育课程同时开放,学生自主选择喜欢的劳动教育课程参与和实践。这样大胆的尝试源自学校对一直实施的家长课程的自信,也源自对家长工作支持力度的自信,更源自课程对学生受益程度的自信。课程的丰富性和广泛性博得了家校社的一致称赞。家长们纷纷表示他们也对能够发挥自己的职业特长、兴趣特长为孩子们的健康成长做出贡献深感欣慰和自豪。同时,在为孩子们提供劳动教育家长课程的过程中,自己获得了成长的体验,也深刻感受自身的社会价值。年级层面的家长"自创"劳动教育课程安排表部分如下：

表4-2-1　家长"自创"劳动教育课程安排

年级	家长劳动教育课程	年级	家长劳动教育课程	年级	家长劳动教育课程
一年级	直升飞机的原理	二年级	舞动生活	三年级	中国功夫茶艺
	航拍世界真美好		舞动未来星		头脑风暴游戏
	冲上云霄		自我急救		小朋友来学航天
	眼睛的奥秘		DIY发饰		打击乐初体验
	扇子舞		毛线绣贺卡		军用飞机概述
	职业教育启蒙		模拟小法庭		模拟小法庭
	带你看世界		缤纷书签		武警特训营
	趣味音乐party		海豹小子		鸡蛋开始的故事
	气象科普知识		乐声伴成长		小小银行家
	温度"变变变"		少年强则国强		DIY印第安头饰
	面具王国之旅		迷人的光		货币的故事
	变身制香小达人		我型我秀		梦幻魔术
	多彩纸花环制做		创意手工		自我安全防范
	多肉植物介绍		神奇的简笔画		飞行员的飞行箱
	我是小小空乘员		爱心天使屋		美丽中国课程
	绘制许愿瓶		宇宙的起源		百变软木塞
	七彩小熊按钟		精益启蒙		骑行西藏见闻
	手工编织		跆拳道小勇士		古琴欣赏
	英语从哪里来		情绪特工队		创意手工
	趣味撕纸创作		沪语课堂		电梯安全宣传
	棉花变变变		神奇的生物		玩转纸电路
	爱心献血		小小建筑师启蒙		旅行家之墨西哥

　　家长劳动教育课程拓宽了孩子的课程视野，成为学校课程与国家课程的有效补充，弥补了学校原有校本课程开发所面临的种类与资源的贫瘠局面。目前每班一学期至少两次的家长职业课程体验活动已经基本定型，且形成班级之间、年级之间家长课程的自行互换体验和共商共享体验机制。而共建单位、海外课堂等定期、定年级、定内容的劳动教育实践活动，也为家长学校课程的多样性和多元性提供了更多的选择和保障。"自主·自助·合作"探究的劳动教育家长课程最终受益的是

学生,增长学生劳动知识及技能的同时,也提升了家长育儿理念,提升学校教育的功效。

(二)培育家校合作之力,打造课程新空间

合作力,即工作中所需要的协调与协作能力。就以家长劳动教育课程开发来说,从组织建立—现状分析—目标制定—课程编制—课程实施—评价与修订这整个过程,教师和家长通力合作,形成教育合力,从而为劳动教育创设"新空间"。

1.自主合作,让课程更显系列化

基于合作视角,学校形成班级—年级—校级三级家长劳动教育课程的有序实施路径,每班每个学期2—4节劳动教育家长课程,全校每个学期将近400节左右的劳动教育家长课程。在这样的多样化课程中,由年管会的主任、年级组长为领衔,负责审核本年级中特色经典的课程,形成本年级共享的年级课程;由年管会蹲点中层推进审核年级特色共享课程形成校本共享劳动教育特色家长课程,三级推荐制度共同形成三级劳动教育家长共享课程序列。

2.全程合作,让课程实施更有效

合作之力始终贯穿于整个教育过程。从课程开发组织开始,教师和家长共同商讨开发劳动教育课程及活动,教师发挥其教育专业能力,家长发挥其创造特长能力,这是一种更倾向于脑力性合作;在劳动教育课程及活动实施中,在教师指导下,家长科学规划地开展家长课程及活动,这是一种更倾向于体力性合作;在评价环节中,从家校两大维度共同通过问卷调查的方式,分析劳动教育课程及活动的实效性,从而能动态化地优化与改进工作,积极创设适合每个孩子健康发展的劳动教育校本课程及活动。

其中,《味爱亲子料理手册》劳动教育校本课程之教材的开发中,家长也积极参与到全过程。家校合作下的《味爱亲子料理手册》劳动教育

校本课程的教材,结合"24节气"知识研究中国的"美食文化",体现了学习的多元性;手册中根据不同年龄段,设置了不同的信息点和不同的字体,体现了学习的分层性;设计了多样化的探究活动和体验活动,体现了学习的自主合作性。使用守则注明了:请家长和孩子一同翻阅手册进行合作学习活动。

(三) 培育学校指导之力,探索课程新路径

学校劳动教育的家长课程资源丰富了,如何更好地保障课程质量,让学生真正受益,从更大程度来促进家长的自主成长,这就离不开学校的专业性引领和针对性指导,实现家长课程的新高度。

1.三层面的家长学校工作方式

根据学校实际情况,开展三层面的家长学校工作:一是以专业的家庭教育读本作为家长学校教材,组织家长形成劳动教育年级学习序列,围绕年级每月学习专题进行序列化学习,并利用微信、钉钉等信息化平台进行及时性的学习分享反馈;二是及时宣传劳动教育变革性实践的重大举措和变革动态,家校合力,积极支持和协助学校推进教育的转型性变革,进而实现让每一个孩子主动健康成长的理念;三是组织开展校本化的劳动教育经验成果分享活动。通过校级层面的集中式大会交流及班级层面的互动式分享两种基本方式,让家长有关劳动教育的成功经验在校园里传递起来。

家长学校的开展,也要注重"输入—输出"双向性的教育实效,比如学校请来家庭教育专家给家长们做讲座《如何掌握学生的成长需求》、《学校德育课程与家长课程的兼融》等等,请班主任给家长做课前培训《劳动教育课程规范三部曲》,再由经过培训的家长对更多的家长进行有关劳动教育的主题交流,展示家长示范课程等。

2.全学科卷入的学习指导模式

学校每一位任课老师深入到家长学校中,充分发挥指导力,传递劳

动教育的育人理念、具体实施、评价方式的相关专业知识及经验给家长,从全方位来指导家长正确对待学生劳动教育养成,生活品质建设和提升等,大力助推每个家庭健康成长。班级里的每一位任课老师包括班主任、语文、数学、英语、体育、美术、劳技、音乐、科技信息等全学科对家长进行劳动教育课程的指导,指导家长正确对待学生的劳动习惯的养成,劳动情感的培育等。比如语文学科,教师在家长会中通过中华经典文本阅读来向家长们传递劳动价值及情感,教师指导家长充分挖掘劳动教育资源,在家长劳动教育课程中巧设语文学科教学与劳动教育的融合点,勾连学生生活;劳技学科,教师可以指导家长具体的劳动知识与技能,夯实家长劳动课程质量,通过家校共育帮助学生提升劳动素养。

总的来说,聚焦劳动教育主题,家长充分发挥家长劳动教育资源的价值,开发与实施劳动教育课程(自创职业启蒙课程),引导家长参与学校校本课程建设与推进,创特色课程新内容、新空间、新高度,形成一个“学校指导·自创合作”家长学校劳动教育课程的家校共享库,实现家长与师生“和美共育”。

三、优化亲子品牌活动,家长与孩子“和美共长”

亲子活动,是学校劳动教育的家长资源建设的重要载体。从学生的成长需求出发,根据家长和孩子的兴趣特长,创建特色化的劳动教育亲子品牌活动,推进新视角下的劳动活动,实现家长与孩子“和美共生”。

(一)激活亲子共学之力,创新阅读模式

1995年,联合国教科文组织宣布4月23日为“世界读书日”,旨在让各国政府与公众更加重视图书这一传播知识、表达观念和交流信息的形式。同时希望借此鼓励世人尤其是年轻人去发现阅读的乐趣,增强对版权的保护意识,并对那些为促进人类的社会和文化进步做出不可替代贡献的人表示敬意。学校依托校园书香节活动,通过班主任引导、家委会倡议等各种方式,发挥"亲子共学之力",积极开展"阅读陪伴、学习成风"主题的劳动教育"亲子书房"系列活动,营造全家阅读氛围,从家校共育视角上来助推劳动教育的成效。

1.阅读内容:乐言故事团,讲述劳模故事

围绕劳动教育主题,以劳模精神为切入点,组建家校共育的"晨曦读书会"等个性化乐言故事团,通过故事讲述的方式来分享劳模故事,故事团创新使用校园电视台、网络平台等多种媒介,在故事团独立个性化活动的基础上,引导团员们把围绕劳动教育主题的亲子阅读的阅读感受体验等成果通过"云空间"向全校师生分享和展示。

比如劳动教育板块中,故事团在钉钉平台的"云课堂"中智慧开设故事团专栏,定期向学生推送"讲讲劳模故事"系列节目,然后引导全校的学生来用各种形式来呈现自己的学习心得。亲子故事团活动的有序开展,让亲子阅读形式在家庭教育中蔚然成风,亲子传递劳动情感,让学生在阅读中体验劳动的快乐,让学生在家长陪伴中体验生活的幸福。

2.阅读形式:全家总动员,共享阅读乐趣

围绕劳动教育主题,开展亲子伴书房阅读活动,全家总动员设计趣味性、多样性的阅读法来提高阅读效率。通过劳动情境创设,玩各式各样的阅读游戏,扮演游戏中的人物角色,和家人在劳动的阅读天地中翱翔。家校协同下的全家总动员读书活动,突破了原有的阅读活动方式,使阅读活动形式更加丰富多彩,汲取更多人的劳动智慧,一起来献计献策,从而达到理想的阅读效果,从而在阅读中提升学生的劳动综合素养。

【案例4-2-2】常春藤家庭伴书房:劳动知多少①

常春藤家庭伴书房旨在从"亲子伴读"出发,利用双休日时间组织

---

① 选自上海市闵行区七宝镇明强小学沈妮的论文《常春藤家庭伴书房》.

家长、学生等通过同伴阅读、亲戚阅读、学长导读、教师带读、家长共读等方式来提高课外阅读的作用,以"走近了解伴书房、亲子筹划参与伴书房、未来延续传承伴书房"为行动路径,通过家长共读等方式来提高学生课外阅读质量的作用,开展"劳动知多少"主题活动,帮助学生学习劳动知识与技能,不断自我教育、管理和突破,谱写着属于他们的成长篇章。伴读方式如下图:

在"劳动知多少"亲子活动中,让家长一起参与伴书房活动初体验,围绕劳动教育主题,从"亲子共读一本"到"亲子模拟活动"再到"学长带读家长协助",一步步在无形之中增进了亲子之间的关系,让学生们了解劳动的价值意义,学会劳动知识与技能。通过亲子阅读,兼具关爱和教育功能的亲子间交流活动,能够陶冶学生的道德情操,提高学习能力,培养良好的阅读习惯。这种阅读方式有利于在学生品味书香的同时,感受到父母的关注和陪伴,在劳动阅读主题的互动中健康成长。

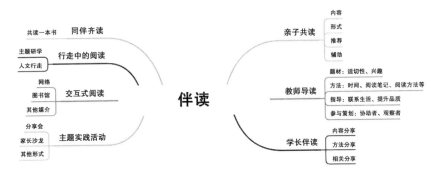

图4-2-2 常春藤家庭伴书房的阅读方式

以阅读为纽带,进行劳动教育主题亲子共读,受益的是家长,更是孩子。家长日渐重视对子女的劳动教育,而孩子们也透过家长的言传身教,潜移默化地认识到劳动是一件很光荣且很有意义的事情,大部分孩子也开始愿意自发地承担力所能及的劳动任务,也更加能积极参与各项劳动。

（二）激活亲子活动之力，建设家校品牌

围绕学校劳动教育，积极开展亲子活动，营建全家爱劳动的家庭教育氛围，打造家庭教育品牌活动。基于发达地区地域特质，分析当今时代真实现象，敏锐捕捉到父亲在家庭教育中的缺失问题，以劳动教育为抓手，开展爸爸教育系列亲子活动。从亲子书房入手，形成"爸爸的书架"，再拓展到多元探究型活动，到"彩虹爸爸课堂"再到"爸爸教育全系列"的品牌行动路径。

1.教育初探：爸爸书架，劳动教育特色化

从"亲子共学"走向了"亲子活动"，在劳动教育阅读活动中加入了更多的活动元素，这样不仅是劳动知识的习得，更是劳动情感的内化和劳动价值的生成。更让劳动教育彰显特色化。

【案例4-2-3】爸爸的书架：翱翔知识海洋①

在亲子共读阅读活动经验基础上，老师邀请爸爸们来校参加一次特别的家长会，重点打造"爸爸的书架"品牌活动。倡导爸爸们能以"书信"方式给孩子推荐好书、与孩子共读好书，旨在让学生争当优秀的"劳动者"。孩子们收到了一封封情真意切的信，读了爸爸推荐的好书，读到了最美劳动故事。教育是相互的，老师也让孩子们郑重其事地给爸爸写一封信、推荐好书，让爸爸更多了解自己，表达自己对这位特别"劳动者"的爱，同时和爸爸一起聊聊"劳动"那些事。接着亲子围绕"劳动·爸爸的书架"开展多样化活动，比如制作小报、小队活动等。

2.活动建构：爸爸课程，彩虹七色亲子行

"爸爸的书架"行动带来了学校的连锁行动，以书架为切入点，全面展开推进，重点研究父亲教育独特的教育功能，用结构化的思维来思考与探索。比如开展具有系列化的"爸爸课堂"主题活动，不单单停留在

---

① 选自上海市闵行区七宝镇明强小学唐红的案例《爸爸的书架》.

劳动书籍的阅读及劳动知识的习得,更多是侧重于劳动教育多元亲子活动的体验与实践。

【案例4-2-4】彩虹爸爸课堂:多彩劳动体验①

从学生成长需求出发,在学校教育指导下,爸爸基于对孩子成长需求及自身职业特色、技能特长等,以彩虹七色多元视角为孩子量身定制家庭式的劳动教育七大"彩虹爸爸课堂",并在家庭生活中有效实施劳动教育课堂内容,开展劳动知识的学习与探究,进行劳动体验型活动的参与和感悟,打造学生绚丽多彩的劳动才能,促进孩子在运动、阅读、生存、理想(生涯)、纪律、责任、勇敢等方面提升学生的劳动素养,同时加强父亲与孩子之间的沟通,增进亲子关系。

比如黄色中"理想、希望、乐观"等颜色特质,赋予黄色为彩虹爸爸课堂之"理想篇"的代表色。在这一版块,爸爸与孩子开展理想主题(生涯教育)的亲子互动活动,了解职业生涯的基本知识、走进爸爸的职业、参与体验活动,用爸爸的职业态度给孩子心里种下一颗理想种子。

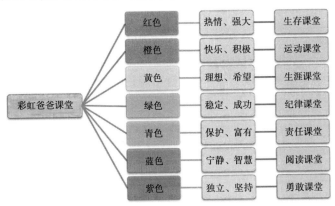

注:第一列为颜色,第二列为颜色含义,第三列为对应的课堂主题。

图4-2-3 "彩虹爸爸课堂"亲子劳动教育实践活动框架

---

① 选自上海市闵行区七宝镇明强小学姜丽霞的论文《基于彩虹爸爸课堂促进亲子关系的实践研究》.

为有效达成劳动教育目标、促进亲子关系这教育目标,从家校共育视角出发来探索行之有效的一套操作流程,家校相互支持和配合,互为补充,由学校教育指导家庭教育,家庭教育不断地支持和强化学校教育,形成教育合力,使整个劳动教育合力得到有效提升。

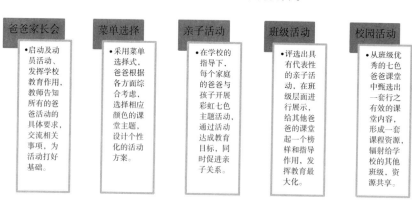

爸爸家长会	菜单选择	亲子活动	班级活动	校园活动
• 启动及动员活动、发挥学校教育作用,教师告知所有的爸爸活动的具体要求,交流相关事项,为活动打好基础。	• 采用菜单选择式,爸爸根据各方面综合考虑,选择相应颜色的课堂主题,设计个性化的活动方案。	• 在学校的指导下,每个家庭的爸爸与孩子开展彩虹七色主题活动,通过活动达成教育目标,同时促进亲子关系。	• 评选出具有代表性的亲子活动,在班级层面进行展示,给其他爸爸的课堂起一个榜样和指导作用,发挥教育最大化。	• 从班级优秀的七色爸爸课堂中甄选出一套行之有效的课堂内容,形成一套课程资源,辐射给学校的其他班级,资源共享。

图 4-2-4 "彩虹爸爸课堂"操作流程图

3.品牌优化:爸爸教育,亲子活动全视角

爸爸教育的研究,可以视角更大更广,可以延伸到学校整体性的家校工作。从爸爸书架、彩虹爸爸课堂走到爸爸教育系列活动,聚焦劳动教育主题,"爸爸教育"研究呈现出"全视角·阶梯化"的特质:面对全体家长及学生,低年级"了解爸爸的职业,走进劳动世界"、中年级"向爸爸学本领,争做劳动小达人",高年级"我和爸爸担责任,传递劳动美",形成劳动教育系列化活动。

在活动期间,请教育专家和班主任共同参与对爸爸们参与相关劳动教育活动的针对性、及时性的指导,包括配合孩子做好爸爸职业调查工作,如何合理地展示工作等,在爸爸和孩子开展劳动实践活动的过程中,班主任们及时调研各类数据,保障劳动教育活动的有效开展。在后续的总结活动中,请爸爸和孩子一起来分享劳动成果和收获,让爸爸教育成为学校一道独特的教育风景线,不但弥补了亲子教育的缺失,更为孩子更坚毅更自信的人格奠定了良好的基础。

四、搭建家长成长平台，家长与家长“和美共进”

围绕劳动教育主题，家长也需要不断成长。家长劳动价值观以及参与家校合作的积极性也是影响劳动教育家校共育工作的重要因素，家长群体具有复杂性，每位家长的文化素养、教育观念、个性特征等都各有不同。学校应该行动起来，搭建家长成长平台，秉持“互助共学”理念，实现家长与家长“和美共进”。

（一）发挥智慧学习之力，形成家长学习型组织

在现代学校制度框架下，学校将家庭纳入学校管理体系中，实现家校有效沟通、相互支持和通力合作。通过学习这个关键因素，使家长和家长之间成为共进步的学习共同体。

1.组建学习共同体，赋能学校劳动教育工作

根据家长的成长需求，组建家长学习共同体，即以学习为逻辑起点、以所有家长发展作为终极目标、以“共同愿景、平等尊重、自主合作、共学共享”为表现形态的家长学习型组织。它将学习视为持续的、积极的必备过程，是一个推动学校、家庭所有成员持续学习和不断成长的过程，是提升学校劳动教育成效的重要保障。通过学习共同体，帮助家长树立正确的劳动教育观、家校共育观，提升家长开展家庭劳动教育的水平，引导家长积极参与到劳动教育家校合作活动中来。

2.开展多元化研修，提升家长劳动教育素养

围绕劳动教育主题，从内容和形式多方面入手，开展序列化研修活动：一是丰富面向全体家长的家庭教育的内容、形式和载体。根据不同年级的家长学习需求来制定具有针对性、个性化的研修活动；二是“相约周五”，每月根据劳动教育主题设置家庭教育指导菜单，分发下去由

家长结合自身教育孩子的实际进行学习选择，并完成菜单作业，这种形式让家长们通过无声的课程，实现了再学习、再交流，解决了困惑，学到了新方法。

（二）发挥兴趣特长之力，集聚家长智慧型队伍

聚焦学校劳动教育工作，根据适时性、自主性原则，学校除了进行三级家委会制度建设，还成立了具有特色化的家长组织结构，包含家长志愿者、家长沙龙等，有利补充协助学校三级家委会工作，实现家长团队的自主建设与个性发展。

1.志愿服务，展现劳动者风采

家长是学校教育的重要补充力量。在学校劳动教育活动实施过程中，需要家长发挥自身的劳动技能及职业特长，充分参与其中，共同为学生的劳动教育课程及活动助力保障。

【案例4-2-5】"快乐STEM+，科技梦想+"创意型劳动实践活动

全体家长在师生成长综合大楼会议中心济济一堂，兴致勃勃地参与了品秋季科技节之创意型劳动家长志愿者沙龙活动。一是指导学生设计和开展长期探究式STEM研究项目，让学生在真实的劳动探究过程中，形成动态、连贯的学习，学生经历完整的STEM研究过程，真正理解劳动知识的本质和应用；二是在各学科课堂中整合工程、技术与科学，这是创意型劳动特质所在，吸引学生积极而且深入的参与，致力于动手研究和解决问题的过程中，促进对知识更深入、理解性的学习；三是开展创意型劳动活动，促进孩子的探索的兴趣，培养科学的想象力。其后的一个月时间内，每周校园里总能看见一群身穿蓝色马甲的家长志愿者们帮助孩子们感受"奇学无穷"的创意型劳动活动，运用诘问式的科学提问来引导孩子。他们俨然成为学校发展的坚定支持者，更是校园中的最亮丽的一道风景。

2.家长沙龙,专业凝聚显身手

对于学校而言,学生的身后是家庭,是不同职业不同身份的家长群,其中不乏可以有效补充学校劳动教育的专业家长。学校可以每年在三级家委会的组织统筹下,筹建不同领域的家长沙龙,以专业资源集聚的方式形成家校社互助的专业力量,从而打造学校劳动教育的生态圈。围绕发达地区劳动教育专业领域学校成立家长科技志愿者沙龙、家长摄影志愿者沙龙、家长亲子心理社团志愿者沙龙等沙龙团队,从团队成员的自我申请、专业审核、组织架构、活动计划到沙龙面向全校家长的系列活动开展,形成了行之有效和有序的制度机制,在学校劳动教育活动保障、家校亲子课程体验等诸多方面发挥了充分的专业力量保障。

表4-2-1　"劳动+"工作坊家长沙龙的进阶表

沙龙名称	进　阶	内　　容
"劳动+"工作坊 生活沙龙	初阶调研	寻访我们身边的生活劳动达人
	中阶体验	开展日常生活劳动工作坊活动
	高阶展示	开设生活生产劳动的课程活动
"劳动+"工作坊 科技沙龙	初阶学习	学习创意劳动的科技专业知识
	中阶沙龙	开设科技专题的讲座学习活动
	高阶挑战	带领孩子参与科技嘉年华项目
"劳动+"工作坊 摄影沙龙	初阶入库	建立摄影摄像专业家长资源库
	中阶入校	参与劳动教育活动摄影类工作
	高阶入课	参与劳动校本课程的项目设计
"劳动+"工作坊 心理沙龙	初阶组团	组建专业的亲子心理沙龙队伍
	中阶大课	推进劳动教育的心理大课工作
	高阶辅导	参与学校劳动教育的项目建设

家长沙龙中一大品牌队伍就是"劳动+"工作坊之"明强心禾亲子成长沙龙",这是由家庭教育研究背景和心理专业背景的家长组成的团队,充分发挥家长的专业背景,挖掘家长的教育资源,家校协同打造专

业化家庭劳动教育指导团队。在实践中,有序推进各项行动活动,注重过程性资料的积累和分析,不断反思和总结经验,优化研究策略,最大化的将行动落实落细。

生活沙龙,由不同行业的家长代表组成的团队,挖掘家长的劳动教育资源,家校协同打造专业化家庭劳动教育指导团队,沙龙成员会定期开展家长层面的劳动实践体验、劳动场所参观等活动,分享劳动经验与智慧,从自身的专业水平上提升劳动素养,从而来影响其他家长及孩子。

总之,加强劳动教育是新的时代背景下党和国家教育方针的要求,对学生的成长成才和全面发展有至关重要的作用。无论时代背景如何改变,教育子女的责任永远落在家庭与学校的肩上。学校是有领导、有计划、有目的、有组织的专门育人场所,在劳动教育中占据主导地位,家长则是孩子的终身教师,在劳动教育中具有基础性作用,家校合力,充分发挥着各自的教育作用,共同参与劳动教育的指导与实施,共同影响着学生的成长和发展,努力让学生形成正确的劳动观,自觉参加劳动,养成热爱生活的劳动品质和行为习惯,最终成为勤劳能干的社会主义接班人。在家校共育工作具体实施中,通过"夯实家校共育机制、推进家校共创课程、优化亲子品牌活动、搭建家长成长平台"共育途径,开展与落实劳动教育实践探索,实现学校与家长"和美共建"、家长与师生"和美共育"、家长与孩子"和美共长"、家长与家长"和美共进",从而形成协同共育的新时代劳动教育格局。

第三章　教育生态走向协合:联智共建新生态

　　劳动作为人类独有的基本社会实践活动,始终推动人类社会的发展前进。劳动的形式也随着社会的进步朝着多样态方向发展,在新时代,劳动被赋予了新的内涵。从多方资源整合视角下来加强新时代劳动教育,需要家校社协同一体化,需要优化校内管理、校外共建的教育生态,形成教育合力,创生联智共生的劳动教育新格局,这是培养担当民族复兴大任时代新人的内在需要,也是促进和提升学生能力全面培养的重要内容。

　　校内校外共建"和美"生态。校内管理,成立专门的管理机构以及劳动教育领导小组,划分具体职责,强化科学管理,为劳动教育的实施提供具体的程序指导,使学校劳动教育的开展有章可循;校外发挥校际合作的作用,组建共生共长共赢的发展共同体,优化劳动教育大环境。

一、校内管理：协同合作系统化

　　从学校内部,劳动教育要聚焦管理效能的人本性、整体性、发展性,发挥学校各方协同合作中的教育合力,打造全网覆盖式管理样态,领导和加强劳动教育课程标准的制定、教材的建设、教学设备的完善以及实践基地的建设等,建立和管理劳动教育工作,为劳动教育管理提供稳定的制度保障。落实与深化融合性的劳动教育活动,发挥教育的共生共长之效能。

（一）优化学校管理模式,形成分工合作之系统

学校各部门的有序运行是保障,集合部门的力量,形成学校教育及劳动教育的管理系统的"神经中枢",建立具有科学性、针对性的劳动教育管理制度,健全基于课程设置、教育投入以及学生安全等方面的劳动教育组织管理体系,这是夯实学校劳动教育的重要保障。

1. 构建学校管理网络:年管会·PDCA 动态循环

遵循"以人为本、人事物贯通"管理原则,顺应新时代教育所需,凝聚学校管理治理优势,打造更优质的劳动教育管理生态。

学校管理具有职能分工属性,中层机构设置为"两中心·四部门",即管理发展中心、质量调研反馈中心,课程教研部、学生发展部、信息技术部、校务管理部,基于学校劳动教育的真实需求,对管理工作具体细化与落实,各部门聚焦主题进行系统化思考与运行。学校管理具有有机合作属性,旨在形成合力做好劳动教育工作,以非行政性组织的年级学生管理委员会(年管会)为抓手,构建以年管会协同下 PDCA 循环改进模式的"决策引领、计划安排、组织动员、实施推进、伴随评价、质量反馈、动态调整、协调保障、协同推进"管理机制:即校长室决策引领下,管理发展中心、质量调研反馈中心、课程部、学生部、信息部、校务部两中心四部门整体协调合作,年级学生管理委员会协同动态推进,共促劳动教育细化、深化、优化。

围绕学校劳动教育,处于中心的决策系统进行科学、民主决策,校长室党委提出有关决议,教代会和现代家庭教育指导委员会共同参与决策过程;教育教学系统为执行力系统,通过各年级管理委员会进行具体落实。咨询服务系统在决策系统的领导下,做好服务师生工作。调研与反馈系统各组成部分通过调查问卷、座谈会、听课等活动,对决策

系统提供信息反馈和后续决策建议,通过清晰明了的运行流程来充分保障学校劳动教育工作的科学有效地开展与实施。

图4-3-1 学校"PDCA·动态循环"校内管理网络

2.学校部门管理实施:系统化·责任分工与合作

(1)统筹规划,整体管理学校劳动教育

校长室,在学校整体性发展规划下,对学校劳动教育工作进行统筹规划工作。思考学校劳动教育实践与研究的行动方案及管理制度等,指导各部门做好各条线劳动教育工作计划;在具体推进过程中起到一个灵活协调、优化调整作用;研究后期,组织各条线对学校劳动教育工作的经验及成果进行总结提炼工作。

管理发展中心,对学校劳动教育工作资料进行整理汇总,形成学校劳动教育资源库;其中科研室依托学校官微、校刊等平台,对有关劳动教育进行外在呈现与宣传工作;师训部门在学校劳动教育中负责课程活动的开发运用、管理实施等各方面工作,并对教师进行专业化、系列化、全面化的培训工作。

(2)多维推进,全面实施学校劳动教育

课程教研部,围绕劳动教育学科教学、学科渗透等方面进行整体管理与实施推进。比如引导教师在学科教学中，充分挖掘劳动教育资源，开展多样化的学科教学与劳动教育相融合的主题活动，激发学生学习热情及信心。在劳动教育师资短缺的情况下，可以先对相关学科的教师进行在职培养；同时，积极组织劳动教育研讨与分享活动，积累劳动教育学科教学方面的案例及经验，形成教育资源库。

学生发展部，围绕劳动教育综合性活动、班队建设等方面进行整体管理与实施推进。比如学生部整体规划，班主任召开家长会，搜集家长中的劳动教育资源，形成班级劳动教育家长资源库，开发梳理成校级的劳动教育家长资源库；结合学校、班级文化创建，开展系列化劳动教育实践活动，同时发挥家校共育作用，引导家长参与进来，开发家长劳动教育课程等，积极收集劳动教育活动方面的案例及经验，形成教育资源库。

（3）质量调研，科学指导学校劳动教育

质量调研反馈中心，进行劳动教育的校本调研活动，通过问卷调查式的实时监测，来调整与优化学校劳动教育的方案，及时调整学校劳动教育方向及活动，从而保障学校劳动教育成效。依托学校质量调研和反馈中心，定期通过家庭教育指导委员会意见反馈征集、问卷调查等多元形式，征集学生、家长、社区对学校劳动教育工作的反馈意见建议等，打造家校社共建共育之样态。

（4）资源保障，有效助力学校劳动教育

信息技术部，在现代化教学大背景下依托信息技术，在学校教育"云课程"中建设"劳动教育资源库"，突破时空的约束，让教育更"灵动"；开设学科劳动活动、综合活动、家长劳动教育课程等网络学习平台，打造学校劳动教育"云校园"，拓展教育场域。

校务管理部，从生活、学校物质等方面，做好学校劳动教育的保障工作。比如在学生进行劳动实践活动前，对劳动实践场地的安全性进行科学、合理的评估，避免造成不可挽回的后果；在家长参与到学校劳动教育课程生活中,需要开放专用的教室,需要营造教育共同体的良好氛围,这些都是校务管理部职责所在,是重要的物资保障部门。

围绕学校劳动教育,学校各部门各司其职,从内在激活学校劳动教育管理系统,确保劳动教育各环节的校本落实与推进工作;学校各部门之间整体协调、通力合作,互相补位与融合,形成学校劳动教育的管理新格局。

（二）推行年管会创新实践，探索新型劳动管理

为了让劳动教育更好落地实施,根据价值提升、结构开放、重心下移、动力内化和过程互动的原则,建立了年级学生管理委员会(以下简称年管会)来推进学校劳动教育,打破以往固有的管理模式,以年管会为抓手,融合各部门各条线劳动教育工作,整体推进实现学校内部组织结构的扁平化建设,从整个学校管理机制的视角来创新践行新时代劳动教育。

1.创新组织架构:发挥年管会作用

年管会是学校劳动教育组织建设及管理的一大创新。根据劳动教育目标,从学校及年级层面,形成以行政、教师、家长、学生、社区等多方资源的年级管理机制,从年级管理、学科教学、班级工作、综合活动、学生发展、家长学校等多个方面综合协调管理,以保障年级管理实现年级层面自治自理的重心下移实效。

（1）重建人员结构,促进全员育人

基于学生的成长需求,根据学校劳动教育的目标,重建年级管理委员会的组织架构,以原有的年级组长为轴,形成学科教师代表、家委会代表、学生代表、行政代表、社区代表、专家顾问等为成员的组成机构。具体实施过程中,年管会设主任一名,一般由年级组长担任;副主任一名,由年级家委会主任会担任;顾问一名,一般由深入年级的校级领导担任;年级委员若干名,由班主任和任课教师等担任。各年级在校长领

导下独立统筹,推行"年级组长聘任制、年级中层蹲点制、年级发展例会制、年级活动项目制、年级课程共享制、年级评价奖励制"六大制度,协调本年级劳动教育工作的统筹与实施,创生年级管理委员会的劳动教育项目推进,调动师生和家长的积极性、参与性、创造性,关注年级劳动教育的全面整体提升,具体如下:

主　　任:年级组长

副主任:年级家委会主任

顾　　问:年级蹲点中层

组　　员:66架构,6部6步

★管理部:班级管理教师代表(班主任代表若干名)

★学习部:学科学习教师代表(年级语文、数学、英语教研组长)

★艺术部:艺术体验教师代表(年级美术、音乐学科教师代表)

★体育部:体育运动教师代表(体育学科教师代表)

★资源部:家社资源共享代表(年级家委会代表)

★保障部:信息技术保障代表(年级信息教师或家委会信息人员代表)

第一步:年级组长聘任制　　第二步:年级中层蹲点制

第三步:年级发展例会制　　第四步:年级活动项目制

第五步:年级课程共享制　　第六步:年级评价奖励制

从纵向来看,年管会的组成人员有校级领导和部分中层主任、年级组长、年级家委会主任,有利于贯彻劳动教育工作;从横向来看,有所在年级的学科教研组长、工会组长和班主任代表、教师代表等各条线的第一责任人参加,这有利于年级组内学科之间、学科教学与班级管理之间的劳动教育工作的沟通、合作与研究。即形成了分工明确,合作高效的领导与管理团队网状化运作机制。

(2)明晰组织职能,实现重心下移

把管理的重心下放到年级,组建年级管理委员会,赋予年管会这一学校非行政性组织更大的管理权。在明晰组织成员的基础上,进一步明晰年管会的常态组织职能,围绕劳动教育的实践探索,从年级管理、学科教学、班级工作、综合活动、学生发展、家长学校等多个方面综合协调管理,形成劳动教育年级组长负责制,在课程部、学生部这两大职能部门的指导下,安排成员每周定期常态巡视年级组老师的劳动教育开展情况,并根据年段特点,主动策划年级劳动教育主题活动。各个年级管理委员会基于各个年级学生成长特点和需求,通过年管会论坛进行年管会学年劳动教育重点项目申报,围绕重点项目开展过程性管理和指导等,期末通过项目汇报进行自我总结和反思,并通过优秀年管会及年管会优秀成员的评选等活动激励年管会开展多元自主的年级管理。

总的来说,在校长室的指导下,年管会负责独立策划本年级的劳动教育工作,也就是把年级的劳动教育工作计划、日常管理监控、指导,以及部分评价与分配的权力下放到年管会,具体见图:

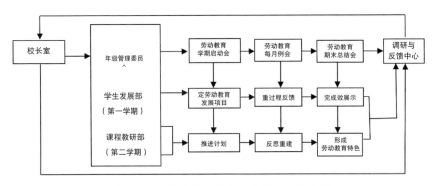

图4-3-2 学校劳动教育的年管会工作流程

2.推进科学运作:四会保障劳动教育

(1)年管会,自主实施教育活动

年管会的项目推进需要有一个与之相适应的活动场所,这就需要改变原来的学科组办公模式,实行"年级组办公"。为此,把原来相邻的两间学科组小办公室打通,变成了一个大的年级组办公室,这样有利于年级组劳动教育工作研究的日常化和年级内劳动教育跨学科教育活动的沟通与实施。

"年级组办公"的内容主要集中在两方面：一是开展劳动教育日常化的研究。每一次研讨活动，年级组组织教师对劳动教育工作开展过程中实际存在的问题进行讨论与交流，让教师们在活动前认真思考、带着问题来讨论，进行智慧碰撞；二是进行劳动教育专题化的研究，每个年管会都有特色化的劳动教育主题项目，进行活动前的计划、推进以及总结。年管会的管理主要负责推进劳动教育项目，在项目建立与实施的整个过程中贯穿分工与合作。立项之前，各年管会内部成员按分工进行学生劳动教育现状调查研究，并共同分析本年级的真实现状，寻找劳动教育新的发展方向和生长点。经过讨论，在年管会内部合作的基础上形成初步意见，提出具有年级特色化的劳动教育项目方案。然后由各年级的领导将各项目方案提交至校长办公会议上，校长办公会议上对各年级上报的项目方案进行审议。各年管会的劳动教育项目既要符合本年级的实际需要，又要体现各年级发展的前沿后续原则作出决策，确定本年度各年级管理中重点推进的劳动教育项目。在此基础上，各年级分头召开年管会，进行年级组办公，内部讨论、调整项目，细化实施的方案，包括预期的目标、落实的措施、评价的指标等等。

在劳动教育项目实施过程中，各年级充分发挥了主动性和创造性。比如一年级劳动教育项目是"在生活型劳动中培养学生良好的自理能力"。结合一年级的学生年龄特点，从实际生活出发，开展叠衣服、做家务等劳动技能类活动，在实践过程中将"两明两强"校训内涵融入其中，引导学生自编劳动童谣，使学生在生活化、趣味性的劳动教育活动中全面提升劳动素养。

（2）群英会，独立策划劳动教育

学校以往的年级工作，主要是被动地执行学校下达的任务。年管会建立以后，每个年级围绕学校本学期的工作重心、本年级学生的成长特点和存在的主要问题,独立策划本年级的劳动教育工作。校领导、专家、中层管理者与教师平等协商,大家充分发表意见。这种平等协商的机制,称之为"群英会"。

"群英会"一般在每学期开学前举行。先是各个年管会分头召开会议,每个年管会成员根据自己掌握的情况,提出问题,阐明观点。在充分听取每个成员意见的基础上,各个年管会确定本学期年级劳动教育工作的项目,并初步拟订劳动教育项目推进的目标和策略。之后,各个年管会进行交流,听取其他年级的意见,尤其是校长的指导性意见,然后对本年级的劳动教育项目作适当调整。这样,既调动了年管会独立策划年级工作的积极性,又使得各年级的工作相互沟通,实现了学校工作的整体协调。各年级的项目方案形成以后,学校召开"群英会",各年管会分别进行交流,广泛听取意见。在这一过程中,既有校级领导与中层管理者的对话,又有中层各部门、各年级之间的对话和交流。校级领导在整个过程中要有敏锐的洞察力,发现潜在的问题,以及可能遇到的困难,并及时的点拨指导。

(3)月例会,及时反馈教育进展

年管会在劳动教育项目推进的过程中,要注意及时反馈与调整。反馈的渠道有两种,一种是年管会以每月例会的形式进行阶段性的自我反馈,另一种是学校教育信息反馈与调研中心对各年级组的每月调查。年管会的每月例会包括两个部分:首先由各成员汇报自己分管的劳动教育工作,总结成果,分析问题;然后各成员共同讨论全年级劳动教育工作的倾向性问题,找出原因,研究对策。

年管会形成"学习交流—精品展示—沙龙研讨"的例会活动组织形式。在学习交流中,骨干先行,骨干教师将个人学习理论与经验,在年管会全体成员中交流。学校调研与信息反馈中心承担了评价与调整的职能,及时把握与调控劳动教育项目推进过程中的各个环节,与年管会成员进行沟通,了解实施过程中分工是否明确,合作是否有效,还有什么困难要学校层面解决。在过程性的调整中,学校调研与信息反馈中心至少召开两次年级管理委员会大会,学校调研与信息反馈中心,对各年管会已做的劳动教育工作、已取得的成效、改进的措施形成书面意见,然后在全校范围作出讲评。各年级再根据调研中心的意见,进行反思与调整。学校教育信息反馈与调研中心对各个年管会的每月调查,既考虑整个学校的统一要求,又兼顾各个年管会自主确定的劳动教育项目特点。调研的方式有:召开学生座谈会、向家长发放调查问卷等。调研中心将优秀的劳动教育工作的做法或案例,在各个年管会中进行推广,使之产生良好的榜样示范作用。

(4)三推会,自我评价教育成效

所谓"三推",就是推出榜样、推出经验、推出问题。"三推"是年管会在项目推进最后阶段的一种自我评价机制。"三推会"一般在学期末召开。首先是各年级组召开年级管理委员会会议,在全面总结劳动教育项目推进情况的基础上,商定本年级推出哪一个榜样、推出哪几条经验以及推出什么值得进一步研究的问题。在此基础上,召开第四次年级管理委员会大会即"三推会"。由全体年管会成员参加。为了使自己的劳动教育经验推荐更加生动、有说服力,各年管会还制作版面、电子演示稿。以"三推会"为形式的年管会自我评价,评出了干劲、评出了团结、评出了学校劳动教育前进的方向。

聚焦学校劳动教育,年管会能较好地处理学校管理中"总"与"分"的关系,从年管会与学校的关系看,既体现了年级管理的独立性,又保证了学校管理的统一性;从年级内部管理看,既维持了年级发展的协同性,又保持了学科教学的独立性。年管会机制的建立与运行,促进了学校领导者管理思想的转变,使学校管理从"演绎—复制"式发展思路,转向"尝试—发现,归纳—提升"的创新式发展思路;从"预设—兑现"式策划与实施,转向"弹性预设—互动生成"式策划与实施;从关注下属"做了什么",到关注他们"怎样做的"。年管会机制的建立与运行,也推动了整个学校管理机制的改革,使学校管理从琐碎、重复、交叉,走向集合与系统,从而达到了制度设计中提出的提高效率、激发生命自觉和符合教育规律的目标。

以年管会为载体的领导、管理分工合作机制,有利于在成事中成人,成人中成事,提高学校劳动教育成效,促进了校长、中层管理者和教师的专业成长,从而更好地促进学生的健康成长。

(三) 促进团队智慧合作,共研新时代劳动教育

马卡连柯曾说:"哪里教师没有结合成一个统一的集体,哪里也就不可能有统一的教育过程。"要使班级的劳动教育工作有条不紊地进行,让学生获得更好的成长和发展。那就要充分激发教师团队的劳动教育智慧和激情,形成教师之间的诚心合作,让学校教师形成教育的共同体。

合作,意味着"参与者必须具有共同的目标、相近的认识、协动、一定的信用,才能使合作达到预期效果"。围绕劳动教育,教师团队的合作就是要形成共同的目标及价值追求,开展劳动探索活动,具体从以下几方面进行推进:

1.聚焦劳动,达成价值共识

学校及班级教师要共同规划班级劳动教育发展目标及愿景,要努力形成共同的教育价值观。在劳动教育活动推进过程中,教师要做到能相互理解、相互依赖、项目尊重、彼此包容,共促发展。

其中,目标性是班级内教师团队合作的首要环节,教师成员需要确立共同的劳动教育工作目标作为方向引领,这个共同目标应该是每个成员都能实现其自身应有的专业成长。同时,因为合作中的教师每个人都具有自己特殊的学习目标,所以这个目标任务的实施需要成员间充分的协商与交流,因为合作中的教师每个人都具有自己特殊的学习目标,要建立全员认同并支持的共同目标,明确共同的任务,就必须对

较为分散的个体性目标进行优化整合,形成一个共同努力的方向和领域,使其能够成为所有教师学习目标的最大公约数,使教育合作在不同程度上满足所有成员的学习需求。由此唤起所有成员的责任意识,强化其使命感,这样能从最根本上夯实劳动教育的"师资力量"。

2.协同合作,开展智慧探索

在新课标的指引下,劳动教育中教师合作更多的是学科活动的合作,也就是要体现跨学科理念,积极打造五育融合型劳动教育活动。各学科教师要组成"共同备课团队",分享智慧、集思广益,在共同研课的过程中互相学习、共同成长;要打开学校的大门,利用社会的资源,美术馆、博物馆、科技馆、大自然这些课堂,家校社共育下开展劳动教育活动。

比如高年级学生劳动知识与技能相对比较强,但是劳动情感与价值观亟需加强。针对这一现实情况,单单靠班主任的说教式的教育难以达成较好的教育成效,班级内各学科教师可以携手推进劳动教育活动,比如语文教师可以充分挖掘语文文本中的劳动者的故事,用精神来影响精神,引导孩子们从历史人物中去体悟劳动的光荣与美好;劳技学科可以通过多样化的劳动实践体验,在活动中让学生对劳动的热情得以激发;体育学科则可以通过让学生自制体育器械,提升劳动技能的同时,更要激发学生的劳动情感。全学科联动,通过教师的深度合作共同助力学生的健康成长,更好地提升学生的劳动素养。

3.共享资源,提升教育成效

共享教育资源是"教师合作"的重要基础。面对劳动教育,班级内教师的生活经历、知识结构、专业背景、思维方式、语文风格、个性品质各不相同,而这些异质性为教师的专业成长、学生的劳动教育提供了丰富的教育资源。教师之间可以建设线上线下平台,共享教学经验、专业知识、活动设计等。共享教育资源是一种同伴学习,教师可以在平台上表达劳动教育的观点、探究劳动教育问题,在此过程中,教师更能求同存异,学习同行的优秀经验,不断提升自我。

比如学校在"钉钉平台"上搭建了"劳动教育—云课堂"。学校及班级内各位教师在平台上上传劳动教育课程资源,共享各自的劳动教育经验及智慧。在这样的合作交流下,学生的劳动教育资源就更加全面与多样,同时各学科也在"云端"上实现"跨界融合"与"超越发展"。

二、校际合作:发展共赢优质化

校际合作主要指学校之间在相互信任与平等互惠的基础上,为了实现共同目标、完成共同的任务而开展的共担风险、共享利益的长期合作关系。[①]新时代教育大浪潮下,为了促进基础教育特别是义务教育均衡发展,校际合作成为一项基本的教育发展策略。依托劳动教育实践与探索,加强校际合作、组建研究共同体,能够提高学校教育资源利用效率,在一定程度上解决了不少学校资源短缺的问题,提高学校教育资源利用效率,在"智慧劳动"中很好地实现教育均衡与突破。

在具体实施中,以学校劳动教育主题为抓手,发挥学区化的教育合力做好劳动教育强师工程,从全局视域下筑基提质、补短扶弱、做优建强学校劳动教育工作。在"联智共生"理念下推进校际共进之融的学校劳动教育,从"个体品牌"走向"区域格局"、从"智慧共长"走向"生态自觉"、从"资源共享"走向"个性发展",实现"均衡化、特色化、优质化、品牌化"劳动教育新格局。

（一）系统构建,做好劳动教育强师工程

劳动教育的校际合作,从组织、内容、目标、实施、评价及保障等方面进行理论层面探索,形成具有科学规范性、可操作性、可辐射参考性的实践模型。

---

① 薛海平,孟繁华.中小学校际合作伙伴关系模式研究[J].教育研究,2011(6):36—41.

1.校际合作下架构实践研究共同体

"实践共同体"（Community of Practice，简称CoP）理论，它是新世纪以来教育科学中最有影响力的系统性理论概念之一，被研究者评价为组织学习研究领域具有革新性的创见。①它是一种后现代教育语境中的学习理论。

基于CoP理论，"联智计划"核心词是"学习"，目的是打造一种新时代学形成一种全新、全系统的劳动教育教师学习及专业发展模式，是包含作为实操的学习、作为经验的学习、作为归属的学习、作为成长的学习四大方面。CoP绝对不只是一些具有特征的人的简单集合，它是人与事的智慧融合、共学习与发展，为了进一步明确CoP的界限，温格还提出了理论模型的三大要素，即"实践共同体"的三大要素，其中具体包括"相互卷入·合作事业·共享智库"三大方面。

基于CoP理论，劳动教育的校际合作是一种集学习与实践为一体的实践共同体的体现，在"成人成事"理念下推动劳动教育教师发展及工作的落实与发展，这是联智共生的核心所在。即"相互卷入·合作事业·共享智库"，发挥劳动教育师资动力源，推动学校劳动教育走向优质均衡化发展。

2.校际合作下的劳动教育强师工程

对于学校劳动教育，师资队伍是核心。为了能培养能适应新时代劳动教育的优秀教师，首先要厘清楚培养的方向，那么培养的目标及内容就显得尤其重要。

基于CoP理论，建设师资队伍要打造一种新时代学习场域，形成一种全新、全系统的教师学习及专业发展模式，其学习场域是一种集学习与实践为一体的实践共同体。因此，校际合作要能上接天线，学习新时代各类政策文件及要求，以及对接教师实际的教育教学工作，围绕学校

---

① 王逊,张艺凡."实践共同体".(CoP):一种后现代教育语境中的学习理论[J].教育现代化,2019,6(58):110—112.

劳动教育,围绕"专业境界精神·知识文化储备·教育教学技能"三大教师发展范畴目标,具体落实为提升教师"育德能力、创新精神、专业技能、研究能力"等各方面,这是校际合作的基础及核心内容。内容见表:

表4-3-1　校际合作下教师劳动教育的培养内容

范畴	内容	主题项目	达成目标及内容
专业境界精神	理想与道德	不忘初心,立德树人	制定劳动教育计划,感悟劳动精神,夯实职业道德素养。
	文化与认同	名师讲坛,感悟幸福	名师引领,明确共同目标,以此规范劳动教育行为。
知识文化储备	视野与内涵	走进古镇,参与活动	发挥地域特点,参加劳动实践体验活动,提升文化修养。
	科学与人文	健康联盟,体验生活	参加实践活动,掌握劳动基本常识与技能,投身教育工作。
	阅读与随想	好书相伴,悦纳人生	在阅读中思考、在思考中感悟、在感悟后付诸于教育行动。
教育教学能力	教学素养	主题教育活动设计	在校际导师指导下,设计系列化的劳动教育主题活动
	信息素养	微课设计大赛	以赛促进,教师能够运用信息技术提升主题教育实效。
	科研素养	教科研大赛	参与科研成果评比,及时积累与总结,争做研究型教师。
	学生管理	教育论坛大赛	在论坛中分享劳动教育中等智慧。
	活动实践	联合教研观摩	观摩或策划跨学科活动,提升教师复合型能力。
	团队研修	联合体名师工作坊	成立工作坊,培养各梯队教师,助推专业成长。

3.校际合作下培养模式的迭代更新

围绕学校劳动教育,整体结构图从1.0走向了2.0,再到3.0版本,培训计划逐渐完善,也凸显出研究思维的发展历程。

(1) 对接理论:从1.0版本走向2.0版本

相关的学理分析后,融入了 CoP 理论模型的"相互卷入·合作事业·共享智库"三大要素的2.0版本,更有了理论的深度。基于 CoP 理论模型的"相互卷入·合作事业·共享智库"三大要素,联合优质劳动教育课程资源、联合优秀师资资源、联合教育教学智慧,着力搭建教师劳动教育专业化发展的资源库,强化骨干多元互动引领,壮大强强互动的培养核心,实现学校劳动教育充分互动与资源共创共享,重视价值理念分享,课程共建共生,教师交流与发展,创新探究教师的培养模式。

具体来说,围绕"1123"体系(即一个核心、一个储备中心、两个智库、三个范畴)做好学校劳动教育强师工程,助推教师成为新时代劳动教育"智者",实现学校劳动教育资源的均衡化。

◆ 一个核心——形成"让每一位教师主动幸福工作"核心理念。"相互卷入"首先是指理念的融入。对于任何一所学校而言,劳动教育优质教师都是学校不可或缺的资源,是学校实践教育教学及劳动教育的最根本保障。架构起以校长为各校发展第一责任人的组织机构的同时,聚焦"让每一位教师主动幸福工作"理念,从实践共同体视角出发,促进学校劳动教育工作开展。

◆ 一个中心——建立由教师组成的优质师资的"储备中心"。"合作事业"是校际共进共建面向未来的劳动教育师资队伍的发展愿景。用"合作精神"来协同赋能、组建劳动教育优质师资的"储备中心"。比如形成教师劳动教育的数据中心,从教师的劳动教育主题活动设计、科研课题、个人荣誉、典型劳动教育案例等各个角度完整记录教师劳动教育专业成长历程。

◆ 两个智库——搭建"专家智库·导师智库"资源库。"共享智库"主要指学校劳动教育工作的专业指导类智库。一是"专家智库",它指的是由各级各类教育教学专家、教授、领导等组成的学校劳动教育工作指导的"顾问团"。"顾问团"着眼于各合作校劳动教育的角度和共同发展的视角,高屋建瓴地进行顶层设计层面的指导和顾问,帮助成员校把准劳动教育工作的方向和脉搏,加速学校顶层建设;二是"导师智库",它指的是由各级各类名师、骨干教师组成的学校劳动教育指导"导师团",以一对一的导师带教制手把手地进行带教,通过劳动教育主题活动的实践指导,加快教师专业化成长历程。除了专业引领型智库,还有青年成长型智库。智库的建设既是校际共进发展的指明灯,也是校际可持续发展的奠基石,为劳动教育的强师工程起到了保驾护航的保障功效。

◆ 三个范畴——围绕教师的专业成长的三大发展目标维度。以"相互卷入·合作事业·共享智库"之力来助推教师成为劳动教育"智者"。立足教师队伍发展需求,围绕劳动教育领域"专业境界精神·知识文化储备·教育教学技能"三个范畴,具体落实为提升教师的学校劳动教育"育德能力、创新精神、专业技能、研究能力"等为重点,整体策划主题化、多样化的劳动教育项目推进方式开展实践活动。

(2) 整体架构:从2.0版本走向3.0版本

用发展的视角来看劳动教育,劳动教育校际合作"强师工作"有了更系统化、科学化的整体架构,从"1123"体系落实到实施路径层面,再到评价保障,以及成果成效的体现,呈现出结构化架构与推进之样态。

围绕学校劳动教育,旨在提升学生的劳动素养,立足于"自明中自强·审美中超越·成事中成人"的共建目标,以"协同赋能"来联合成员校之智慧,形成"相互卷入·合作事业·共享智库"的实践共同体,同时发挥辐射作用,结对更多学校形成学习共同体,围绕"1123"体系(即一个核心、一个储备中心、两个智库、三个范畴),在"智慧领导·和美课程·成长四季·幸福教师"四大领域实施,实现均衡化、优质化、特色化、品牌化的劳动教育样态。在过程中做好评价保障,在成人中促成事,形成《七智荟》等劳动教育经验及成果资源库,在全局站位上凝聚多方力量做好校级合作视域下的劳动教育工作,具体见图。

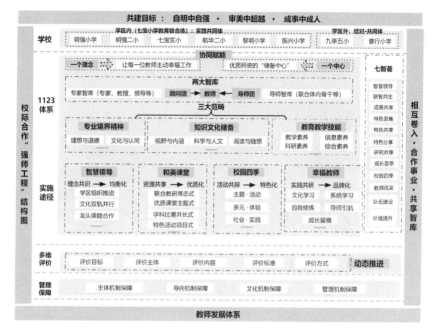

图4-3-3 劳动教育校级合作的"强师工程"整体结构图(3.0版本)

（二）多维融通，推进劳动教育合作探索

劳动教育校际合作的核心思想是"双轨"机制,即:一是建立在尊重各校劳动教育自身发展之轨的基础之上,二是建立各校校本发展之轨基础上的同生共长的劳动教育共同发展之轨。

围绕学校劳动教育,在"自明中自强·审美中超越·成事中成人"共建目标指引下,立足四共:理念共识、资源共享、特色共生、发展共赢;聚焦四化:均衡化、优质化、特色化、品牌化。"文化双轨"促"办学联智",发挥联合体教师集体的智慧开展"联智计划",明政策、强方向、开展劳动教育政策共读,明校情、强文化、共议劳动教育发展规划,创编《七智荟》刊物,分享劳动教育智慧管理,推进联合体优质发展聚合力,从"个体品牌"到"区域格局"教育生态,达成"发展共赢"之样态。具体从"智慧领导·和美课堂·校园四季·幸福教师"四大领域途径实施。

1.智慧领导,理念共识走向均衡

联合荟智,以区域教育"优质化、信息化、国际化、个性化"为整体发展目标,根据上级部门的相关文件精神,努力创建校际之间"师资共享、课程共享、资源共享、共同发展"的劳动教育实践研究平台,促进联合体各校优质均衡,突破发展。具体落实在"文化双轨"办学机制促文化立校,"课题合作"引领"联智计划"中学校以研究的视角来实现新时代劳动教育发展。

(1) 文化双轨并行:一校一文化,联智共发展

智慧管理的基石是学校文化的创建,学校文化也是学校发展的内涵所在。校际之间坚持文化引领,建立共同的文化追求,打造共同参与的劳动教育及文化项目,如校际古诗文赛、生活劳动大比拼、创新劳动大赛等,以此增强共同的向心力和凝聚力,最终形成具有共同文化特质的文化核心区。作为牵头学校,要努力帮助每一所成员校在审视自身学校文化建设的过程中,挖掘、深化学校文化的提升,打造学校文化自发展的内生空间,从而为劳动教育奠定好文化基石。

【案例4-3-1】七宝小学教育联合体的学校及劳动文化创建

七宝小学教育联合体由明强小学、明强二小、黎明小学、航华二小、七宝实小、振兴小学六所七宝地区的小学组成。其发展的核心思想是"双轨"机制。

依托2019年度教育部重点课题《发达地区公办小学劳动教育养成体系的实践研究》,牵头校明强小学"审美·超越"核心办学理念的辐射引领下,努力帮助每一所成员校在审视自身学校文化建设的过程中,挖掘、深化学校及劳动文化的提升,打造学校文化自发展的内生空间。各成员校再度审视自身学校文化,明过程、强特色、协同推进发展:明强二小确立"从新开始 向美而生 自我绽放"办学内涵,聚焦美蝶美化的劳动文化培育;七宝实小通过"诗韵校园"提高师生的文化品位和精神境界,聚焦美诗美话的劳动教育实践;航华二小精心打造以美悦美读为教育

特色品牌的童真校园,在阅读中探寻劳动价值;黎明小学坚守书法特色办学,以美书美动墨香书韵浸润每一位墨宝人;振兴小学提出了美美与共,做最好的自己的办学理念。各校依托"美思美创、美校美编、美诗美话、美书美动"等劳动教育项目活动,实现"艺术共创、发展共录、文化共赏、动静共宜"的四美四创劳动教育教育生态。

校际共进落实在"文化双轨"的办学机制,促文化立校;"名师双轨"的培养机制,促名师亮校;"资源双轨"的共享机制,促资源助校。进一步以劳动教育"日常管理精细化、课程管理规范化、学科教学优质化、队伍建设专业化、学业评价多元化"的五化常态管理为基点,挖掘学科育人价值的广度和深度,聚焦学校劳动教育品牌的打造。

（2）龙头课题合作：一阶一课题,科研来引航

通过智慧管理层面的顶层设计与分层培训,促进劳动教育不同梯队教师共生共长。聚焦校际合作下的劳动教育研究,轮流安排现场观摩每所合作校的劳动教育实践活动现场,分享劳动教育实践探索的成果及智慧。

一项项活动,还需要找到更聚焦的专题项目,即"合作事业",在"智慧管理"中体现在"学校龙头课题的合作"。科研兴校,龙头课题引领学校高端发展。比如学区化背景下"联智计划",明强小学承担的全国教育科学"十三五"规划2019年度教育部重点课题《发达地区公办小学劳动教育养成体系的实践研究》（课题批准号：DHA190450）,七宝小学教育联合体5个成员校围绕总课题的研究目标及内容,结合学校实际情况,自主申报了劳动教育子课题,以课题合作研究为抓手,开展校际劳动教育深度合作。明强二小《依托蝴蝶校本课程,开展小学生劳动教育的实践研究》立足学校蝴蝶特色资源的开发与运用,寻求校本课程与劳动教育的契合点,在课程构建中推动劳动教育,在活动体验中提升学生劳动素养;七宝实小《小学劳动教育生活化的实践与研究》立足"乐部落"实践基地,探索劳动教育生活化实践体系;航华二小《发达地区公办

小学不同年段岗位建设中劳动教育的实践研究》立足于学校学生岗位建设,在"读—知—寻—行"学校特色阅读中开启家校社三位一体的"劳动岗位"探索新征程;黎明小学《基于劳动素质培育的少先队活动的设计与实施》立足少先队活动,开展序列化的劳动教育主题队会活动,旨在培育少先队员劳动核心素养等等。

图4-3-4　学区化背景下"联智计划"之劳动教育项目研究群

课题引领,校际合作的各校劳动教育进入实质性的研究阶段。各校以部门、学科为研究单位,结合各领域特点,开展针对性的五育融合视角下劳动教育整体设计和探索。学生居家学习阶段,依托"动系列"线上劳动教育综合课程为探索,探索基于各校特色化的蝴蝶课程、云阅读、小厨房大科学等劳动教育系列微课程。

2.和美课堂,资源共享促进优质

(1)联合教研常态式开展

注重常态式,校级合作下依托骨干教师听评团的跨校研讨劳动教育活动,共建劳动教育优质课程资源,学期末每校提供两节劳动教育主题教育课或展示活动,并共享资源,丰富劳动教育课程资源。校级合作的各成员校区级骨干教师柔性流动结对交流活动,提升各校劳动教育水平。

围绕劳动教育主题开展案例研究,学习新理念,共同探讨劳动教育实践探索的活动目标及内容,让更多的老师参与智慧碰撞,在校际合作视域下组建实践共同体。每次的校际活动,各校教师带着发现亮点的眼光去学习、比较,思考着校与校之间的优势与不足,及时发现自身的薄弱环节,取长补短,相互协作,在与同行的对话交流中不断提升对劳动教育新理念的感悟与践行。校际合作的劳动教育实践探索,要共同凝练合作校的劳动教育标志性特征,共同为基于地域和学校特质的新时代劳动教育贡献集体智慧。通过校际合作,让劳动教育活动在"合作·创新"中成型、"和谐·分享"中成势、在"探索·感悟"中落地。

(2)优质活动主题式开展

劳动教育校际合作,最关键的是帮助各成员校提升劳动教育水平,发挥智慧合力,打造各校劳动教育特色课程及活动,凝练劳动教育文化及特色。

围绕学校劳动教育主题,共享高品质劳动教育课程及活动,包括内部和外部的课程共享探索,精心设计共享课程方案,充分调动成员校管理团队与教师的积极性,携手开发与完善具有联合体学段特点与联合体文化特色的共享课程。

各校将丰富的劳动教育课程资源以主题式串起来,成为大家"共享共惠"教育资源。分析各校优势弱势,制定劳动教育特色项目计划,发挥项目辐射作用,共享各校劳动教育特色课程。项目组组长每次活动前认真设计方案,有计划地在各合作校开展学校劳动教育研讨活动。

比如,明强小学作为校际合作的牵头校,本着"三共享、两统筹"的工作思路,将课程基地活动的方案、措施、策略以及过程性资料通过合作校活动辐射到各成员校,并将劳动课程基地的各类活动向各校做阶段汇报与研讨,力求将劳动课程资源与经验渗透在教育实践中,起到示范引领作用。

(3)特色活动项目式探索

特色项目式,校际合作所倡导的特色建设有力地支持了各校的内涵发展,在学生培养方向上面增加了个性发展的权重,为各校加强学生劳动素养培养打下了坚实基础。

在校际合作的各校分享办学经验的基础上努力提炼特有的文化,共同努力实践"四共四化"的共生文化,即理念共识、资源共享、特色共生、发展共赢的四共目标,和均衡化、优质化、特色化、品牌化的"四化"愿景。将各校丰富的劳动教育课程资源以项目化方式串起来,面向各校全体学生,让优秀劳动教育课程成为大家共享共惠的资源,比如美思美创—艺术共创、美校美编—发展共录、美书美动—动静共宜、美诗美话—文化共享等。见下图:

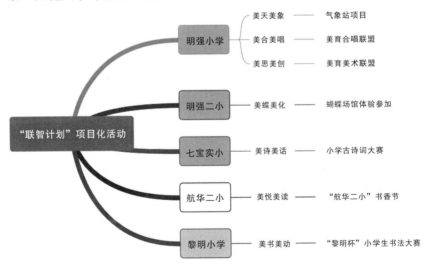

图4-3-5 学校"劳动教育"项目化活动统计

"四化"正是在"四共目标"追求基础上的美好愿景,成员校都能成为均衡发展的优质校、特色校、品牌校,真正成为老百姓满意的家门口的好学校,并具有自身独特的特征。

以七宝小学教育联合体的校级合作各成员校来说:百年明强在坚守和美课堂的追求中不断锤炼教师的新基本功,坚守区学校办学综合绩效一等奖的同时,不断向更多、更广域的全新领域进发,美天美象、美思美创、美合美唱等劳动教育特色项目,引领莘莘学子向美而生,审生命之美,超实践之越;明强二小通过挖掘学校蝴蝶馆资源的育人价值和蝴蝶身上蕴含的破茧成蝶的蜕变精神,确立了"从新开始、向美而生、自我绽放"的办学内涵,力求珍爱每一位,让校园里人人都能绽放自我,通过智慧劳动来创造多彩的未来;七宝实小以丰富多元的学生活动、多样化的校本课程实施不断赋予"乐学"理念以明确的内涵,并进一步推动学校劳动教育管理创新、劳动教育课程创新、劳动教育环境创新、劳动教育协同创新为特色的创新"乐学";黎明小学通过"诗韵校园"提高师生的劳动文化品位和精神境界,在传承中华经典中展现最美劳动;航华二小精心打造以"童真阅读"为教育特色品牌的童话校园,依托"听童话、读童话、讲童话、演童话、画童话、写童话、唱童话"助力劳动教育。校际合作下的劳动教育,学校层面不仅扎实有效推进日常规范化活动,而且还呈现出一个个劳动教育特色项目。校际合作,充分联合了优质课程资源,联合了优秀导师、教研组资源,联合了教师的教育智慧,也联合了家长学生的智慧,联"人"联"事"中联"智慧"。

【案例4-3-2】校际合作之"美思美创"创意型劳动①

校际合作的"美思美创"项目,联艺术教育的智慧教育,联教师创意型劳动教育实践。在学区化办学背景下,分析学区化下学校现状,各个学校面临着2至5年美术青年教师这个团队比较小,可以学习的空间小,借助美思美创项目,组成学习共同体,联合优秀的导师资源、联合优秀的教研组力量、联合美术青年教师的力量,以"劳动创作活动"为抓

---

① 选自上海市闵行区七宝镇明强小学顾英影的论文《美思美创的实践探索》.

手,开展项目化学习活动,为学生创设良好的"创造性思维"环境。简称
"美思美创",同时谐音"每思每创",即每有思考才会有创作,目标辐射
全体学生,即联合学生的智慧,同时联合家长的智慧。

联合导师和同伴的智慧。以教师项目申报为例。最初收到通知,
老师的第一反应是有没有样子可以参考? 有没有格式的要求? 就是前
面讲的大家习惯性想要一个标准答案然后开始学习。但个性源于每一
个人的内心,答案需要我们寻找自己内心中最想做的事,所以这个时候
就产生了直觉、记忆整理等思维活动,从而找到个性化的起点——我自
己;然后进入智慧研讨,和其他小伙伴一起整理思路和内容;参加"专家
答辩",在前面充分思考挖掘的基础上,再考虑怎样清晰的讲解给别人
听,无形中就提炼了关键点,和各关键点之间的关系。在专家答辩之
后,再填写项目名称的要求,即需要具备"对象、内容和目标",这时候每
个教师再次思考要做什么到为什么做,思考会逐渐深入。在这个时段
每个老师已经产生内驱力,在推敲题目名称之后,主动修改项目表中相
应的具体内容,将项目内容、对象更具体化和有针对性,将目标从理想
化转入可操作化,这个过程中充分联合导师的智慧和同伴的智慧。

联合教育实践和项目研究。项目的各个联合的切入点再具体落实
到日常教育教学等学校工作之中,把所有平时独立存在的琐碎事件,由
项目总体融合在一起,成为项目的各个切入点和对象的不同层面,随之
产生不同的创造性思维要求,在立足美术学科本位的基础上,实现"学校
无小事,事事为教育"的跨学科美育活动设计,为充实项目积累案例、资
料等。以入选的四个项目为试点,给老师一根杠杆,寻找到自己的支点,
在摸索中孕育,在实施过程中成就美术教师个性化成长目标;以教师自
身美术劳动创作实践为起点,带动学生劳动创作活动,营造校园创造性
思维环境;依托教师的主体力量,将劳动创作从技能普及推向创意普及,
培养学生能面向未来的创造性思维能力。项目在这里不是结果,只是一
个过程,在过程中激活潜在老师内心中的创意积极性,激发出老师的创

意实践活力,从中老师得到收获。劳动创作也是一样,作品不是结果,创作过程中的理性思辨和感性情感,创作实践中的反复磨砺才是收获的成果,作品是水到渠成的结果。教师合力思维碰撞,共创劳动美。

联合家长共同参与。创造性思维环境的营造不止在校园,还在家庭和其他学科所有涉及到的人。思维需要交流、碰撞才能产生火花。所以项目化学习还需要老师疏通这些思维碰撞的渠道。逐渐使学生周围的环境形成一个整体。以美思美创"明强艺术之家"为例(即和孩子一起共同参与艺术活动的家庭)。以学生基础课堂中的作业创作为素材,家长参与设计作品再创作活动,在活动中老师引导学生和家长,以不同年龄的不同阅历,展开对同一主题的思维交流。为老师提供不同的界面,在活动过程中不断打破自己的固有思维,提升教师创造性思维的能力。

3.成长四季,活动共探凸显特色

成长荟萃,基于"以学生为本"理念,围绕劳动教育主题,开展校际合作视域下的成长四季系列主题活动,加强跨校之间的学习与交流,加强活动资源的共建与共享,提升学生劳动教育活动品质。

(1)智慧碰撞:跨校融合,整体设计活动

围绕劳动教育校园四季活动,校际合作各成员校智慧碰撞,学校管理层面进行整体性的顶层设计来支撑校际合作项目。学校劳动教育最核心的是指向学生,要重点关注学生活动。根据劳动教育总目标,基于各校的特色,然后对校园四季活动加以智慧融合与特色设计,梳理出活动资源列表,参与校方利用自身的特色与特长进行合理分工协作。多方合作开发的线上线下开放活动在顺利运行,必然吸引更多的活动共享方参与建设,在校园四季活动资源共享的前提下,实现了不断共建的良好机制。

(2)共建共享:激活资源,丰富学生体验

校际合作下,各校的图书馆、操场、少年宫等,向校际合作的各校师生开放,校际间真正实现资源的"无间隙"共享。各校结合自身特点,不断挖掘和创新学生劳动教育活动资源,形成序列化的资源体系,丰富学生校园生活和活动体验,提升学生的校园生活质量。各校在学校发展的全局视野中整体规划,对于劳动教育活动资源的序列化建构思考有了进一步的发展和提升。比如依托劳动教育场所宝龙美术馆和七宝古镇劳动的优势资源,在镇教委牵头,七宝联合体各校学生开展《玩转老街:古镇千年说劳动 建党百年话传承》劳动教育系列活动,实现校际之间资源共享、教育共赢之样态。将教师和学生的劳动教育之职业体验与七宝古镇劳动教育特色课程相结合。活动中各校精心策划,用心筹备,创造性地将七宝老街的场馆和教师劳动教育素养培育、小学生职业体验相勾连,让教师和学生在动手体验中感悟劳动人民的智慧,打开了区域职业体验视角下明强人劳动教育的新方向。同时,该活动充分体现家校社三位一体化,获得了学校家委会代表和家长志愿者以及各界社会人员的参与和支持。

4.幸福教师,实践共研打造品牌

校际合作下着力劳动教育教师成长核心研究团队建设,强化骨干多元互动引领,壮大强强互动的劳动教育研修核心共生共长。

围绕学校劳动教育,建立校际合作的"双导师"机制,鼓励中层干部、骨干特色教师赴其他学校指导带教、相互学习。通过各成员校骨干教师的按需流动,推进小学校级合作优质师资共享:一是定向把脉突破瓶颈,"导师团"着力分析这部分教师的类群特性,组织骨干教师、专家进行专业发展把脉,寻找到教师个人发展的薄弱环节。以一对一的导师带教制手把手地进行劳动教育带教;二是发掘亮点梳理劳动教育经验,对于亮点不凸显,但基础工作到位的教师,"导师团"帮助其梳理劳动教育工作中的有效经验,加以宣传介绍,促进取长补短,确立每一位教师的工作信心;三是设定目标彰显特色,制定自我发展目标,突破薄弱,提升经验,以分步走、小步走的方式,形成某一方面的个人劳动教育特色;四是建立机制内化外铄,"导师团"帮助梳理工作任务,减少不必要的重复性劳动、无效益劳动,把更多的时间和精力留在高质量的劳动教育探索中。

（1）"柔性流动"中智慧传递

管理教学人才流动,扎实共享劳动教育优质资源。校际合作,派出学校管理教学人才在各校进行流动轮岗交流,这是劳动教育优质资源共享的重要保障。完成教育教学任务的同时,积极履行导师职责,围绕如何开展新时代劳动教育,指导校本研修活动,助力教师提高教学能力,打造结对校特色的劳动教育品牌,打造教师团队贡献力量。人才柔性流动,能充分发挥管理教学骨干教师的积极辐射作用,以点带片,以片带面,拉动学校整体教学质量及学校劳动教育质量;建立流动骨干教师引领下的教研一体化培训名师工作室,发挥骨干教师自身优势带动整个学科教研组建设,帮助各校建立劳动教育人才"蓄水池"。

（2）"多元带教"中成人成事

学校劳动教育发展及学校发展都离不开充满进取精神的优秀师资队伍。对成就感的渴望是每个人与生俱来的。每个教师都希望自己的工作富有意义,能够承担更多责任,能力得以施展,并且得到人们的认可。校际合作,改进培养教师的机制,搭建各种平台,激活教师的内在潜能,为教师专业发展提供有效支持。

AB角师徒带教。围绕劳动教育主题,遴选出种子教师,学校通过自荐、推荐和审核,各校之间选派带教导师。学校创新建立AB角师徒带教模式,即为每位教师配备A和B两位带教师父。A角师父为结对校资深骨干教师,拥有丰富的带教经验和组织教研活动的能力。B角师父为结对校准骨干教师,教育能力较强。

AB角师徒带教模式对教师培养而言,双师带教让徒弟有机会接触到多个优秀教师,一定程度上避免一个师父教学风格、教学经验具有一定的局限性这一缺陷;两位师父更保障了带教工作时间和精力的充裕;

同时,三人同行的组合,可在带教活动中呈现重合作、重研讨、重分享的学习氛围。

在师徒结对的过程中,学校以优势资源帮扶,聚焦学校劳动教育,促进教师专业化发展,引导教师教育教学观念和方式的转变,提升教师综合素养,为校际合作的各校教师梯队建设添砖加瓦。而教师团队在多位师父的指导下,从不同的师父身上体验不同的教育教学风格和特色,在劳动教育管理、方法技能以及教育理念上有了更多理解,从"独行"到"笃行",从"被动"到"主动",从"知行"到"躬行",从追求形式的光鲜,到探究劳动教育的本相,再到努力实现理念与形式的和谐统一。

名师工作室辐射。围绕学校劳动教育,将各校名师工作室优势资源也进行共享,以"专业引领、同伴互助、交流研讨"为基本形式,通过理论学习、课题研究、案例研讨等形式开展各项活动,充分发挥名师的专业引领、带动、辐射作用。

加强校际合作,壮大优质教育阵容,肥沃教书育人土壤,让更多的百姓子女享受优质教育,这是发达地区劳动教育的新境界、新亮点、新作为。在劳动教育实践探索中,秉承团队互动、协作互助、优势互补、资源共享、携手并进这一宗旨,以智慧领导、和美课程、幸福教师、成长四季为大实施路径,采用"项目推动、科研引领"等策略,不断提升校际合作成员校的办学水平,实现各校"均衡化、优质化、特色化、品牌化"的"四化"愿景,努力让每位学生享有公平而有质量的教育,打造均衡优质的学校劳动教育生态。

后　记

　　最初开始聚焦劳动教育的研究视角是在学校市级重点课题"坚守与吸纳"为主题的小学生国际理解教育的总结性研究历程中,隐约发现身处上海这座国际大都市,学校地处城郊结合部,面临着农村本地、市区动拆迁、上海引进人才等多元生源的差异,地域文化、家庭教育背景、社会需求等城市化进程中的发展因子不同程度地影响着学校教育。老师们和家长们在对孩子们国际视野的开拓日渐关注的同时,似乎忽略了一些最为质朴的劳动本质的培养,我们逐渐发现了一批衣来伸手饭来张口的有些娇娇之气的孩子们。我们开始反思,我们的教育中是不是忽略了对最为接地气的劳动教育的坚守呢?

　　于是,有了我们从大量教师、家庭的调研开始,我们通过数据验证了我们的担忧不无道理。尤其是在日渐城市化的学校和家庭中,信息化等城市建设给了学校和家庭便捷的生活空间的同时,也逐渐挤压着很多原本可以让孩子们流汗流泪的传统劳动空间。

　　我们开始聚焦作为发达地区的学校劳动教育问题,思考在环境改变的现状中,如何应对学生劳动机会和劳动资源日渐限制的挑战。如何突破教育时空和环境资源限制,顺应劳动形态新变化,落实新劳动教育促进学生发展,是值得我们探索的问题。

　　我们融汇了前期所有思考和设计的《发达地区公办小学劳动教育

养成体系的实践研究》的课题成功立项2019年度教育部重点课题,智慧开启了百年明强新劳动教育实践研究的新征程。

习近平总书记在2019年的全国教育大会上明确将劳动教育作为培养全面发展的社会主义建设者和接班人的重要组成部分,首次将劳动教育列入人才培养的综合素质中,提出"五育并举"的新要求,提出"培养德智体美劳全面发展的社会主义建设者和接班人。"这让我们的劳动教育探索之初就找到了来自习主席的引领性方向,立足学生的多元成长需求,秉承百年老校"审美·超越"的核心思想,致力于探寻发达地区劳动教育养成的新路径。

回溯我们五年的研究过往,虽然我们经历疫情的非常态困扰,依然没有停歇我们研究的步伐。我们重视劳动教育的校园文化内核,使其成为劳动教育的软环境。我们将蕴含百年老校文化底蕴的"明事理、明自我、强体魄、强精神"的校训,赋予了新劳动教育的新诠释。"明事理、明自我"体现了学生在劳动创造中"谋手脑相长,以增进自立之能力,获得事物之真知及了解劳动者之甘苦。""强体魄、强精神"注入了劳动技能的基本素质的同时,也蕴含着正确的劳动价值观、劳动精神,以及鲜活的劳模精神、工匠精神等劳动元素。

我们努力通过连贯联动的课程活动设置、衔接兼容的教育实施方式来形成劳动教育新动力,以此撬动学生发展新支点,明强劳动教育育人价值;我们努力使物质环境资源成为劳动教育的有效载体,我们努力使全员导师制成为劳动教育合力的有力抓手,我们努力使校本课程呈现劳动教育的系统性架构,我们努力使学科教育渗透劳动教育于无痕中,我们努力使家校联合助力劳动教育的校内外一致性,我们努力使学生社团活动激发创新型劳动活力。我们深知发达地区的劳动教育要继续兼顾传统劳动和新型劳动,更要以学校为主阵地、整合家社各方资源,拓宽劳动教育渠道,从而创设劳动教育新格局。我们深知我们的劳动教育研究旨在为未来复合型人才奠基,我们期待最终形成的是以融合性劳动带动五育的真正融合和融通,真正实践以劳树德、以劳增智、以劳强体、以劳育美、以劳创新的大劳动教育观的系统生态。

感谢兄弟校的领导们老师们成为我们研究的同盟者,和我们一起始终同行在劳动育人的新探索空间,共同创生了许多可借鉴的典型经验。譬如明强二小向美而生的"蝶文化"呈现了学校文化与劳动教育的完美融合,航华二小的"五岗循环"彰显了校园劳动小岗位评价育人的生态,九亭五小的"墨宝农场"找到了学校书法特色和传统种植的结合点,黎明小学巧妙地把少先队争章和劳动教育评价相整合,曹行小学的"田间学堂"把劳动教育的课堂搬到了孩子们最喜欢的田间地头,七宝实小的"集装箱课程"把真实的生活场景劳动搬到了校园再现等。他们丰富了发达地区公办小学与自身校园文化建设相融合的新劳动教育。

感谢学校行政及各项目负责人厘清劳动教育研究的方向和路径,对课题研究进行整体架构与系统推进,感谢全体明强人潜心于一线教育教学实践,形成生动鲜活的案例佐证与理实转化的研究资料,在对智慧劳动探索中收获更多的教育智慧。感谢学校前后两任科研室主任王晓老师和姜丽霞老师,他们是书稿的核心推进者,引领着老师们全力荟聚劳动教育的智慧结晶。感谢学校"青年成长智库"的教师们,他们用年轻和热情梳理实践案例,用耐心和细心查询文献资料,用敬畏和尊重统稿最后阶段的文字材料,她们是顾梦园、陆雨晴、张悦、王怡元、朱文慧、刘晓菁、黄思添、朱芃、刘西洋、王雅芳、郁蕊聪、郁婧怡、徐可、包敏怡、钟淑怡。

最后,衷心感谢苏忱、杨小微、谢诒范、徐冬青、汤林春、徐士强、何永红、蒋莉琴等专家团队的全力全程全心指导,从课题立项之初的方向性指导,实践推进过程中的解惑式诊断,成果提炼中字斟句酌的总结性提升。感谢上海市教科院、闵行区教育局、闵行区教师进修学院等各位领导们、教研员们对本课题的过程性指导和帮助。正是因为有了这么多领导、专家团队的贴心守护,让我们这些一线的实践工作者有了研究的勇气和底气,有了今天将我们的研究历程付诸文字的信心和决心。

这些研究历程中丰富的点点滴滴的人和事让我们的劳动教育研究更加富有美感、生命感与时代感。纵然实践过程并不是坦途一片,但正如我们明强的核心理念所言"审美·研究·超越",在一次次审视中研究,在一次次研究中超越,在一次次超越中再度审美,最终实现劳动赋能,智荟成长。

姚　凤

2023 年 9 月

图书在版编目（CIP）数据

融合与超越：为未来复合型人才奠基的新劳动探索/
姚凤等著.
—上海：上海三联书店，2023.9
ISBN 978 - 7 - 5426 - 8243 - 7

Ⅰ.①融…　Ⅱ.①姚…　Ⅲ.①劳动教育—研究—中国
Ⅳ.①G40 - 015

中国国家版本馆 CIP 数据核字（2023）第 178996 号

融合与超越
——为未来复合型人才奠基的新劳动探索

著　　者　姚　凤　姜丽霞等

责任编辑　钱震华

装帧设计　陈益平

出版发行　上海三联书店

　　　　　中国上海市漕溪北路 331 号

印　　刷　上海新文印刷厂有限公司

版　　次　2023 年 10 月第 1 版
印　　次　2023 年 10 月第 1 次印刷
开　　本　700×1000　1/16
字　　数　345 千字
印　　张　26
书　　号　ISBN 978 - 7 - 5426 - 8243 - 7/G · 1689
定　　价　88.00 元